21世纪高等职业教育精品课示范性规划教材

高职大学生就业指导实用教程

主　编　袁　国　谢永川
副主编　郑添华　徐　颖

北京理工大学出版社
BEIJING INSTITUTE OF TECHNOLOGY PRESS

内容简介

本书围绕人职匹配这个核心概念，重点介绍了高职大学毕业生就业的政策环境、就业程序与途径，引导大学生形成正确的就业观念、着力打造适合自己的职业形象，帮助他们掌握求职过程和关键环节的基本技巧和准备方法，熟悉就业的相关法律法规。通过本课程，使大学生在认真反思和整理自己职业意愿和求职意向的基础上，在求职过程中做好相应准备，从而充分展示自己的优势和特长，为实现就业、赢得职业发展奠定良好的基础。

近年来，大学生的就业指导和职业发展课程取得了长足的进步和发展，除了体现在教学方式和平台的创新、升级和多样化及教学方法的改进和变革之外，更体现在教学内容对相关学科知识的借鉴和吸收上。本书结合高等职业教育的人才培养内在要求，吸收了近年来大学生就业指导课程和相关培养的优秀成果和先进理念，有效地整合了人力资源管理、心理学、职业教育学等学科知识，注重问题与任务结合、书本与参考资料结合、课内与课外结合，具有很强的指导意义和现实意义。

本书的编写参考并结合了企业人力资源管理师的相关知识和实践操作要求，从企业人力资源管理的角度，初步阐述了就业与招聘的内在联系并介绍了相关案例。本书既可以作为高职院校大学生就业指导教材，又可以作为高职院校相关专业师生、职业指导人员的参考书。

版权专有　侵权必究

图书在版编目（CIP）数据

高职大学生就业指导实用教程/袁国，谢永川主编. —北京：北京理工大学出版社，2016.1（2021.1重印）

ISBN 978-7-5682-1671-5

Ⅰ. ①高… Ⅱ. ①袁… ②谢… Ⅲ. ①大学生-职业选择-高等职业教育-教材 Ⅳ. ①G647.38

中国版本图书馆 CIP 数据核字（2016）第 003411 号

出版发行 /	北京理工大学出版社有限责任公司
社　　址 /	北京市海淀区中关村南大街5号
邮　　编 /	100081
电　　话 /	（010）68914775（总编室）
	（010）82562903（教材售后服务热线）
	（010）68948351（其他图书服务热线）
网　　址 /	http://www.bitpress.com.cn
经　　销 /	全国各地新华书店
印　　刷 /	三河市天利华印刷装订有限公司
开　　本 /	787毫米×1092毫米　1/16
印　　张 /	22
字　　数 /	509千字
版　　次 /	2016年1月第1版　2021年1月第11次印刷
定　　价 /	45.00元

责任编辑／梁铜华
文案编辑／孟祥雪
责任校对／周瑞红
责任印制／马振武

图书出现印装质量问题，请拨打售后服务热线，本社负责调换

前　言

就业，对国家而言，是最大的民生；对个人而言，是开始真正的人生。大学生的就业状况和就业质量直接决定了大学生本身及其家庭的生活质量和幸福指数。我们必须看到，影响大学生就业的因素有很多，从国家方针政策到学校人才培养，从企业人力需求到个人能力素质……但是，个人在求职中的努力和准备是必不可少的。

就业是民生之本。在当前的时代背景之下，我们组织了长期从事大学生就业工作根据教育部办公厅印发的《大学生职业发展与就业指导课程教学要求》（教高厅〔2007〕7号）文件精神，我们组织长期从事大学生就业工作，根据教育部办公厅印发的《大学生职业发展预就业指导课程教学要求》（教高〔2007〕7号）文件精神，结合高等职业教育人才培养的要求和学生实际，编写了此书。

本书主要针对即将走上就业岗位或顶岗实习岗位的高职院校学生，以就业准备全过程为主线，重点介绍了就业形势与政策、就业程序与途径、就业观念和就业心理、职业形象与职场礼仪、就业信息与求职技巧、就业权益与就业法规、入职与职场适应、职场竞争力与职业发展等内容，使大学生在学习过程中，对求职过程有初步了解，并做好相应准备，积极进行职场适应，为自己人生的关键转折奠定良好的基础。本书力求结合高职院校学生的学习习惯，打破传统的以概念导入的学科式教学方法，通过大量案例教育学生在职业规划中如何解决面临的问题和任务。学生通过对本书的学习，可以掌握就业准备、职场适应和职业发展的基本技巧与方法，为其顺利就业和职业发展奠定了基础。

本书由重庆城市管理职业学院从事就业工作的人员编写。袁国、谢永川任主编并负责全书的统稿、定稿；郑添华、徐颖任副主编。本书各章节编写者为：导言编者为袁国；第一讲编者为谢永川；第二讲编者为袁国、郑添华；第三讲编者为徐颖、贾丽彬；第四讲编者为肖丽；第五讲编者为郑添华；第六讲编者为宋莉；第七讲编者为袁国、肖丽；第八讲编者为袁国、贾丽彬。

在本书的编写过程中，我们参考、借鉴了一些同仁的研究成果和资料，在此特向他们表示感谢。由于时间仓促且编者水平有限，书中难免存在不当之处，敬请专家和读者批评指正。

编　者
2015 年 11 月

目 录

导言　从学生到职业人 ·· 1
　　一、学校和职场的区别 ··· 1
　　二、学生和职业人的区别 ··· 2
　　三、怎样从学生到职业人 ··· 3
　　四、学生到职业人的转变关键在心态 ·· 6
　　五、职业人意识的十条准则 ·· 7

第一讲　就业形势与政策 ·· 8
　第一节　最难就业季——大学生的就业形势 ····································· 8
　　一、最难就业季有多难 ·· 8
　　二、未来总体就业形势依然严峻 ··· 9
　　三、未来就业形势预测 ··· 13
　第二节　此处风景独好——高职大学生就业的SWOT分析 ··············· 24
　　一、高职教育的基本内涵和现状 ·· 24
　　二、高职院校毕业生的总体就业状况 ··· 26
　　三、高职院校毕业生就业的SWOT分析 ······································· 27
　第三节　就业正当时——大学生就业政策 ······································· 32
　　一、大学生就业政策的变革 ·· 32
　　二、现行高校毕业生就业创业政策概述 ·· 34
　　三、高校毕业生就业创业政策百问 ·· 37

第二讲　就业程序与途径 ·· 44
　第一节　大学生就业程序 ·· 44
　　一、大学生就业管理与服务部门的工作程序 ································· 44
　　二、用人单位的招聘程序 ··· 49
　　三、大学生的择业程序 ··· 54
　第二节　大学生就业形式 ·· 66
　　一、签约就业 ·· 66

· 1 ·

二、灵活就业 …………………………………………………………… 68
　　三、自主创业 …………………………………………………………… 70
　　四、升学深造 …………………………………………………………… 74
　　五、出国留学 …………………………………………………………… 75
　第三节　大学生就业途径 ………………………………………………… 77
　　一、顶岗实习 …………………………………………………………… 77
　　二、招聘会 ……………………………………………………………… 78
　　三、招聘网站 …………………………………………………………… 78
　　四、亲友推荐 …………………………………………………………… 78
　　五、中介服务 …………………………………………………………… 79
　　六、圈子求职 …………………………………………………………… 79

第三讲　就业观念和就业心理 ………………………………………………… 83
　第一节　大学生的就业观念 ……………………………………………… 83
　　一、大学生就业的主要观念分析 ……………………………………… 83
　　二、大学生就业的心理准备 …………………………………………… 94
　第二节　大学生的就业心理 ……………………………………………… 97
　　一、大学生就业的矛盾心理 …………………………………………… 98
　　二、影响大学生就业的主要心理表现 ………………………………… 100
　　三、大学生常见的就业心理障碍 ……………………………………… 102
　　四、对策与措施 ………………………………………………………… 106
　第三节　大学生常见就业心理问题及干预 ……………………………… 109
　　一、大学生就业时常见的心理问题 …………………………………… 109
　　二、大学生就业时常表现的心理障碍 ………………………………… 110
　　三、大学生就业常见心理问题案例 …………………………………… 111
　　四、大学生求职就业心理咨询案例及干预 …………………………… 113

第四讲　职业形象与职场礼仪 ………………………………………………… 116
　第一节　我的职业形象 …………………………………………………… 116
　　一、职业形象对于求职者的意义 ……………………………………… 116
　　二、求职者职业形象塑造的基本原则 ………………………………… 117
　　三、求职者职业形象塑造要点 ………………………………………… 118
　第二节　我要知道的职场礼仪 …………………………………………… 128
　　一、大学生基本求职礼仪 ……………………………………………… 128

目 录

  二、公务场合相互介绍及握手的礼仪程序 ……………………………………… 131
 第三节 "我"的职业气质 …………………………………………………………… 136
  一、职业气质类型 ……………………………………………………………… 137
  二、气质与就业之间的联系 …………………………………………………… 138
  三、气质差异应用原则 ………………………………………………………… 138
  四、性格差异与应用 …………………………………………………………… 138
  五、能力的类型 ………………………………………………………………… 140

第五讲 就业信息与求职技巧 ……………………………………………………… 142
 第一节 不打无准备的仗——如何收集就业信息 …………………………………… 142
  一、就业信息收集的内容 ……………………………………………………… 142
  二、就业信息收集的渠道 ……………………………………………………… 144
  三、就业信息的筛选与运用 …………………………………………………… 149
 第二节 "我的地盘我做主"——写好我的简历 …………………………………… 152
  一、简历写作的核心思想——你是为这个岗位而生 ……………………… 152
  二、撰写简历的准备工作——成功从起步开始 …………………………… 153
  三、个人简历写作的基本要求——只要一页纸 …………………………… 161
  四、应对应聘岗位写简历——我们的"鸭子理论" ……………………… 164
  五、高度关注你的简历细节——不存在所谓的"小"问题 ……………… 169
 第三节 赢得面试——如何应对面试官提问 ……………………………………… 174
  一、面试的内容 ………………………………………………………………… 174
  二、面试前的准备 ……………………………………………………………… 174
  三、求职面试小心语言陷阱 …………………………………………………… 176
  四、常见的面试问答及需要注意的几个问题 ……………………………… 179
  五、面试后的工作 ……………………………………………………………… 181

第六讲 大学生就业权益与法规政策 ……………………………………………… 185
 第一节 大学生的就业权益及义务 ………………………………………………… 185
  一、毕业生求职权益 …………………………………………………………… 185
  二、毕业生在试用期的基本权益 ……………………………………………… 187
  三、毕业生就业过程中应履行的义务 ………………………………………… 191
 第二节 大学生就业权益保护 ……………………………………………………… 192
  一、毕业生就业权益保护的原则 ……………………………………………… 192
  二、毕业生就业权益保护的途径 ……………………………………………… 193

三、毕业生就业权益保护的方法 195
　第三节　就业协议与劳动合同 197
　　一、就业协议的概念 197
　　二、就业协议与相关合同类型的关系 198
　　三、就业协议的主要内容及格式 202
　　四、就业协议的签订 205
　　五、劳动合同的含义、订立程序及主要内容 209
　　六、劳动合同的解除 212
　第四节　常见的就业侵权行为及权益保护 213
　　一、常见的就业侵权行为 213
　　二、侵权行为的应对及保护 217

第七讲　入职与职业适应 221
　第一节　大学生角色的转换 221
　　一、学生角色向职业角色的转换 221
　　二、职业角色转换中容易出现的问题 225
　第二节　入职的前三天最重要 228
　　一、入职前三天的重要意义 228
　　二、入职的前三天的目标任务 229
　　三、职场新人如何有效度过入职的前三天 230
　第三节　适应职场社会 232
　　一、树立良好的第一印象 232
　　二、建立和谐的人际关系 234
　　三、积极适应职业角色 236

第八讲　职业竞争力与职业发展 245
　第一节　职业道德 245
　　一、何谓"职业道德" 245
　　二、职业道德的内容 246
　　三、职业道德与企业的发展 247
　　四、如何培养职业道德修养 248
　第二节　职业习惯 253
　　一、何谓"习惯" 254
　　二、职业人必备的习惯 254

三、职业人应具备的五种意识 ………………………………………… 255
　第三节　职业技巧 …………………………………………………………… 265
　　　一、新职员接受工作指派的技巧 ……………………………………… 265
　　　二、接受工作指派的要点 ……………………………………………… 265
　　　三、完成工作的方法 …………………………………………………… 266
　　　四、职业守则——如何完成指派的工作 ……………………………… 270
　第四节　知识与时间管理 …………………………………………………… 272
　　　一、知识管理 …………………………………………………………… 272
　　　二、时间管理 …………………………………………………………… 273

附录一　高校毕业生就业创业政策百问 ……………………………………… 279
附录二　《中华人民共和国劳动合同法》 …………………………………… 307
附录三　《中华人民共和国劳动合同法实施条例》 ………………………… 320
附录四　《中华人民共和国就业促进法》 …………………………………… 325
附录五　《中华人民共和国劳动争议调解仲裁法》 ………………………… 333
参考文献 ………………………………………………………………………… 340

导言　从学生到职业人

当你读到这本书时，便意味着你的课堂学习岁月即将结束，新的生活即将开始——你应该找工作了。也许，就在不久之前，你刚刚踏入大学的校门，踌躇满志地规划了很多很多的愿景，而在不远的将来，你就要带着这个愿景和你度过的大学时光一起接受社会的检验。这个愿景和时光结合的过程就是你从学生向职业人的转变过程，就是你真正开始自食其力、为自己代言、对自己负责的过程。所以，让我们从了解学校与职场的区别开始，走向未来成功的大门。

一、学校和职场的区别

（一）职场与校园的差异

职场是大家谋生的场所，但同时也是大家学习成长、发挥才能的地方。在这里，大家将经历竞争，同样也将找到合作伙伴。职场和学生十几年来所熟悉的校园是有很大差别的。比如，学校好比工厂，学生在校园里完成从原料到产品的过程。学习的过程就是被加工的过程。毕业之后是产品出厂；职场是顾客，其对产品的满意度是以产品发挥作用的大小来衡量的。投入和产出，就是学校和职场的本质差别。

（二）职场与校园的要求不同

从具体的形式上看，职场和学校的差别还表现在职场更重视团队的成功上。在学校，学生的团队合作能力在学习的过程中并不是主要指标。而在职场，由于任务的复杂性，只依靠个人的能力就能完成的工作很少，所以一项事业的成功要依靠团队才能实现。而一些刚走出校门的年轻人，由于对此意识不够、锻炼不够，不仅"不觉"而且"不能"，这是职场新人的一大弱势。

学校特别是高校对学生的管理是相对宽松的。但社会中的竞争很激烈，职场需要严格的规章制度来保证连续的和无故障的生产服务，有时很小的过错，都是无法被容忍和承受的，因此，散漫的年轻人在公司里是无法生存的。

尤其在工作中，领导会对你进行严格的管理和监控。领导的询问、催促与检查会给你造成很大的压力。领导之所以这样做是因为他要对职责内所有工作的结果负责，也要向他的上司负责。领导不能以下属工作完成得不好作为自己没有完成工作目标的理由。但这些往往不能被很多职场新人理解。

（三）职场与校园的需求差别

学校里的压力通常来自学业的压力，同学之间偶尔也会存在竞争，但这种竞争是不会影响生存的。职场中的竞争与压力要比学校激烈得多，不仅职位上有被取而代之的可能，还有争取理想职位的竞争。如果你拿着 1 000 元的工资，做出的工作价值为 800 元，那么你一定会被职场辞退；如果你拿着 1 000 元的工资，做出的工作价值为 1 000 元，那么你的劳动合同到期后不一定会被续签；如果你拿着 1 000 元的工资，做出的工作价值为 1 500 元，那么你一定会得到晋升或加薪的机会。

职场通过提供有价值的产品或服务来满足客户的需求，从而获得利润。刚走上职场的年轻人如果理解企业的这个本质，也就能理解为什么你和领导的谈话因要接听客户的电话而中断，领导不会介意；平常上班偶尔迟到领导不会介意，但与客户会面迟到，领导会大发雷霆；你和客户发生争执，即使你是对的，领导依然要在客户面前批评你……这些皆是职场特质。

其实，不管是否喜欢职场，绝大多数同学最终都会走上职场，并且终有一天会从"菜鸟"成为"精英"。刚走上职场的年轻人要对自己有信心，相信自己一定能够成为一个合格的乃至优秀的员工。同时，也希望社会多给刚走出校门的年轻人一些宽容。

二、学生和职业人的区别

学生与职业人的区别见表 0-1。

表 0-1　学生与职业人的区别

类别	学生	职业人
角色	铁打的营盘，流水的兵	生活衣食来源
态度	让干什么干什么	干得比要求的更多，对职业负责
特点	完成学习任务，拿文凭	有主动性，有自己的职业生涯规划
适应性	因人而异，总体适应力弱	发展空间广，主动适应和接受
坚持力	总在发现"更好"的	先把眼前的做好

三、怎样从学生到职业人

从学生到职业人,这是一种社会角色的重要转变。离开校园进入不同行业,迎接人生每一份工作的挑战,对涉世未深、缺乏职业规划能力的毕业生来说,有着巨大的转型压力。在这个转型过程中,敬业、心态、诚信、礼仪是职场新人成功的四大法宝。

(一)由"要"到"给"的转变很重要

大学生是社会的骄子,是全社会培养的对象,享受着各种免费或优惠的待遇。但走出校门进入社会后,你便是和谐社会的建设者,必须成为社会财富的创造者。

一个人3岁上幼儿园,六七岁上小学,直到二十一二岁才大学毕业、参加工作。将近20年的学生身份形成了"要"的心态,向父母要,向老师要,向学校要,向社会要。一切都是"要",想"要"一切。

比如:高考期间有些城市的出租车免费接送考生,而没有免费接送考生的城市,就会有考生抱怨"凭什么我们城市没有免费的出租车接送"。这就是典型的"要",他们很自然地带着这种"要"的心态提出要求,"要"不到就抱怨。

当把这种"要"的心态带到求职中时,他们就会要工作、要职位、要环境、要轻松的事、要各种福利待遇,要不到就宁可先不工作,继续由父母供养。有的人因为要不到而逃避,去考研,继续保持"要"的心态,加强"要"的资本。

学习生涯一路走来,到大学毕业时已是全家人的骄傲、社会的骄子。但大学毕业证书并不等于职业能力证书,20年来所学到的知识并不能直接变成创造财富的能力。而实际上,大学毕业证书只不过是社会大学的入门证。

进入社会以后,必须迅速培养"给"的心态。做了20多年社会财富和家庭财富的消费者、享用者,要尽快成为社会财富的创造者和供给者。

【案例分析】

有一个医学院的"校花",长期担任班长、团支部书记,学习成绩优秀。毕业后分到市重点医院做内科医生,受到领导的关注、同事的青睐,上门求医的患者更是对她毕恭毕敬。然而,这位美女医生却厌烦了诊室的工作。她看到医药代表工作时间自由,工作方法灵活,挣钱更多,就决定下海。当了一周医药代表后,一天回到医药公司办公室,她伏桌哭泣。经理关切地问:"怎么了?"她非常委屈地说:"那些药剂科的人,他们,他们,他们竟然……"经理开始担心,着急地问:"他们怎么样了?是不是欺负你了?"美女泪流满面,非常痛心地说:"他们竟然不理我!"经理舒了一口气,想引导她战胜困难:"他们不理你,你打算怎么办?"美女坚定地说:"他们不理我,我就再也不理他们!"经理心凉了："你再不理他们了，可这药谁卖呢？要不你还是别难为自己了，回到医院当医生吧！"美女号啕大哭，经理吓了一跳，关切地问："还有谁惹你生气了？"美女凤目圆睁："你！"经理不解："我劝你别干了，是为你好呀?!"美女愤怒地说："要是不干，也得是我先说！凭什么你先说出来？"经理连忙说："好、好，我收回刚才的话，请你先说。"美女大声说："我不干了，我立刻辞职！"经理点头表示同意，心里说：你快走吧，我的姑奶奶！

思考：本案例中美女医生主要存在哪些问题？你认为这些问题产生的根源是什么？如何改进这些问题？

心灵成长的标志是不再抱怨环境、不抱怨父母、不抱怨领导、不抱怨同事、不抱怨客户，也不抱怨自己，对自己的职业生涯、情感生涯和健康生涯负起责任。为自己、为家庭、为企业、为社会创造物质财富和精神财富。

【课堂讨论】如何看待索取和奉献？

(二) 学会感恩，建立家庭责任意识

20世纪90年代后出生的人，大多数是独生子女，即便不是独生子女，也很少有人经历过生活痛苦的磨炼。社会为他们创造了优越的条件，家庭几乎倾尽所能，供其上学。二十几年来，他们一直是家庭宠爱和照顾的中心；而进入社会后，则要变成要为家庭其他成员尽一份责任的人，开始回报父母、赡养老人，结婚生育，还要担负起作为妻子/丈夫、父亲/母亲的责任。这是一种从家庭宠儿到家庭各种事务、经济压力和多种责任的承担者的转变。

在家里，大多情况下家人会照顾你的情绪；而在职场上，别人基本不会在意你的情绪，要求你必须拿出良好的工作结果。

我们领到每一笔工资时，要想到孝敬父母。也许有人会说："我爸妈不缺钱。"或许你的父母真不缺钱，但父母很在意你对于养育之恩的回报之心。如果对养育自己的父母都不感恩，又怎能培养出对企业、对国家的忠诚心呢？

【小组讨论】我们感恩的对象是谁？

(三) 淡化个人意识，树立团队、组织合作观念

在学校里，你理所当然是被培养的对象，因为在学校里你是消费者和学习者，你的学习成绩体现着老师的业绩和学校的荣耀。而进入社会后，在组织里，你必须成为创造价值的贡献者，你只有在为组织做出贡献后，组织觉得你是值得培养的人，才会把你当作培养对象。你在组织里拿到的报酬也必须是你创造价值的一部分，而且只能是一小部分。一个组织的生存、发展和壮大，靠的就是组织成员的创造价值和积累价值。

当你是学生时，所有的学习都是按照教学大纲安排进行的，而教学大纲又是学校和老师拟定的，你不需要操心教学计划，只需要按时上课、完成作业、考好成绩，同时，每年还可以享受两次长长的假期。在组织中，并不是所有的工作都是按部就班的，而是需要你去主动地、创新地完成。

在学校里，考不好不会给班级和学校造成经济损失，还会有补考的机会。而在组织中，如果做不好工作，有可能会造成重大损失，甚至没有挽回的机会。

在学校里，自己的考试成绩优秀就可能获得奖学金。而在组织中，必须为他人或为组织创造价值才能获得报酬，而且必须创造超额价值，才能获得奖金。

在学校里，如果不能和同学融洽相处，你仍然可以当一个不合群的"小鸭"，保持自己的个性，孤芳自赏。而在组织中，如果你不能和同事搞好关系，被组织认为不能进行团队合作时，就必然成为出局的人。

在学校里，老师往往是你尊敬和崇拜的对象。而在组织中，你的上级也许不是你尊敬和崇拜的对象，但你必须服从他的领导和管理。

在学校里，你迟到、旷课，只是耽误自己的学习；而在组织中，你迟到、旷工，耽误的却是整个团队的业绩。

【案例分析】

一个刚大学毕业的学生，由于经验不足，能力欠缺，在工作中出现了失误，受到上级的严厉批评，这使他很不开心，没心思工作。

有人问他："你为什么不开心？"

他说："经理骂我了。"

又问："你是不是工作没做好？"

答："即便工作没做好，他也不应该以这么恶劣的态度对我，我长这么大，我爸、我妈都没这样对我大声喊过！"

问："那你希望怎么样？"

答："我希望我下次再犯错时，他的态度能好点儿！"

这位大学生说的话意味着：

（1）我出错是难免的；

（2）我以后还会出错；

（3）我再出错时，要改的是经理，不是我。他应该提高管理技术。

思考：如果这位大学生有这样的想法，下次再做同样的工作、重复同样的错误，上级对他的态度会好一些，还是会更严厉一些呢？

职场人士正确的说法应该是："我今天工作出错了，上级严厉地批评了我，我很不开心。但是我下次一定把事情做好，让他说不着我。"

四、学生到职业人的转变关键在心态

（一）积极心态

应届毕业生初入职场，没有工作经验，这是劣势，但初生牛犊不怕虎，充满热情、做事积极主动，这是在职场工作多年的人无法比拟的。因此，如果你初入职场，不具备这种积极的心态，那么你就没有优势了。

（二）担当意识

一个人在工作过程中，不可能不出错，尤其是应届毕业生，出错的概率可能更大。出了问题后，应该主动承担责任，从自身找原因：我还可以做哪些工作，才可以更有效地解决问题？而不应该抱怨、责难其他相关部门或岗位的不作为，只有永远先找自己的原因，主动积极地寻找解决问题的对策，才能最后解决问题，并得到上司的信任。

（三）脚踏实地

应届毕业生心中充满了理想，对自己的期望也很高，尤其是名牌大学毕业生更是如此。踏入职场后，如果发现所从事的工作与期望的工作存在差距，千万不要灰心、埋怨、消极怠工，你必须脚踏实地地做好本职工作，即使是你认为很简单、很单纯的工作，也要做到100分，这样你才有机会走得更远。如果消极怠工，上司会认为你连简单的工作都做不好，再想做更高级的工作就很难了。

（四）付出意识

现在有些公司的薪酬体系没有那么完善，在内部和外部的公平性方面有待提高。作为一名大学生，可能你的薪酬与保安人员的薪酬没什么区别，甚至更低。对此，你不必过多关注不公平的薪酬本身，你首先要做的是付出你的劳动、取得绩效。要相信，你的业绩别人是看得到的，你一定可以拿到应该属于你的那一份。同时，也只有到你做出成绩时，你才有资格说："我的工资应该跟别人有所区别。"

（五）主体意识

很多人喜欢把自己定位为一个打工者，如果把眼光放得宽一些，你就会觉得在一个企业工作只是你漫长职业生涯中的一段。你工作的这个企业只是实现自己梦想和远大前途的一个载体。当你在工作中不断提升自己的能力和业绩时，你已经离梦想越来越近了。因此，为什么要把自己定位为打工者，而不是去努力地创造这种双赢的局面呢？想通这一点，工作起来会快乐许多，也会更有成就感。

五、职业人意识的十条准则

（1）社会充满不公平现象。你不要想去改造它，只能适应它，因为你管不了它。

（2）世界不会在意你的自尊，人们看的只是你的成就。在你做出成就之前，切勿过分强调自尊。因为你越强调自尊，对你越不利。

（3）你只是中学毕业，通常不会成为CEO，直到你把CEO职位拿到手，人们才不会介意你只是中学毕业。

（4）当你陷入人为困境时，不要抱怨，你只能默默地吸取教训。你要悄悄地振作起来，重新奋起。

（5）你要懂得：在有你之前，你的父母并不像现在这样"乏味"。你应该想到，这是他们为了抚养你所付出的巨大代价。你永远要感恩和孝敬他们，这才是硬道理。

（6）在学校里，你考第几已不是那么重要，但进入社会却不然。不管你去哪里，都要分等排名。社会、公司排名次，是常见的事，所以随时鼓起勇气去竞争。

（7）学校里有节假日，到公司工作则不然，尤其是职业的初期，你几乎不能休息，很少能轻松地过节假日。否则，你的职业生涯一起跑就落后了，甚至会永远落后。

（8）在学校，老师会帮助你学习，到公司却不会。如果你认为学校的老师要求很严格，那是你还没有进入公司工作。因为，公司对你不严厉，你就要失业了。你必须清醒地认识到：在公司比在学校更要严格要求自己。

（9）人们都喜欢看电视剧，但你不要看，那并不是你的工作生活。只要在公司工作，你是无暇看电视剧的。学会关闭手机，你将走向成功。

（10）永远不要在背后批评别人，尤其不能批评你的老板无知、刻薄和无能，因为这样的心态，会使你走上坎坷艰难的成长之路。

第一讲　就业形势与政策

> **知识目标**
> （1）了解当前就业形势的基本特征。
> （2）了解当前国家对大学生的就业扶持政策。
>
> **能力目标**
> 能够根据国家就业形势与政策正确认识自身素质和能力，适当调整自身求职定位。

第一节　最难就业季——大学生的就业形势

从 2013 年开始，"史上最难就业季"便频频见诸报端，反复被媒体提及和炒作，似乎在当下大学生就业已成为一个非常艰难的命题，那么，大学生就业形势究竟如何呢？

一、最难就业季有多难

2013 年，中国共有 699 万名大学毕业生，创历史纪录，《光明日报》发表文章《如何解决 699 万名大学生就业难题》，"史上最难就业季"的概念逐步流传开来，引起全社会的关注。2013 年之所以被称为"史上最难"，主要基于以下原因：一是创下历史新高的毕业生规模——来自教育部新近公布的数字称：2013 年全国高校毕业生达 699 万人，比 2012 年多 19 万人，刷新纪录。二是计划招聘岗位数的下降——据 2013 年 2 月初对近 500 家用人单位的统计，2013 年计划招聘岗位数同比平均降幅约为 15%，北京毕业生签约率总体不足三成，上海不足三成，广东不足五成。三是观望者多，招聘岗位与毕业生的期望值有一定差距，导致他们观望心态浓厚。四是经济增长率的降低。严峻的就业形势像当年的雾霾一样，成为人们无奈却无法回避的话题，以至于有人称 2013 年是"最难就业年"。

据知名社会调查机构麦可思研究院的跟踪调查，2013届毕业生求职难度增加。由该机构从2012年12月12日开始到2013年1月11日结束的问卷调查结果显示：本科毕业生签约率为38%，比上届同期低8%。

经历了2013年严峻的就业形势后，大家对大学生历年就业形势的关注上升到了一个新的阶段。2013年全国大学毕业生有699万人。2014年，大学毕业生有727万人。2015年，毕业生人数更是达到了749万人。单从数据上看，大学生就业似乎是"没有最难，只有更难"。

另外，2014年上半年全国有6.7万家民营企业倒闭，而在2012年，民营企业却吸纳了近31.2%的大学毕业生，因此导致了部分已就业人员失业。同时，多数行业在2011—2013年招募的大学毕业生规模较大，导致很多行业需要新人数量下降，再加上全球经济依然不景气，诸如能源、房地产、IT、机械和汽车等行业的招聘遇冷，所以，目前大学生就业形势十分严峻。

二、未来总体就业形势依然严峻

影响我国就业形势的因素纷繁复杂，既有来自国内的经济增长速度、产业结构变化、人口年龄结构和生育政策的变化等因素，也有来自国际的经济环境变化等因素，这些因素当中既有积极有利的方面，也有消极不利的方面。因此，需要在仔细分析这些因素影响的基础上预测未来我国的就业趋势。

（一）中国经济新常态

1. 什么是中国经济新常态

中国经济新常态就是经济结构的对称态，在经济结构对称态基础上的经济可持续发展，包括经济可持续稳增长。经济新常态是调整结构稳增长的经济，而不是总量经济；着眼于经济结构的对称态及在对称态基础上的可持续发展，而不仅仅是GDP、人均GDP增长与经济规模最大化。经济新常态就是用增长促发展，用发展促增长。经济新常态不是不需要GDP，而是不需要GDP增长方式；不是不需要增长，而是把GDP增长放在发展模式中定位，使GDP增长成为再生型增长，成为生产力发展模式的组成部分。

2. 中国经济新常态的特征

2014年12月，中央经济工作会议首次阐述了新常态的九大特征，即：

（1）从消费需求看，过去我国消费具有明显的模仿型排浪式特征，2014年后模仿型排浪式消费阶段基本结束，个性化、多样化消费渐成主流，保证产品质量安全、通过创新供给激活需求的重要性显著，必须采取正确的消费政策，释放消费潜力，使消费继续在推动经济发展中发挥基础作用。

（2）从投资需求看，经历了30多年高强度、大规模的开发建设后，传统产业相对饱和，由于基础设施互联互通和一些新技术、新产品、新业态、新商业模式的投资机会大量涌现，所以对创新投融资方式提出了新要求：必须善于把握投资方向，消除投资障碍，使投资继续对经济发展发挥关键作用。

（3）从出口和国际收支看，国际金融危机发生前，国际市场空间扩展较快，出口成为拉动我国经济快速发展的重要动能。之后虽然我国低成本比较优势发生了转化，但是我国出口竞争优势依然存在，现实是必须加紧培育新的比较优势，才能使出口继续对经济发展发挥支撑作用。

（4）从生产能力和产业组织方式看，2014年之前，供给不足是长期困扰我们的一个主要问题；2014年之后，传统产业供给能力大幅超出需求，产业结构优化升级，企业兼并重组、生产集中，新兴产业、服务业、小微企业作用凸显，生产小型化、智能化、专业化产业成为产业组织新特征。

（5）从生产要素相对优势看，过去劳动力成本低，只要引进技术和管理就能迅速生产，2014年之后，人口老龄化严重，农业富余劳动力减少，生产要素的规模驱动力减弱，经济增长主要依靠人力资本和技术，所以，必须让创新成为驱动发展的新引擎。

（6）从市场竞争特点看，过去主要是数量扩张和价格竞争，2014年之后逐步转向质量型竞争，统一全国市场、提高资源配置效率是经济发展的内生性要求，所以，必须深化改革开放，加快形成统一透明、有序规范的市场环境。

（7）从资源环境约束看，过去资源丰富、生态空间相对较大，2014年之后环境承载能力已经达到或接近上限，所以，必须善待生态环境，推动绿色低碳循环发展。

（8）从经济风险积累和化解看，随着经济增长速度的下降，各类隐性风险逐步显性化，风险总体虽然可控，但化解以高杠杆和泡沫化为主要特征的各类风险仍需持续一段时间，必须标本兼治、对症下药，建立健全化解各类风险的机制。

（9）从资源配置模式和宏观调控方式看，全面刺激政策的边际效果明显减弱，国家既要全面化解产能过剩危机，也要通过发挥市场机制作用探索未来产业发展方向，必须全面把握整体供求关系新变化，进行科学宏观调控。

这些趋势性变化说明：我国经济正在向形态更高级、分工更复杂、结构更合理的阶段演化，经济发展进入新常态，正从高速增长转向中高速增长，经济发展方式正从规模速度型粗放增长转向质量效率型集约增长，经济结构正从以增量扩能为主转向调整存量、做优增量并存的深度调整，经济发展动力正从传统增长点转向新的增长点。认识新常态、适应新常态、引领新常态，是今后一段时期内我国经济发展的大逻辑。

3. 中国经济新常态对就业的影响

（1）新增就业岗位在新常态下存在不确定性。

众所周知,新常态经济具有从高速增长转为中高速增长的特点。1958年,经济学家菲利普斯发表了《1861—1957年英国失业和货币工资变动率之间的关系》,在菲利普斯的分析框架中,经济增长率(产量)与失业率呈负相关关系,与就业率则呈正相关关系。也就是说,经济持续稳定增长是就业增长的前提条件,一定的增长速度对应产生一定数量的就业岗位。因此,当经济增长速度降为中高速时,每年新增就业岗位数能否保持对应速度的增长就不确定了。除了经济增速原因外,通过关停并转、重组等化解产能过剩的举措也会冲击现有岗位。因此,笔者认为:在经济新常态下,就业的首要特征就是新增就业岗位存在不确定性,这种不确定性决定了未来复杂的就业形势。

(2) 技术性失业将贯穿新常态全过程。

技术性失业是由于技术进步缓慢引起的失业,主要表现为劳动者文化技术水平低,不能适应现代化技术要求的工作。尽管经济学家对技术进步是否会引起失业还存在一定争论,但多数非主流经济学家所做的理论分析和实证分析均表明:技术进步的确在一定程度上导致了失业。在我国经济发展进入新常态下,无论是推进经济结构转型和优化,还是推进创新驱动,科学技术应用到经济发展的各个领域都是不可避免的。无论我们主动还是被动,工业4.0、智能机器人、互联网、云平台、大数据、3D打印还是会到来,也会广泛渗透到我们经济社会的方方面面。这些技术的应用,对就业的最大影响就是生产中对一般劳动力的依赖大大减少了,而这种依赖却转向了人才。这种对劳动需求的相对减小导致了失业率的增加。此外,在经济新常态中,资本相对价值下降和劳动力价值相对上升也加剧了机器取代工人的趋势,从而也加重了这种失业。著名经济学家厉以宁在2014年搜狐财经变革力峰会上表示:在高新技术产业时代,高投资未必带来高就业。因此,笔者认为:技术性失业将贯穿经济新常态的全过程,加之技术性失业一般都是因为劳动者的技能、年龄、身体素质跟不上技术更新的需要,从而导致再就业的难度也很大。

(3) 鼓励创业将是新常态下的就业常态。

经济发展新常态下,经济发展主要依靠创新驱动,但要素驱动、投资驱动依然是新常态下经济发展的动力,不会退出经济发展的舞台。创新登上经济发展的舞台,对创业来讲是绝好的机遇。首先,由于党的十八大会议中第一次将鼓励创业纳入就业方针,从中央和国家层面上就确立了创业在就业中的地位,所以政府必然会从各方面加大对创业的重视,创业者也将迎来历史性的机遇和挑战。其次,困扰创业的头号问题——融资难的问题有望破解。据统计,截至2013年年底,中国已经有5 558万家小微企业,其中个体工商户4 424万户,其他小微企业1 134万户,全国约1/3的小微企业存在借款,但从银行等金融机构贷款总额仅占总贷款额度的11.9%。可见,融资难的问题是普遍存在的。随着国家金融体制的改革、国务院《关于扶持小型微型企业健康发展的意见》的实施以及方兴未艾的互联网金融的发展与成熟,长期困扰创业者的融资难问题有望迎来新的曙光。再次，出现了以众筹、P2P 网络借贷等为代表的新的创业模式，推动创业向更开放平台、更高水平、更大众化发展。由此可见，鼓励创业将成为经济新常态下就业工作的必然选择。

(4) 依托移动互联网是新常态下促进就业的主要渠道。

移动互联网是指互联网的技术、平台、商业模式和应用与移动通信技术结合并实践的活动的总称。截至 2014 年 4 月，我国移动互联网用户总数达 8.48 亿户，在移动电话用户中的渗透率达 67.8%；手机网民规模达 5 亿个，占总网民数的 80% 以上，手机成为第一大上网终端，而同期我国劳动力人口总数为 7.976 亿人，可以毫不夸张地说：移动互联网进入了全民时代。从 2014 年 11 月 21 日结束的中国就业网建设座谈会上获悉，云南省的"网站 + 微博 + 微信 + 报纸 + 电视"五位一体的就业宣传模式，青岛市构建的"智慧就业"平台，运城市推出的"创业运城"微信公众平台，均实现了线上发布就业创业服务信息、平台沟通互动功能，线下免费服务的创业就业"微模式"受到肯定，这表明：移动互联网与促进就业的结合正成为促进就业的新模式、新途径。这是因为移动互联网降低了沟通成本，让沟通更便捷，有效利用了大量碎片化时间，所以笔者认为：在经济发展新常态下，必须将就业与移动互联网结合，充分利用移动互联网，实现提供高效、便捷、优质的就业服务。

(二) 我国经济下行压力进一步加大

与就业增长最为密切的因素就是经济增长率。我国改革开放 30 多年来经济长期保持了高速增长的水平，1978—2013 年，经济增长的平均增速达到了 9.8%。然而，我国宏观经济面临三期叠加，潜在增长率明显下降，2012 年和 2013 年的经济增长率均在 7.7% 左右，2014 年我国经济增速将回落至 7.4%。我国经济增速回落属于向新常态过渡的表现，将逐步由高速回调至中高速增长平台，这种增速的放缓必然会给就业增长带来一定的压力。

(三) 人口老龄化的趋势将更加明显

20 世纪 80 年代以来的较长时间内，我国实行了独生子女政策，当时是为了应对人口的高生育率和高增长率而采取的强制措施。这一措施在一段时间内确实起到了有效控制人口增长、提高人口素质的作用。然而，进入 21 世纪以来，我国进入了快速老龄化社会阶段，2002 年，我国 65 岁及以上的人口占总人口的比例为 7.3%，到 2013 年，这一数值已上升至 9.7%。与此同时，我国适龄劳动人口的比重也从 2011 年开始逐渐下降。为了适应未来人口老龄化的严峻局面，国家人口政策开始调整，从严格的独生子女政策转变为放开"双独"家庭二胎限制，再到允许"单独"家庭生养第二个子女，2015 年 10 月十八届五中全会决定全面放开二胎政策。人口生育政策的这种调整将会减少近期育龄妇女的劳动参与率，但将有利于远期劳动力的供给。

（四）经济结构和产业结构面临深度转型

未来一段时期内我国将要面临经济结构和产业结构转型升级加快的问题。虽然目前我国服务业在三次产业中的比重有了很大程度的提升，但是与发达国家相比仍然有较大的差距。一方面，服务业的发展能够创造出比农业和制造业更多的就业机会；另一方面，服务业劳动生产率的提高要慢于制造业，由此带来的经济增长率降低，反过来又会制约总体的就业增长。在产业转型的过程中，不可避免地要淘汰落后产能，一部分产业工人将面临成为新的失业群体的问题。由于这些产业工人学历较低，掌握的技术又较单一，很难适应转型后的新兴产业的技术需求，从而较难在新兴产业中就业。所以，产业结构转型升级造成的失业问题将是一个新的经济课题。

三、未来就业形势预测

（一）中国经济走势

1. 中国经济发展面临的压力

当今中国经济发展面临四种压力：

（1）受到欧美经济放缓影响。

（2）中国经济发展或到了拐点。

（3）多年来结构性矛盾的充分暴露。

（4）人口红利率的下降。

中国经济的结构性矛盾主要体现在两个方面。一是产业结构：热的过热，主要是房产、股市、基金、钢铁等行业；冷的太冷，主要是制造业、劳动密集型、机械、服装业等行业。二是分配结构，存在积累过多、基本建设规模大、形象工程耗资多、工资分配低、群众收入少、国内需求不足等问题。

2. 中国近两年经济增长情况

亚洲开发银行（ADB）2013年10月2日公布2013年和2014年最新经济展望报告，下调对亚太地区整体经济增长预期。ADB称：中国2013年和2014年经济增速分别为7.6%和7.4%。据有关统计数据显示：中国2013年GDP增长估计在7.5%，8%难以持续。

3. 中国经济增长的动力源分析

近年来，中国经济增长的动力来源于消费、投资和出口（俗称"三驾马车"）。

（1）2009年，消费对经济的拉动为38.6%，投资对经济的拉动为37.7%，出口对经济的拉动为 23.7%。

(2) 2010 年，消费对经济的拉动为 37.3%，投资对经济的拉动为 54.8%，出口对经济的拉动为 7.9%。

(二) 欧美主权债务危机对我国经济的影响

首先，受欧美经济低迷的影响，世界经济复苏的步伐有所放缓。2008 年的金融危机在各国政府刺激政策推动下扩散势头被遏制住了，但一些国家的财政状况却恶化了。希腊、西班牙、意大利主权债务危机是长期财政危机积累的结果，解决主权债务危机，就要面对调减赤字、安抚民心与经济增长的矛盾。近几年来，在欧元区内，各国在解决各自财政问题与加强欧元区财政统一中达成共识，在整个欧元区内实行紧缩的财政政策，来应对财政赤字问题。其次，国内外环境的变化，使得 2014 年中国经济增速放缓。现阶段，中国的经济面临通货膨胀、财政债务和生态环境恶化等多种压力，从而使得政府下决心调整和优化经济结构。未来中国经济发展的减速是大概率事件。

(三) 当今世界经济低迷对就业的影响

1. 目前世界的就业形势

2012 年年初，国际劳工组织发布的《世界就业与社会展望》显示：世界在近十年内创造 6 亿个就业岗位，才能保证经济持续的增长和社会稳定。相比之下，新兴国家的模式将会有所不同，但其结果会更糟糕。随着出口贸易的萎缩，处于全球供应链底层的数百万劳工将会丢掉饭碗。当他们陷入非正式工作的泥潭或者返乡务农的时候，贫困将会加剧。世界银行总结：仅 2011 年，全球赤贫人口就增加约 4 400 万人。

2. 世界经济低迷对中国就业的影响

中国受欧美经济持续低迷、国内经济转型的影响，2014 年经济增长速度继续回落，出口增长乏力，致使大量的企业减员或倒闭，加上高校毕业生人数不断攀升，就业形势更加严峻。

据有关方面统计，中国 GDP 每下降一个百分点，将会减少 100 万~200 万个就业岗位。出口每下降一个百分点，将会有 30 万~50 万人失业。

(四) 近几年大学生就业形势

1. "十二五"期间的就业形势

一方面，我国未来人口就业总量压力依然很大，劳动力供大于求的格局并未改变；另一方面，就业的结构性矛盾进一步加剧，其现实表现是部分企业"招工难"与部分劳动者"就业难"问题并存，且有常态化趋势，而随着经济结构战略性调整的推进，就业结构性矛盾将会更加复杂。不论是产业转型升级，还是节能减排、淘汰落后产能等,都将对就业结构产生深刻影响,技能人才短缺问题势必更加凸显,结构性失业问题也会进一步加剧。与此同时,复杂多变的世界经济也使就业形势增加了变数。

2. 近两年我国大学生的就业状况

2013 年人社部和教育部组织开展了高校毕业生就业工作大调研。调研显示:近两年绝大多数高校毕业生是在中小企业就业,去中西部就业的毕业生比重逐步提高。

从学历上看,研究生初次就业率最高,本科生初次就业率略低,高职高专生初次就业率最低。从专业看,工科毕业生就业率较高,理科和文史哲类毕业生就业率较低。从毕业院校看,重点大学就业率较高,普通本科和独立学院就业率较低。

值得关注的是,已就业者中,部分就业人员流动性较高。

3. 大学生就业扎堆大城市

一些高校毕业生宁可成为大城市中的"漂族"和"蚁族",也不愿意到二、三线城市和基层就业。多数高校毕业生仍然希望在机关事业单位和国有企业就业,希望在经济发达地区和大中城市生活和就业,到中西部地区、城乡基层、中小企业就业的积极性不高。

【分享阅读】

麦可思调查:2013 届大学毕业生就业率为 91.4%,就业总体乐观

727 万人,这是中国大学毕业生史上最多的人数,如图 1-1 所示。"最难就业季"又来了,但 2013 届大学毕业生就业情况如何呢?

近年全国高校毕业生人数

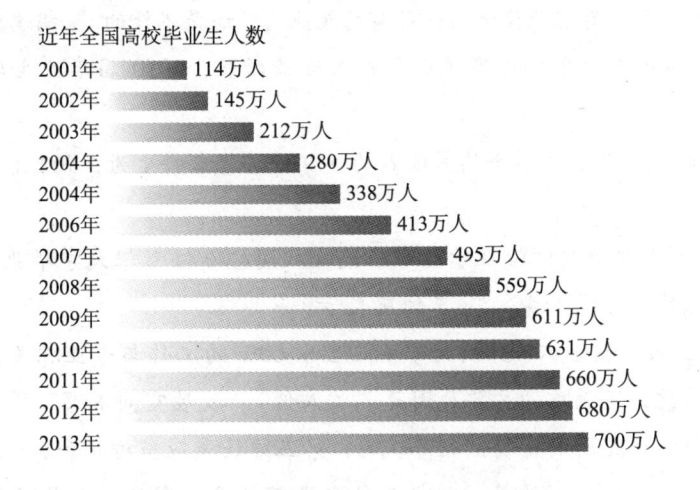

2001年	114万人
2002年	145万人
2003年	212万人
2004年	280万人
2004年	338万人
2006年	413万人
2007年	495万人
2008年	559万人
2009年	611万人
2010年	631万人
2011年	660万人
2012年	680万人
2013年	700万人

图 1-1 2001—2013 年大学毕业生人数

昨日(9 日),总部位于北京的第三方机构麦可思研究院发布了《2014 中国大学生就业报告》(下称《报告》)。《报告》显示:2013 届毕业生毕业半年后的就业率为

91.4%，比2011届略有上升。

"尽管经济增长与新增劳动力增速放缓，但劳动力市场整体上还是可以消化人数持续增长的大学毕业生的，所以大学生毕业半年后就业率较为稳定。"麦可思公司首席专家王伯庆在接受《第一财经日报》记者采访时表示。

91.4%的就业率

91.4%的就业率让在场的媒体与嘉宾略有疑问，因为连续几年，关于"大学生就业难"的说法层出不穷。

本报记者注意到，从2005年开始，来自教育部的信息显示：大学生就业率基本在70%以上浮动。比如，2010年，全国普通高校毕业生就业率为72.2%，比上年增长4.2个百分点；实现就业人数455.6万人，同比增长40万余人。

不过，他们的截止时间点都为7月1日，而麦可思的统计是毕业半年后的就业情况。

"现在是数据说话的时代，但7月1日这个截止时间的统计方法并不符合国际惯例，同时得到的数据并不准确。大学生毕业后是需要找工作的时间的，3~6个月是合理时期，西方国家的统计是有一个找工作的合理区间的。"一位就业研究学者说。

此观点也得到了研讨会诸多专家的认同。

尽管第三方研究所得出的就业率高出官方统计的就业率，但国家教育咨询委员会委员胡瑞文认为：数据很客观，大学生就业总体还是乐观的。

"首先，适龄人口已从原来的2 300万人、2 400万人下降到1 600万人，而且从2005年开始，每年退出劳动力市场的都大于进入劳动力市场的；其次，进入大学深造的大学生在一定程度上还是具有就业优势的；目前的就业质量还是不错的。"胡瑞文表示。

《报告》显示：大学生毕业半年后月收入连续增长，2010届毕业生毕业三年后收入翻番。

2010届大学生毕业3年后平均月收入为5 301元（本科生为5 962元，高职高专生为4 649元）。

"虽然大学毕业生起薪涨幅低于城市居民收入同期涨幅，但大学毕业生工作后的3年薪资与起薪相比上涨了114%。"王伯庆表示。

同时，2013届受雇全职工作的大学毕业生中60%的工作与专业相关，56%的毕业生对就业现状满意；不满意的主要原因是"收入低""发展空间不够"等。

中国教育科学研究所研究员储朝晖认为：第三方还是应当对8.6%未就业的毕业大学生进行一个更详细的数据统计。他们为什么没有就业，家庭收入状况如何等数据统计都应该被纳入《报告》之中，这样才能够切入更实际的问题。

八成创业大学生资金靠自筹

《报告》显示：2013届大学生毕业自主创业人数占总毕业人数的2.3%，比2012

届高0.3%。近3年的趋势显示：本科毕业生创业百分比略有提升，高职高专毕业生自主创业的比例明显上升。

"我们的调查显示，就业困难并不是创业的最重要原因。"王伯庆表示。

2013届本科毕业生自主创业的前两个行业是教育类与零售类，2013届高职高专毕业生自主创业集中的前两位是零售类与建筑类。

"创业理想是这届大学毕业生自主创业最重要的动力。"王伯庆表示。

2013届大学毕业生自主创业的资金主要是依靠父母、亲友、借贷和个人储蓄，而来自商业性风险投资（本科生、高职高专生均为2%）和政府资助（本科生为2%，高职高专生为1%）的比例均较小。

事实上，为解决大学生就业问题，各地出台了鼓励政策。比如，创业大学生会享受税收减免、房租水电费补贴及小额担保贷款等系列优惠。

"但政府的创业资助一直在2%以下，国家在引领大学生创业时要将资金资助的扶持政策落到实处。"一位调研人士表示。

不过，中国就业促进会副会长陈宇认为：大学生创业不应成为解决就业的重要方法，大学生就业的关键是观念的转变。

"在毛入学率比我们高的国家，他们的大学生开出租车很自然，而我们的大学生卖个米线就成了问题，这是我们对待人生该持一个怎样的态度的问题，这很重要。"王伯庆说。

不同专业就业水平迥异

据报告分析，从三届就业率变化趋势可见：本科学科门类中管理学、法学学生毕业半年后就业率持续上升，高职高专专业大类中财经大类、医药卫生大类、文化教育大类、艺术设计传媒大类学生毕业半年后就业率持续上升。与此同时，2013届大学生毕业半年后就业率（91.4%）较2012届（90.9%）略有上升，比2011届（90.2%）上升了1.2%。

2014年本科红牌专业有：生物科学与工程、法学、生物技术、生物工程、动画、美术学、艺术设计、体育教育。高职高专红牌专业有：法律事务、语文教育、电子商务、会计电算化、生物技术及应用、工商企业管理、计算机信息管理、计算机应用技术。所谓红牌专业，是指失业量较大、就业率较低、月收入较低且就业满意度较低的专业，为高失业风险型专业。

除红牌专业外，2014年在失业量较大、就业率较低、月收入较低且就业满意度较低的本科黄牌专业有：数学与应用数学、电子信息科学与技术、公共事业管理、汉语言文学、英语、工商管理、国际经济与贸易等。高职高专黄牌专业有：人力资源管理、国际金融、商务英语、计算机网络技术、物流管理。

与之相对应，2014年月收入、就业率持续走高、失业量较低且就业满意度较高的专业，即需求增长型的本科绿牌专业有：建筑学、地质工程、矿物加工工程、采矿工程、油气储运工程、车辆工程、城市规划、船舶与海洋工程、审计学。高职高专绿牌专业有：电气化铁道技术、供热通风与空调工程技术、铁道工程技术、楼宇智能化工程技术、石油化工生产技术、道路桥梁工程技术。

——资料来源：《观察者网》http://www.guancha.cn/society/2014_06_10_236379.shtml

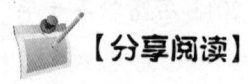

【分享阅读】

"最难就业季"的大学生就业状况报告

由于全国高校毕业生规模达到700万人，所以2013年被一些人称为"史上最难就业季"。那么，2013年高校毕业生的就业状况究竟怎样？自2003年起，北京大学教育经济研究所每两年就要对全国高校毕业生就业状况进行问卷调查，2013年6月他们进行了第六次大规模问卷调查，其调查报告也于近日出炉。2014年全国高校毕业生规模将达727万人，在这个"史上更难就业季"到来之际，准确了解2013年高校毕业生的就业状况，无论对接下来的高校毕业生就业工作，还是对教育相关部门和高校的教育决策都能提供更丰富有效的信息，为此《光明日报》独家首发了这份对2013年高校毕业生的就业状况进行统计分析的调查报告，希望能给读者带来帮助和启发。

毕业生落实率

为更具体、准确地反映毕业生毕业时的状况，本次调查将毕业生被调查时的状况分为10类，每一类毕业生所占的比例，如表1-1所示。

表1-1 2013年高校毕业生就业状况   %

项目	专科生	本科生	硕士生	博士生	全部
1. 已确定单位	53.1	36.3	72.8	56.9	43.5
2. 升学（国内）	8.6	16.7	7.1	10.8	14.0
3. 出国、出境	0.9	3.4	2.6	10.8	2.8
4. 自由职业	5.0	2.1	0.4	0.0	2.6
5. 自主创业	2.4	2.2	0.5	3.1	2.1
6. 其他灵活就业	9.7	6.7	2.8	4.6	7.0
7. 待就业	16.2	27.4	12.1	12.3	23.4
8. 不就业拟升学	1.7	2.4	0.2	0.0	2.0
9. 其他暂不就业	1.6	1.9	1.0	0.0	1.8
10. 其他	0.8	0.9	0.4	1.5	0.9
落实率（第1~6项）	79.7	67.4	86.2	86.2	71.9

第一讲 就业形势与政策

从被调查的毕业生总体统计来看，毕业生毕业时"已确定单位"的比例为43.5%，"升学"与"出国/出境"的比例合计为16.8%。如果将表1-1中第1~6项均视为"确定去向"的话，则毕业生毕业时的"落实率"达到了71.9%。

从学历层次的比较来看，就业状况落实率呈现后面高前面低的特点：博士生和硕士生的落实率最高，均为86.2%；其次是专科生，为79.7%；本科生的落实率最低，为67.4%。

从性别之间的比较来看：男性落实率显著高于女性。男性落实率为77.3%，女性为65.9%，两者相差11.4%。性别差距主要体现在"已确定单位"和"自主创业"两项上，男性分别高出9.8%和1.3%。

从学校类型的比较来看：高职大专院校的落实率最高，为78.1%；其次是"211"（包括"985"）重点大学，为75.5%；普通本科院校排第三，为75.4%；独立学院和民办高校的落实率最低，仅为44.3%。

从学校所在地的比较来看：东、中、西部地区高校之间存在显著差异，西部地区高校的落实率远低于东部和中部。东、中、西部高校的落实率分别为80.3%、74.0%、58.1%。

起薪比较

收入是反映就业状况的关键指标之一。在本次调查中，由已经确定就业单位的毕业生对自己的起薪进行了估计。为了排除奇异值，我们只统计了月起薪在500~20 000元的观测值。统计结果显示：2013年高校毕业生月起薪的算术平均值为3 378元。

毕业生的起薪具有以下特点：

第一，学历越高起薪越高：从算术平均值看，专科毕业生为2 285元；本科毕业生为3 278元；硕士毕业生为5 461元；博士毕业生为8 800元。

第二，性别之间存在差异：从算术平均值看，男性的为3 579元，女性的为3 094元，两者相差485元。

第三，学校类型之间存在差异：从算术平均值看，"211"重点高校的为3 157元，一般本科院校的为3 793元，高职院校的为3 291元，民办高校和独立学院的为2 610元。这一结果表明：学校层次高并不能直接带来高收入，收入差异主要因学历、职业、就业地点等的不同而不同。另外，统计结果也与所选样本有关。

第四，就业地区之间存在差异：从算术平均值看，京、津、沪的均为5 419元，东部地区的为3 148元，中部地区的为2 882元，西部地区的为3 167元。地区之间呈现中部低、两头高的特点。平均最高与最低收入之比为1.88:1。

第五，就业地点之间存在差异：省会城市或直辖市的平均收入最高，为3 791元；地级市的平均收入为3 033元；县级市或县城的平均收入为2 656元；乡镇和农村的收入分别为2 518元和2 485元。平均最高与最低收入之比为1.53:1。

第六，工作单位性质之间存在差异，11个单位类型按照平均起薪由高到低的排列顺序依次为：科研单位（4 620元），三资企业（4 420元），高等学校（4 025元），国有企业（3 703元），国家机关（3 536元），其他事业单位（3 195元），其他企业（3 121元），医疗卫生单位（3 030元），中小学（2 983元），私营企业（民营、个体）（2 914元），乡镇企业（2 347元）。最高与最低收入之比为1.97:1。

第七，工作类型之间存在差异：企业管理工作、专业技术工作、国家机关党群组织事业单位管理人员的收入位居前三甲，分别为3 724元、3 597元和3 577元；商业和服务人员、办事人员和有关人员的收入居中，分别为3 139元和3 012元；最低的是生产运输设备操作人员及有关人员、农林牧渔水利业生产人员，收入分别只有2 577元和2 386元。平均最高与最低收入之比为1.56:1。

第八，行业之间存在差异，19个行业按照平均起薪由高到低的排列顺序依次为：信息传输、计算机服务、软件业（4 501元），金融业（4 181元），科学研究、技术服务、地质勘查（3 770元），房地产（3 590元），水利环境公共设施管理（3 576元），文化体育娱乐（3 469元），电力、煤气和水的生产和供应业（3 310元），公共管理与社会组织（3 285元），采矿业（3 221元），卫生、社会保障与福利（3 109元），教育（3 090元），建筑业（2 956元），制造业（2 935元），交通运输、仓储和邮政（2 907元），农林牧渔（2 876元），租赁和商务服务业（2 736元），批发零售（2 718元），居民服务（2 708元），住宿餐饮（2 600元）。平均最高与最低收入之比为1.73:1。

就业满意度

由于高校毕业生找工作有充分的选择权，因此毕业生对自己所找到工作的满意程度较高。在已经确定就业单位的毕业生中，有13.7%的毕业生对找到的工作感到非常满意；51.1%的毕业生感到满意；32.4%的毕业生感到一般；2.5%的毕业生感到不太满意；只有0.4%的毕业生很不满意自己的工作。

毕业生的就业满意度具有以下特点：

第一，学历之间存在差异：博士生的满意度最高，其次是硕士生，再次是专科生，本科生的满意度最低。

第二，就业地区之间存在差异：在京、津、沪地区就业的满意度最高，在中部地区就业的满意度最低，东部地区与西部地区之间没有显著的差异。

第三，就业地点之间存在差异：城市越大满意度越高，在省会城市或直辖市就业的满意度最高，其次是地级市，再次是县级市或县城，接着是乡镇，在农村就业的满意度最低。

第四，工作单位性质之间存在差异：11个单位类型按照满意度由高到低的排列顺序依次为：国家机关，高等学校，科研单位，国有企业，三资企业，其他事业单位，私营企业（民营、个体），其他企业，医疗卫生单位，中小学，乡镇企业。

第五，工作类型之间存在差异，7个单位类型按照满意度由高到低的排列顺序依次为：国家机关、党群组织、事业单位管理人员，企业管理人员，专业技术人员，商业和服务人员，办事人员和有关人员，农、林、牧、渔、水利业生产人员，生产、运输设备操作人员及有关人员。

第六，行业之间存在差异：19个行业按照满意度由高到低的排列顺序依次为：公共管理与社会组织，农、林、牧、渔，文化体育娱乐，电力、煤气和水的生产和供应业，金融业，教育，房地产，科学研究、技术服务、地质勘查，信息传输、计算机服务、软件业，建筑业，水利环境公共设施管理，采矿业，批发零售，交通运输、仓储和邮政，卫生、社会保障与福利，制造业，居民服务，住宿餐饮，租赁和商务服务业。

此外，性别之间、学校类型之间的就业满意度差异不大。

就业分布

根据已经确定就业单位者的回答，2013年高校毕业生的就业分布状况如下：

第一，按就业地区划分：在京、津、沪地区工作的毕业生占12.8%，在东部地区工作的毕业生占46.0%，在中部地区工作的毕业生占22.2%，在西部地区工作的毕业生占19.0%。

第二，按就业地点划分：在省会城市或直辖市工作的毕业生占52.6%，在地级市工作的占33.4%，在县级市或县城工作的占11.2%，在乡镇工作的占2.2%，在农村工作的占0.5%。

第三，按工作单位性质划分，11个单位类型按照比例由高到低的排列顺序依次为：私营企业（38.2%），国有企业（30.2%），三资企业（7.6%），国家机关（5.8%），其他企业（4.0%），其他事业单位（3.9%），医疗卫生单位（3.5%），科研单位（1.6%），高等学校（1.4%），中小学（1.2%），乡镇企业（0.6%）。

第四，按工作类型划分，7个工作类型按照比例由高到低的排列顺序依次为：专业技术人员（37.7%），商业和服务人员（16.2%），国家机关、党群组织、事业单位管理人员（12.4%），企业管理人员（11.6%），办事人员和有关人员（10.9%），生产、运输设备操作人员及有关人员（4.7%），农、林、牧、渔、水利业生产人员（0.9%）。从分布结构看，毕业生就业的工作类型比较分散，有5个类型的工作比例达到两位数。

第五，按行业划分，在19个行业中按比例由高到低的行业顺序依次是：制造业（13.9%），金融业（13.0%），建筑业（11.5%），信息传输、计算机服务、软件业（11.1%），电力、煤气和水的生产和供应业（5.5%），教育（5.0%），卫生、社会保障与福利（4.9%）、科学研究、技术服务、地质勘查（3.6%）、房地产（3.3%）、交通运输、仓储和邮政（3.1%）、批发零售（3.1%）、农林牧渔（3.0%）、公共管理与社会组织（3.0%）、采矿业（2.2%）、租赁和商务服务业（2.0%）、文化体育娱乐（2.0%）、住宿餐饮（1.5%）、居民服务（0.9%）、水利环境公共设施管理（0.7%）。

前4个行业比例合计达到49.6%，接近1/2。这4个行业分别属于以下两种类型：工业（制造业和建筑业）、新兴服务业（信息传输、计算机服务和金融业）。教、科、文、卫、体等事业部门合计占15.4%。

就业影响因素

毕业生就业受多种因素的影响，各种因素的相对重要性如何，应该从用人单位和毕业生供给和需求两种角度综合考虑，但是本次问卷调查对象只包含毕业生，因此统计结果只是毕业生的看法。问卷包含的影响就业的各种因素共有20种，调查统计结果中按照影响程度从重到轻的排列顺序依次为：工作能力强、有相关实习和工作经历、了解自己并能扬长避短、了解求职岗位的要求及特点、形象气质好、学历层次高、应聘技巧好、就业信息多、学校名气大、热门专业、学习成绩好、老师的推荐、朋友的帮助、亲戚的帮助、往届毕业生的声誉好、学生干部、拥有就业地户口、性别为男性、党员、送礼买人情。

上述统计结果表明：工作能力、实习经历、求职技巧等与就业直接相关的因素显得尤为重要。学校名气、热门专业、学习成绩等与高等教育直接相关的因素的重要性一般，排在中间位置。亲朋好友、党员干部、性别等与社会资本、政治资本、人口特征等相关的因素最不重要。

求职状况

本次调查也对高校毕业生求职时的状况进行了调查，统计结果显示如下。

1. 择业意向

就业对每一位毕业生来说都是人生中的一件大事。在择业过程中，毕业生们普遍重视的是哪些因素？本次调查共涉及16种因素，按照影响程度从重到轻的排列顺序依次为：发展前景好，利于施展个人的才干，福利待遇好，工作稳定，经济收入高，符合自己的兴趣爱好，工作单位的声誉好，能获得权力和社会资源，对社会的贡献，工作自由，工作舒适、劳动强度低，工作单位的规模大，工作单位在大城市，专业对口，可兼顾亲友关系，能够解决户口问题。可见，毕业生较看重的是个人发展和福利待遇。

2. 求职渠道

毕业生求职与用人单位聘用毕业生是一个互动的过程，在此过程中，毕业生需要通过各种渠道获得就业信息，并需要通过一定的途径向有关单位发出求职信息。已确定单位者的求职渠道被选的比例由高到低依次排列为：学校（包括院系）就业指导机构发布的需求信息（34.0%），网络招聘信息（27.0%），父母、亲戚介绍的信息（8.8%），朋友或熟人介绍的信息（8.1%），从企业得到的招聘广告（7.8%），在人才洽谈会获得的信息（4.7%），实习单位提供的信息（4.4%），专门性的人才招聘信息刊物（2.2%），从职业介绍机构获得的信息（1.6%），新闻媒介的零散招聘广告（1.3%）。

3. 求职数量

在需要求职的毕业生中，在择业过程中毕业生递交过求职简历的单位数平均为12.9个，接受过面试的单位数平均为5.3个，曾表示愿意接收的单位数平均为2.6个。进一步的分析发现：求职单位的数量与求职成功率有一定的联系，求职成功者付出了较大的努力。"已经确定单位"的毕业生平均求职单位数为14.1个，"待就业"者为9.9个；"已经确定单位"的毕业生参加面试的单位数为6.0个，"待就业"者为3.8个；"已经确定单位"的毕业生获得接受的单位数为2.9个，"待就业"者为1.9个。统计数据还显示出"待就业"者存在"有业不就"的现象。

4. 求职费用

排除求职总费用在0元以下和10 000元以上的奇异值后，2013年高校毕业生为求职而花费的相关费用人均为1 766元，其中：求职简历的制作130元；交通费258元；招聘会门票142元；通信费用170元；购置服装费313元；人情、礼品费用438元；其他相关费用349元。"已确定单位"者的总求职费用为1 749元，而"待就业"者为1 791元，说明求职结果与求职费用之间没有显著的相关联系，在求职过程中过分地增加支出并不一定能够提高求职的成功率。

5. 就业指导课程

从毕业生对学校开设的就业指导课或讲座的帮助程度看，有8.2%的毕业生认为帮助很大，有19.0%的毕业生认为帮助较大，有50.4%的毕业生认为帮助一般，有15.3%的毕业生认为帮助较小，有7.1%的毕业生认为没有帮助。

（本报告为国家社科基金重大项目"高校毕业生就业问题与对策研究[09&ZD058]"的问卷调查统计结果，由岳昌君教授执笔。）

本次调查的样本包括我国东、中、西部地区21个省份的30所高校，东部地区包括北京、天津、河北、江苏、浙江、山东、广东和海南等9个省份的11所高校；中部地区包括安徽、江西、河南和湖北等6个省份的7所高校；西部地区包括重庆、四川、云南、陕西、甘肃和宁夏6个省份的12所高校。其中"985"重点高校5所、"211"重点高校4所、一般本科院校9所、高职院校7所、民办高校2所、独立学院3所。每所高校根据毕业生学科和学历层次按一定比例发放500~1 000份问卷。调查共回收有效问卷15 060份。

在有效样本中，专科毕业生占 22.4%，本科毕业生占 68.0%，硕士毕业生占 9.2%，博士毕业生占 0.4%；男、女毕业生比例分别为 52.7% 和 47.3%。"985" 重点高校毕业生占 19.9%、"211" 重点高校毕业生占 9.4%、一般本科院校毕业生占 28.9%、高职院校毕业生占 28.1%、民办高校毕业生占 7.7%、独立学院毕业生占 6.0%。

——资料来源：《光明日报》

第二节 此处风景独好——高职大学生就业的 SWOT 分析

一、高职教育的基本内涵和现状

（一）高职教育的基本内涵

高等职业教育，简称高职教育，即高等教育中主要实施专科学历教育的高等学校教育。中国特色的高等职业教育，是建立在高等学校教育框架基础之上的，目前处于普通高等教育（全日制高等学校教育）中的专科学历层次，这是基于中国基本国情的战略选择。近年来，中国大力发展高等职业教育，2014 年具有普通高等学历教育招生资格的高等职业学校数量达到 1 327 所，占普通高等学校总数的 60%。

职业教育是以招收应届高中毕业生为主的全日制教育。高等职业教育主要面向广大适龄青年，是为他们提供进入高校学习并获得就业技能机会的职业学校教育。招收对象主要是应届高中毕业生和中等职业学校毕业生，学制一般为 3 年；学生毕业后可得到正规的高等学校学历证书。2014 年，全国普通高职院校招生数为 337.98 万人，占普通高等学校招生总数的 46.9%。

培养目标是生产、建设、服务、管理一线的高技能人才。高等职业教育作为高等教育发展中的一个类型，其肩负的使命是培养面向生产、建设、服务和管理第一线需要的高素质技能型专门人才，在我国推进工业化、城镇化和新农村建设中具有不可替代的作用。高技能人才处于技能型人才的高端，故又被称为高端技能型人才。他们首先要具备以德为先的基本素质，同时还要具备通过职业教育掌握的就业技能，以及通过高等教育积累的专门化知识底蕴。

以政府为主导，以学校为主体，校企合作共同育人。高等职业教育正在不断完善"政府主导、依靠企业、充分发挥行业作用、社会力量积极参与、公办与民办共同发展"的多元办学格局。积极推行与生产劳动和社会实践相结合的学习模式，带动专业调整与建设，引导课程设置、教学内容和教学方法改革，不断推进合作办学、合作育人、合作就业、合作发展的机制，形成了以学校为主体、校企合作共同育人的基本培养模式。

以服务为宗旨，以就业为导向，走产、学、研结合发展道路。高等职业学校主动适应经济和社会发展需要，以就业为导向确定办学目标，找准学校在区域经济和行业发展中的位置，坚持培养面向基层生产第一线与实际工作现场所需要的"下得去、留得住、用得上"，实践能力强、具有良好职业道德的高技能人才。同时，高等职业学校注重与行业对接，坚持走产、学、研结合的办学道路，产、学、研结合的理念、机制和途径在办学过程中得到充分的体现。

（二）高职教育的现状

经过十几年来的高速发展，我国高等职业教育体系初步形成，主要体现在以下几个方面：

1. 高职教育的法律地位、根本任务得以确立

《中华人民共和国职业教育法》第13条规定"高等职业学校教育根据需要和条件由高等职业学校实施，或者由普通高等学校实施"，这是第一次把高等职业教育以法律的形式固定下来。《中华人民共和国高等教育法》第68条指出，"本法所称高等学校是指大学、独立设置学院和高等专科学校，其中包括高等职业学校和成人高等学校"，这就进一步确立了高等职业教育的法律地位。

《面向21世纪教育振兴行动计划》提出："高等职业教育必须面向地区经济建设和社会发展，适应就业市场的实际需要，培养生产、服务、管理第一线需要的实用人才，真正办出特色。"《中共中央国务院关于深化教育改革全面推进素质教育的决定》进一步明确：高等职业教育是高等教育的重要组成部分，要大力发展高等职业教育。

2. 办学方向更加明确，改革思路日益清晰，得到社会认可

在近年的发展中，高职院校坚持为社会主义现代化建设服务的方向，转变教育思想和观念，树立正确的质量观，立足于高等教育层次，突出职业教育特点，建设以服务为宗旨，以就业为导向，走产、学、研结合之路的高等职业教育，已成为职教战线的共识，也正在为全社会逐步认可和接受。

2013年，一项针对347所高职院校的19.4万名毕业生就业状况的抽样调查表明：当年就业率达到87.6%，其中153所学校的就业率超过90%，占被调查学校的44%，在经济发达地区还出现了高薪聘用高职生的现象。高职学生就业率逐年走高的事实，显示出高级应用型人才受到社会各行各业的普遍欢迎。

3. 人才培养的主要特征得以梳理

《教育部关于加强高职高专教育人才培养工作的意见》将高职高专教育人才培养模式的基本特征归纳为：以培养高等技术应用型专门人才为根本任务；以适应社会需要为目标，以培养技术应用能力为主线，设计学生的知识、能力、素质结构和培养方案；毕业生应具有基础理论知识适度、技术应用能力强、知识面较宽、素质高等特点；以"应用"为主旨和特征构建课程和教学内容体系；实践教学的主要目的是培养学生的技术应用能力，并在教学计划中占有较大比重；"双师型"教师队伍建设是提高高职高专教育教学质量的关键；学校与社会用人部门结合、师生与实际劳动者结合、理论与实践结合是人才培养的基本途径。

4. 教育教学改革取得成功

专业设置、理论教学体系和实践教学体系的建立，教学内容和教学方法、产学研结合、质量保障体系等的改革，成为高职教育改革的主旋律，培养模式新颖、职业特点突出、人才质量可靠等特点成为高职教育突出的核心竞争力。

专业设置逐步从"条件驱动"向"需求驱动"转变；启动了新世纪高等职业教育教学内容和课程体系改革计划，建设了一批国家级和省级试点专业、精品专业和精品课程；建立了科学的评估指标体系；实行了"订单式""2+1""1.5+0.5"等灵活多样的人才培养模式；积极推行了"双证书"制度；培养了学历和能力并重的"双师型"教师；建立了相对独立的实践教学体系；产、学、研结合取得了成功，走出了新路。

5. 管理体制和运行机制改革实现重大突破

1999年，国务院决定把发展高等职业教育的权力和责任交给地方政府，形成以地方管理为主，国家进行宏观调控和质量监控的两级管理体系。这种体制上的变化，调动了地方各省、市的积极性。

在办学体制方面，打破了单一政府办学格局，初步形成了政府主导，行业、企业和社会力量共同参与、面向市场的多元化办学格局。尤其是民办高校的快速、健康发展，为高职教育注入了新的活力。

二、高职院校毕业生的总体就业状况

近年来，高职院校毕业生的就业状况总体好于本科院校，以网络上最为热炒的2013年为例，数据显示：高职高专院校初次就业率最高，为78.1%，高于"211"（包括"985"）重点大学的75.5%。从学历层次来看，专科生的初次就业率为79.7%，比本科生的67.4%高出12.3%。

（一）就业率

高职高专院校初次就业率最高。近年来，随着高校扩招，高校毕业生的就业出现了新的特点。数据表明：2013年，我国高校毕业生数据规模达到创纪录的699万人。从学历层次来看，就业状况具有初次就业率"后面高、前面低"的特点：博士生和硕士生初次就业率最高，紧接着是专科生，本科生最低。从学校类型来看，高职高专院校初次就业率最高，为78.1%，独立学院和民办高校最低。

以重庆市为例，截至目前，重庆已连续7年呈现出学历和就业率倒挂的现象。例如，2013年重庆市高校毕业研究生就业率为82.53%，本科毕业生就业率为86.59%，专科毕业生就业率为88.56%。

男、女生的就业率差距明显，其中男生初次就业率为77.3%，女生为65.9%。同等学历男生薪水的平均值比女生高15.7%。

有关调查报告指出，男性收入高于女性，主要原因是所从事的职业和学历等因素的不同；在某些情况下，也存在一定程度上的性别歧视。

（二）起薪

高职学生平均起薪3 291元，"211"高校毕业生为3 157元。从学历层次来看，学历越高起薪越高，但学校层次高不一定直接带来高收入，"211"重点高校毕业生平均起薪为3 157元，低于高职院校的3 291元。

此外，就业地区之间的毕业生起薪差异较大，其中，京、津、沪地区为5 419元，东部地区为3 148元，中部地区为2 882元，西部地区为3 167元。

三、高职院校毕业生就业的SWOT分析

（一）高职院校毕业生的就业优势（Strengths）

所谓优势，是指相对于竞争对手的资源或能力上的长处。任何事物都有其自身的优势，高职院校毕业生的就业优势包括比较优势、先发优势和竞争优势。

1. 比较优势

比较优势是来自毕业生的内在资源，但取决于用人单位的实际需求。首先，较为实际的就业观念使高职院校毕业生在就业时具有比较优势。与本科生相比，高职院校毕业生就业观念更为实际，就业时很少挑三拣四，能理性就业，这使他们的就业空间更为广阔，就业层次更为丰富。其次，踏实肯干的就业态度使高职院校毕业生就业具有一定的比较优势。由于高职院校重视生产第一线操作技能的培训，所以高职院校毕

业生"超越"了本科生"纯理论化"的缺陷，具有重实践、会动手的特点，而且高职生的职业定位比本科生要明晰，在就业时不像本科生那样容易朝三暮四。这些特点更符合企业注重职员的踏实肯干精神和忠诚企业的意向，因此，企业择人趋向与高职院校毕业生就业态度和个性表现的契合，使他们在就业时具有比较优势。再次，薪酬要求相对较低使高职院校毕业生在就业时具有比较优势。现在越来越多的用人单位开始注重用人成本，相对于本科生而言，高职院校毕业生对薪酬的要求相对较低，对某些岗位来说，录用高职院校毕业生比录用本科生可以节省薪酬与培训成本，获得更好的用人效率，更符合企业经济角度的考虑，也更容易被企业接受。因此，高职院校毕业生的薪酬期望与用人单位的成本意识趋同，使其在就业时具有一定的优势。

2. 先发优势

一是高职院校以就业为导向，按订单培养人才，有的学生刚进学校就被用人单位预订；高职院校毕业生具有实训和顶岗实习的机会，使得高职院校毕业生在岗位职业能力储备上具有一定的先发优势。二是由于高职院校的职业生涯教育前移，对毕业生就业的准备工作做得早，使高职院校学生较早地做好了就业心理准备，高职院校毕业生与普通大学毕业生相比就业警觉期出现较早。这样，高职院校毕业生在就业心理准备上就具备了一定的先发优势。

3. 竞争优势

首先，高职院校毕业生技术应用能力较强。他们在校时实践操作和实训的机会较多，因此，能较快地适应并融入新的就业环境中。其次，高职院校专业对口的特色也使毕业生在就业时具有竞争优势。一些高职院校在设置专业时岗位针对性较强，一些高职院校还设有以企业"冠名"的班级，毕业生可直接进入该企业，因此，高职院校毕业生在自己的岗位领域中占有竞争优势。

（二）高职院校毕业生的就业劣势（Weaknesses）

所谓劣势，是指相对于竞争对手在资源或能力上的限制或缺陷。相对于普通高校毕业生而言，高职院校毕业生的就业劣势包括文凭弱势、人文素质弱势和个性心理弱势。

1. 文凭弱势

高职院校毕业生处于专科水平，在这个重视高学历的时代，面对越来越多的本科生和研究生，高职院校毕业生就业无疑处于劣势。

2. 人文素质弱势

高职院校招收的学生大多是普通高等教育考试的落榜生，文化素质较差。同时，高职院校只注重职业技能的培养，片面强调就业教育，将学生置于"会工作的工具"的境地，忽视人文教育，使得高职院校毕业生整体人文素质较差。

3. 个性心理弱势

高职院校学生因为没有考上理想的大学，潜意识中有自卑和压抑的情绪，心理负担和精神压力较大，容易导致对自身角色的不客观定位，就业时处于迷茫、彷徨的心理状态，既想攀比，又怀有自卑情结；既想追求高薪企业，又缺乏足够的信心；既想主动竞争谋取理想职业，又担心竞争失败。这些个性心理不同程度地影响着他们的择业和就业。

（三）高职院校毕业生的就业机会（Opportunities）

所谓机会，是指由于外在环境因素的变动而出现的对高职院校毕业生就业有利的时机。高职院校毕业生的就业机会主要有以下几方面。

1. 中小型企业、民营企业的快速发展

经济的繁荣，中小型企业、民营企业的快速发展为社会提供了大量的就业岗位，"大部分的新工作将仍由小型企业提供"。因此，中小型企业和民营企业是吸纳劳动力就业最多的地方。

2. 劳动力市场对技术型人才的强劲需求

2014年4月，国家劳动和社会保障部对全国40个城市技能人才状况抽样调查的结果显示，企业当前最急需专业人才的前三位依次是营销人员、高级技工、技师和高级技师，其分别占被调查企业需求的14.4%、12.1%和10.9%。企业对一般技工的需求也较强烈，排第六位，占被调查企业需求的8.9%，加上企业对高级技工、技师和高级技师的需求，企业对技术工人的需求占31.9%。这就为高职院校毕业生提供了广阔的就业空间。

3. 用人观念转变使一些用人单位青睐高职院校毕业生

现在越来越多的用人单位有了用人成本的意识，这种成本不但包括员工的薪酬待遇，还包括培训员工所花费的成本。企业选拔人才从看"学历"到看"学力"的转变给高职院校毕业生就业带来了难得的机遇。

（四）高职院校毕业生的就业威胁（Threats）

所谓威胁，是指由于环境因素的变动给高职院校毕业生就业带来的不利或限制。高职院校毕业生的就业面临的主要威胁有以下几方面。

1. 严峻的就业形势给高职院校毕业生就业带来的压力

随着经济体制改革力度的加大和职业结构的不断变化，就业人数陡增。一是当前大学毕业生数量猛增，2015年高校毕业生人数达到749万人，比2014年增加22万人；此外，还有研究生向下挤占大学毕业生就业位置；二是经济结构调整，使部分行业不景气，出现了较大规模的裁员增效现象，劳动力人群的失业问题凸显；三是农村剩余

劳动力转移加大了对城镇就业机会的竞争。三大就业人口高峰同时出现，而就业市场容量并没有增加，使得劳动力就业市场不堪重负，就业市场供大于求。

2. 用人单位的高学历追求给高职院校毕业生就业带来的挑战

近几年来，毕业生队伍的不断扩大，使得招聘"行情看涨"，一些用人单位片面追求高学历人才，这种重学历文凭、轻素质技能的用人观，无疑抬高了高职院校毕业生的就业门槛。

3. 偏颇的社会心理给高职院校毕业生就业带来的伤害

中国古代就有"学而优则仕""劳心者治人，劳力者治于人"的观念，这种传统观念一直存在于国人的潜意识中。大多数人认为：只有学术教育才是正统教育，而高职院校培养的是工作在生产第一线的技术人员，更多的是属于"劳力者"的范畴，仕途黯淡。因此，高职院校毕业生一度成为时代的"失宠儿"。人们用思想观念筑成一座隐性的心理堡垒，给高职院校毕业生就业设置了一道心理障碍。

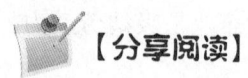

【分享阅读】

高职的高就业率如何看？"好就业"等于"就好业"？

在2013年的这个就业季，一个信息被屡屡提及：699万名高校毕业生中，高职院校就业率仅次于"985"高校，力压"211"院校；中职就业率更是连续三年高于本科院校。在公开场合，有人将其作为职业教育就业亮点加以传播。但欣喜之余，却很少有人洞见这样的现实——高职院校和本科院校的就业率是否具有可比性？就业率攀比又说明了什么？

如何看待高职的高就业率？

记者收集了这样一组数据：

从2006届到2009届，高职高专院校学生毕业半年后的就业率与非"211"本科院校的差距不断缩小，差距百分比分别为7.2%，6.3%，3.8%和2.2%；2009年，全国示范性高职院校毕业生的就业率达到88.1%，已经高于非"211"本科院校的87.4%。其后几年，高职就业率不断上升，截至2013年，2013届初次就业率仅次于"985"院校，位列第二。

这被誉为"一个颠覆人们想象的事实"。

"不能盲目乐观！"记者在2013年7月16日召开的"2013中国高等职业教育人才培养质量年度报告发布会"上就此提问时，有关专家发出警告，不能简单地用初次就业率来比较人才培养质量，更不能以此否定其他类型本科院校的办学。

如何看待高职院校的高就业率？对此，有关专家给出了自己的解答。

甘肃农业职业技术学院院长李敏骞认为，"一般普通本科院校毕业生就业观念、期望值与现有市场、企业人才需求现状不够匹配，且大型企业用人要求过高，中小企业发育不足，创业环境有待完善"，而高职院校在人才培养方面具有特色，"普通本科院校在人才培养方面总体上学术性过强，毕业生适应性较弱。而高职院校的毕业生从一开始就强调技术技能的培养，能吃苦，上手快，使用成本低，就业定位与目前企业人才需求的现状吻合度高"。

贵州铜仁学院院长侯长林则认为，高职高专院校初次就业率之所以高于普通本科院校，源于以下三点："第一，人才培养定位不同，高职高专院校培养的人才更加紧贴地方经济社会发展的实际需要；第二，就业定位不同，高职学生自我认知清晰，就业心理期望与社会需求吻合，因此能很快找到工作；第三，当前我国经济社会转型发展对技能型人才需求量相对增加，是高职高专院校毕业生就业率提高的外部环境。"

"无论是一个行业还是一个企业，人才的构成往往是呈金字塔形的，中下层就业岗位相对较多，就业率就高。高职毕业生的就业主要集中于中下层就业岗位，所以，就业难度比本科生要低，也就是'好就业'的重要原因。"浙江经贸职业学院招生就业处处长张瑶祥表示。

"好就业"不一定等于"就好业"

"我们职教人一定要清醒，不能被表面的数字所迷惑。就业质量如何、专业对口率高低、学生的后发优势有多大，这些都是我们应该思考的问题。"侯长林发出这样的警醒。

他的担忧，在现实中也有所显现。

浙江金华职业技术学院院长王振洪介绍，高职学生的就业质量总体上看还不是很理想，"优质就业不多，主要集中在制造业和服务业两大领域，毕业生就业满意度不是很高。有调查显示：2011届高职毕业生就业专业对口率低，专业相关度只有63%；就业起薪低，主要是低水平就业，平均月收入为2 749元；而转岗率较高，半年内离职率达到42%"。

"这反映了一个很严重的问题，'好就业'并不一定等于'就好业'。"张瑶祥给出这样一组数据：近62%的操作工、机修工岗位不限学历或只要求职高以上；明确要招高职的岗位不到总量的20%，其中一部分岗位还可以被中职毕业生所替代。"这说明'好就业'的岗位缺乏高职毕业生就业的'专属性'，让读了三年高职的毕业生与其当年没有考上高职的同学从事同样的工作，这会使人觉得既尴尬又无奈。"

专家指出，"好就业"的岗位往往还具有缺乏发展性、岗位薪水普遍较低、供需比容易被人为扩大等特点，"虽然教育部领导曾多次强调'职业教育不是培养廉价劳动力'，但高职教育目前的现实情况仍然是'低层劳动者培养工厂'"。

就业率不能浮躁、盲目攀比

在很多学者看来，高职与一般普通本科院校毕业生就业率的比较主要是一种事实判断，并不是价值判断。

侯长林认为："正常情况下，对高职就业率与一般普通本科院校就业率进行比较意义是有限的，不能仅凭就业率高低来对本科与高职这两种不同类型的学校进行比较，也不能作为考生选择本科和高职的依据。"

接受记者采访的有关专家表示：高职院校这些年发展很快，并取得了很多成绩，但是我们必须保持清醒的头脑，不能浮躁，不能盲目攀高，而应该沉下心来，认真思考职业教育未来的发展。比如：应进一步厘清定位、办学思路和发展方向，丰富和完善现代职业教育体系的建设；要思考与政府、行业和企业的合作，加强体制机制方面的建设；要加强内涵建设，提高人才培养质量，为经济社会发展服务等。

记者认为：我国一般普通本科院校办学定位急需转型，需由学术型向技术应用型转变，加大应用本科和专业研究生教育在本科及以上教育中的比例，与高等职业院校合力构建现代职业教育体系，增强教育适应和服务经济社会发展的能力。（记者 邓 晖 朱振国）

——资料来源：《光明日报》

第三节 就业正当时——大学生就业政策

一、大学生就业政策的变革

随着我国经济体制由计划经济向市场经济的转换，高校毕业生的分配制度也在发生变化，大学生就业政策经历了由"统包统分""计划分配"到"市场导向、政府调控、学校推荐、学生与用人单位双向选择"以及一定范围内的"自主择业"等几个发展阶段。

（一）高校毕业生分配制度的建立

新中国成立以后，随着社会主义经济体制的建立，我国逐步建立起了与计划经济体制相适应的高校毕业生分配制度。针对我国经济、教育发展和人才供求状况不平衡现象，确定了"高等学校毕业生的工作由政府分配"的原则，制定了"根据国家需求，集中使用，重点配备和一般照顾"的基本方针，大学生被集中使用于国家最需要的各个领域。其后虽然在制订高校毕业生分配计划的办法上几经改变，但始终没有改变以"统"和"包"为特征的、由国家负责按计划分配的制度。这一分配制度一直延续到20世纪80年代中期。

（二）高校毕业生就业制度的改革与实践

随着改革开放和劳动人事体制的不断深入，传统的以"统包统分"为特征的高校

第一讲　就业形势与政策

毕业生分配制度也在经历一场改革。

1983年，为了使高校毕业生分配工作能更好地适应四化建设需要，教育部确定将清华大学和西安交通大学等四所院校作为学校与用人单位"供需见面"的试点。

1984年，在继续进行"供需见面"试点工作的同时，针对高等学校毕业生分配使用中存在的用非所学、专业不对口以及分配渠道不畅通等问题，教育部提出，"扩大高等学校分配毕业生权限"，即"一部分毕业生由国家直接安排，一部分毕业生在国家分配方针原则指导下，由学校和用人单位直接联系后提出分配建议，经主管部门审定，纳入国家计划"。

1985年，《中共中央关于教育体制改革的决定》（简称《决定》）颁布实施，这是发展我国教育事业的纲领性文件，在我国教育史上树立了一座新的里程碑。《决定》中指出：对国家招生计划内的学生，其毕业分配实行在国家计划指导下完成，采用由本人填报志愿、学校推荐、用人单位择优录取的制度。这项决策使毕业生就业制度的改革迈出了关键的一步，为毕业生就业制度改革奠定了基础。

1989年，国务院批准转发了国家教委《关于改革高等学校毕业生分配制度的报告》（简称《报告》）和《高等学校毕业生分配制度改革方案》。《报告》中指出：高等学校毕业生分配制度改革的目标是：在国家就业方针、政策指导下，逐步实行毕业生自主择业、用人单位择优录用的"双向选择"制度。

1993年，中共中央、国务院颁布《中国教育改革和发展纲要》，明确了20世纪90年代到21世纪初我国教育发展的目标、战略、指导方针和许多重大政策措施，逐步由国家统一安排高校毕业生就业的制度，过渡到"在国家就业方针、政策指导下，逐步实行毕业生自主择业、用人单位择优录用的'双向选择'制度"的就业制度。

1994年，国家教委发出《关于进一步改革普通高等学校招生和毕业生就业制度的试点意见》，提出：从招生开始，通过建立收费制度，改革学生上大学由国家包下来、毕业时国家包安排职业的做法。同时，建立相应的奖学金、贷学金制度，鼓励学生努力学习，引导学生毕业后参与劳动市场的竞争，国家不再进行行政分配，而是以方针政策指导、奖学金制度和社会就业需求信息来引导毕业生自主择业。这样，逐步建立起"学生上学自己缴纳部分培养费用、毕业后多数人自主择业"的机制。

1999年，国务院批准了教育部关于《面向21世纪教育振兴行动计划》的文件，在这个"计划"中，对毕业生就业制度改革提出了明确要求，即2000年左右建立起比较完善的毕业生就业制度。在这之后，教育部对尽快建立起集管理、服务、咨询、指导于一体的毕业生就业和就业指导体系问题提出了明确要求。同时，教育部还决定取消毕业生派遣证的使用，改用毕业生就业报到证，这标志着我国结束了计划、分配、派遣的就业制度，开始了以市场为导向的就业制度。

二、现行高校毕业生就业创业政策概述

李克强总理在2015年政府工作报告中提到"要加强就业指导和创业教育,落实高校毕业生就业促进计划,鼓励到基层就业"。近年来,国家针对高校毕业生就业的扶持政策主要包括以下几个方面。

(一) 鼓励高校毕业生到城乡基层就业

(1) 结合城镇化进程和公共服务均等化要求,充分挖掘教育、劳动就业、社会保障、医疗卫生、住房保障、社会工作、文化体育及残疾人服务、农技推广等基层公共管理和服务领域的就业潜力,吸纳高校毕业生就业。

(2) 结合推进农业科技创新、健全农业社会化服务体系等,引导更多高校毕业生投身现代农业。

(3) 继续统筹实施好大学生村官、"三支一扶"等各类基层服务项目,健全鼓励高校毕业生到基层工作的服务保障机制。对到中西部地区和艰苦边远地区县以下基层单位就业的高校毕业生实行学费补偿和助学贷款代偿政策。

(4) 高校毕业生在中西部地区和艰苦边远地区县以下基层单位从事专业技术工作,申报相应职称时,可不参加职称外语考试或放宽外语成绩要求。

(5) 充分挖掘社会组织吸纳高校毕业生就业潜力。对到省会及省会以下城市的社会团体、基金会、民办非企业单位就业的高校毕业生,所在地的公共就业人才服务机构要协助其办理落户手续,在专业技术职称评定方面使其享受与国有企事业单位同类人员同等的待遇。

(二) 鼓励小型微型企业吸纳高校毕业生就业

(1) 根据《国务院关于进一步支持小型微型企业健康发展的意见》(国发〔2012〕14号),为小型微型企业发展创造良好环境,推动小型微型企业在转型升级过程中创造更多岗位,以吸纳高校毕业生就业。

(2) 对小型微型企业新招用毕业年度高校毕业生,签订1年以上劳动合同并按时足额缴纳社会保险费的,给予1年的社会保险补贴,政策执行期限截至2015年年底。

(3) 科技型小型微型企业招收毕业年度高校毕业生达到一定比例的,可申请最高不超过200万元的小额担保贷款,并享受财政贴息。

(4) 对小型微型企业新招用高校毕业生按规定开展岗前培训的,要求各地相关部门根据当地物价水平,适当提高培训费补贴标准。

（三）激励高校毕业生自主创业

（1）2014—2017年，在全国范围内实施大学生创业引领计划。通过提供创业服务，落实创业扶持政策，提升毕业生的创业能力，帮助和扶持更多高校毕业生自主创业，逐步提高高校毕业生创业比例。

（2）确保符合条件的高校毕业生都能享受到创业指导、创业培训、工商登记、融资服务、税收优惠、场地扶持等各项服务和政策优惠。

（3）广泛开展创新创业教育，将创业教育课程纳入学分管理；有关部门要研发适合高校毕业生特点的创业培训课程，根据需求开展创业培训，提升高校毕业生的创业意识和创业能力。

（4）各地公共就业人才服务机构要为自主创业的高校毕业生提供人事代理、档案保管、社会保险办理和接续、职称评定、权益保障等服务。

（5）各地区、各有关部门要进一步落实和完善工商登记、场地支持、税费减免等各项创业扶持政策。拓宽高校毕业生创办企业投融资渠道，简化工商注册登记手续。

（6）鼓励各地充分利用现有资源，建设大学生创业园、创业孵化基地和小企业创业基地，为高校毕业生提供创业经营场所支持。

（7）对高校毕业生创办的小型微型企业，按规定落实好减半征收企业所得税，月销售额不超过2万元的暂免征收增值税和营业税等税收优惠政策。

（8）从事个体经营的高校毕业生和毕业年度内的高校毕业生，按规定享受相关税收优惠政策。

（9）留学回国的高校毕业生自主创业，符合条件的，可享受现行高校毕业生创业扶持政策。

（10）各银行业金融机构要积极探索和创新符合高校毕业生创业实际需求特点的金融产品和服务方式，本着风险可控和方便高校毕业生享受政策的原则，降低贷款门槛，优化贷款审批流程，提升贷款审批效率。通过进一步完善抵押、质押、联保、保证和信用贷款等多种方式，多途径地为高校毕业生解决反担保难问题，切实落实银行贷款和财政贴息。

（11）在电子商务网络平台开办"网店"的高校毕业生，可享受小额担保贷款和贴息政策。

（12）充分发挥中小企业发展专项资金的积极作用，推动改善创业环境。鼓励企业、行业协会、群团组织、天使投资人等以多种方式向自主创业大学生提供资金支持，设立重点面向扶持高校毕业生创业的天使投资和创业投资基金。对支持创业早期企业的投资，符合条件的，可享受创业投资企业相关企业所得税优惠政策。

（四）促进离校未就业高校毕业生就业

（1）将离校未就业高校毕业生全部纳入公共就业人才服务范围，采取有效措施，力争使每一名有就业意愿的未就业高校毕业生在毕业半年内都能实现就业或参加到就业准备活动中。

（2）做好未就业高校毕业生离校前后信息衔接和服务接续，切实保证服务不断线。教育部门要将有就业意愿的离校未就业高校毕业生的实名信息及时提供给人力资源社会保障部门。人力资源社会保障部门要建立离校未就业高校毕业生实名信息数据库，全面实行实名制就业服务。

（3）各级公共就业人才服务机构和基层就业服务平台要及时主动与以实名登记的未就业高校毕业生联系，摸清其就业需求，向其提供有针对性的就业服务。教育部门和高校要加强对离校未就业高校毕业生的跟踪服务，为有就业意愿的高校毕业生持续提供岗位信息和求职指导。

（4）结合本地产业发展需要和高校毕业生就业见习意愿及需求，扩大就业见习规模，提升就业见习质量，确保凡有见习需求的高校毕业生都能得到见习机会。要根据当地物价水平，适当提高见习人员见习期间基本生活补助标准。高校毕业生见习期间参加职业培训的，按现行政策享受职业培训补贴。

（5）继续推动离校未就业高校毕业生技能就业专项行动，结合当地产业发展和高校毕业生需求，创新职业培训课程，提高职业培训的针对性和实效性。在高校毕业生集中的城市，要提升、改造一批适应高校毕业生特点的职业技能公共实训基地。国家级重点技工院校和培训实力雄厚的职业培训机构，要选择一批适合高校毕业生的培训项目，及时向社会公布。

（五）加强就业指导和服务

（1）根据高校毕业生特点和求职需求，创新服务方式，改进服务措施，提升服务质量，促进更多的高校毕业生通过市场实现就业。

（2）加强网络信息服务，建立健全全国公共就业信息服务平台，加快招聘信息全国联网，更多开展网络招聘，为用人单位招聘和高校毕业生求职提供高效便捷的就业信息服务。

（3）积极开展公共就业人才服务进校园活动，为高校毕业生送政策、送指导、送信息，特别是要让高校毕业生知晓获取就业政策和岗位信息的渠道。

（4）精心组织民营企业招聘周、高校毕业生就业服务月、就业服务周、部分大中城市联合招聘高校毕业生专场活动和每季度的全国高校毕业生网络招聘月等专项服务活动，搭建供需信息平台，积极促进对接。

（5）高校要加强就业指导课程和学科建设，积极聘请专家学者、企业人力资源经理、优秀校友担任就业导师。

（6）各地区、各高校要将零就业家庭、优抚对象家庭、农村贫困户、城乡低保家庭以及残疾等就业困难的高校毕业生列为重点对象，实施重点帮扶。

（7）要在高校毕业生离校前，将享受城乡居民最低生活保障家庭的毕业年度内高校毕业生的求职补贴全部发放到位，求职补贴标准较低的要适当调高。

（8）鼓励各地相关部门结合本地实际，将残疾高校毕业生纳入享受求职补贴对象范围。党政机关、事业单位、国有企业要带头招录残疾高校毕业生。

（9）对实现灵活就业的，在公共就业人才服务机构办理实名登记并按规定缴纳社会保险费的离校未就业高校毕业生，给予一定数额的社会保险补贴，补贴数额原则上不超过其实际缴费的 2/3，最长不超过 2 年，所需资金从就业专项资金中列支。

（六）创造公平就业环境

（1）积极采取措施，促进就业公平。用人单位招聘不得设置民族、种族、性别、宗教信仰等歧视性条件，不得将院校作为限制性条件。省会及以下城市用人单位招聘应届毕业生不得将户籍作为限制性条件。

（2）国有企业招聘应届高校毕业生，除涉密等特殊岗位外，要实行公开招聘，招聘应届高校毕业生信息要在政府网站公开发布，报名时间不少于 7 天；对拟聘人员应进行公示，明确监督渠道，公示期不少于 7 天。

（3）各地区、各有关部门要严厉打击非法中介和虚假招聘，依法纠正性别、民族等就业歧视现象。加大对企业用工行为的监督检查力度，对企业招用高校毕业生不签订劳动合同、不按时足额缴纳社会保险费、不按时支付工资等违法行为，及时予以查处，切实维护高校毕业生的合法权益。

（4）各地区、各有关部门要消除高校毕业生在不同地区、不同类型单位之间流动就业的制度性障碍。省会及以下城市要放开对吸收高校毕业生落户的限制，简化有关手续，应届毕业生凭普通高等学校毕业证书、全国普通高等学校毕业生就业报到证、与用人单位签订的就业协议书或劳动（聘用）合同办理落户手续；非应届毕业生凭与用人单位签订的劳动（聘用）合同和普通高等学校毕业证书办理落户手续。

（5）高校毕业生到小型微型企业就业、自主创业的，其档案可由当地市、县一级的公共就业人才服务机构免费保管。办理高校毕业生档案转递手续，转正定级表、调整改派手续不再作为接收审核档案的必备材料。

三、高校毕业生就业创业政策百问

近年来，国家和各级地方政府针对高校毕业生就业创业问题出台了一系列的扶持政策和举措。为此，自 2014 年起，教育部专程发布高校毕业生就业政策百问，指导高校毕业生平顺完成就业。本书附录对 2015 年版本进行全文收录，请参照附录一《高校毕业生就业创业政策百问》（2015年版）。

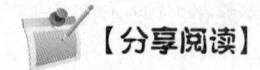

【分享阅读】

大学生就业质量稳步提升

——麦可思研究院对2011届大学毕业生3年就业跟踪调查

2013年，全国高校应届毕业生达到699万人；2014年，这一数字达727万人；2015年，全国高校应届毕业生达749万人。就业人数不断刷出新高，"史上最难就业季"被年年拿出来用。但是大学毕业生真正的就业状况是怎样的？需要事实和数据说话。

麦可思研究院日前发布的《中国大学生就业报告》，即就业蓝皮书，是基于其对2014届大学生毕业半年后的调查研究，以及对2011届大学生毕业3年后的就业跟踪调查研究。报告用数据回答：刚毕业半年的本科生就业质量如何？毕业3年后在职场发展后劲如何？本科和高职高专毕业生需求变化趋势如何？本报记者请麦可思公司创始人王伯庆，对报告部分内容进行了解读。

毕业3年后回报明显

[核心数字]近3届毕业生毕业半年后月收入增幅为14.4%，2011届毕业生毕业3年后平均月收入近翻倍。

2014届大学毕业生毕业半年后月收入（3 487元）比2013届（3 250元）增长了237元，比2012届（3 048元）增长了439元，3届增幅为14.4%，扣除通货膨胀后，3届增幅为12%。其中：本科毕业生2014届（3 773元）比2013届（3 560元）增长了213元，比2012届（3 366元）增长了407元，3届增幅为12.1%；高职高专毕业生2014届（3 200元）比2013届（2 940元）增长了260元，比2012届（2 731元）增长了469元，3届增幅为17.2%。从近三届的趋势可以看出，大学毕业生毕业半年后月收入呈现上升趋势。

2011届大学生毕业3年后平均月收入为5 484元（本科毕业生为6 155元，高职高专毕业生为4 812元）。比毕业半年后的月收入（2 766元）增长2 718元，涨幅为98%。其中：本科毕业生增长3 104元，涨幅为102%；高职高专毕业生增长2 330元，涨幅为94%。虽然大学毕业生起薪涨幅低于城市居民收入同期涨幅，但是，大学毕业生工作后的3年薪资与起薪相比上涨98%，大大超过城市居民同期平均薪资17.4%的涨幅。

大学毕业生的教育回报不是一毕业就能体现的，在3年后的回报是明显的。读大学比不读大学在收入提升中有较大优势。

[核心数字]2011届毕业生3年内晋升比例超过50%，对晋升最有帮助的大学活动来自课外。

2011届大学生毕业3年内有57%的人获得职位晋升，与2010届持平。其中本科毕业生这一比例为54%,低于高职高专毕业生的晋升比例(60%)。

2011届本科毕业生认为:对职位晋升有帮助的大学活动主要是课外自学的知识和技能(含培训)(45%)、课堂上所学的知识和技能(36%)。高职高专毕业生认为对职位晋升有帮助的大学活动主要是假期实习/课外兼职(33%)、扩大社会人脉关系(33%)、课外自学的知识和技能(含培训)(32%)。

[解读] 大学教育的回报体现为毕业生的职业发展能力相对更强,他们的收入和职位晋升将在毕业后3年左右有较为明显的体现。因此,对大学生的就业结果评价不应仅限于毕业时,而应该跟踪调查中长期的就业质量。建议高校增加对毕业生中期就业质量的跟踪指标,让家长和社会了解大学教育回报的长期性。高校也需要评价毕业生中长期职业发展情况,将评价结果用于培养定位和课程设置改进中,着眼于毕业生的能力、素养等"非知识技能"的培养。

自主创业比例持续上升

[核心数字] 2014届大学毕业生自主创业比例为2.9%,2011届大学生毕业3年后创业的比例比毕业时增加了2.4倍。

2014届大学毕业生自主创业比例为2.9%,比2013届(2.3%)高0.6%,比2012届(2.0%)高0.9%。其中:本科毕业生创业比例为2.0%,比上届(1.2%)高了0.8%;高职高专毕业生创业比例为3.8%,比上届(3.3%)高了0.5%。从近3届的趋势可以看出,大学毕业生自主创业的比例呈现持续和较大的上升趋势。如图1-2所示。

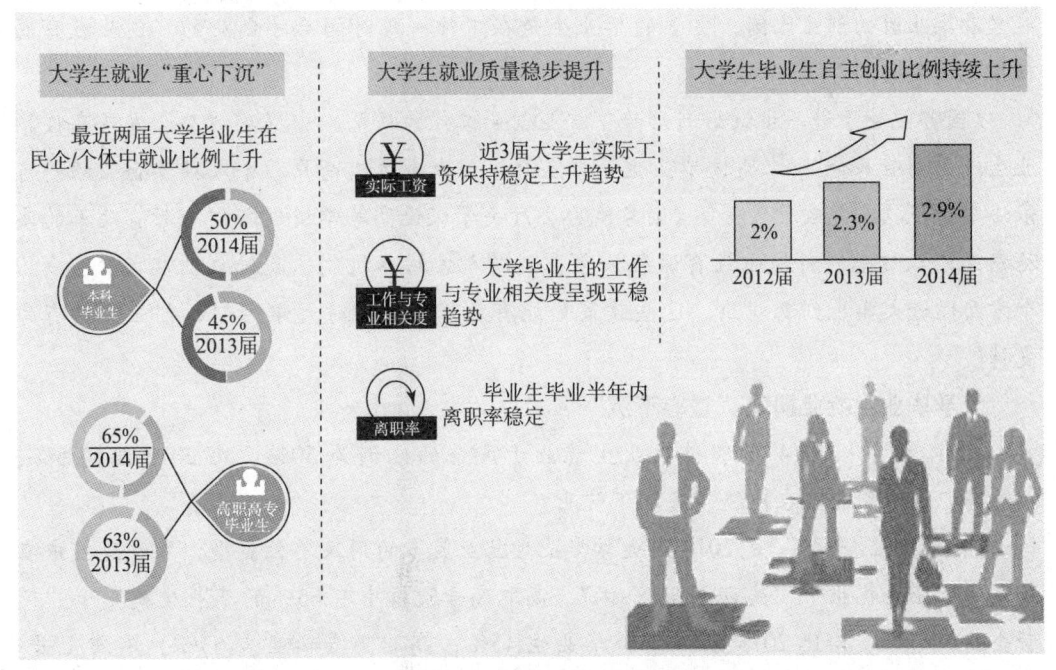

图1-2 2015年中国大学毕业生就业报告

■中国教育报记者 赵秀红

社会上一些议论认为：大学生选择创业是因为找不到工作。但是调查数据并不支持这一看法。就业困难不是创业的最主要原因。2014届大学毕业生选择自主创业最重要的动力是"实现创业理想"（本科毕业生48%，高职高专毕业生45%），其后依次为"有好的创业项目"（本科毕业生和高职高专毕业生均为18%）、"未来收入好"（本科毕业生10%，高职高专毕业生13%）、"受他人邀请加入创业"（本科毕业生和高职高专毕业生均为9%），机会型创业（因为"理想就是成为创业者""有好的创业项目""未来收入好""受他人邀请加入创业"而选择创业）的毕业生占创业总体的85%。而因为找不到合适的工作才创业的比例很小（本科毕业生7%，高职高专毕业生6%）。

　　政府的创业资助一直在2%以下，国家在引领大学生创业方面要将资金资助的扶持政策落到实处。2014届本科毕业生自主创业的资金主要依靠父母/亲友投资或借贷和个人积蓄（本科毕业生80%，高职高专毕业生78%），而来自政府资助（本科毕业生、高职高专毕业生均为2%）、商业性风险投资（本科毕业生2%，高职高专毕业生1%）的比例均较小。

　　毕业后3年内有更多的人加入创业。即便有部分大学毕业时创业的人退出了创业，但3年后2011届大学毕业生的创业比例（5.5%）比毕业时增加了2.4倍，其中本科毕业生3年后创业比例增加了2.3倍，高职高专毕业生3年后增加了2.5倍。

　　[解读] 调查显示，就业困难不是创业的最主要的原因。大学生创业教育的效果不能只看毕业时的创业比例，更多的毕业生是在工作一段时间后才创业的。创业教育的回报也需要时间。

　　《国务院关于进一步做好新形势下就业创业工作的意见》中提及"整合发展高校毕业生就业创业基金"，"高校毕业生等重点群体创办个体工商户、个人独资企业的，可依法享受税收减免政策"等。《国务院办公厅关于深化高等学校创新创业教育改革的实施意见》从健全创新创业教育课程体系、创新人才培养机制、改进创业指导服务等9个方面促进大学生创新创业。这些政策如能有效落实，将对大学生创新创业提供有力支持。

大学毕业生就业初现"重心下沉"

　　[核心数字] 2014届本科毕业生就业于民企的比例为50%，比2013届高5%；60%高职高专毕业生在地级市及以下就业。

　　"民营企业/个体"是2014届大学毕业生就业最多的用人单位类型，本科院校中有50%的毕业生就业于"民营企业/个体"，高职高专院校中有65%的毕业生就业于"民营企业/个体"，均比2013届（本科毕业生45%，高职高专毕业生63%）有所上升。本科毕业生在民营企业的就业比例呈上升趋势，2014届比2012届（46%）上升了4%，如图1-2所示。

从毕业去向的城市类型来看，最近3年大学毕业生在地级市或以下就业的比例有所上升，2014届为54%，而2012届为50%；同期，本科的基本持平，而高职高专毕业生在地级市及以下就业的比例从52%上升到60%。数据表明，在过去3年里，高职高专毕业生的就业城市分布已经初步出现"重心下沉"。

从毕业生从事的主要职业与主要行业两个指标来看，医疗、教育和建筑这三个产业在过去几年对本科毕业生的需求出现了明显增长的趋势，而在金融和制造这两个产业出现了明显下降的趋势。医疗、建筑、交通运输这三个产业在过去5年对高职高专毕业生的需求出现了增长的趋势，而在制造、能源这两个产业出现了下降的趋势。

[解读] 参考麦肯锡报告，珠江三角洲的低端制造业劳动力成本在2011年和2012年分别上涨了11%和8%，迫使雇主把工厂搬到了劳动力成本更低的印度或越南，这个行业里对高级专门人才或管理人才的需求也相应减少。这是大学毕业生在制造业就业比例下降的一个原因。如果这些毕业生不能通过学校的培养和自身的努力，满足现代服务业（例如医疗、教育、金融）和高端制造业对人才在知识、技能、素养方面的要求，那么出现毕业生供给与产业升级不匹配的风险就比较高。数据表明，大学毕业生的就业分布初现"重心下沉"。如果加强这方面的政策引导，大学毕业生去向与城市化进程的不匹配现象有望得到进一步缓解。

——资料来源：《中国教育报》

本章练习

思考题

阅读以下资料，结合当前高职大学生就业形势，谈谈自己对未来就业的初步规划和意向。

李克强：用"互联网+"打造经济转型升级新引擎

"我们过去常说，在信息尤其是互联网领域，发展中国家和发达国家站在了同一条起跑线上。现在，我们很可能就站在这样一条起跑线上，而且，在某些方面，甚至比发达国家拥有更大的优势。"6月24日的国务院常务会议上，李克强总理说。

当天会议的议题之一，是部署实施"互联网+"行动，促进形成经济发展新动能。李克强说，推进"互联网+"，是中国经济转型的重大契机。

"中国有近7亿网民，互联网市场巨大。"总理说，"集众智可以成大事，要充分发挥'中国智慧'的叠加效应，通过互联网把亿万大众的智慧激发出来。"

实施"互联网+"行动，促进中国经济转型升级

李克强指出，今年以来，就业尤其是大学生就业情况始终保持稳定，其中"互联网+"起到了重要的支撑作用。

"大学生就业与'互联网+'紧密相连，不仅创造了巨大的财富，也为社会减轻了压力。"李克强总理说，"总体而言，'互联网+'在创业、就业、创新、升级等方面，发挥了重大的作用。"李克强分析说："不仅小微企业运用互联网平台创新，为市场提供了新的供给，引导了市场需求，事实上，'互联网+'也给大公司带来了新的发展机遇。"

"上周我去中国核电工程有限公司考察时看到，'华龙一号'堆芯设计非常复杂，但设计中心的核心团队只有20多个人。"总理说，"原来他们通过数字化核电站设计和验证中心，实现了异地、多专业协同设计。光是参加设计的终端就有500多个，分布在10多个城市。参加设计的人数就更多了！这就是大企业创新，也体现了'互联网+'的力量。"李克强说："过去许多大企业的传统工作模式是，每个人在生产线上机械重复，难有创新。而现在许多大企业也都在努力转变旧有模式，运用互联网推动系统的集成创新。这是中国经济转型升级的重大契机。"

"互联网+"的活力我们很难界定

有关部门的汇报材料中，推进"互联网+"行动原来界定在一定领域内，但李克强总理认为，这些界定很难完全覆盖"互联网+"的活力。

他以自己的考察经历举例："我去中关村考察的时候，一个学体育的大学生，通过移动互联网帮人们找打球的球友，还搭配提供医疗健康的信息。还有义乌一个做电子商务的网店店主，在网上拿到订单后，直接拿到工厂进行个性化定制，相当于用互联网推动了制造业升级。"

李克强总理就此说："这些领域，我们坐在办公室里很难想得到，更无法提前做出'界定'，要用发展的眼光看待'互联网+'。"

讨论中，李克强还列举了自己在义乌小商品市场看到的场景：当地自建网上商城，推动实体店铺"上网"，线上线下同步经营，而且实体店因为有信誉、有保障，在线上反而更有竞争力。

"传统产业有自己的优势，要推动传统行业与'互联网+'结合，释放更大活力。"李克强总理说。

"互联网+"的发展应该让消费者和大众来选择

李克强表示：通过改革引入市场竞争，让消费者有更多选择，这是中国发展的成功经验之一。而"互联网+"是新业态发展，更要遵循这样的原则。

他说，本世纪初，中国加入WTO时，一些企业也曾"恐慌声一片"。但通过10多年参与全球企业竞争，证明中国人最不怕竞争。"中国企业什么时候能够在自由选择中

赢得消费者，什么时候就会真正站上全球竞争的制高点上。"

李克强说："历史是人民大众创造的。大众的想法丰富多彩、充满奇思妙想。因此，'互联网+'的发展，应该让消费者和大众来选择。"

我们与发达国家站在同一条起跑线上

李克强总理最后说，推进"互联网+"行动，不仅要有具体措施，更重要的是要给社会一种发展信心。

他说："我们过去常说，在信息尤其是互联网领域，发展中国家和发达国家站在了同一条起跑线上。现在，我们很可能就站在这样一条起跑线上，而且，在某些方面，甚至比发达国家拥有更大的优势。"

李克强强调，发展"互联网+"要强化安全意识。政府放宽市场准入的同时，也要加强监管、创造公平竞争的环境，这样相关产业就会自然而然地发展起来。

"从简政放权、放管结合、优化服务，到大众创业、万众创新，再到'互联网+'，这是一脉相承的。"李克强说，"这些政策措施落到实处，将会培育中国经济新动能，打造中国未来增长新引擎。"

——资料来源：中国政府网（2015年6月24日）

第二讲　就业程序与途径

> **知识目标**
> （1）了解大学生就业的一般程序和主要途径。
> （2）了解大学生就业的主要形式。
>
> **能力目标**
> 能够根据大学生就业程序和途径初步拟订求职计划，明确求职时间表和方向。

第一节　大学生就业程序

随着我国社会的迅速发展与变革，经济形式和社会活动日益多元化，大学生的就业形式也出现了多样性，已经不再单指简单的协议就业，而是包括了大学生在毕业后所选择的各种发展道路。

就业作为每位大学毕业生都必须亲自完成和经历的选择活动与过程，不仅受国家法律、就业法规与政策的约束，而且必须遵循一定的原则和程序。这就需要毕业生熟悉就业程序，了解就业的各种形式，以便顺利地完成自己就业活动过程中的各个环节，成功就业。

一、大学生就业管理与服务部门的工作程序

（一）就业管理与服务部门的构成与分工

目前，高校毕业生的就业管理与服务机构主要有教育部、国务院有关部委和各省、自治区、直辖市、高等院校。这些管理与服务机构可划分为三个层次：

第一层次是教育部，主管全国高校毕业生的就业工作；

第二层次是各省、自治区、直辖市和中央各部委的有关部门，管本地区、本部门

的高校毕业生就业工作；

第三层次是各高等学校，负责本校毕业生就业的具体事宜。

（二）就业管理与服务部门的工作程序

1. 就业管理与服务部门的一般工作程序

（1）教育部对年度国民经济发展和国家重点建设工程情况开展调查研究，制定相应的政策，从而确定年度就业工作意见。

（2）各地区、各部门、各高校的就业管理与服务机构，采取多种形式召开由毕业生和用人单位参加的"供需见面、双向选择"大会并开办毕业生就业市场，为毕业生求职择业创造条件，提供服务。毕业生在学校的指导下可直接参加这类活动。

（3）各高等学校在完成全部教学计划后，按照国家统一要求，一般从6月中旬开始根据上报毕业生就业方案，经上级主管部门审批后给毕业生下发就业报到证。

2. 省（市、区）高校毕业生就业办公室（就业指导中心）的管理及服务功能

近年来，随着高校毕业生就业指导工作的深入开展，各级地方政府的教育主管部门都先后设立了高校毕业生就业办公室（或就业指导中心），负责高校学生就业的日常管理与服务工作。其主要职能如下：

（1）根据国家高校毕业生就业工作的政策，制定具体实施意见。

（2）指导高校和用人单位开展毕业生就业工作，并为其服务。

（3）组织管理当地高校毕业生需求信息的登记、发布以及供需见面、双向选择活动。

（4）组织实施当地政府委托的高校毕业生资格审查，负责高校毕业生的报到证签发、调整和接收工作。

（5）受委托协调当地高校毕业生就业过程中的有关争议。

同时，省（市、区）高校毕业生就业办公室（就业指导中心）还面向高校毕业生实施以下就业服务工作：

（1）开展高校毕业生就业的咨询、推荐和招聘等相关服务工作。

（2）负责高校毕业生就业信息的收集、登记和发布。

（3）组织高校毕业生就业市场和信息网。

（4）开展与高校毕业生就业相关的各类指导与培训。

（5）为高校毕业生提供人事代理（目前仅有部分地区实施）等。

3. 高校就业管理与服务部门的工作职责

目前，各高校均设有负责大学毕业生就业日常工作的部门办公室或就业指导中心。其面向毕业生的主要职责如下：

（1）负责本校毕业生的资格审查，及时向教育部或当地政府主管部门报送毕业生资源情况以及就业方案。

（2）组织开展毕业教育和就业指导活动。

（3）提供就业信息、就业咨询，组织校园招聘活动。

（4）负责毕业生就业协议书的签证或签证登记。

（5）负责办理毕业生的派遣离校手续。

（6）开展其他与学生就业相关的工作。

毕业生就业管理与服务部门的工作程序大致包括：就业指导、市场调查与收集信息、发布用人单位信息与毕业生资源信息、毕业生资格审查、毕业生测评与鉴定、学校推荐、供需见面与双向选择及其他形式的择业活动，就业协议书签证、办理报到证、派遣调整、办理档案关系、未就业毕业生管理与服务、毕业生追踪调查。

4. 高校就业管理与服务部门的工作流程

（1）生源统计。每新学年开学初，由各学院、系按专业、生源地、毕业生人数统计毕业生生源情况，再由学生就业管理与服务部门汇总。主要是给需求单位提供生源信息。

（2）制定专业介绍。每新学年开学初，由各学院对本学院所设专业做全面介绍，包括所设专业、培养目标、专业内容、课程设置（专业课、基础课、选修课）、毕业生适应的工作领域、专业前景等。再由学生就业管理与服务部门汇总并统一印制。主要是向用人单位做介绍。

（3）毕业生资格审查。毕业生资格审查的目的是确认和核实每一位毕业生的入学资格，通过审查后毕业生才能取得毕业资格。毕业生资格审查的主要内容是毕业生生源、姓名、专业、学制、培养方式等，所审查的内容以高校新生录取名单上的内容为准。如有不一致之处，须出具相关手续。比如：改名手续，需出具市区级公安部门的改名手续；生源地变迁，需出具户籍变动手续（由现住址所在地的派出所出具户口迁移证明信）；降级、休学、转系、转专业等，须出具学籍变动手续（由教务处、学生处共同签字盖章的手续）。

（4）发放就业协议书。协议书由学校统一印制，对已取得毕业资格的毕业生由学生就业管理与服务部门审查后，按学院发给毕业生。因为协议书是最后派遣的唯一依据，所以发下来时要仔细阅读上面的条款及说明，并核对自己的个人信息是否有误。因每位毕业生只有一套协议书，因此要妥善保管。

（5）走访。向用人单位介绍毕业生情况，了解各地区就业政策，收集需求信息。

（6）向用人单位发邀请函，收集需求信息，邀请用人单位参加学校毕业生就业供需见面会。

（7）组织校园招聘会、举办毕业生就业大市场，让毕业生和用人单位"供需见面、双向选择"。

(8) 针对下一年级学生开设就业指导讲座，对学生进行全方位的就业指导。

(9) 收集并审核已签好的就业协议书。

(10) 形成就业方案并上报上级就业主管部门。

(11) 派遣、离校。

①发放报到证。报到证是就业管理部门派遣毕业生的凭证。根据用人单位返回的协议书，学生就业管理与服务部门统一打印报到证。经省级毕业生就业管理部门审核批准盖章后由学生就业管理与服务部门发放到各学院，再发给毕业生本人。

②指导办理户籍关系、档案的转寄。户籍关系由学校户籍管理部门（保卫处、派出所）根据就业方案统一办理转迁证明，并发放给毕业生本人。学生离校后持报到证、户籍关系到单位报到。档案在毕业生离校后由学校学生处统一以机要的方式寄送到用人单位。

③办理改派手续。

应届毕业生"报到证"改派分四种情况：一是在省市、自治区、直辖市辖区内就业，在毕业当年内跨地市（区县）调整用人单位，由学校就业中心统一上报省级主管毕业生调配部门审批并办理改派手续；二是在本地市内调整用人单位，由本地市人事部门审批并办理改派手续；三是对已落实就业单位的毕业生，毕业时间超过一年，不再办理有关调整改派手续，需调整就业单位，按劳动合同法及社会从业人员相关规定办理；四是尚未落实就业单位、毕业时派回生源地的毕业生，在择业期内（两年），凭签约的协议书与原就业报到证直接到省级主管毕业生调配部门办理改派手续。

【知识了解】

什么是报到证

报到证，即就业报到证，由原来"派遣证"转化而来，是应届普通高等学校（普通全日制，也就是统招生）毕业生到就业单位报到的凭证，也是毕业生参加工作时间的初始记载和凭证。

报到证的类别

报到证有"全国普通高等学校本专科毕业生就业报到证"和"全国毕业生研究生报到证"两种。中专招生也属于计划内招生，其所在省、自治区、直辖市一般签发本地区的"全国普通中等专业学习毕业生就业报到证"，这类"报到证"由各省、自治区、直辖市印制和签发，一般不能跨地区就业。

报到证一式两份，一份是派遣证，另一份是报到证。派遣证在学生毕业后将放入其档案，由国家直接打到毕业生的单位（档案属国家机密，不允许个人持有。如果毕业生的用人单位拥有档案保存资格，那么毕业生的档案就放在单位；如果没有，那单位会掏钱将毕业生的档案放在人才市场类的档案保存处。如果毕业生没工作，则其档案被直接打回原籍)。而报到证则交由毕业生自行保管。

报到证的作用

(1)"就业报到证"是毕业生到单位报到的证明。毕业生到工作单位就业时,须持"就业报到证"。用人单位凭"就业报到证"为毕业生办理入职手续。

(2) 当地公安部门凭"就业报到证"为毕业生办理落户手续。

(3) 学校相关部门依据"就业报到证"为毕业生办理档案投递、组织关系转移和户籍迁移等手续。

(4)"就业报到证"正页由毕业生到用人单位报到时交给用人单位,是毕业生参加工作时间的初始记载和凭证,上面的日期是工龄的开始年限,与退休年龄和养老保险交纳年数都有关系。

(5)"就业报到证"是毕业生报考公务员必备资料。

(6)"就业报到证"是毕业生就业的证明,"就业报到证"中的姓名须与毕业生身份证中的姓名一致,单位的名称也必须准确。"就业报到证"的有效期一般为毕业后2年时间内(即2008年毕业生到2010年6月30日,2009年毕业生到2011年6月30日,依次后推)。

(7)"就业报到证"可以改派,改派手续为:

①用人单位在毕业生改派表或就业协议书上盖章;

②用人单位上级主管部门在毕业生就业协议书上盖章;

③学生处审核后,报省教育厅审批。

(8) 自考生、成教生、留学归国学生没有报到证,报到证是中国特色的产物,只有中国统招高校才有。

报到证的补办

毕业生"就业报到证"不慎遗失,需补办"就业报到证",可以分为以下两种情况:

1. 两年择业期内

(1) 本人提出申请;

(2) 工作单位开具证明;

(3) 学校就业主管部门开具介绍信;

(4) 毕业生本人持上述材料到省就业办申请补发新的"就业报到证"。

2. 两年择业期外

(1) 本人提出申请;

(2) 工作单位开具遗失证明;

(3) 学校就业主管部门开具介绍信,毕业生本人到学校招生办复印当年经省级招生部门盖章审批的新生录取审批表复印件,并加盖学校招生办的公章;

(4) 毕业生持上述材料到省就业办申请补发"就业报到证"证明书。

二、用人单位的招聘程序

用人单位的招聘流程一般都包括发布通知和广告、宣讲会、接收简历、笔试、面试、签约等环节。为了招募到合适的员工，用人单位要花费很多的人力和财力，在众多求职者中层层筛选，最后敲定人选，安排到合适的岗位上。

一般而言，用人单位的招聘活动要经历以下程序。

（一）确定需求和招聘计划

用人单位根据自身的建设和发展状况，确定当年需要招聘毕业生的岗位、人数和条件等，同时将根据要求制订详尽的招聘计划。

（二）发布就业信息

用人单位在确定了需求后会及时将其向外发布，传递给毕业生，主要有以下几个渠道：
（1）向政府教育主管部门所属高校毕业生就业指导中心登记。
（2）向高校毕业生就业工作部门登记。
（3）在自己的网站上发布信息，供学生上网浏览。
（4）通过电视、报纸、广播等媒体发布需求信息。

（三）举行单位宣讲会

为在大学生中进行广泛宣传，一些用人单位（主要是企业单位）还会到学校举办单位宣讲会，介绍单位的发展建设情况、人才需求情况及发展机遇、用人制度及企业文化等，并回答大学生们关心的各种问题。单位宣讲会是大学生全面了解招聘单位的好机会。

（四）收集生源信息

用人单位要招聘到最合适的大学生，就需要广泛收集学生信息，其主要渠道有以下几个：
（1）从政府教育主管部门所属高校毕业生就业指导中心及学校就业工作部门获取学生信息。
（2）参加供需洽谈会（招聘会或就业市场）收集学生信息。
（3）在网站上收集学生信息。
（4）通过学生的自荐获取学生信息。
（5）有的学生通过报纸、杂志、专业网站等媒体刊登的"求职广告"，也是用人单位获取学生信息的渠道之一。

（五）分析生源资料

对收集的学生信息进行分析处理，从中初选出符合本单位条件的学生，以便进行下一轮筛选。一般而言，用人单位对学生分析的内容包括：性别、专业、知识水平、综合能力及素质。

（六）组织笔试

为了考核学生是否具有在本单位工作所需的基本知识、能力和素质，一些用人单位以笔试的形式进行选拔。笔试的时间、地点、出题范围用人单位会提前通知。

（七）组织面试

面试是许多用人单位考核求职毕业生综合素质的最后一关。有的用人单位还要组织多次面试，每次面试参加人员及考核的侧重点是不同的。

一般而言，有经验的用人单位招聘人员不会故意提一些很难、很偏的问题，而是会创造一种较为宽松的氛围，与毕业生进行双向沟通与交流，从中发现其兴趣、特长，以及所愿意从事的工作等。

（八）签订协议

用人单位打算录用的毕业生确定后，会与毕业生签订就业协议书，有些用人单位还要与毕业生签订劳动合同，明确双方的责、权、利。就业协议书是学校制定派遣方案、办理派遣手续的重要依据，毕业生应按照要求及时将协议书送交学校备案。

（九）上岗培训

每一个用人单位对新员工都有一套培训计划。培训的内容因用人单位而异，但其目的都是相同的，即通过培训让毕业生明确单位的创业精神、规章制度和企业文化，让毕业生掌握成为一名称职工作人员所需的知识和技能，以使其尽快适应新的工作和生活环境。

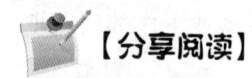

【分享阅读】

跨国公司招聘流程浅谈

迈进跨国公司是很多年轻学子的梦想，也是职场上经久不衰的热门话题。其实跨国公司的门槛没有大家想象的高，关键在于对症下药。随着全球经济一体化的发展，托马斯·弗里德曼以独特的视角讲述了世界正在变平的过程。跨国公司都蜂拥到以印度、中国为代表的发展中国家，开设分支机构、代表处，甚至将其总部或海外总部设立在了这些拥有高质量的廉价劳动力的国家和地区，以降低管理成本和运营成本。经济学家将探讨这种趋势到底给发展中国家带来的利益多还是隐忧多，而这种趋势所带来的就职机会使我们可以"深入虎穴"，即使"不得虎子"，也有机会弄个明白，国际品牌是怎样建立和巩固的，我们的企业什么时候有机会回流到发达国家去开发和利用发达国家的资源。否则，这个世界就不是平的，而是倾斜的。

跨国公司的招聘千变万化，其实招聘的宗旨和策略是一致的，即讲求务实。面对众多的求职者，不是简单地瞄准高学历人才，而是更看重求职者与企业需求和企业文化的匹配。务实的作风往往是跨国公司成功的基石。在此，我们来探讨跨国公司在招聘过程中招聘人员和求职者双方的角色和任务，希望对有意深入虎穴（在跨国公司求职）的学子们有所启发。

招聘人员首先需要做什么

作为跨国企业，把合适的人，在合适的时候，以合适的价格，请到合适的岗位，是招聘的首要目标。这种对等与合适，是员工进入企业的最佳契机，再配合以相关的人力资源政策，员工就可能真正成为企业最大的财富。那么招聘人员首先需要做什么呢？了解公司的战略、公司业务、公司文化等基本面。一个真正了解公司的人，才知道公司需要什么样的人才，在用人策略上，跨国公司既不好高骛远，也不委曲求全。

简历筛选

依托国际品牌的号召力，通常跨国公司在中国劳动力市场的职位空缺都不乏求职申请，如何在众多的求职简历中筛选人才，在于企业的用人策略和方针。规范的跨国企业有详细的职位说明书，按照职位说明书精简出来的职位描述和职位要求便是简历筛选的第一依据。无论是自投简历还是通过猎头的中介，简历与招聘广告的匹配是获得面试机会的第一把钥匙。首先在简历中需要满足的基本条件是教育程度，专业背景，相关工作经验，相关技能，包括语言技能，以及简历的排版书写，有没有拼写或语法错误，等等。只有在申请数量非常有限时，简历的筛选才会适度放宽条件。招聘人员对所要聘请岗位的熟悉程度直接与招聘成功与否密切相关，对岗位职责的了解，对岗位所需人才的要求，对岗位的部门职能了解，对岗位的上司、下属和团队的了解都有助于招聘的适宜性。成功的招聘，前期的准备工作是不可或缺的。准备越充分，命中率越高。求职者要想通过这第一道门槛，请有针对性地准备你的简历，而不是广泛撒网。

电话预约或电话面试

筛选出来的简历会有两种处理方法：一是直接通知面试时间、地点；二是先电话面试做进一步筛选，获得通过者再约见。从求职者接到第一通电话或邮件时，其反应和回复就已经在观察之中了。电话面试是为了进一步缩小筛选范围，通过简短的对话了解求职者的动机和语言能力。外语是跨国企业的工作语言之一，可以想见其重要性。过了语言关的求职者，就算拿到了半张门票。如果求职者在接电话时不方便对话，可以预约其他工作时间，通常跨国公司会配合求职者的方便。当然，如果是异地求职者，预约的电话面试就是第一次正式面试了，电话时间常常会控制在半小时到一个小时。约定面试时间，有时是弹性的，可以商量，有时是固定的，不能赴约也就算放弃面试机会了。这要视情形而定，尤其是小组面试，通常时间较为固定，不便协商。面试官在约定面试时间的时候也有很多因素要同时考虑，是否是急需的空缺，面试各方的方便性、场地等，所以需要相互理解。有经验的求职者会在电话中进一步了解下一轮面试官是谁，是单独面试还是小组面试等，以做相应的准备。不打没有准备的仗，胜算的把握当然更高。求职者也需要知己知彼，才更容易把握住机会。注意，对于普通的职位，异地求职者的机会比较小，如果拿定主意在哪个城市发展，那么不妨亲临现场。

面试前准备

任何企业都不希望聘用"马大哈"，跨国公司更注重细节，一个庞大的组合机构之所以能运作良好，对细节的重视是必不可少的。面试通知的内容求职者一定要记清楚，事前的准备功课做得越充分越有信心。记错时间、地点的求职者常常只好听天由命了。迟到的求职者也是会被扣分的。如果从简历书写的粗枝大叶开始扣分，迟到，着装不适宜，一路扣下去，那么可能还没开始正式面谈，相对其他求职者你已经提前落后比分了。至于其他的准备，关于自己简要的背景介绍、工作经历的回顾是必要的，但也不能准备过度，以至于在面谈时像背诵简历一样，会让人觉得乏味，面试官可能质疑你的表达能力，从而会影响对你的评价。当然，求职者能预见可能被提问的问题，适当做一些准备是可行的。例如，对前一份工作或公司的客观评价、对所应聘的职位的充分了解，准备这些都是有助于求职的。

第一轮面试

招聘的重头戏当然在面试，包括面谈和测试。面谈之前，面试官需要熟悉求职者简历，拟定面试提纲，包括问题清单，以免遗漏重要信息。成熟的公司会有规范的面试流程，从欢迎、寒暄，到面谈，到求职者提问、测试，以至送行，求职者都会受到很好的礼遇，初次应聘跨国公司的求职者往往会被这种礼遇打动。其实面试官和求职者是平等的，以礼相待是成功面谈的基础。求职者的大方得体也会给面试官留下良好的第一印象。虽然我们力求评判的客观，良好的第一印象总是免不了产生光环效应，或多或少会对求职者的综合评分产生一些正面影响。如果之前的一系列联络与接触都是同一位面试官，那么对求职者的整体反应会比较完整，面谈在主观评分方面可能占到70%~80%。如果该公司的面试是流水作业，与求职者联络和面试的是不同的人，那么面谈的一两个小时可能就会占到主观评分的90%以上。面谈中，面试官会首先活跃气氛，让求职者在轻松愉快的气氛中开始，消除紧张情绪。在接下来的互动中，专业的面试官不会再问一些求职者可以随随便便在求职手册上就能直接找到答案的问题，通常至少都要经过一些变形。如果是一个有准备或者足够聪明的求职者，同样可以提前预演，以求最好的表现，或者弥补自己的不善言辞。例如，通常的企业会问你最大的成就是什么；在跨国公司开始流行的行为面试中，你可能会被提问的是，近半年来令你感到最为骄傲的成绩是什么、最大的挑战是什么、有哪些人牵涉在这项工作中、你在其中扮演什么角色、你是怎样完成的、结果怎样、得到什么样的评价，等等。有时间、地点、人物、评价、从中获得的认识等时，可能还会就你的回答进一步追问。也就是说，面试官力求从你的实际工作生活中的具体行为去了解你，了解求职者与岗位相关的优势劣势、与岗位的匹配程度、求职者的潜力等。如果是编造，在一系列的问题下可能会露馅。求职者同样希望在有限的时间内尽可能展示自己的优势，博得面试官的首肯，获得参加下一轮面试的资格，所以可以避重就轻，力求突出自己的能力和认识，不要胡编乱造，意图蒙混过关。在这一轮淘汰赛中，总是有更多的求职者被面试官礼貌地送走，数日后以一封婉转的辞谢信寄给求职者为结束。因为通常面试官不会当场给求职者结果，哪怕这个求职者明显不符合招聘条件，跨国公司通常会给求职者留面子，也给自己留有余地。所以，有时候不要被面试官的彬彬有礼和微笑所迷惑。有些求职者在与面试官谈完后，感觉良好，以为胜券在握，结果却大相径庭。匹配岗位的测试有时安排在面谈之前，有时是之后，如果面谈效果太差，有时测试就可以省去了。测试的结果在不同的岗位占有不同的权重。有些岗位甚至是决定性的，测试不合格就不能通过。

第二轮面试或最终面试

一个公司对招聘是否重视，招聘作业是否专业，多轮面试的衔接可窥一斑。通常人力资源部的第一轮面试官要与后继的面试官衔接，哪一类问题提过了、有了多深的了解、后继面试还需要进一步挖掘哪些问题都值得商榷，但切忌给后继面试官太多评价信息，以免干扰其评价。由此，最终形成的评价如果比较一致，则可以得出结论；如果不一致，则需要更多的探讨和证据支撑，以形成相对公正的评价。很多公司忽略这一点，由此也会因为评价失衡而用错人或错失人才，包括跨国公司同样会有类似问题产生，同样需要不断追求流程的完善。在跨国公司，除了人力资源的招聘人员具备专业的招聘知识技能外，用人部门的面试官也必须参加面试技巧培训。面试不仅仅是和求职者聊聊天，还要以适当的问题来发掘和了解求职者的知识、技能、态度、潜力等。在有限的面试时间内要尽可能地深入了解求职者，同时要让公司和职位的闪光点吸引锁定的求职者；即使对于当下不合适的人才，同样需要给他们留下良好的公司形象。面试的时候，面试官代表的是公司，公司的利益是面试的天平。求职者在参加面试之前可以做一些准备。比如，了解下一轮面试官是谁；如果是专业方面的面试，则需要提前准备一些资料，包括书面证据和口头阐述的准备，有些成绩仅仅凭口述不如提供一些书面的资料更具说服力。

评价

一对一的面试有它的现实性，招聘成本是我们不得不考虑的问题，所以，很多跨国公司也只能做到一对一面试，而不是小组面试，这就在面试的评价上提出了更高的要求。首先，做好记录，从预约到面谈到求职者提问等细节的记录；其次，要及时评价，每天的工作都堆积如山，几件事情之后，面谈的情形很容易被遗忘，所以，每次面谈后留出一段时间做及时评价是必要的。靠努力回忆做评价很容易受近因效应影响，使评价有失公允。面试的各项指标之间力求独立客观，避免相互干扰。如果能采取面试小组的方法，则可以更好地避免个人偏好，更加客观，同时可以更好地避免招聘走后门。人力资源的面试人员与用人部门的意见协调之后，应及时达成聘用意见的一致。不负责任的评价浪费的不仅仅是个人的时间，而且是公司的资源，对求职者也不公平，从而会影响公司的声誉。所以，招聘的环节要一环比一环慎重。做足了一切功夫的求职者的命运就在评价这一关被决定了。

开出聘请信

做招聘的人都曾遇到过这样的尴尬，当你正为找到了合适的人才而兴奋不已时，却在开出聘请信后，遭到了对方的拒绝，因为对方已另谋高就，不得不说这是莫大的遗憾。人才的流失、前期精力的投入，都让人扼腕叹息。如何避免呢？加快招聘进程，这是最简单而有效的方法。跨国公司的招聘周期太长，以至不能及时把握住人才已经屡见不鲜了。如果以高效的工作流程将时机把握住了，开出什么样的价码才能把人才真正带入企业呢？众所周知，跨国公司都有固定的薪酬结构，在一定的空间内，如何以合适的价码吸引人才？这其中要考虑诸多因素，公司的薪酬范围、求职者的学历、工作背景、前一份工作的薪酬、期望值、其他类似岗位的薪酬等，经过综合平衡，才能慎重地开出这封聘请信。这时候被求职者拒绝也是招聘人员的最大挑战之一。如果最终经过新一轮的协商或多次协商后能达成协议，仍然不失为一个成功个案。反之，就是一个新的学习案例了。风险总是存在的，初期看似成功的招聘，在今后的用人过程中还有很多的变数，所以才不断地有人才的流动。招聘的乐趣也就在于如何降低风险，创造企业与人才的双赢。你准备好了吗？

——资料来源：中国人力资源网

三、大学生的择业程序

一个完整的择业过程，至少要包括了解就业政策、收集信息、自我分析、确定目标、准备材料、参加招聘会（投递材料）、参加笔试、参加面试、签订协议、走上岗位等环节。走好择业的每一步，对成功实现自己的择业理想十分重要。

（一）了解有关就业政策

大学毕业生就业是一项政策性很强的工作，了解国家有关就业政策是大学生求职择业的关键一步。有人曾经形象地称求职择业中不熟悉就业政策的大学生"如同不懂得比赛规则而上场比赛的运动员"。的确，面临求职择业的大学毕业生们，如果不去首先了解国家以及有关部门的就业政策而盲目地去选择职业，那么很可能事与愿违，甚至碰壁。

大学毕业生就业政策是国家为实现一定历史时期的任务，适应经济建设和社会发展的需要而制定的有关大学生就业的行动准则，它将根据国家政治、经济形势的变化而不断调整。各地区、各部门根据国家当年颁布的有关政策，结合本地区、本部门的实际，制定本地区、本部门的一些毕业生就业政策。

学校、毕业生和用人单位必须按照这些政策来指导和规范毕业生求职择业活动。因此，毕业生在面向社会求职择业时，首先需要主动向学校及有关部门了解当年国家在大学毕业生就业过程中的具体政策规定，学校及有关部门也会在适当时机向学生公布国家及有关地区、部门的就业政策。

（二）收集信息

完成任何一项工作，信息的收集都是必不可少的。对大学生就业活动而言，信息的收集是迈向成功的第一步。大学生在择业过程中需要收集的信息，大致包括以下五方面内容。

一是政策和法规信息，如《中华人民共和国劳动法》《中华人民共和国劳动合同法》等。

二是当前经济发展形势，社会各行业、各类企事业单位经营状况信息。另外，某一具体用人单位的经营状况、文化背景、发展前景、对人才的重视程度、工作条件、福利情况等，也是大学生应该收集的信息。

三是就业活动安排信息，如什么时候召开企业说明会、什么时候举办招聘会等，这些信息也十分重要。

四是成功择业的经验、教训信息。"择业过来人"的择业经验、教训，就业指导老师的切身体会等，都可以为大学生的成功择业助上一臂之力。

五是用人单位的需求信息。用人单位的岗位需求信息，该岗位对于大学毕业生的能力、技能要求以及专业要求的信息对于大学生就业至关重要。

大学生收集信息的渠道，一般有以下几个：

（1）当地政府教育主管部门所属高校毕业生就业指导中心。

（2）学校学生处或就业指导中心。

（3）专业招聘网站，如赶集网、58同城等。

（4）广播、电视、报纸的"求职""就业"专栏或专版以及有关企事业单位的招聘广告。

（5）社会考察及毕业实习。

（6）亲朋好友及学校校友。

（7）有关老师及其关系网络。

（8）用人单位举行的说明会等。

在择业过程中收集信息时，应该有明确的目的，收集的信息要对自己的就业活动有用。这就要求大学生在收集信息时，注意所收集信息的准确性、客观性和全面性。而且，信息收集活动不应该中断，要连续进行，大学生在择业的每一个环节，都要注意收集信息。

（三）自我分析

在收集信息的基础上，大学生要联系自身实际，理智地进行自我分析。

自我分析内容包括以下几点：

（1）自身综合素质、能力的自我测评，如学习成绩在全专业中的名次，自己的兴趣、特长、爱好，自己有何出众的能力（包括潜能），等等。

（2）分析自己的性格、气质。一个人的性格和气质对所从事的工作有一定的影响，如果能从事与自己的性格、气质相符的工作，也许更容易出成绩。我们可以用一些测试表对自己的性格、气质进行一定的分析。

（3）自己在择业过程中，具有哪些优势、哪些劣势，该如何扬长避短。

（4）问一问自己究竟想做什么，即自己想在哪一方面有所发展，想成为什么样的人才，换句话说，即自己的"满足感"是什么、"价值标准"是什么。

理智地对自我进行剖析，在择业中至关重要。不清楚自己有何优势、有何劣势，不分析自己真正想要什么，会导致择业过程中的盲目从众和患得患失，同时也会影响到今后的工作。

"当局者迷，旁观者清"，这句话对于处于择业过程的大学生同样有效。有时我们确实很难清醒地认识自己、了解自己。这时，我们不妨与父母、老师、同学、朋友谈谈心，从他们那里得到一些对自己的中肯评价和有益的指点。

"知己知彼，百战不殆"，在今天双向选择的择业大背景中，认识自己有时比了解就业形势、了解用人单位更为重要。我们要在就业活动中最终获得成功，就一定要做到"知己知彼"。

（四）确定目标

自我分析的结果，是确定自己的择业目标。从大范围上说，大学生首先需要确定的择业目标是择业的地域和行业范围。

（1）择业的地域。即：是在沿海城市就业，还是在内陆城市就业；是留在外地就业，还是回本省、市就业。在确定择业地域时，要问自己这种决定是否符合政策条件，是否会得到政府教育主管部门以及学校的批准，同时还要考虑生活习惯、今后的发展等因素。

（2）择业的行业范围。即：是在本专业范围就业，还是跳出本专业去其他行业就业；是从事本专业范围内的技术工作、管理工作，还是教学、科研工作等。在确定行业范围时，要多考虑自己的综合素质、能力如何，有什么兴趣和特长。

在确定了择业地域以及择业的范围与自己希望从事的职业后，可以向择业的目标进一步靠拢：对于愿意到企业工作的大学生，是选择国有企业，还是选择三资企业、民营企业；这些企业中，有哪些单位前来招聘，自己是否符合条件，自己最希望到哪一家企业工作。

择业过程中，当然会遇到不少不可预测的变化，但是，事先给自己的择业确定一个比较明确的目标，可以使整个就业活动显得有的放矢、有条不紊，不然，就会出现乱打乱撞的盲目、被动局面。

（五）准备材料

在确定了择业的目标之后，大学生接下来要做的事情便是准备材料。这些材料包括：个人简历、自荐信，以及有关的重要补充材料。

有关自荐材料的准备，将在后面详细讲述。

（六）参加招聘会（投寄材料）

在大学生就业活动中，招聘会或就业市场在用人单位与学生间架起了见面、沟通的桥梁。招聘会或就业市场大致可分为四类：一是社会上的人才市场；二是政府教育主管部门所属就业指导中心组织的供需洽谈会、就业市场；三是学校组织的供需洽谈会、招聘会；四是各院系自身联系组织的小型招聘会。

在招聘会或就业市场上，用人单位与学生之间只是初步"结识"。用人单位向学生宣传单位的发展建设状况，同时收集众多学生的材料（有的用人单位可能向应聘学生发放登记表）；学生则在了解用人单位的大致情况后，将材料或登记表交给单位。另外，用人单位往往会在网上发布需求信息，而大学生也可以通过上网将自己的信息传递给用人单位。

（七）参加考试

不少用人单位在招聘过程中，采用笔试的方法，考核应聘者的知识、能力与素质。

大学生如果获得笔试的机会，应该珍惜并认真对待。在笔试前，要对自己所学知识进行科学、系统的复习，同时，调整好自己的应试心理和应试状态，准备好各种考试中可能用到的工具。

笔试检验的是大学生运用大学期间所学知识、所培养技能去处理实际工作问题的能力。因此，用不着过分紧张和担忧。

（八）参加面试

面试是一些用人单位考核学生综合素质的重要手段。通过面对面的沟通、交流，用人单位可以了解学生的表达能力、思维能力、处事能力以及其他一些不能通过笔试反映出来的个人素质。

对于面试，一些大学生容易出现以下情况：一是抱有过高的期望值，以至于急于向用人单位展现自己，说出一些夸大其词的言语；同时，因为担忧自己不能引起用人单位负责人的注意或者出现回答不出问题的尴尬局面，所以在面试过程中表现得十分紧张、患得患失。二是进取心不足，自信心不强。看着同来面试的其他学生，面对主考官，有的学生甚至临阵怯场，萌生退意。

（九）签订协议

用人单位通过供需见面、笔试、面试等招聘活动，选拔自己中意的大学生后，便向被其录用的学生发出录用通知书。学生在接到录用通知书后，如果愿意到该单位工作，则双方进入签订就业协议阶段。

就业协议书一般应包括以下条款：服务期、工作岗位和工作内容、劳动保障和工作条件、工资报酬和福利待遇、就业协议终止的条件、违反就业协议的责任等。另外，学生和用人单位可在就业协议书上附加双方认为需要增加的条款。

（十）走上岗位

与用人单位签订好协议，并得到学校、政府教育主管部门的审核通过后，接下来大学生要做的便是以优异的成绩完成毕业设计，等待毕业派遣，做好毕业离校的各项准备工作。

跨出校门，大学毕业生将步入另一个天地。走上工作岗位，有更多的挑战等待着大学毕业生。服从安排、踏实肯干、遵守制度、刻苦钻研、尊重长辈、团结同事等，应该成为大学毕业生的具体行动。机会垂青于那些有准备的人，垂青于那些脚踏实地、勤奋努力的人，对于择业是如此，对于今后的工作，更是如此。一名优秀的大学毕业生，一定能够在未来的天空展开腾飞的翅膀。

【分享阅读】

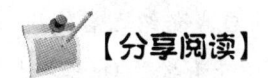

你只看到我的 OFFER 却没看到我的付出
——来自大学生的求职经验分享

漫漫求职路，坚定信念，放松心态，终有如意 OFFER!

背景：西安某高校金融学硕士。

知识储备：虽学金融，却偏爱财务会计，已获 CPA 专业阶段全科合格证。

求职行业：银行、证券、会计、咨询及一些公司的财务岗。

地点：以"西三角"（成都、西安、重庆）为主。

涉及企业：汉得咨询、毕马威（KPMG）、建总、广发证券、华泰联合、龙湖地产、华为、广州移动以及证监局。

前言：找工作是一条漫长而曲折的路，尤其是在 2013 年经济增速放缓，大多行业业绩下滑的情况下，在面对求职路中的得与失时，一定要做好充分的准备。

准备篇：找工作，用人单位首先看的就是你的简历。如何制作一份优秀的简历，为自己增光添彩，是一件极为重要的事。俗话说，好的开始就是成功的一半，只有简历顺利过关，才有后续更多的机会与心仪的企业接触。早在去年找实习之前，我就开始着手简历的准备。关于简历的制作和格式，《应届生求职简历全攻略》这本书可谓帮了不少忙。书中针对中英文简历每一部分的格式要求都做了翔实的介绍，并配以生动的案例展开论述。这里我要声明自己可不是"托儿"，但为找工作，买些必备的工具书，还是蛮必要的。后来自己能进 KPMG，也是《应届生会计师事务所求职全攻略》这本书起了不小的作用。个人真心觉得应届生出的有关求职的一系列书，还是比较有实际应用价值的。如果在求职之前有任何的疑问或者盲点，大家真可以好好参考一下它们。

为了丰富简历的内容，让企业更了解你，宝贵的实习经历必不可少。所以从去年 4 月、5 月开始，我就和其他同学一样加入了找暑期实习的阵营中。其中简历投得也不少，最终通过参加"广东移动领先 100 暑期实习"招聘，顺利地被广州公司录取。之所以选择广州，是因为这是一个经济发达、思想开放的城市，相信自己能在那里感受和接触到一些不一样的东西。

下面简单介绍一下招聘流程：

（1）笔试：行测，题目不难，但是还是需要准备。自己之前从没做过行测，所以考前买了一本书，花了大概一周的时间去突击，最终结果不错，顺利过关。（现在很多企业的笔试都有行测这类题目，故以前从没接触过的同学有必要去买几本参考书做一下练习，这种东西，突击完全来得及哟！）

（2）第一轮面试：带了非常多的材料过去，面试官在你简要的自我介绍之后，就开始针对一些材料和简历上的内容发问。只要对简历上的内容做到心中有数就 OK！

（3）第二轮面试：HR（人力资源）经理面试。两位 HR 都很随和，主要问了一下为什么要选择广州、选择移动，以及结合实习经历谈谈自己对所报岗位的优势。结果：收到实习 OFFER，并于 7—8 月前往广州实习。实习内容主要是在岗实习 + 小组课题。客观地说，在岗实习收获不大，但是我却有幸分到了一个充满爱的小组。广州移动将约 100 名实习生分成 12 个小组，每组会根据自己的意愿选择一个课题，然后进行 PK。因为大家都住在一起，所以利用周末和下班的时间常常聚在一起开会讨论。在这个过程中，你不仅会收获友谊（后来在求职时，大家也互通有无），而且通过思维的碰撞也能从队友身上学到不少东西。总体来说，去年夏天的羊城之行还是非常愉悦的。

求职篇：9 月，楼主还在准备 CPA 的审计，而华为是来得较早的公司之一，于是抱着试一试的心态投了份简历，后来接到面试通知。（在向自己的目标公司发起进攻之前，大家都可以先投几家相关的公司练练手，为自己积累经验哦！）

华为：楼主报的财经岗，第一轮面试时面试的主考不按常理出牌，上来就说，自我介绍你们肯定都背得滚瓜烂熟了，就略过！我一听就汗了，心想这是要闹哪一出。随后，她就问对于像华为这样的企业可能存在的财务风险以及如何防范。一个项目的财务经理应该关注什么。由于之前楼主号称自己拿过英语双学位，主考"故意"让我用英语作答。好久没讲英语了，专业词汇都不太会，于是整个过程磕磕巴巴。好歹有惊无险地混过去了。这个故事告诉我们，有时面试官更注重你的临场发挥和应变能力，这个嘛多练练、多总结就有感觉了！第二轮面试就是传说中的压力面试，七八个人一组，持续了将近两个小时。首先，自我介绍一分钟，内容包括学校、专业、优缺点、兴趣爱好。这里一定要把握时间，完整性要好。在别人说的时候，尽量记录所有同学的信息，HR 随时可能会问到。介绍完后，HR 即问谁的表现最好、谁给你的印象最深。楼主是第一个说的，时间没控制好，还没说兴趣爱好即被叫停。而后，在别人说的过程中，刚开始只是听，并没有记，所以很多信息都错过了。后来被 HR 问到，××的优点是什么，我只好一脸错愕地看着她。这个环节结束后，是小组讨论，我们拿到的题目是 CC、刘备和诸葛亮谁更适合当总经理。讨论结束后，每组派一人总结发言。最后HR 会问谁的贡献最大，失败由谁负主要责任，作为组长是怎么分工的等类似问题。楼主觉得，在整个过程中，其实只要提出一个关键点就 OK 了。我们当时无法达成一致意见，而所剩时间又不多，一个主考便说要不然我们先举手表决。经她一说，我们才首先统一了观点，之后再讨论原因。也许她后面一句话也没说，也没发表什么重要的意见，但就因为这一点，我们加快了整个讨论的进度，后面大家对她的评价都还不错，因此，她顺利晋级了。楼主虽然阵亡，但是华为的压力面试确实蛮有意思，充满挑战也刺激，大家不妨试一下。

第二讲 就业程序与途径

汉得：9月底投了简历，国庆刚过，西安站的面试就开始了（貌似是全国第一站吧）。宣讲的时候楼主并没有去，只是抱着多尝试多体验的心态投的简历。汉得的面试是非常有效率的。三轮面试，接连三天连续进行，而且每轮面试前都会由邮件和电话来确认。这一点确实让人感到很贴心啊。第一轮面试是十几个人一起小组讨论，我们的题目是关于一个创业公司规模扩大后，是要继续扁平型的结构还是实行专业化的分工组织。整个面试过程先有5分钟小组讨论的时间，而后是20分钟的"自由辩论"环节。当我们探讨得热火朝天时，HR突然叫停，让转为英语讨论。瞬间，全场安静了十几秒。这个时候，楼主打破了沉默，继续就刚才对方的观点进行辩驳。虽然说得不是很流利，但大家基本也能听懂。我每说出一个看法，对方总有三四个成员轮番阐述。而我们这边就惨了，基本是我一个在说，差点就撑不下去了。其实，不在于你英语有多好，关键是要敢说，敢讲出自己的想法。面试官都是资深的咨询顾问，在整个过程中，他们虽然一言不发，却在暗中观察每个人的表现。他们是非常看重每个人的逻辑思维能力的。因为人太多，有些人可能害羞，结果一句话没说，所以这些人当然就PASS掉了。接到第二轮面试通知，楼主很激动。终于有一次通过群面的经历了……

第二轮面试的形式很简单，10页左右的英文材料先让你读，而后大家一起解决一个实际案例。这个过程考的是你的快速学习能力和与人沟通能力。一开始大家都会抢着说自己的观点，当然自己要把握好这个节奏，什么时候举手起来阐述，什么时候聆听别人的看法。楼主觉得自己贡献最大的，就是这个公式的符号错了，没有按照原文的要求去定义。虽然这只是一个很小的点，当时所有人都没有提出，所以相信这点会给面试官留下很好的印象。第二轮面试过后，第三轮其实就是形式了。HR把我们约在一个咖啡馆，一对一地进行沟通。和我谈话的HR是一个已经工作10年的顾问了。他非常认真和详细地给我说了入职后会面临的三重压力，以及他自己工作的一些感悟和心得体会。40分钟的交谈，他说得非常真切，真的让我受益匪浅。虽然楼主最后没有选择汉得，但是从整个招聘流程来说，汉得的效率和服务还是蛮好的。

龙湖地产：楼主依然投的龙湖"仕官生"的财务类岗位。这个岗位基本只要研究生，而且进去之后会有非常完整的培训体系。所以当时还是非常想加入龙湖的。第一轮面试在西安，HR和财务部的一位员工一起面试的，问的都是一些常规的问题，龙湖非常喜欢让你用具体的事例来说明自己具备某方面的素质和特点。所以，在这方面一定要好好准备。第二轮面试是西安区的总经理和某位领导主持的。整个过程会有一点压力面试的感觉。主要问了一些在一个团队项目中你所起的作用和收获等，两个人问的问题很分散，可能是考察你的团队协作能力和应变能力吧。那位领导还非要我介绍一下为什么自己要选择金融，它跟其他专业有什么不同。楼主对这个问题答得很笼统，没有答好，被领导当场批了，因此，面试完后就垂头丧气地出来了。意外的是，楼主接到了终面通知。想到要去成都见中国的女首富，草根心态暴露无遗，瞬间激动万分，心想就算不能过也无所谓，去见见世面好了。龙湖果然很霸气，给我们西安的10几个同学订了来回的机票和酒店。

外界也传言，龙湖是房地产业的"黄埔军校"，不管是不是言过其实，但从准备面试对它的了解来看，龙湖的用人机制和培训体系还是让人非常向往的。因此，在终面前，楼主花了两天的时间好好准备，较为全面地了解了龙湖的价值观和一些地产项目。终面是1:5的形式，吴老板亲切地坐在中间，旁边是集团的HR和一些高层。整个过程，吴老板一言不发，只是冲你微笑。后来大家都说，她笑起来像妈妈一样慈祥，瞬间就不那么紧张了。集团HR一直不停地追问，抓住你说的任何一句话，哪怕有一点漏洞都不放过。谈到爱好时，我说自己喜欢打排球，因为在打球时可以忘却一切烦恼。结果他就问，我目前最大的烦恼是什么。楼主当时显然有点没恍过神来，停顿几秒后说，最大的烦恼可能就是还没有拿到一个理想的OFFER。随即，他又问我，目前有没有OFFER。

我当时为了表忠诚想说还没有，（一心就等龙湖），可另一个自己又告诉我不能说谎，所以当时犹豫了一会儿，才说有，是汉得的。可能到这里面试官对我的反应不太满意，觉得我开始可能想说谎吧。所以以后，当再被问及这个问题时，我就会立刻说"有"或者"没有"。这样给别人的感觉才是你没有说假话，如果想的太久才答，人家肯定会起疑。其实，每一次面试完后，都要及时地对当时表现很满意的地方进行回顾和总结，只有这样才能不断提高。当然这都是后话了。后来，我们西安一行15人惨败，最终只录取了2个人。那段等OFFER的日子，真是太煎熬了，天天在应届生上刷龙湖。

虽然心心念念还是没有拿到OFFER，但是经过这场战役，我也看透了不少：我觉得吧，有些事就是上天注定的，是你的注定逃不了，不是你的想也没用。这不是消极的思想，而是心态的转变。从那以后，我找工作的心态就更好了。当自己的面试失败后，我不会再怀疑自己的能力，求职本来就是一个双向选择嘛，既然那家公司不要你，总有一家会喜欢你的。正因为我对找工作的得失看得不是那么重了，反而后来也才会有许多意外和惊喜，这里还真是得感谢龙湖，算是对我的一次历练吧。

因为自己对龙湖的面试也算做了非常充分的准备，下面就把自己准备的一些问题和答案贴出来，仅供学弟学妹参考：

1.（公司之选）你为什么想到本公司来工作？

回答示范：龙湖作为房地产企业的新锐，近年来发展迅速，今年前3个季度的销售收入已经突破280亿元，销售水平高居同行前列。目前公司的商业地产开发策略正逐渐成形，集团预计用15年左右的时间将商业利润占比从不到5%提升到34%左右。现在公司拥有稳定的资本结构和充裕的现金。截至2012年年中，龙湖的净负债率仅为49%，手持现金175亿元，而9月通过首次配股（30亿元）和10月发行优先票据（4

亿美元），得到了资本市场的强烈反响，使龙湖能以较低的融资成本募集资金，进一步优化债务结构，强化集团的财务实力。现金为王的重要性对于房地产企业是不言而喻的。这是龙湖的优势。而我更为看重的是下面这一点。For you forever 善待你一生，这是我在官网上看到的最醒目的几个字，我想这不仅仅是对用户的一种承诺，希望他们能在龙湖所建造的楼宇里住得舒适、生活幸福、工作开心，这又何尝不是对员工的一种厚爱，希望每位员工在龙湖能感受到家一样的温暖。在本次的招聘过程中，我深深地体会到了这一点。每次面试都会由人力资源部的 HR 一个电话一个电话地亲自打过来，确保每一位同学收到通知。而且，我有同学在山东龙湖第一轮面试失败后，还收到了拒信，现在几乎很少有企业能做到这一点。所以我觉得龙湖能真正从我们的立场考虑，理解求职者在应聘过程中那种焦急等待的心情。虽然都是细节，但它折射出公司的人文关怀和高度的责任感，这更增加了我想融入这个集体的渴望。最后，我想说一下士官生的计划。"721"原则的培训体制和龙湖敢于用新人的惯例会为我提供最大加速度的成长平台，我愿意以自己的努力，踏踏实实地做好每一件事，积累经验和龙湖一同成长。

2. 这份工作是很细节的，久了你会觉得很无聊。你怎么看？

回答示范：我对未来工作的性质早就有心理准备，财务和审计类的工作必然都是很细节的。我觉得，工作的乐趣不仅仅来自工作本身，还包括很多工作之外的东西，比方说，完成一个项目之后的成就感、有一些谈得来的同事、偶尔遇到一个好玩的客户等。能够找到乐趣的话，即使细节的工作也会乐在其中。

3. 这份工作经常要加班，包括节假日，你有没有心理准备？

回答示范：当然有心理准备，我听说项目忙的时候可能一整个月都不会有休息日。我觉得，要应付这么忙的工作，光有心理准备其实还不够，还要有特别好的身体素质。所以，我准备把做健身的习惯一直坚持下去。

4. 你有什么爱好啊？有空的时候喜欢做什么？

回答示范：我的爱好还挺多的，小时候学过毛笔书法，并获得过全国少儿书画大赛金奖。我最擅长的是隶书，隶书讲究蚕头雁尾，左右舒展。这种慢工出细活的练习，培养了我沉稳的性格，做事都能静下心来，避免心浮气躁。在研究生阶段，我接触到了排球，自己作为一传，垫球比较稳，在整个团队中发挥了关键的作用。我喜欢打排球，因为这是一项团体运动，需要队员之间的默契和配合，每个人都担任着重要的角色，只有团队齐心协力才能打出好球！（关于自己会书法这一爱好，在所有的公司招聘中，会常常被人问起，所以觉得有点一技之长还是蛮重要的呢！）

5. 你觉得压力最大的时候是什么时候？

回答示范：我压力最大的时候，是大家都特别依赖我、信任我的时候，我特别不想让大家失望。比如说，在广州移动暑期实习时，有一个分组策划项目。在全体成员的一致推荐下我成为项目答辩人，因为我虽然主要负责产品的营销，但对整个项目的背景、管理和可行性分析都有一个比较清楚的认识。出于大家的信任，我认真地撰写答辩稿，想着怎么结合PPT把我们的成果展示出来，然后大家又提了很多意见，白天上班，只有利用晚上的时间进行修改，记得当时自己在公交车上还拿着笔在不停地修改。当时压力还挺大的，可是现在回想起来，每一次压力都会带给我不一样的收获。最终以出色的现场效果和表现力带领团队取得×等奖。我为整个团队感到骄傲，也为自己能顶住压力正常发挥而高兴。

其实，对于这些问题的准备，还有不少是在应届生上看了前人发的帖子，再结合自己的具体情况而事先编写好的。有了这些，以后人家再让你举例子啥的不就轻而易举了嘛。

毕马威（KPMG）：因为自己本来就对财务、审计感兴趣，所以四大[①]也一直是我的理想单位。先后投了四家，安永从暑期实习开始就把我"毙"了，结果校招时又被"毙"了一次。唉！PWC因为笔试的时间刚好赶上本人在成都终面龙湖，遂放弃。DTT的咨询是非常出名的，但是因为资历不够，被广州所调剂到另一个岗位，后因当时已签KP，也放弃面试了。下面，重点说一下KP的情况吧。四大网申全英文，需要花不少时间填写。KPMG要填的内容也相对不少，更重要的是对操作认证（OQ）的回答。

其实，个人觉得四大的OQ还是非常有针对性的，通过这些问题可以认认真真地对自己以往的经历进行一次好的总结，对于全面了解自己也是有帮助的。之前有人已经发过关于KP的笔试和面试了，这里就简单介绍一下。笔试就是24+36题。笔试将淘汰很多人，网上传说的80%，从参见经理面试的人来看，还真不少。所以，事前有必要做一下经典的样题。经理面试之前，楼主一心盼望龙湖发OFFER，所以基本只提前了一天准备。而且中文案例，我就是介绍的龙湖。（看来当时自己想进龙湖都疯了）。

记得那是上海所的一位女士来面试的，印象深刻的是她对我的中文简历的几点提出了质疑，认为没有两年从业经验，是不可能编出自己参加一个项目中的现金流量表和资产负债表的。当时楼主使劲地辩解，但还是无力。事后想想，还挺感谢她的，因为她教我凡事都要谦虚，抱着一种学习的心态，会收获更多。后来顺利进入合伙人面试。终面的那一周绝对是我史上最黑暗的一周，周一接到电话让周四去参加面试。于是马上订了周三的火车票，周四面试完后，当天又赶回来，并参加了周六上午近三个小时的建总[②]的机试和剩下一天半的国考。答完申论的那一刻，我真正觉得自己人已经飘起来了，体力透支，几近坍塌。由此可见，找工作是一件多么不容易的事，尤其是异地求职，来回奔波就更累了。所以，同学们一定要把身体锻炼好呀！因为是小所，合伙人较少，所以后来在论坛上看到，有同学面试前还在微博上关注了两位PAR。其

[①] 指四大会计师事务所，即世界上著名的四个会计师事务所：普华永道（PWC）、德勤（DTT）、毕马威（KPMG）、安永（EY）。

[②] 指中国建筑工程总公司。

实整个过程很轻松,可能是我运气好,PAR 并没有太刁难我。所以面试完很快就收到了 OFFER。当时楼主还是感到很惊喜的,因为这个面试是我最不用心准备的,最终却歪打正着地拿下了。

建总: 有关建总的面试,论坛也有人发帖介绍了,这里楼主就简要谈谈。专业面试人数比为 1:5,我被分在了金融组。问的问题还是有较强的专业性的,比如,请你用金融学理论介绍一下国内通货膨胀的原因,为什么建行股价不高,以及不良贷款率较低的原因是什么。楼主自认为答得还行,可惜最终挂了,宿舍的兄弟后来拿到了,真替他高兴,因为整个求职过程中,他给了我不少的帮助。嗯,就像我说的,有些东西是注定的,虽没去成建总,但自己努力过就够了。

广发证券: 这里首先要好好地赞一下广发。之前向很多大券商投了简历,无奈简历关始终过不了。而广发似乎并不只倾向于北京交通大学的学子,后来实习时也证实了这一点。第一轮面试,广发在全国几个不同城市设了考点,而西安是其中之一。面试人数比为 1:5,由一位 HR 对五位同学一个个地发问,其中完全不涉及专业知识,只是着重于你的简历和参加的活动。HR 相当随和,主要问了一些实习的经历和 CPA 考试之类的事。因为自己知道报投资银行的人肯定很多,于是采用了迂回战术,报了相对冷门的财务部一岗位。后来证实这招确实有效,所以大家在报考岗位时,也存在着策略问题。就像 HR 说的,对于自己想去的公司,先入家门,有机会再换岗也不迟。第二轮面试,是采用的远程视频面试的形式,由所报部门的几位老总单独面试。楼主真心觉得这种方式很替我们着想,让我们省去了来回奔波的时间并节约了不少成本。这次面试就不如第一轮面试那么轻松了,老总主要问了一些我们自己对所报岗位的认识和主要优势,并针对具体的实习和项目经历进行了极为细致的深入挖掘和发问,短短的 20 分钟,让我感受到了面试官的专业性和严谨性,这比后面的华泰联合面试感觉要好得多(华泰联合的面试太水了,所以略去不提)。面试完,让等实习通知。岂料,说好的一两周之内给结果,却拖到了今年一月初。楼主当时刚好去异地参加完同学的婚礼,心想,年前没消息肯定无望了。谁知,又一个意外来到了。接完电话后,楼主的心情久久不能平复。很难相信这样一家大券商,竟然选择了我……可能是之前被无数家券商打击得麻木了吧。

后来实习时才知道,这里有许多中南财经大学和其他并非"985"高校的学生。所以,广发真的是"不以学校论人才",他们更看重的是个人的素质和能力,这样就给了许多同学更多的机会,所以一开始我便忍不住要赞一下广发。一个月的实习,主要是跟着导师做课题,期间部门领导也多次抽空找我谈话,让我倍感亲切。导师是一个比我年长几岁的大哥哥,人非常非常好,不仅为我找数据,还专门请我去吃了广州最正宗的下午茶。所以当时还是很想留下的。后来因为自己身体等个人原因,最终放弃了广发,而想找一个离家近的单位。但是,我绝对没有后悔此次的广发之行,毕竟它让我如此近距离地接触了这样一家优秀的券商。

证监局：原本就没想过国考，但去年行情实在太差，于是报了个某市的证监局。岂料行测、申论准备不到两周的时间，笔试居然过了。面试人数比为1:5，采取结构化面试的形式。相对于其他选手来说，我基本也是没怎么准备就去了，想想面前大家还在翻看资料，我却在一旁看起杂志来。好在题目不算太难，比较宏观，于是也一直地说了一大堆。最终又意外地被录取了，真是无心插柳柳成荫！不过话说回来，日常的知识积累和储备也是很重要的。

小结

回首漫漫求职记，一路走来，有失败也有欢笑，但更可贵的是我收获了与同伴并肩作战的友谊，学会了坚强，清楚地认识了自己。最后希望大家在找工作时，能与几个志同道合的朋友组成一个求职联盟，大家除了信息共享，还可以相互鼓励。我有幸就加入了这样一个团队，四名成员最终都收获颇丰：有深圳移动，有广州移动，有中国建设银行总部、中国银行、中国证券登记结算，有四大、万科、腾讯、百度、去哪儿、360。他们让我感到自己永远不是一个人在战斗！在此，谢谢他们对于我的鼓励和帮助！以上字字皆肺腑之言，不足之处，还请见谅！希望对学弟学妹们有一点借鉴意义。

——资料来源：应届生求职网

第二节 大学生就业形式

近年来，随着高等教育的大众化以及就业压力的增加，总体来看，高校毕业生的就业期望有所降低，到中小企业就业、灵活就业、自主创业的毕业生逐年增加，学生择业观念和心态正在发生积极的变化。

由于传统观念、社会舆论等多种因素的影响，仍有相当一部分毕业生，尤其是家长的观念不能适应就业形势的变化，跟不上社会就业方式的变化。今后几年这种反差可能会越来越大，其突出表现在两个方面：一是在就业岗位上；二是在就业方式上。

大众化时代的大学生不能再自诩为社会的精英，要怀着一个普通劳动者的心态和定位去参与就业选择和就业竞争。这需要广大毕业生更新就业观念，调整就业期望，在正确判断形势的前提下适度选择，以多种方式努力实现广泛就业。目前，大学毕业生就业形式主要有以下几种，下面我们逐一介绍分析。

一、签约就业

签约就业是大学毕业生就业最普遍的一种方式。它包括以下几种情形：

（1）与用人单位签订学校提供的就业协议，领取就业报到证，到用人单位就业的毕业生。

（2）被国家机关、事业单位录用的毕业生。

（3）签署劳动合同就业。与用人单位签订经劳动部门鉴证的劳动合同的毕业生。毕业生与用人单位不签订《毕业生就业协议书》而是直接签订劳动合同，或用人单位出具接收函，不需要就业报到证，到用人单位工作。

（4）定向、委培毕业生回原定向、委培单位就业。按规定该类毕业生不能再自主择业，但若经原定向、委培单位和有关主管部门同意，解除原协议后，可以自主择业。

（5）毕业生参加国家、地方项目就业。（国家项目就业是指参加国家支援服务西部计划、乡镇人才计划等项目。）

签约就业包括签订合同、接收档案、转迁户口以及毕业后学生携带学校发的报到证去单位报到、用人单位负责解决学生的工作并按劳动合同履行各自义务。目前，有相当数量的签约就业，如跨国公司、民营企业与新聘员工签订劳动合同后并不接收员工的档案，也没有户籍要求。

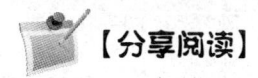

【分享阅读】

毕业生签约注意事项及协议书填写说明

纸质三方协议填写注意事项

（1）三方协议由毕业生所在院系负责就业老师专人保管，当毕业生与用人单位达成就业意向，并双方同意签订就业协议后，方可将"三方协议书"交由用人单位（需将本人基本信息填写完整）。

（2）三方协议中，用人单位与毕业生为协议主体，学校在协议中充当鉴证角色，不参与协议主体。当就业协议由毕业生交由用人单位签字盖章后，协议即生效。

（3）三方协议中，用人单位情况和用人单位意见由用人单位负责填写，主要包括"用人单位名称""单位性质""联系电话""单位地址""组织机构代码证号""单位电子邮箱""单位隶属""单位行业""档案转寄信息""邮政编码""报到证抬头""报到地址"等信息。如用人单位与毕业生无法当面完成签约行为，可由毕业生在用人单位知情并获得用人单位准许的情况下，由毕业生本人填写用人单位情况的内容。

（4）三方协议中，"用人单位名称"为重要信息，不可出现各类简写形式，如"广东移动""广东北电""工行广东省行"等均属于简写形式，须与单位公章上的名称严格一致。用人单位名称会直接出现在毕业生就业报到证上，如采用简写方式，将会有毕业生无法报到的情况出现。

（5）三方协议中，"毕业生档案转寄信息"是学校档案馆寄送毕业生档案的信息来源，毕业生需要将此信息填写完整，未填写完整的请参考网上就业信息录入。

（6）三方协议中，用人单位情况中的"户口迁移地址"是指毕业生就业后，户口将落到哪里，而不是指毕业生现在的户口地址。该信息是户籍部门为毕业生打印户口迁移证的依据，毕业生应确保这项信息的准确性。

（7）三方协议中，用人单位和毕业生双方约定的工作时间、工作报酬等具体内容，如双方同意，可以将其补充在协议书背面的备注中，经双方签字生效，学校对补充协议不进行任何干涉。

（8）近年来，毕业生以用人单位口头承诺无法兑现为理由申请解约的比例逐年增加，为了避免不必要的麻烦，提醒毕业生将各项福利待遇及用人单位的各项承诺在必要的前提下，采用补充协议的方式写在协议书后的备注栏中。

（9）三方协议一式三份，协议签订之后用人单位保存一份，学校保存一份，毕业生自己保存一份。

三方协议签订之后请尽快登录就业系统，将协议内容录入系统中，录入之后请持协议书到学院进行审核盖章，学院审核通过之后持协议书到学校就业中心进行复核、盖章，并交一份协议书。待学校事务完成之后，毕业生将其中一份协议书寄回用人单位，最后一份毕业生个人保存。

——资料来源：重庆大学毕业生就业信息网

二、灵活就业

灵活就业指无固定场所、无固定雇主和服务对象、无固定劳动关系、无稳定收入、无社会保障的小规模经营的就业形式。原则上，灵活就业分三类：非全日制就业、临时就业和派遣就业。

灵活就业是相对于传统就业模式而言的，它不同于正规的全日制、与用人单位建有稳定的劳动法律关系、获有工资福利和社会保障的就业。与传统就业模式相比，灵活就业方式的特点是灵活性强、自由度大、适应范围广、劳动关系比较松散。

目前，国内所提的大学生的灵活就业是指没有列入正常派遣手续的非正规就业，现在要从政策上纳入正式就业的统计范围。这是一种适应人才市场发展的选择。就业灵活，首先要求用人单位改变传统，让用人方式灵活起来。

灵活就业的方式正在呈现上升趋势。近几年发达国家失业率有所下降，其中一个很重要的原因是推行了灵活就业的方式。在许多发达的市场经济国家，人们逐渐不满足于传统全日制就业的模式和劳动者终生供职一个单位，而是开展很多灵活的就业方式。这种灵活的就业方式已被我国一些毕业生所接受，并有上升的趋势。

灵活就业主要由以下五部分构成：

（1）自营劳动者。包括自我雇佣者（自谋职业）和以个人身份从事职业活动的自由职业者等。

（2）家庭帮工。即那些帮助家庭成员从事生产经营活动的人员。

（3）其他灵活就业人员。主要是指非全时工、季节工、劳务承包工、劳务派遣工、家庭小时工等一般劳动者。

（4）自由职业。自由职业指以个体劳动为主的一类职业，如作家、自由撰稿人、翻译工作者、中介服务工作者、某些艺术工作者。一些在写作、设计、绘画等方面有专长的毕业生则倾向于做一个自由职业者。

（5）意向就业。毕业生与用人单位达成就业意向，落实了工作岗位，但暂时还没有正式签订就业协议书、劳动合同或没有出具接收函，包括：到单位进行就业见习、试用期、进入家族企业等。这类情况往往是毕业生和用人单位出于还需要进一步相互了解的目的而选择的一种就业形式，也是双方进一步考察、选择的过程。

【分享阅读】

越来越多的中国大学生选择"灵活就业"

新华网沈阳9月7日电（记者王莹）每周工作两天，休息五天，不用朝九晚五地上班，对23岁的沈阳音乐学院毕业生刘天聪而言，周末到学生家里做小提琴家教就是自己的专职工作。

毕业后，刘天聪曾在北京的一家琴行工作，负责维修、维护小提琴，月收入3 000余元，但最终她还是选择回到沈阳，"我喜欢我的学生，赚来的钱也够生活，不想做事还可以去旅游"。尽管月收入少了近一半，但她表示很享受目前的生活。

没工作的时候也不闲着，要学英语、韩语，还要学美术。"这样，我以后制作的小提琴才会更有艺术品位。"毕业于提琴制作兼提琴演奏专业的刘天聪说。

刘天聪说，父母也很支持她的工作选择。"他们都是国有企业的下岗职工，在就业上没什么非机关、大企业不去的老观念。再说，我现在工作时间自由，还随时可以照顾家里。"

在金融危机来袭、中国大学生就业逐年严峻的现状面前，越来越多的大学生不再像过去那样过于看重"铁饭碗"，而是自主创业或是选择小时工、派遣工、短期工、兼职工等就业方式，灵活就业正在成为大学生们实现人生价值与梦想的全新选择。

家教、婚庆主持、健身教练……这些都是大学生所青睐的灵活就业岗位。据统计，55%以上的自由职业大学毕业生集中在策划类岗位、设计类岗位和应用技术类，其创意性、知识性和技术性组成了该类岗位从业人员的主要特点。此外，依次是素质教育类、健康培训类、演艺类和商品零售类。

"过去大学生实行计划就业,讲求要有'班'可上。"鲁迅美术学院工艺设计系副教授刘宏伟说,1982年毕业于清华大学美术学院的他,毕业后被分配到沈阳市造币厂工作。而在今年鲁迅美术学院787名应届毕业生中,灵活就业比例超过78%。

"灵活就业相对于全日制就业形式而言,不限时间、不限收入、不限场所,更加适合专业性和动手能力强的年轻人。"沈阳市人事局局长冯连旗分析说,"当前高校毕业生就业形势严峻,灵活就业能够满足'眼前之需'。"

辽宁大学经济学院院长、教授林木西表示,据有关资料分析,印度灵活就业比例高达90%,美国20年后将达到60%。他认为,灵活就业在整个就业体系中的作用十分重要,在拓展就业渠道的同时,也拓展了就业工作的思路。高校毕业生的灵活就业,具有明显的时代效应,对于推动城市化、催生新职业、提升现代服务业,都有着积极的推动作用。

"灵活就业大学生所面临的最大问题,是缺乏足够的抗风险能力,收入缺乏保障。"冯连旗提醒说。

据了解,目前沈阳等一些城市已经出台政策,对灵活就业大学生给予养老和医疗保险补贴,但工伤保险、失业保险和生育保险及住房公积金等方面的政策仍是空白。

——资料来源:2013年新华网

三、自主创业

创业是创业者对自己拥有的资源或通过努力能够拥有的资源进行优化整合,从而创造出更大经济或社会价值的过程。创业是一种劳动方式,是一种需要创业者运营、组织、运用服务、技术、器物作业的思考、推理和判断的行为。

(一)创业的热潮

国家鼓励和扶持大学生进行自主创业。2015年,李克强总理在政府工作报告中两次提到"大众创业、万众创新"。自此,"大众创业、万众创新"成为中国的国家战略,并在全国范围内掀起了一股创业创新的风潮。2015年以来,从中央到地方政府陆续出台一系列优惠政策,支持创业创新。

创业创新的号召始于2013年10月,一次国务院常务会议中强调"调动社会资本力量,促进小微企业特别是创新型企业成长,带动就业,推动新兴生产力发展",此后,创业创新成为当下的时代风潮。2014年9月召开的夏季达沃斯论坛开幕式上,李克强总理首次提出,要借改革创新的"东风",在960万平方千米土地上掀起"大众创业""草根创业"的浪潮,形成"万众创新""人人创新"的新态势。

（二）大学生自主创业的形式

1. 高科技领域

身处高新科技前沿阵地的大学生，在这一领域创业有着近水楼台先得月的优势，"易得方舟""视美乐"等大学生创业企业的成功，就是得益于创业者的技术优势。但并非所有的大学生都适合在高科技领域创业，一般来说，技术功底深厚、学科成绩优秀的大学生才有成功的把握。有意在这一领域创业的大学生，可积极参加各类创业大赛，获得脱颖而出的机会，同时吸引风险投资。

主要形式：电子商务、软件开发、网页制作、网络服务、手机游戏开发等。

2. 智力服务领域

智力是大学生创业的资本，在智力服务领域创业，大学生游刃有余。例如，家教领域就非常适合大学生创业：一方面，这是大学生勤工俭学的传统渠道，积累了丰富的经验；另一方面，大学生能够充分利用高校教育资源，更容易赚到"第一桶金"。此类智力服务创业项目成本较低，一张桌子、一部电话就可开业。

主要形式：家教、家教中介、设计工作室、翻译事务所等。

3. 连锁加盟领域

统计数据显示，在相同的经营领域，个人创业的成功率低于20%，有的则高达80%。对创业资源十分有限的大学生来说，借助连锁加盟的品牌、技术、营销、设备优势，可以较少的投资、较低的门槛实现自主创业。但连锁加盟并非"零风险"，在市场鱼龙混杂的现状下，大学生涉世不深，在选择加盟项目时更应注意规避风险。一般来说，大学生创业者资金实力较弱，适合选择启动资金不多、人手配备要求不高的加盟项目，从小本经营开始为宜；此外，最好选择运营时间在5年以上、拥有10家以上加盟店的成熟品牌。

主要形式：快餐业、家政服务、校园小型超市、数码速印站等。

4. 开店

大学生开店，一方面可充分利用高校的学生顾客资源；另一方面，由于熟悉同龄人的消费习惯，因此入门较为容易。正由于走"学生路线"，因此要靠价廉物美来吸引顾客。此外，由于大学生资金有限，不可能选择热闹地段的店面，因此推广工作尤为重要，需要经常在校园里张贴广告或和社团联办活动，才能广为人知。

主要形式：高校内部或周边地区的餐厅、华飞四季旺酸辣粉店、咖啡屋、美发屋、文具店、书店等。

互联网的发展日新月异，电子商务的出现改写了中国的商业格局，让许多人成为百万富翁，让消费者购物更便捷，使物流业发展更迅猛，改变了人们生活方式的同时也改写了许多人的命运，使人们能够怀着"自己当家做主人"的创业情怀，自己给自己打工。

5. 技术创业

大学生毕业后，在学校学习的课程很难应用到实际工作中。毕业后学习一门技术，可以让大学毕业生很快融入社会。有一技之长进可开店创业，退可打工积累资本。酒香不怕巷子深，所以有一技之长的大学毕业生在开店创业的时候，可以避开热闹地段节省大量的门面租金，把更多的创业资金用到经营活动中去。

主要形式：裁缝店、修车行、个人摄影（摄像）工作室等。

(三) 大学生创业的扶持优惠政策

大学毕业生在毕业后两年内自主创业，到创业实体所在地的工商部门办理营业执照，注册资金（本）在 50 万元以下的，允许分期到位，首期到位资金不低于注册资本的 10%（出资额不低于 3 万元），1 年内实缴注册资本追加到 50% 以上，余款可在 3 年内分期到位。

大学毕业生新办咨询业、信息业、技术服务业的企业或经营单位，经税务部门批准，免征企业所得税 2 年；新办从事交通运输、邮电通信的企业或经营单位，经税务部门批准，第一年免征企业所得税，第二年减半征收企业所得税；新办从事公用事业、商业、物资业、对外贸易业、旅游业、物流业、仓储业、居民服务业、饮食业、教育文化事业、卫生事业的企业或经营单位，经税务部门批准，免征企业所得税 1 年。

各国的商业银行、股份制银行、城市商业银行和有条件的城市信用社要为自主创业的毕业生提供小额贷款，并简化程序，提供开户和结算便利，贷款额度在 2 万元左右。贷款期限最长为 2 年，到期确定需延长的，可申请延期一次。贷款利息按照中国人民银行公布的贷款利率确定，担保最高限额为担保基金的 5 倍，期限与贷款期限相同。

政府人事行政部门所属的人才中介服务机构，免费为自主创业毕业生保管人事档案（包括代办社保、职称、档案工资等有关手续）2 年；提供免费查询人才、劳动力供求信息，免费发布招聘广告等服务；适当减免参加人才集市或人才劳务交流活动收费；优惠为创办企业的毕业生提供一次培训、测评服务。

【分享阅读】

李克强总理五次考察大学　最关心"创业"

4 月 10 日下午，国务院总理李克强到吉林大学（简称吉大）考察，吉大师生为之沸腾，学生们"追星"般欢迎总理到访。这样的场景并不陌生，此次出访是继 2014 年 11 月访问浙江大学后，李克强再次走进国内高校考察。北青报记者注意到，纵观李克强担任总理以来的多次基层考察,高校常成为李克强总理到访的目的地之一,大学生就业、创业始终是李克强最关心的问题。

进展

签名鼓励志愿者下基层

李克强10日在吉林大学考察时对大学生创业者说:"在校学生首先要把学习搞好,边学习边创业,把学到的知识用于实践当中。"总理强调,"在校大学生'第一位的还是学习',学习是基础,不仅要向书本学,还要向实践学,创业实际就是在实践中学,这会让知识学得更扎实有用。"

此次行程中,李克强还前往吉林大学无机合成与制备化学国家重点实验室考察,该实验室在物质科学研究领域居于世界前列。总理说,"虽然这一研究现在看像'坐冷板凳',但将来会变成'热领域'。"国家核心竞争力要靠基础科学研究,根基扎实才有原始创新,才会有世界一流佳绩。

在吉林大学医学部白求恩志愿者协会开展活动的画册上,李克强总理签下了自己的名字。医学专业毕业生、白求恩志愿者朱翠琳说,"总理去年给吉大白求恩志愿者协会回信,大家深受鼓舞,她打算毕业后先到乡镇卫生院工作,锻炼提高业务水平。"总理点头赞许并应邀为志愿者签名。他说,"在基层可以积累最宝贵的经验。"

盘点

至少5次考察大学总理都谈什么

记者通过梳理发现,2013年3月李克强出任总理以来,2年多时间里,他至少27次到基层考察,2013年10次、2014年14次、2015年至今为3次。在历次基层考察中,李克强曾5次走进国内高校。

2013年夏季"就业季"期间,李克强分别于6月和8月视察河北师范大学、兰州大学,就业的去向和难度、政府对于大学生创业的支持成为当年总理关注的话题。2014年7月在湖南考察时,李克强走进湖南大学考察学生创业情况。同年11月,李克强总理在杭州多地考察,浙江大学成为考察地之一。此次造访吉林大学是李克强出任总理后第5次走进国内高校。

1982年,李克强从北京大学(简称北大)法律系毕业,之后他选择在北大经济法教研室当老师,兼北大团委书记。大学工作经历让其与高校有着深厚的渊源。值得一提的是,李克强总理历来关心大学生就业创业问题,曾多次在不同场合强调做好大学生就业创业工作,为大学生求职季开辟"高速公路"。

记者注意到,李克强走进兰州大学、湖南大学、浙江大学时,面向的主要群体是大学生创业者。

李克强在兰州大学就业指导中心考察时,遇到了该校国际政治专业的应届毕业生黄铮,这位学生正打算自主创业。李克强仔细询问黄铮在创业资金、技术、登记注册等方面的进展情况与打算。李克强对黄铮的做法予以肯定，认为大学生只要努力就会有就业机会。不仅要就业，还要创业。

2014年，在湖南大学考察期间，李克强专程考察学生创业情况。他称赞创业大学生们有胆量、有志气、有社会责任感，还现场购买了两位学生的4个产品作为鼓励。

2014年，在浙江大学（简称浙大）考察时，听说竺可桢学院大四本科生沈爱翔放弃了外企工作的机会，投身自主创业，李克强非常赞赏："志向很高，我相信你会从一个小角落出来，创造出一片大天地。"李克强当时还表示，政府会尽力给大学生创业提供支持。

大学生创业对于中国经济转型升级、建设创新型国家意义重大。2014年4月底的国务院常务会议，曾推出六项措施促进高校毕业生就业和创业。政府工作报告提出"大众创业、万众创新"，新一届政府正在持续通过简政放权的"减法"逐步为创业释放出"政策红利"。

——资料来源：2015年《北京青年报》

四、升学深造

升本考研深造是指毕业生被高一级学校录取，如考取本科、研究生，考取第二学士学位等。许多大学生为了获得更多的知识和更高的学历，在校学习期间就为自己确立了进一步深造的目标，并积极进行准备，毕业后直接通过考试，进行升学深造。

【分享阅读】

"专升本"没你想的那么难

对于高考生来说，能顺利进入梦想中的本科院校固然好，但若分数差强人意，转而选择高职院校，走"专升本"的"曲线救国"途径，也不失为一个好的办法。

重庆12所本科院校开展"专升本"

提到"专升本"，学生最关心的莫过于都能报考哪些学校，看是否有自己心仪的院校。

2015年，重庆市普通高校新增两所院校可"专升本"，今年起，重庆第二师范学院和重庆人文科技学院具备独立接收普通"专升本"学生资格。

截至2015年，重庆医科大学及部分独立学院，加上今年新增重庆第二师范学院和重庆人文科技学院两所院校，目前重庆市内共有12所本科院校都面向各级各类高专院校学生制订了详细的招生计划。例如：西南大学今年有18个专业开始招生，计划招生人数达190人；重庆三峡学院有22个专业开放招生，计划招生146人……

结合近几年的情况不难发现，大部分本科院校招收"专升本"学生的专业及人数都在逐年上升。换言之，报考"专升本"，选择面越来越大了。

考试分文科、理科进行，英语都是必考

重庆"专升本"考试分为文科、理科两个考试科类进行。文科统考科目为大学英语、计算机基础和大学语文；理科统考科目为大学英语、计算机基础和高等数学。

无论是文科考生还是理科考生，英语都是必考科目。专升本英语考试由听力、单选、阅读理解、翻译和写作5个部分组成。其难度介于重庆市大学英语三级考试和全国大学英语四级考试之间。

报考"专升本"条件不苛刻

按照规定，想要参加"专升本"考试的学生，只需满足是重庆市各级各类全日制普通高校高专应届毕业生即可。

——资料来源：好老师教育网

五、出国留学

留学，旧称留洋，一般是指一个人去母国以外的国家接受各类教育，时间可以为短期或长期（从几个星期到几年）。这些人被称为"留学生"。在中国内地，学生把前往香港、澳门等地区的学习也称为留学，这是由于这些地区有着不同的教育制度。另外，美国等国家组织的一类海外短期的交换学生计划，其英文名字"Study Abroad"直译也为留学（中国称为海外交流）。

目前，随着我国高等职业教育的发展，高职院校的国际交流深入开展，大量交换生计划和国际交流项目开始在高职院校实施，高职大学生出国留学的机会稳步上升，在毕业后选择出国出境留学的大学生日益增多。

【分享阅读】

大学毕业生留学：专业选择需慎重

本文将详细探讨选择留学方向应注意的事项。比如：大学期间准备留学要通过哪些考试？现在去哪个国家留学最好？是本科毕业后去读研究生好，还是本科期间就出去好……

留学专家提醒，相对于高中学生留学重点规划时间安排，在校大学生的留学规划需要兼顾专业选择、职业规划和时间安排，才能做到事半功倍。

应重视事前规划

目前，出国留学已成为不少在校大学生计划内的事。"我们班几乎有50%的同学在准备出国留学。"东软信息技术学院2008级的小陈告诉记者。据了解，本科毕业后，大部分学生会选择三个方向：读研、就业、出国留学。

一位留学专家给记者算了一笔账，内地读研每年要花费大约 5 万元，毕业之后就业的情况在研究生扩招的情况下不见得比本科生好很多。如果按照目前 3 000 元/月的平均工资水平看，要收回读研的投资需要 3~4 年。如果选择留学的话，最理想的状态是拿到全额奖学金，每年 3.5 万~4.5 万美金的全奖用于生活绰绰有余，勤奋的学生通过打工，还可以有一定的积蓄。

而选择出国留学，需要的前提是：大学四年优秀的 GPA 成绩，优秀的 Personal Statement（个人陈述）和推荐信，优秀的语言考试成绩。这几项的准备时间，远远超过了做简历求职和准备研究生考试。

"在校大学生准备留学，除了规划时间安排，更应注重规划专业选择，不要为了留学而留学。"佛山新东方王啸老师表示。准备留学是个艰辛的过程，如果想将来在美国谋求像律师和医生这样的高收入职业，那事前规划的重要性就更不言而喻了。

时间规划

在时间规划上，出现一个矛盾：大三的专业课多，而大学期间的 GPA 又影响 OFFER 和奖学金，如何协调这个关系呢？

若英语基础比较好，可在大二的时候准备 GRE 的考试。考完 GRE 之后大三再考 TOEFL 就非常轻松了，不用涉及太多的精力。这对大三学生直接阅读原版的专业图书有很大的帮助，且 GRE 成绩的有效期是 5 年，考生也可选择在国内读研再出国。

专业规划

留学的目的最终都是就业，无论是准备留在国外还是回国工作，大学的专业选择很大程度上决定着将来职业的取向。留学专家指出，相对于高中学生面临高考需要规划好留学准备的时间，大学生面临着毕业后的就业，最主要的是应该规划好专业的选择。

兴趣爱好是首选

"部分国外的大学学习强度是超过国内大学的，学生若本身对专业没有兴趣，根本无法完成学业。"佛山金钥匙袁娅总经理介绍说，无论在国外申请大学入学还是导师面试的时候，都会问学生为什么要选择这个专业和学生对这个专业的想法。如果学校认为该学生是为了混文凭或者移民才选择这个专业，考试就很可能不能通过。

南海中旅留学顾问刘先生也表示，目前部分家长和学生看着技术移民的清单选择专业，但是这个"稀缺专业清单"是会不断更新的。

职业规划需提前确定

"若申请研究生课程，专业最好与国内大学匹配，如医学类背景的还是选择医学类专业，不然签证将很难通过。若大一或者大二打算通过留学转专业，就要及早申请。"南海中旅留学顾问刘先生介绍。国外的大学一般到大三才开始进入专业学习。

对于目前国内准备留学的在校大学生，建议提前做好职业规划，再选择要读的专业。

具体来说，如果想回国内工作，金融类、IT类和医学类是国内重点引进的海归人才专业。如果打算留在国外工作，则要根据学生自己的兴趣爱好，结合不同国家的技术移民专业清单选择，但是这个清单是会不断改变的，存在一定风险。

专业排名比学校排名更重要

"我们在国内，可能大家都看重学校的名气，觉得清华、北大是最好的，但是在国外，专业的名气比学校的名气更重要，关键是学到知识。"佛山金钥匙袁娅介绍。

以美国高校为例，位于加州的旧金山大学，它的综合排名为121名，但是它的金融分析全美排名第二；位于俄亥俄州的辛辛那提大学，综合排名为120名，但是它的室内设计、建筑学专业全美排名第二，工业设计全美排名第三。再比如，位于纽约市附近的弗里森大学，排名不高，但是学校人数少，只有2 300人，师生比例为1:15，这就意味着每个学生都会得到老师的指导和关注，对于语言基础不是很好的国际学生，这里可以成为他们语言提高的平台。

——资料来源：《广州日报》

第三节　大学生就业途径

总体而言，高职大学生的就业途径主要有以下六条。

一、顶岗实习

顶岗实习，是指在基本上完成教学实习和学过大部分基础技术课之后，到专业对口的现场直接参与生产过程，综合运用本专业所学习的知识和技能，以完成一定的生产任务，并进一步获得感性认识，掌握操作技能，学习企业管理，养成正确劳动态度的一种实践性教学形式。

由于顶岗实习要求专业的对口性，所以高职院校通常将集中性的顶岗实习安排在校企合作单位之中，并制定了一系列完善的规章制度和协议合同进行管理。在实习过程中，实习单位既对实习学生进行教育和管理，同时也对学生进行观察和遴选。对符合本单位需求的，在实习期结束后与之签订就业协议或劳动合同。

随着高职院校工学结合、校企合作改革的深入推进，通过顶岗实习落实就业单位的学生比例逐年上升，并逐步成为高职毕业生区别于本科生的一条重要就业途径。

二、招聘会

这里所说的招聘会包括校园招聘会和人才市场招聘会，再细分则包括企业专场招聘会、行业人才招聘会、区域人才招聘会等。这些招聘会各有各的特点，成功率也不尽相同。一般来说，区域人才招聘会讲究大而全，场面经常人山人海，被媒体夸张地放诸报端，用来形容求职之难。这样的招聘会通常竞争激烈，效率低下，容易跟风，让人迷失。企业招聘会则比较有针对性，但一般只有大企业才愿意办，而且在名校举办居多（至少是行业内的名校），这客观上对普通的求职者来说是一个限制。行业人才招聘会通常由各地人才市场举办，针对某一具体行业招聘人才，因此具有效率高、覆盖广的特点。

总的来说，招聘会作为一种传统的招聘方式，因能够提供比其他招聘方式更多、更鲜活的企业和职位信息，在今后一段时间内都会是招聘的重要手段之一。不过，由于传统招聘会时间成本高，所以越来越多的求职者开始青睐网站招聘。

三、招聘网站

网络招聘发展时间不长，但发展迅猛。艾瑞市场调查数据显示，2014年，网络招聘市场份额达到33.6亿元，同比增长25.4%，预计2015年互联网招聘市场规模将突破39亿元，2017年将达到55.8亿元。招聘用户的覆盖人数也在逐渐增长，2015年，网络招聘在七八月达到高峰，8月份网络招聘覆盖人数达1.7亿人次。

通过招聘网络求职很便捷，但网友常反映简历投递如石沉大海，没有反应。这一方面固然要从求职者改进简历入手，另一方面也有赖于招聘网站的努力，如组织更多具有针对性的"网络招聘会"。

四、亲友推荐

据调查，招聘网站和招聘会两种渠道占招聘总量的80%以上。但同样有一种求职方式令人不敢小觑，这就是亲友推荐。亲友推荐的基础在于人脉，是对前几种主流招聘方式的有益补充，在一些地方甚至是中小企业的主要招聘方式。大学生求职，常看着别人这样那样的亲戚眼红，其实每个人都会有人脉，关键自己要做一个有心人。比如，本院上一届的学长，以及老师、同乡，每个人都有，但很少有人认真想过：这些资源能给自己带来哪些机会？为了得到这些机会，自己应该付出什么？再比如，每年学校都会举办各种有企业人力资源经理参加的讲座，这个大好的机会，有谁认真把握过？

人脉求职的重要性从这里可见一斑：在一些地方的中小企业，通过人脉招聘甚至成为企业的主要招聘方式，很多企业HR甚至认为其他招聘方式都不可靠，只有熟人介绍的才靠得住。这当然过分夸大了人脉的作用，比如，大企业特别是跨国公司的招聘，通常是有组织有计划的，人脉的作用就相对比较小。但认识这些公司的员工，并对他们的工作情况有大致的了解，然后在面试中亮出来，一定能获得不少加分。

五、中介服务

在国内，非法职业中介基本上成了欺诈的代名词。而且，即使是正规的职介公司，也大多数管理不规范、欺诈行为比较多，出了问题后维权比较困难。因此，职介求职这个渠道备受冷落。

但我们必须看到，由于种种原因，部分行业或企业还是将人力资源服务尤其是基层员工的招聘和管理外包给中介服务公司，如银行的大堂经理、部分国内航空公司的地勤服务、部分外航的空乘服务、医院的初级护理人员等。大量的劳务派遣和人事代理依然存在，这就为中介服务的继续存在和发展提供了土壤。

六、圈子求职

此处的"圈子"不仅包括网络上的MSN、QQ圈子，也包括各种博客和论坛圈子。一言以蔽之，"圈子求职"是一种网络求职手段，它利用各种网络渠道形成人脉圈，在圈子内，企业利用该圈子招聘紧缺人才，求职者利用圈子找到合适岗位。"圈子求职"介于"人脉求职"和"网络求职"之间。虽然不能跟大规模的招聘会、网络招聘相媲美，但作为主要求职手段的重要补充，圈子求职以其便捷的条件和较高的命中率，受到了求职者的青睐，未来前途不可限量。

【分享阅读】

网上拿赏金的职业经纪人——走进"职客族"

所谓"职客族"，是指利用自己掌握的信息或人脉通过互联网给求职者介绍工作，并收取一定费用的人，也称"网上职业顾问"，是继威客之后网上又一新兴职业。根据"职客"的定义，"职客"要掌握一定的信息或人脉。

"职客族"的求职模式与普通招聘网站不同，求职者并不是自己在网上找公司、投简历，而是在网上直接发布自己的求职信息和简历，然后悬赏一定金额，等能提供职位或职位信息的人来揭榜。揭榜的人就叫"职客"。

"职客网"对于"职客"的条件做了以下的规定：第一，您所在的公司或者您朋友的公司有用人需求，而您又知道这个信息；第二，您本人具有人力资源方面的知识或者您有这方面的人脉；第三，您的公司需要招人。具备上述条件之一者就可以成为一名职客了。专家分析，现在的人才市场上，供求双方存在严重的信息沟通不畅的现象，一方面大量求职者找不到合适的工作，而另一方面大批急需人才的企业又找不到合适的人选，这种供求矛盾急需有一个中间者来帮助沟通，于是"职客"就应运而生了。

"找一份对外汉语教学或者留学顾问工作，悬赏 5 000 元。"

"寻求会计方面的工作，悬赏 1 000 元。"

"希望找公立医院，有事业编制的工作，悬赏费 3 万元"……

你可能见惯了拿着简历，排着长长队伍的求职景象，却没有见过公开悬赏，高价找工作的新手段。没错，这是在新型求职网站——"职客网"出现的求职信息，由此，催生了一个新群体：职客。他们通过揭榜帮求职者找工作，在此过程中，兼顾职业顾问，给求职者指引、咨询，从而获得赏金。职客，也叫"职场经纪人"，是指以求职者的利益为中心，以求职者的就业需求为导向，为求职者提供一系列就业相关的咨询服务，包括修改简历、指导面试、职业生涯规划等，并最终帮助求职者成功就业的人。职客可帮助求职者缩短求职时间，降低求职成本；使求职者在最短的时间内寻找到合适的工作岗位。

素质要求：

必须具备一定的人力资源专业知识和技能，了解法律、社会心理知识；善于人际交往，具有顽强的毅力和说服沟通能力；通晓就业市场规则、行情。

背景：求职市场催生"职客"

10月初，已经工作两年的萧萧想跳槽了，他实在厌倦了上司的工作方式，每天像监视器一样看着员工工作，生怕你偷懒或干工作以外的事情。因为每天要正常上班，不可能去人才市场泡，找猎头吧，自己工作不久，根本进入不了他们的视野，萧萧的跳槽遇到了困难。"一个偶然的机会，朋友告诉我，可以在职客网上悬赏找工作，有专人负责，效率很高的。抱着试试看的心情，我抛出 2 000 元赏金，希望找到满意的工作。"目前，已经有人揭了萧萧的悬赏，求职正在进行中。"前段时间接触了一家单位，不合适，还在继续寻找中，用这种模式找工作，我觉得还是有希望的。"

荣嘉华是望软科技有限公司的总裁，两年前，他创办了职客网。"当时从市场调查来看，一般的招聘网站不太能满足招聘者的需求，他们基本是以企业为主，有的招聘信息甚至早已过时，却还长期挂在那里，为企业做广告。求职竞争越来越激烈，基于这种原因，我们创办了针对性很强的职客网。职客来源主要是企事业单位中从事人力资源的人，他们有一定的人脉资源，有丰富的职场经验，可以为求职者进行一对一的服务。"

职客网自创办以来，发布岗位4 000多份，成功率达15%，相比普通求职，这个比例是较高的。其中，职客大多数是兼职，也有些职客资源很广，到最后成为全职职客。

职客故事：金牌职客，月入四五千元

受访者：黄平刚　成功推荐工作5例

职客分为两种：一种是全职的；另一种是社会兼职。黄平刚属于第二种，他的本职工作是某知名培训机构的老师。"去年7月，我在网上看到职客这种模式，之前从事职业培训多年，积累了一定的人脉资源。"这种方式很新颖，也让他充满激情去做，没想到第一次揭榜却遇到很多挫折。"我直接跟求职者在网上联系，聊得挺投缘，便把他推荐给一个相熟的公司，结果，反映很不好。很多时候，求职者在简历和谈吐中都会优化自己，因此，职客一定要多跟求职者接触、面谈，才能更好地为他找到相匹配的单位。尽管是兼职，但一点也不能偷懒。"

2010年3月，黄平刚揭了一份悬赏额为5 000元的求职榜，对方是一位28岁的小伙子，毕业于浙江大学，工作5年多，不善于表达，希望找到一份网络计算机方面的工作。"他一直跟我强调，自己不善言谈，希望新的工作能与人少打交道。其实，像他这样比较优秀的人才，工作到一定程度是免不了与人沟通、协调的。"

黄平刚决定先从职业规划和指导入手，经过几次交流，这位小伙子终于对岗位的定位发生变化，3个月后，他顺利入职到一家通信公司做项目主管。

做职客一年多来，黄平刚平均月收入四五千元，成为金牌职客。"做这些工作主要是业余时间，除了经济上的收入外，能为求职者带去更多咨询和指导，这是很有意义的。"但目前，他没打算辞职专职做这个，毕竟这是一个新兴的行业，还存在着很多风险。

定位：介于猎头和职业中介之间

与传统的招聘相比，职客具有以下优势：

(1) 为求职者量身定做就业方案，精确定位，聚焦到2~3个目标职位，供求职者选择；通过人脉关系介绍能够将求职成功的概率放大。

(2) 由职客谈判求职者的待遇，能保护求职者的尊严和自信心。

(3) 不用挤招聘会，不用海投简历，享受一对一个性化服务。

职客介于猎头和中介之间，三者有所不同：

(1) 服务对象不同：职客服务以白领为主的人群；猎头服务的对象以高端人才为主；职业中介服务的是以蓝领为主的人群。

(2) 收费方式不同：职客根据求职者的需求不同收取不同的服务费，一般是1个月的工资；猎头收取的费用大约是候选人年薪的1/4到1/3；职业中介则相对较低。

前景：有望并肩医生、律师、理财顾问

职客是一个新兴而富有挑战性的职业，目前从业人员不多，而且以兼职为主，从求职趋势来看，这个市场会越来越大。在百度里搜索职客，已经有相对成熟的几家网站，且注册人数已达上万人。但这种模式也引来了质疑。

"还没找到工作，就得付出赏金，这种求职方式值得吗？"

"万一职客是企业的托，收了赏金不见人咋办？"

"以钱买工作，就是利用人际关系帮求职者减少障碍，对于其他求职者来说不公平。"

……

众多求职者对这一模式仍然保持质疑态度，有法律人士提醒：网上身份注册的真实性难辨认，网站交易的安全性也缺乏保障，因此，这种模式风险很大。对此，职客网负责人荣嘉华解释，为了保证求职者的利益，悬赏额一般是先打入职客网的支付平台，待求职者成功找到工作，并拿到第一个月薪水时，通过求职者的确认，才会将悬赏额转给职客。另外，职客要揭榜，必须上传身份证，做到实名认证。悬赏时间不受限制，直到找到工作为止。"至于公平性问题，也是需要不断完善。对于那些悬赏额特高，希望进入机关或政府相关行业的消息，我们会拒绝。"

荣嘉华认为，普通的公司招聘，说到底，职客引进门，关键在个人。要有真才实学才能最终成功，并非悬赏金额越多就越能找到好工作。职客模式前景如何？如何更好发展？荣嘉华觉得诚信和指导是两个很关键的因素，无论是网站还是求职者、职客，彼此在整个过程中都以诚信为基础，追求良性发展；其次，将找工作与就业指导、职业咨询完美结合，发展专职职客，保持长期服务，未来，职客有可能会像医生、律师、理财顾问一样，成为家庭四大顾问之一。

——资料来源：中国人力资源网

本章练习

思考题

结合本章学习内容，为自己拟订一个初步的求职计划或求职时间表。

第三讲　就业观念和就业心理

> **知识目标**
>
> 了解当代高校大学生对于就业求职的观念，并了解观念形成的原因。
>
> **能力目标**
>
> 具备分析大学生不同就业观念的能力，并做出科学的判断。

第一节　大学生的就业观念

一、大学生就业的主要观念分析

（一）我为什么工作

亲爱的同学们，就在我们即将告别昔日熟悉的"象牙塔"，开始谋求人生第一份工作的时候，你有没有思考过这样一个问题："我为什么工作？"

也许有人会回答："当然是为了钱喽！"

或者是："为了让我的父母过上好日子，他们太辛苦了！"

抑或是："为了出人头地！"

……

正如有一千个读者就有一千个哈姆雷特，我想一千个人也会有一千个答案，因为每个人的所思所想都不同。先暂且抛开问题的答案，让我们来看一则案例。

案例1　瓦工的命运

有三个瓦工，在炎炎烈日下同样辛苦地建造一堵墙。一个路过的行人问他们："你们在做什么？"

"我在砌墙。"第一个瓦工答道。

"我在挣钱，1小时5元钱。"第二个瓦工答道。

行路人又稍向前走了几步，来到第三个瓦工面前，提出相同的问题。第三个瓦工仰望着天空，以富于幻想的表情凝视着远方，答道："我正在修建一座大教堂，建造一座对本地区产生巨大精神影响的、能够与世长存的教堂。"

多年以后，前两个瓦工庸庸碌碌，无甚作为，还在砌墙，而第三个瓦工则成了一位享誉世界的建筑工程师。

点评

同样的工作，是什么改变了这三个人的命运呢？

答案又回到我们开始的问题——"你为什么工作？"其实它并不是一道数学题，没有统一标准的答案，但决定三个瓦工不同命运的原因正是他们对这个问题的回答。因为，你为什么工作，工作就将给予你什么。

一般来说，工作就是付出努力以达到某种目的。虽然人们的工作目的各不相同，但按照美国著名社会心理学家和比较心理学家亚伯拉罕·马斯洛提出的"需求层次论"加以归纳，可以把人们的需求分为五个层次：

（1）基本的需求，也称为生理的需要，如为抵御饥饿和寒冷而对食物和衣物的需要。通常在这类需求没被满足时，人们不会产生更高层次的需求。

（2）安全的需求。普遍来说是对安全、保健、保险以及通过就业而获得生活保障的需求，如居住的安全、食物的无污染、健康的保障等。

（3）社交的需求。人们有交往的愿望，有被承认和与他人分享兴趣、爱好和交友的需要。

（4）获得尊重的需求。人们有对自尊心和荣誉感的追求及维护意识，希望得到他人的认可与赞扬，如对身份与地位的需求。

（5）自我实现的需求。人们对成就欲以及成功的渴望，促使其有对理想的追求、对自我潜力充分发挥、自我才华充分展示的需求。

以上五个需求，前三种需求是属于生理、物质的需求，马斯洛称其为低级的、简单的需求；后两种需求属于心理、精神的需求，马斯洛称其为高级、复杂的需求。而我们的生活，无论高级的还是低级的需求，每个人都有其所求，而且每当实现了一个需求，他就应向更高一层次的需求迈进。所以，无论何时，高职大学生应当十分清楚自己的需求是什么，是在为什么而工作，自己的理想目标又是什么。

故事中第一和第二个瓦工，为什么一生还在砌墙？也许是他们一生都在为低层次的需要而努力，也许他们在低层次需求满足后尚不知人们还有高层次的需求，也许他们从做瓦工的第一天起心中就没有更高的目标，所以会庸庸碌碌一生。作为第一个"也许"，我们可以理解，作为第二、三个"也许"，我们不可原谅。而第三个瓦工，他在做瓦工的开始就有目标、有理想，这也造就了他最终的成功；而且，作为一个"建筑工程师"，他为社会带来的又是什么，他能"享誉世界"，那他为社会做出的贡献又是多么巨大。在他的目标中，有自我的、有世界的、有人类的，试问，人的一生，不就是把自己奉献给社会吗？

由此可见，人们在工作中树立坚定的目标是多么重要，其力量之大将如排山倒海，势不可当。而没有目标的人，就像沙漠中的迷路者，找不到正确的方向，终将在精疲力竭后迷失在沙漠中，于己、于人、于社会又有多大的意义呢？

同学们，人生只有一次，就像航海一样，我们只有坚定方向才能到达理想的彼岸，所以，请时常提醒自己"为什么工作"，这将成为指引我们工作的方向标，为我们的职业生涯带来意想不到的神奇力量。

（二）机会就在身边

随着持续几年的高校扩招，大学生人数急剧增加，关于大学生就业难的问题也不再是什么奇闻异事了。走在校园中，我们会经常听到一些毕业生抱怨机会越来越少，每一条路似乎都是为别人准备的。但事实真的如此吗？难道我们就真的没有机会了吗？

其实，撇开有没有机会这个问题不说，我们先来了解一下机会到底是什么，它又有什么特点呢？

案例2　机会之神

在一个画室里，一个青年站在众神的雕塑面前。他指着一尊塑像好奇地问道："这个叫什么名字？"那尊塑像的脸被头发遮住了，在它的脚上还生有一对翅膀。

雕塑家回答："机会之神。"

"那为什么它的脸藏了起来呢？"年轻人又问道。

"因为在它走近人们的时候，人们却很少能够看到它。"雕塑家回答道。

"那它为什么脚上还生有翅膀呢？"青年又追问道。

"因为它很快就会飞走，一旦飞走了，人们就再也不会看到它了。"雕塑家回答道。

点评

看过许多对机会描述的故事，但这个故事却是笔者认为最生动、最贴切的了。它告诉我们机会是有的，而且对每个人来说都是平等的，问题是高职大学生们把握了吗？把握的能力有多大呢？想想，当你走近"机会之神"时，你看到他的脸了吗？你认真地看清楚他的脸了吗？再回头想想，机会不就正像故事中说的一样，经常在我们身边与我们捉迷藏吗？而且机会来的时候像闪电一样短暂，但正是它的短暂，才使得它如此珍贵。可是许多初入社会的年轻人却不懂这个道理，他们很容易将机会与运气混为一谈。其实，机会与运气是完全不同的概念。

运气具有偶然性，任何人都不能拿自己的一生去赌。但机会却是看似偶然中的必然，因为机会偏爱有准备的人，它只为有准备的人展现它的魔法。

运气，不需要做任何准备，只要碰上了，不费吹灰之力便能够财运亨通或直上青云。而机会，则常常把自己打扮成挑战或挫折的样子，只有那些在平凡生活中善于用心并敢于接受挑战的人才能发现，并且抓住它。

案例3　老牧师之死

有个老牧师，四十年来一直生活在一个山谷里，他照管着教区所有的人，施行洗礼、举办葬礼、抚慰病人和孤寡老人，是一个典型的圣人。

有一天，天下起了大雨，倾盆大雨连续不停地下了近一个月，水位高涨，迫使老牧师爬上了教堂的屋顶。正当他在那里浑身颤抖时，突然有人划船过来，对他说："神父，快上来，我把你带到高地去。"牧师看了他一眼，回答道："四十年来，我一直按照上帝的旨意行事：施行洗礼、举办葬礼抚慰病人和孤寡老人。我一年只有一个星期的假期，而在这一个星期的假期中，我会去一个孤儿院帮助做饭。我真诚地相信上帝，因为我是上帝的仆人，因此，你可以驾船离开，我将留在这里，上帝会救我的。"

那人只好划船离开了。不久，又有人划着船过来救老牧师，但还是被他谢绝了。

又过了几天，水位涨得更高，再不离开就会有生命危险了。这时，一架直升机来了，飞行员对神父喊道："神父，快点，我放下吊架，你把吊带绑在身上，我们把你带到安全地带。"对此，老牧师的回答还是："不，不。"几小时后，牧师被水冲走，淹死了。

牧师死后来到天堂，见到了上帝。上帝惊讶地看着他说道："神父，你怎么会来到这里，多令人惊奇啊！"

老牧师凝视着上帝说："惊奇吧，四十年来，我一直遵照您的旨意做事，有过之而无不及，而当我最需要您的时候，你却让我淹死了。"

上帝望着他，迷惑不解地问："你是被淹死的？我不相信，我给你派去了两条船和一架直升机。"

点评

也许我们会觉得故事中的老牧师太过迂腐，但我们又何曾不是像他一样，任由机会在我们面前插着翅膀飞走，却还在上帝面前抱怨没有得到机会呢？

亲爱的同学们，其实我们的生活和工作中到处都充满着机会：学校中的每一堂课是一次机会，每次考试是一次机会，每次训诫也是一次机会，每个身边的朋友更是一次机会。但我们却往往对自己身边的这些事情熟视无睹，也看不到日复一日的生活琐事中有什么值得挖掘的机会。我们要做的不是抱怨与等待，而是不断充实自己，主动发现并抓住隐藏在我们身边的机会。我们应该相信上帝是公平的，他把机会给别人的同时，也把机会给了我们。

（三）我是最棒的

案例4　法兰西士兵的故事

有一次，一个士兵骑马给拿破仑送信，由于战马跑得太快，在到达目的地之前，猛地摔了一跤，那马就一命呜呼了。拿破仑接到信后，立刻写了封回信，交给那个士兵，吩咐他骑上自己的战马，快速把信送回。

士兵看到那匹装饰得无比华丽的骏马，便对拿破仑说："不，将军，我只是士兵，实在不配骑这匹华美而强壮的骏马。"

拿破仑回答道："世上没有一样东西是法兰西士兵所不配享有的。"

点评

仔细想想，我们身边到处充满了这样的"法兰西士兵"，也许现在的你就是其中的一个：总认为自己不能与那些成功人士相提并论；总认为自己时时处处不如他人；总认为世界上的幸福、成功都是留给那些命运的宠儿的。

树木如果没有阳光的沐浴、土地的给养，就无法生长。对于我们来说，自信正是我们获得成功的阳光和养分。如果没有了自信，我们就会失去神采，自甘平庸，离成功越来越远。相反，当你拥有坚定不移的自信时，这种力量将会带你攀上成功的巅峰。

案例5 林中之王

森林里有三头凶猛的狮子。一天，由林中动物选出的代表猴子召集大家在一起开会，它说："我们都知道狮子是百兽之王，但是我们森林里有三头狮子，三头狮子都非常凶猛。我们应该向哪头狮子俯首称臣呢？"

这三头狮子也知道其他动物在开会，于是它们在一起商议："其他动物难以裁决是有道理的，因为这里不能同时有三个森林之王。我们三个也不想拼个你死我活，因为我们是朋友，我们该怎么办呢？"

动物们在激烈讨论之后做出决定并通知了这三头狮子："我们找到了一个非常简单的办法，那就是你们三个比赛爬山，第一个登上山顶者为王。"

全体动物都观看了这场爬山比赛。第一头狮子爬到一半就下山了；第二头狮子也中途放弃了；第三头狮子拼命往上爬，但山实在太高了，尽管它用尽全力，也没能登上山顶。于是，动物们一筹莫展了，议论纷纷，到底该选哪头狮子为王呢？这时一只经验丰富的老鹰说："我知道应该拜谁为王。"顿时，大家都安静下来，用期待的眼神看着老鹰。

老鹰说："狮子爬山时，我在天上飞翔，听到了他们对大山说的话。第一头狮子和第二头狮子都是说：'大山，你赢了。'只有第三头狮子说：'大山，你现在暂时赢了，但是你已经不能再长高了，而我还要继续成长，等过一段时间，我一定会征服你的。'"

老鹰最后说："三头狮子的区别在于——第三头狮子有王者之风，因为它在失败时不灰心丧气，困难虽大，但它的精神凌驾于困难之上，只有它配称狮王，也只有它配做百兽之王。"在动物们的欢呼声中，第三头狮子被拜为林中之王。

点评

就像故事中前两头狮子一样，许多高职大学生，在相对封闭的校园内生活了近二十年，大部分缺乏社会经验，对自己未来的发展极为盲目。面对即将到来的激烈竞争，都感到迷茫、困惑，稍微碰到一些挫折，便失去自信，认为自己处处不如别人，整日生活在自己的阴影中。

其实，我们每个人都是天生的赢家。你是独一无二的，正如基因专家亚伦·史奇菲德所说："从古至今，没有一个人和你一模一样，未来也不可能会有另一个你。"

所以，我们应该像故事中的第三头狮子一样，时刻提醒自己：大山再高也有顶，困难再大也有限，而我们的力量却在不断增强，我们的潜力是无限的，只要我们以不服输的精神去面对，困难总有一天会向我们低头。

同学们，请让我们每天都对自己说一句："我是最棒的！"

（四）懂得放弃

你一定有过出远门时收拾背包的经历吧。当你看着一大堆的东西和小小的背包时，是不是会为如何取舍而烦恼呢？其实我们的人生又何尝不是如此呢？随着我们在生命旅途中的前行，我们背负的东西也越来越重，像名誉、地位、财富、亲情、友谊、健康……但是我们人生所能承载的东西是有限的，有些东西并不值得我们去背负，所以，我们应该学会并懂得放弃。

（五）比别人多做一点儿

"我只拿这点钱，凭什么去做那么多的事。"

"我只要对得起这份薪水就行了，多一点儿我都不干"。

"工作嘛，又不是为自己干，说得过去就行了。"

现在，抱着这种"现实"想法的年轻人已经越来越多。在他们看来，自己为公司工作，公司付给自己一份报酬，等价交换而已，他们根本看不到工资以外的价值。在校园中曾经编织的美丽梦想也逐渐破灭了，没有了信心，没有了激情，工作时总是采取一种得过且过的态度——追求少说一句话、少写一页报告、少走一段路、少干一个小时的活……

但你有没有想过，职场如战场，在就业竞争压力如此之大的今天，你将如何让自己脱颖而出，让老板赏识呢？

案例6　"幸运"的小王

小王刚从学校毕业，分到某企业办公室。起初，大家都挺"照顾"他，小王也觉得初来乍到应多做一些事，擦桌子、扫地、跑腿都做。时间一长，他发现只有自己一个人做这些事，觉得挺亏的，但后来一想，这些事总得有人干吧，如果都不干岂不引发更多的内部战争，吃亏就吃亏吧，反正不用费多大的劲儿。

一年以后，小王被调到经理办公室当秘书，小王挺吃惊，论资排辈也轮不上他呀。经理揭开了谜底，说："我喜欢不怕吃亏的人。你和一些人不一样，能够顶住压力做别人不愿意做的事情，说明你有奉献精神，也有胆量，企业的发展需要像你这样的人。"

点评

在现实生活中，常常有很多人，他们总觉得自己非常聪明，甚至还为自己能少做一点儿工作、多一个休息日而沾沾自喜，殊不知像"小王"那样在工作中不怕吃亏才是真正的大智慧。小王升职为经理秘书的秘诀再简单不过了——比别人多做一点。

其实，在每个公司，个人的工作内容相对比较固定，很少有"分外"之事让我们去做。而且，当一个人已经完成了绝大部分的工作，付出了99%的努力时，再"多做一点儿"其实并不难。但是，我们缺少的正是"比别人多做一点儿"的那一点点责任、一点点决心、一点点敬业的态度和一点点自发的精神。

著名投资专家约翰·坦普顿通过大量的观察研究，得出了一条很重要的真理："多一盎司定律"。

他指出，取得突出成就的人与取得中等成就的人几乎做了同样多的工作，他们所做出的努力差别很小——只是"多一盎司"。一盎司大约相当于半两多重，但是，就是这微不足道的一点点区别，会让工作成就大相径庭。

同学们，不要因为担心自己的努力会被忽视而丢掉"比别人多做一点儿"的精神。我们应该相信大多数的老板是有判断力并且明智的。为了最大限度地实现公司的利益，他们会尽力按照工作业绩和努力程度来晋升积极进取的员工，那些在工作中能尽职尽责、坚持不懈的人，总会有获得晋升的一天。

退一步说，就算我们发现自己的老板并不是一个睿智的人，他并没有注意到我们所付出的努力，也没有给予相应的回报。即便那样也不要懊恼，我们可以换一个角度来思考：现在的努力并不是为了现在的回报，而是为了未来；人生也并不是只有现在，而是有更长远的将来。作为刚踏入社会的大学生，我们应该珍惜工作本身带给自己的报酬。公司是我们人生成长中的另一所学校，工作能够丰富我们的经验，增长我们的智慧，这些都是金钱所无法给予我们的。另外，人生需要一个什么样的价值观呢？每个人都生活在不同环境中，环境不同，面临的挑战也不同，但有一点是相同的，那就是我应该为社会做什么，为集体做什么，不要让环境和别人来主宰自己的情绪与行为。树立起正确的社会价值观，建立起为社会、为集体、为他人服务的责任心，这样，在我们的人生中，就不会感到"做多了"，而是觉得自己做的事永远不够。

亲爱的同学们，请拿出"每天多做一点"的工作态度，它将是我们纵横职场的必胜法宝。这简单的一点将使你从激烈的竞争中脱颖而出，也将为你带来意想不到的神奇效果。

（六）学习的脚步不能停歇

永不满足和不断学习是高潜力人才的标志。

我们就要告别校园步入社会了，这也意味着我们即将结束自己的求学生涯，开始另一段精彩的职业生涯，那我们是不是就不用再学习了呢？

案例7 生死奔跑

在广袤的非洲大草原上，每当羚羊醒来的时候，进入它脑海里的第一个念头就是：我要向着太阳升起的地方奔跑，一定要比跑得最快的狮子还要快，不然我就会被吃掉。与此同时，狮子也从睡梦中醒来，它的第一个想法是：我要向着太阳升起的地方奔跑，一定要比跑得最慢的羚羊快，不然我就会被饿死。所以，就有这么一种景象：当东方刚露出鱼肚白的时候，羚羊和狮子都迈开它们矫健的腿向着太阳升起的地方跑去！

点评

优胜劣汰不仅是自然界生存的基本法则，也是职场竞争的法则。

在风云变幻的职场中，我们所赖以生存的知识、技能和车子、房子一样，会随着岁月的流逝不断折旧。而企业作为一个经济实体，以盈利为第一目的，为了达到这个基本目的，管理者常常要解雇一些员工，同时吸收新的员工进来。这种优胜劣汰是职场常态。随着那些思维活跃、能力超强的新人或者经验丰富的业内资深人士不断地涌进你所在的公司，那些无法胜任、不忠诚敬业的人，将会被摒弃于公司大门之外，唯独拥有一定的技能并且努力工作的人，才会被留下。因此，你必须不断提升自己的价值，增强自己的竞争优势，学习新知识并在就业之中学到新的技能，就像故事中不断奔跑的羚羊和狮子一样。

同学们，当你工作进展顺利的时候，请加倍努力学习；当你工作进展不顺利、不能达到工作岗位的要求时，那就更需要学习了。因为，未来的职场将不再是知识与专业技能的竞争，而是学习能力的竞争。如果一个人善于学习并且乐于学习，那么他的前途必定是一片光明。

请记住，在工作中，不管做任何事，都要有归零的心态：把自己放空，抱着学习的态度，将每一次任务都视为一个新的开始、一段新的体验；多看别人的长处，多看自己的不足。每当你解决了你的一个"不足"，你就会上升一个层次，而每当你上升一个层次，你就会又发现新的"不足"，如此循环往复，将不断促进你的进步。

"学习"是我们为自己开创一番天地的利器。我们只有通过学习超越以往的表现，生命才会更有意义。

（七）热爱我们的工作

传说西西弗斯王被打入冥府后，每天必须推动庞大的巨石到山上去。一天过完后，这块巨石又会自动掉落山谷。日复一日，年复一年，他每天都重复着这样艰辛、枯燥而且毫无意义的工作。

同学们，当你还沉浸在对未来的无限遐想时，你有没有想过，也许你今后的工作也会如此枯燥。其实，工作究竟是乐趣还是枯燥乏味的苦差事，其决定权都在你自己的手中。

案例8　擦街牌的工人

在欧洲，有位擦街牌的工人，他每天擦着一些自己看不懂的街牌，直到有一天，有人在街牌下讨论——这个街牌的主人是个作曲家或是诗人，这才引起这位工人的兴趣，他开始到图书馆借书来研究。十多年来，他研究了作曲家、诗人、音乐家……因怕忘掉某些内容，他在擦拭不同名字的街牌时，会口述相应的名人的历史。没想到被一两个路人听到了，他们主动停下脚步聆听。后来，听的人越来越多，而且是一个街牌接着一个街牌地听。最后，也有大学及图书馆来函邀请他去演讲，他去了几场，也颇受好评。可是，后来他婉拒了如潮涌来的演讲邀请，因为他想安静当一个擦街牌的人，了解那些人的命运，让他更热爱自己的工作。

点评

同学们，请让我们向故事中那位擦街牌的工人致敬吧！因为他告诉了我们一个在工作中永远快乐的道理——热爱我们的工作。

热爱我们的工作！如果有爱，即使再平凡的工作也能让我们感受到美好，享受到工作带来的快乐；如果有爱，我们才有经久不息的精神和火焰般的热忱，才能把工作做得更好；如果有爱，工作中虽然有挑战、挫折与压力，我们也可以取得不凡的成就。

约翰·D·洛克菲勒就曾说过，工作是一个施展自己才能的舞台。我们寒窗苦读来的知识、应变、决断能力、适应能力以及协调能力都将在这样的一个舞台上得到展示。除了工作，没有哪项活动能提供如此绝佳的充实自我、表达自我的机会，拥有如此强大的个人使命感和一个活着的理由。试问，我们有什么理由不热爱自己的工作呢？

但是，我们周围还有很多只知抱怨而不热爱自己工作的人，他们经常有满腹的抱怨。这种抱怨的行为恰恰说明：他们的处境是自己一手造成的。因为他们从不懂得珍惜自己的工作机会，也从不热爱自己的工作，当然也就无法使自己全身心地投入工作。

同学们，请记住：热爱自己的工作对于一个优秀的员工来说就如同热爱生命一样重要。

因为，热爱是一种能把全身细胞调动起来的力量。凭借热爱，我们可以释放出潜在的巨大能量；凭借热爱，我们可以把枯燥乏味的工作变得生动有趣；凭借热爱，我们可以感染周围的同事，让他们理解你、支持你，拥有良好的人际关系；凭借热爱，我们更可以获得老板的提拔和重用，赢得珍贵的成长和发展的机会。

无须在乎你的职位、成就、名利，只要你热爱工作，你就会是一个成功的人。

（八）心怀梦想

古希腊之神普罗米修斯为人间盗取天火之后，众神之王宙斯不仅严惩了普罗米修斯，还决定向人类报复。他让美女潘多拉带着一个宝盒来到人间，当这个宝盒被潘多拉打开时，便有数不清的祸害从里面飞出来，布满尘世，而盒盖重新盖起来时，里面就只剩下一件东西，那就是"希望"，也就是我们的梦想。

梦想是一切事情成为现实的起点，古往今来很多伟人都是这样认为。

只要我们能够想象并且坚信的事情，我们就一定能实现它。

——拿破仑·希尔

人可以发掘并掌握大家原本以为不存在的机会优势。想要做到以非传统的方式思考，你不必是天才，也不必是先知，所需要的只是一个架构和一个梦想。

——迈克尔·戴尔

但在我们的生活中，却有很多人已经丢失了自己的梦想，认为自己不可能成功，从而甘于现状，不再改变。他们甚至在还没有实施行动之前，就扼杀了梦想的种子，就向所谓的命运投降了。

案例9　不再攻击的鳄鱼

心理学家将一条饥饿的鳄鱼和一些小鱼放在水族箱的两端，中间用透明的玻璃板挡开。刚开始的时候，鳄鱼毫不犹豫地向小鱼发动攻击，虽然失败了，但它毫不气馁；接着，它又向小鱼发动更猛烈的攻击，它又失败了，并且受了重伤；它继续攻击，第三次、第四次……多次攻击无望后，它不再攻击了。

这时候，心理学家拿开了透明的玻璃板。

鳄鱼还会攻击那些小鱼吗？

它不再攻击小鱼了。它依然无望地看着那些小鱼在它眼皮底下悠闲地游来游去，放弃了一切努力。

点评

我们的身边也有一些像这条鳄鱼一样的人,刚开始的时候他们充满激情,满脑子的梦想等待实现,但在残酷的现实面前,在多次的挫折和失败面前,就逐渐失去了战斗力。激情死了,梦想死了,剩下的只有黯淡的眼神和悲伤的叹息,他们开始感到无奈、无助,以致最终放弃了自己的梦想。

没有了做梦的念头,人生注定不会成为赢家。因为在这个世界上,有许多事情我们无法预料,每天给自己一个希望,我们就有勇气和力量面对生活中的种种不幸。

把梦想高擎于手中,让它照亮自己的生命之路。这样,你就会永远活得生机勃勃、激昂澎湃,你的人生也会因此而丰盈、富足。

(九) 期望过高的误区

记得唐代诗人白居易在踏春季节曾写下过这样的诗句:"乱花渐欲迷人眼,浅草才能没马蹄。"现在,对于即将步入职场的不少大学应届毕业生而言,也恰如诗人进入了春天的百花园一样,怀抱着一种踌躇满志的心态,可是因为"花朵太艳"而不知如何下手,不知"哪朵花"才是最适合自己的,以至于在选择用人单位时,往往这山望着那山高,不能客观地根据自身情况做出相应选择,而陷入择业期望值过高的误区。

案例 10 钓鱼

有一位青年人和一位老年人出海钓鱼。老人每钓起一条鱼,就用尺子量一下。如果鱼大于七寸,他就放回海中。青年人看不懂,就问:"为什么不要大鱼要小鱼?"老人说:"因为我们家的锅只有七寸大,鱼太大没法煮,所以只要七寸以下的。"

点评

经常有一些即将走向社会的高职毕业生到处投简历,一次次参加面试……当经历一次次失败后,他们开始对自己失望。

其实,就像故事中所说的那样,我们自身的能力和素质,便是我们手中的"锅"。而那些我们希冀获得的职位,便是我们渴望钓到的"大鱼"。如果我们只有七寸的锅,却要去收获八寸、九寸的鱼,显然是有些勉强的。但若我们有十寸甚至更大的锅,再去收获一条八寸、九寸的鱼,就会有机会。"量体裁衣",论锅捕鱼,你的底气就会更足。

案例 11 沙粒与珍珠

有一个自以为是的年轻人毕业以后一直找不到理想的工作,他觉得自己怀才不遇,对社会感到非常失望。痛苦绝望之下,他来到大海边,打算就此结束自己的生命。

这时,正好有一位老人从这里走过。老人问他为什么要走绝路,他说自己不能得到别人和社会的承认,没有人欣赏并且重用他。

老人从脚下的沙滩上捡起一粒沙子,让年轻人看了看,然后就随便扔在地上,对年轻人说:"请你把我刚才扔在地上的那粒沙子捡起来。"

"这根本不可能!"年轻人大声说。

老人没有说话,接着又从自己的口袋里掏出一颗晶莹剔透的珍珠,也是随便扔在地上,然后对年轻人说:"你能不能把这颗珍珠捡起来呢?"

"这当然可以!"年轻人回答说。

点评

诚然,我们每一位大学生,都希望成为一颗耀眼的珍珠。因为在我们的前面,有不少人已经是珍珠了,但你知道他成为珍珠的历程吗?年轻人崇拜成功者,无可厚非,但他们往往忽略成功者的足迹。从思维的角度来说,没有过程就不会有结果,有什么样的过程,当然也就有什么样的结果。所以,希冀成功的人必须回到自己的第一步——迎接成功前的艰难行程。而高职大学生们现在只是普通的沙粒,并不是价值连城的珍珠,若要使自己卓然出众,那就必须经过一番艰辛的努力,只有这样才能使自己成为耀眼的珍珠。

二、大学生就业的心理准备

(一)用人单位的用人心理

1. 求"专"心理

专业对口是用人单位录用人才的首要标准,尤其是一些工科、经济、法律等专业性很强的单位。所以,毕业生求职首先应找专业对口的单位,这样可大大提高命中率。

在专业对口的前提下,用人单位会对求职者提出专业技能的要求。这个要求一方面依赖于高职学生平时的努力学习和积累,另一方面依赖于高职生对自己的包装和展示。毕业生求职时要突出对专业的精深度——要专要精。对于这样的人才,用人单位会毫不犹豫考虑接受的。

2. 求"全"心理

毕业生一专多能、多专多能是用人单位招聘的重要标准。目前,社会上风行的"考证热",实际上就是这种要求的反映。证多不压人,大学生一方面应多考些计算机等级证,大学外语四、六级证书等。另一方面应考与自己专业有关的资格证,如中文专业的可考文秘资格证,法律专业的可考律师资格证等。而在求职时,毕业生应突出这些证书的地位和作用,以体现自己知识面宽广、自学能力强、有经验积累等多项优势,以满足用人单位求全的心理。

3. 求"通"心理

求"通"心理是近几年,尤其是我国加入 WTO 以后,众多用人单位对人才的强烈要求。某一专业相当精通,又能在相关领域大显身手的人才,当然受欢迎。在某一领域内,对其国外情况也很精通的人才,尤其受欢迎,如 IT 专业知识精深,外语又是六级以上水平;熟知本国法律,对发达国家的相关法律又能精通等复合型通才,可以说是目前职介市场上最抢手的人才。

对此,高职大学生一方面应努力将自己打造成复合型人才;另一方面,求职时应着力突出"通"的优势,有证书、有能力的学生千万不要"犹抱琵琶半遮面",应"一个都不能少"地抖出来。

4. 求"变"、求"异"心理

求"变"是指用人单位面对瞬息万变的社会对人才所作出的要求,要求求职者心理素质好、应变能力强,对于不断变化的情况,能及时调整心态积极应变。如全球著名公司普华永道,每次招聘面试时,都有一个保留项目,让求职者根据所抽到的题目,如美国总统选举、网络等,发挥自己的想象力和变通能力,画一幅画,用以测试求职者的应变能力。求"异"是指一些单位尤其是公司,喜欢选择一些突发奇想、富有创造力的求职者,以能在险象环生的商场中出奇制胜。有一名毕业生在一家大公司的面试时遇到"1+1=?"的问题,这名平时喜欢创新的大学生,思考一番,突发奇想,脱口而出:"1+1你想它等于几,加以努力,就等于几。"结果这名求职者,在数千名高手如林的求职者中脱颖而出。对于用人单位的求"变"、求"异"心理,广大毕业生应认真对待,首先应分析用人单位的类型和风格、用人原则等,以找到用人单位的突破口,有的放矢地展现自己的能力,找到理想的工作。千万不要盲目地求"变"、求"异",从而弄巧成拙。

5. 求"优"、求"诚"心理

如果求职者又红又专,既是专业能手,又是学干、党员,且为人诚恳,对人对事能坦诚相待,就会为众多用人单位,尤其是国家机关、事业单位所看重。仍是"1+1"的问题,但这回是公务员面试,结果一位同学因看过上述"1+1"的成功例子,也来个突发奇想,结果被毫不留情地被淘汰了。因为"1+1=2"是不争的事实,而标新立异的答案,表明你不诚实,公务员的首要素质是诚实,所以淘汰也是理所当然的。为此,一方面,高职大学生应展现自己良好的政治素质和能力;另一方面,对面试中不了解或不太了解的问题,应诚实告知,千万不要不懂装懂,或乱说一气,这很可能造成用人单位对你的不信任,给你扣上一顶不诚实的"帽子",那样你就很容易被淘汰出局。

(二) 毕业生就业的心理准备

时下,新一届大学毕业生就业工作已进入冲刺阶段,许多尚未敲定工作单位的大学生正抓紧时间做最后一搏：精心制作个人简历、频频参加招聘活动，多方寻找就业门路……但不少人忽略了一项重要的准备——心理充电。专家指出，只有具备良好的就业心理，以积极的精神状态参与激烈的竞争，才会最终脱颖而出。

"心理充电"有什么途径呢？据介绍，职业心理辅导中一项重要的内容是职业心理定位。目前，不少高校的心理咨询中心设计了兴趣、人格、职业能力倾向等测试表，为学生提供职业心理定位的服务。通过这类测试，学生可以了解适合自己的职业，在学习中拾遗补阙，以便今后找工作时能沉稳应对。

不少专家指出，"心理充电"还应包括对求职心态的调整和择业技巧的教授等。这就要求高校的心理咨询部门与学校就业指导中心联手，开设就业辅导课程，请企业相关人士开设讲座，为学生释疑解惑等。同时，"心理充电"要因人而异，对不同类型的学生进行分类辅导。如文科生和理科生、热门和冷门专业学生、本科生和研究生，他们的就业期望值、就业方向、就业可能遇到的问题，会有较大差别，应该有的放矢。

（三）大学生就业的心理定位

小王是一名应届大学毕业生，在校4年，自觉学有所成，然而却在就业上处处碰壁。他看中的单位，别人却看不中他；单位看中他的，他却看不中单位。直到目前，他还未与一家单位签约。目前，他正处在一种焦虑、犹疑、自卑、不满、无法决断的状态，内心十分矛盾痛苦。小王这种情况在很多大学毕业生当中很普遍。

就业是很多人面临的重大问题，尤其对于高职大学生来说，更是人生的重大问题。大学生作为一群高智商、高文化、高自我价值的文化群体，其理想与追求自然有明确的目的性，面临着更多、更大的挑战与机遇，因而也会面临更大的心理压力与冲突。作为心理品质"高危人群"的大学生，在就业过程中产生的心理问题往往带有普遍性。

从小王同学反映的心理问题来看，其在于理想与现实、愿望与失望、目标与挫折发生冲突而导致的巨大心理落差。这种落差使小王同学处于一种心理失衡状态，常常伴有焦虑、不满、自卑、自我否定等特征。如不及时调适引导，极有可能诱发诸如强迫症等心理疾病。从找工作受挫来看，也许有导致两种因素：第一种，就业准备不充分、就业应试技巧不当。因此，高职大学生应多在实践中锻炼、多收集就业信息。第二种，对工作的心理定位过高。这也是很多大学生在找工作的过程中经常遇到的问题。很多同学自觉学有所成，踌躇满志，想找一个好工作大干一番。可找到的工作与自身期望相差甚远，从而导致就业受挫，产生心理问题。分析第二种诱因，我们认为大学生在就业过程中，要有个动态的心理定位，不断进行自我调适，避免产生心理问题，可以着重从以下几点入手。

1. 要正确全面地评价自我

高职大学生对自己所学的专业、工作能力、爱好特长、优势劣势等应有完整的把握。这样才能在就业中，克服劣势，发扬优势，找到自己较为满意的工作。

2. 要积极调适自己的职业意向与职业抱负

有些大学生，自认为是天之骄子，总有一种自负感。这种心理状态表现在就业上，则是职业取向过高、不切实际。在找工作的过程中，他们眼光过高，常常会出现"高不成低不就"的现象，从而造成就业受挫、心理失衡。因此，大学生在就业过程中，应不断调适自己原有的不切实际的就业取向，使自己的心理定位与择业目标要求相适应。

3. 增强自身的心理素质

大学生应不断增强自身的心理品质，如加强自控力、保持心理平静等，使自身在内心与外在因素冲突下，达到一种动态均衡，及时消除一些因就业受挫而引发的心理失衡等问题。

4. 选择职业应有前瞻思想

有些职业目前来看较好，但从长远来看，有可能是夕阳职业。而有些职业目前看来一般，从长远来看却相当有发展潜力。所以，大学生找工作应有前瞻心理，对职业及单位的发展前景应有清醒的认识，不能只盯着目前单位的规模、效益。

5. 要有一种脚踏实地、从小事做起的心理准备

历史上有成就的人，都是从小事做起，一步一步走向成功的顶峰的。大学生在找工作时有这种心理准备是极为必要的，这样可以克服大学生好高骛远的通病，使自己的求职愿望与社会需求及时对接，从根本上消除心理问题。

第二节　大学生的就业心理

目前，随着我国用人制度及高等学校毕业生就业体制改革的深化，计划经济时代的"统包统配"和"包当干部"，已逐步转变为社会主义市场经济条件下少数毕业生由国家安排就业、多数毕业生转型为"双向选择，自主择业"。实践证明，毕业生就业制度的改革有利于市场对人力资源的合理配置，拓宽了职业选择面，使大学生求职呈现多元化的趋势。然而，自我实现需求的满足与现实社会无法满足需求的矛盾，深刻地影响着当今毕业生的就业心态和择业取向。很多毕业生在传统择业观和现代就业形势面前无所适从，呈现出各种表现，产生了许多就业心理问题。

一、大学生就业的矛盾心理

（一）矛盾心理的表现

大学生就业的矛盾心理，主要有以下几种表现。

1. 有远大的理想，但往往不能正视现实

人的一生，总是在不断地追求美好的未来。经过充实而丰富的大学生活，高职大学生知识的羽翼已渐丰满，面对汹涌的市场经济大潮，他们豪情满怀，准备搏击一番。然而，由于他们涉世尚浅，接触社会较少，理想往往脱离客观现实条件。如许多高职大学生都想成为企业家和经理，但是，在择业中他们并未考虑自己的知识、能力、性格、爱好、气质等是否适合从商，或者未真正考虑所选择的单位是否有利于自己的发展，出现了理想的自我膨胀和现实的自我萎缩的矛盾。

2. 注重实现自己的人生价值，但缺乏艰苦创业的心理准备

在择业中，很多高职大学生表示愿意到祖国需要的地方去建功立业，实现自己的人生价值，不愿碌碌无为。然而，很多大学生缺乏艰苦创业的心理准备，不愿到艰苦的地方去，不愿深入基层。这些大学生想走捷径，幻想成才的道路平坦笔直；想涉足层次高、工作条件好的单位；想一举成名，一蹴而就。他们虽然也关注国家、民族的前途，但却过分强调自我价值。

3. 有较强的自我观念，但缺乏把握自我的能力

大学阶段，大学生的自我意识日趋完善，对自我的存在及意义有了较为明确的认识。在择业中，他们已经意识到自己将作为一个人才被社会使用，将为社会贡献自己的聪明才智；同时，他们也要求社会能够承认"自我意识中的我"，并以此为标准进行择业。另外，由于大学生的人生观、价值观尚未最终定型，再加上社会大环境的影响，他们往往不能客观地分析和评价自我。多数大学生对自己的评价偏高，时常产生自我欣赏、自我陶醉的心态，择业时容易提升期望值，没有做好承受挫折的心理准备。少数学生自我评价过低，时常产生自卑自贱、自怨自艾的心态，择业时容易降低期望值，没有做好主动争取和利用机遇的心理准备。也有的学生于犹疑不定中匆忙就业，择业时往往目标与行为不稳定，没有做好理智、冷静的心理准备。由于自我认识能力发展不足，导致高职大学生在调动自我功能、实现自我驾驭方面存在明显不足。

4. 渴望竞争，但缺乏竞争的勇气

就业制度的改革，为高职大学生择业提供了公开、平等的竞争环境。大多数学生对此渴望已久，他们已经认识到，在商品意识广泛渗透到社会生活的各个方面、世界

经济面向"大市场"的情况下,一个人如果没有强烈的竞争意识,就不可能成就事业。但是,许多大学生在社会为其提供的竞争机会面前顾虑重重、唯唯诺诺,有的怕竞争失败丢了面子,有的怕竞争伤了和气,而有的认为不正之风干扰太大,竞争肯定会败北。在择业中遇到困难时,大部分学生不善于调整目标、调整自己,缺乏竞争的勇气。

(二)矛盾心理产生的原因

为什么高职大学生在求职择业中会产生较强烈的心理矛盾呢?主要原因介绍如下。

1. 求职择业本身是各种矛盾的汇集,是处在各种矛盾之中的艰难选择

高职大学生在求职择业中会遇到各种矛盾,如理想与现实的矛盾,专业与爱好的矛盾,专业与地域的矛盾,地域与家庭的矛盾,讲究实惠与精神需求的矛盾等。这些矛盾,使得大学生常常处在一种心理不平衡的境地。

2. 大学生自身正处于人生中心理矛盾突出的时期

高职大学生正处于发展过程中,心理发展是不稳定、不平衡的,往往会产生种种矛盾,这些矛盾主要表现在以下几个方面:

(1)理想与现实的矛盾。一方面满怀激情,追求理想,对未来进行美妙设计;另一方面,社会地位尚未独立,知识经验的积累不足,不善于客观地认识和面对现实,理想束之高阁,与现实严重脱离。

(2)开放与闭锁的矛盾。一方面敞开心扉,广交朋友,广泛交流,容社会于我心,置自我于社会;另一方面又表现出闭锁性,保守自己的秘密,自我思索,以自我为中心,以需求为半径画地为牢,安居于心灵的孤岛。

(3)独立性与依赖性的矛盾。一方面,以为自己已经成人,强烈希望摆脱家庭与学校的束缚,走上社会,成为"独立"的人;另一方面,自身尚未完全成熟,稚气未脱,涉世未深,在许多方面仍需家庭、学校、社会的帮助。

(4)情感与理智的矛盾。由于身心发育并未完全成熟,思想尚不够稳定,自控能力较差,喜怒哀乐等多种情绪的迸发较为强烈,易与理智发生冲突。青年情绪的两极性、易感性、易变性决定了大学生情感与理智之间矛盾的必然性。

3. 生理与心理发展的不同步性

处于求职择业时期的大学生,一部分学生的生理与心理是同步发展的,即生理已经成熟,心理"断乳期"也将要结束,有独立的意识和独特的个性。但是,仍有相当一部分大学生心理还不太成熟,生理与心理的发展有明显的不同步性。具体生活体验不同,形成的个性心理特征也有较大差异,在求职择业中就表现出了心理特征的复杂性、矛盾性。

4. 就业指导工作（尤其是就业心理咨询）明显滞后于学生就业心理的发展变化

高职大学生就业时，迫切希望有人帮助他们解决择业、就业过程中的种种心理适应问题，维护他们的心理健康，保持应有的心理平衡。特别是在就业制度改革步伐加快、竞争激烈、信息量大、人们观念发生较大变化的新形势下，学生的上述需求更为迫切。但是，社会和学校在这方面开展的工作，做得还远远不够，明显滞后于学生就业心理的发展变化。

对于高职大学生就业心理中的上述矛盾，应当予以正确的认识，绝不可笼统地将其一概视为消极心态。其中，积极因素无疑是主导的、本质的方面。学生择业时的心理矛盾是发展中的心理现象，是学生心理发展趋向成熟的动力。只有当学生处在心理矛盾中时，他们才会寻求积极的解决办法，寻找心理出路，这就为教育引导学生调整心态和合理择业提供了一个有利的心理背景。

二、影响大学生就业的主要心理表现

高职大学生的就业会受多种心理因素的影响，其中功利心理、从众心理等就是主要的心理表现，现分述如下。

（一）功利心理

所谓择业功利心理，是指从择业的趋利避害角度出发，片面扩大自我利益的追求，而缺乏对就业环境的客观评价。腾讯教育在2015年4月开展了"2015年中国大学生就业压力调查"。调查显示，2015年毕业生的期望月薪出现了显著的增长，增幅接近2 000元（1 830元），接近2011年的最高水平（5 537元）。2009—2015年，毕业生每年的平均期望月薪分别是2 657元、3 057元、5 537元、4 592元、3 683元、3 680元、5 510元；2014年的期望月薪与2013年基本持平，2015年的期望月薪又有了明显的增长，这种过大的增幅实际上揭示的可能就是求职者过高的期望。在选择期望工作地点时，大学生求职者一般会选择省会城市与计划单列市这样的二线城市，其比例每年都在50%上下。

（二）从众心理

所谓择业从众心理，是指在求职择业时因为部分大学生缺乏社会实践锻炼，独立性不强，容易接受周边群体的暗示，对自己工作的定位不清晰，而盲目从众，形成择业"从众"的心理现象。形成这种心理的主要原因是缺乏择业主动性，不敢果断地做出自己对职业规划的选择和决定，缺乏对现实就业市场和政策的充分了解，缺乏对就业信息的主动收集与分析判断，对自己的职业目标、需要、价值观以及自身特点等没有明确认识，就业时不能正视自己的能力、素质和择业的客观环境。

（三）求"稳"心理

所谓择业求"稳"心理，是指从所要选择职业的稳定性来考虑这项工作，追求工作职位的安稳、福利待遇好、悠闲有时间等，不愿意选择有风险、有挑战性的职业，更不敢去创业。因而，毕业生对全额财政保障的事业单位趋之若鹜，公务员考试千军万马挤独木桥，热度始终不减，愈演愈烈。即使选择企业也首先以企业的品牌口碑和大小而论，似乎不太在意分析企业的发展前景，甚至一点儿也不在意自身特长优势与职位是否匹配。求"稳"心理主要是由求职一次到位的传统观念造成的，受家庭传统文化影响。当父母是公务员、教师这一类稳定群体时，求"稳"心理尤甚。

（四）依赖心理

所谓择业依赖心理，是指在择业中缺乏独立意识和自主承担责任的意识。择业依赖心理主要是因个人独立决策能力不强、缺乏进取精神造成的。其往往表现为：不主动出击，消极逃避就业市场，抱着等公司主动找上门、靠家里或者朋友给介绍工作的依赖思想，总想着天上会掉馅饼，试图坐等就业；即便有就业岗位选择的机会，也要左思右想，不敢自己下决定来选择适合和喜欢的工作。

（五）自傲心理

部分毕业生凭借自己的学校、专业成绩和各种等级证件等"品牌"，在求职过程中或求职之前，抱着极强的优越感，追求优越体面的工作，好高骛远，过高估计自己的能力，这是自傲心理。这种心理使大学生严重脱离实际，以幻想代替了真实，使自己的求职目标和现实产生了强烈的反差。当遭到用人单位的淘汰时，容易出现低落、烦躁、抑郁等心理现象。

（六）自卑心理

刚好与自傲心理相反，自卑心理指一些大学生对自己缺乏信心和动力，觉得自己能力低下，什么都不如其他同学的心理。在求职中，如果不敢自我展示，缺乏勇气，不敢大胆创新，不去发表自己的想法与意见，就无法给企业留下良好的第一印象。过度自卑还容易引发精神衰弱、孤僻、沮丧、心理扭曲等不良心理现象。

（七）矛盾心理

矛盾心理是大学生在择业过程中普遍存在的一种心理。大学生在择业过程中，往往会面临种种心理冲突，从而产生各种心理矛盾：他们在选择职业时，打算从底层做起，却担心看到别人异样的眼光；渴望在激烈的职场中竞争，却鼓不起接受竞争的勇气；胸怀远大，却不愿正视自己的缺点。在我们身边，不乏这样充满矛盾心理的大学生。他们家庭出身贫寒，从小就担负着全家的希望，他们的目标往往定得很高，热切希望能在大学毕业后找到一份令人羡慕的工作，可以让家人扬眉吐气。然而，面临巨大的竞争压力时，他们也想好好地从底层做起，慢慢地积聚知识和力量。然而，出于家庭的考虑，他们担心一般的工作会让家里人没面子。因此，常常会处于矛盾的状态。

三、大学生常见的就业心理障碍

（一）就业焦虑与恐惧心理

焦虑是由心理冲突或个人遭受挫折以及因可能要遭受挫折而产生的一种紧张、恐惧的情绪状态。第一，从校园步入社会，缺乏对纷繁复杂的现实社会的理性认识，产生了步入社会前的心理恐惧；第二，缺乏充分的就业准备，对就业、考研、考公务员的选择把持不定，产生顾此失彼的彷徨心理；第三，恋爱分合，职业取舍，由于"鱼和熊掌"不能兼得而产生离别伤感，进而对未来的生活充满恐惧。过度的焦虑会对大学生择业、就业产生消极影响。它不仅会抑制大学生的正常思维，而且会使大学生的注意力难以集中，记忆力明显减退，从而影响大学生正常的学习和生活。

（二）就业挫折与失败心理

挫折心理是指人在从事有目的的活动而遇到障碍时，所表现出来的情绪反应。当一个人产生心理挫折后，就有可能陷入苦闷、失望、悔恨、愤怒等多种复杂的情绪体验之中。大学生择业的期望值相当高，在就业地域的趋向、就业单位的选择和就业岗位的意向等方面有许多不切实际的自我设计。而这些就业目标的选择，往往都是出于功利心理、求"稳"心理和从众心理等，并没有充分考虑自身条件与社会的实际需求，容易出现"高不成，低不就"现象，并产生偏执、幻想、自卑、虚伪等心理问题。现代高职毕业生多在校园生活，经历较为简单，未曾经历过多少波折，心理承受能力和自我调节能力较差，情绪波动性大，情感较为脆弱，缺乏应对挫折的心理准备。一次次就业失败的心理暗示必然会导致就业挫折心理的产生，进而使大学生择业行为发生偏差。

(三) 就业价值观念不合理

这些不良观念主要表现在以下几个方面：

(1) 对职业的意义认识不当。许多大学生只看重工作带给自己的眼下利益，认为有一份工作，每月有工资就可以了，把工作当作一种谋生的手段，不考虑自我特长、兴趣爱好与自己所要找的工作的匹配性，因此，很容易选择并不适合自己的工作。

(2) 强调专业对口。许多大学生在求职时，只考虑与自身所学专业有联系的工作，对其他工作不予理会，这样做会错失很多良好的求职机会。

(3) 传统观念根深蒂固。许多大学生受家庭环境和社会人士对工作归类的影响，更倾向于公务员、教师等安稳有保障的职业，而不愿意选择有挑战、有风险的职业，更不用说去自主创业，他们认为，有固定福利就好。

(4) 功利化心理。大部分毕业生不愿意付出过多的劳动，但却想享受与劳动付出不成正比的福利待遇，优先选择福利待遇高、员工待遇好、公司所在城市为一线或二线的工作，不愿意到条件较艰苦的行业工作，也不考虑国家与社会的需要。

(四) 就业人格缺陷

(1) 对自己认识不足，职业意义认识不当。很多大学生还是仅仅把工作当作一种谋生手段，对自己的职业目标、需要，自己的价值观以及特长兴趣没有明确的认识，不能从客观、全面的角度来辨析。其突出表现就是盲目从众与依赖他人。

(2) 承受挫折的能力差。大学生从学校进入社会以后，面临更加复杂的人际关系，缺乏相应的心理准备，一旦遭受挫折便很容易一蹶不振，陷入抑郁、烦躁、焦虑、失望的情绪之中。

(3) 偏执与人际交往障碍。有许多大学生不懂得察言观色，在求职中表现得要么自我意识强烈，要么胆小怯弱，不懂得礼貌、礼仪。

(4) 自卑与自大。毕业生在求职当中常常会处于两种状态：一是过度虚荣，对自己评价过高，认为自己高高在上，没有人能与自己相比较。二是自卑心理，认为自己处处不如别人，对自己评价偏低，总以为自己没有什么价值。

(五) 形成不同就业心理的原因分析

1. 社会因素

(1) 近年来，由于高校不断扩招，导致了大学生数量逐年递增，这就使大学生就业成了突出的问题。不断扩招的大学生，源源不断地涌向社会，势必会出现大学生供过于求、人才过剩的现象。然而，就业矛盾并不仅仅因为大学生过剩，还受到我国具体国情的影响。我国人口众多，分布广泛，不同区域的发展程度差异很大，发达地区与落后地区仍然存在相当大的差距，大部分的毕业生都想去发达地区工作，不愿意留在贫穷落后但人才稀缺的地方。因此，这就产生了大学生职业期望与市场供给的矛盾，这种供需矛盾对大学生的就业心理产生了强烈冲击，影响了整个社会的就业状况。

（2）就业制度的改革。就业打破了原有的"包分配、包工作"体制，形成了由国家宏观调控、各地政府和学校推荐、学生和用人单位双向选择的就业模式。这种模式极大地调动了大学生就业的积极性和主动性，深受大学生的欢迎。但由于就业制度改革还处于继续深化之中，高校毕业生就业市场机制还不健全，如就业制度改革不配套、供需信息不畅、就业公正性不足等，导致大学生就业心理上的很多误区，对大学生的就业心理也产生了巨大冲击，容易造成大学生的心理失衡，并由此产生各种就业心理问题。

（3）传统就业模式、观念的影响。不少大学生因为受社会潮流影响，热衷于选择公务员等稳定性强的工作。

（4）用人单位制度性歧视。许多单位过分强调性别、年龄、工作经验，甚至有相貌、身高、体重等方面的要求；有些单位克扣大学毕业生的劳动保障待遇、福利待遇；也有些单位缺乏人文关怀，对聘用的大学生置之不理，不给予良好的提升机会。

（5）社会习俗的影响。首先，有的大学生把社会上的某些传统观念作为自己选择职业的依据。有的虽然对社会习俗有自己独立的见解，但迫于社会舆论的压力，产生了从众心理，因而在择业时，缺乏艰苦创业的准备，出现争进大单位、大城市，不愿到基层的倾向。其次，家庭朋友的影响。中国几千年的传统文化，使部分贫困大学生"苦读十年，光宗耀祖"的观念和家庭地域观念很重，他们选择职业时首先是征求父母的意见，想到的是对家庭有没有利，有没有面子，离家远不远，事业发展是放在第二位的。这些因素无形之中对大学生就业产生了重大影响。

2. 学校因素

（1）高校学科设置不合理。随着高校毕业生就业制度改革的深入，高校学科设置的弊端也日益暴露出来。学校没有根据社会的需求设置相应的课程，而是按部就班地实行以前的学科专业设置，使得毕业生刚毕业就面临失业的困境。高校的职责是培养符合社会需求的人才，社会需要哪方面的人才，便要加强哪方面人才的培养力度，不能只追求眼前利益，盲目扩招，而忽略学科和专业的设置，最终只能培养出一批批能力平庸的大学生。学校重理论、轻实践的现象也极大地影响了大学生的就业能力，从而造成大学生就业困难，导致大学生就业心理问题的产生。

(2) 学校开展就业心理辅导、就业指导的课程过少。从未进入社会锻炼的大学生对外面的世界了解甚少，往往对于毕业后的工作感到迷茫。然而，学校没有针对这一问题开设足够的就业心理辅导课程，即使开设相关课程，也只是流于形式，并没有对社会现状进行深刻分析，也没有对学生的心理进行深入了解。缺乏对学生求职观、职业道德、成功观念的指导，使得部分毕业生在面临激烈的就业竞争压力时，不知所措，无法正确评价自己，从而产生了一系列的就业心理问题。

(3) 高校的实习问题有待解决。目前，大学生普遍感受到实习的地方不好找，找不到与自身匹配的岗位，更不用说通过实习明确自己适合的工作类型了。尽管政府已经对大学生予以政策性支持，但这远远不够，政府还需要制定相应的政策并采取相应的措施。

3. 大学生自身因素

(1) 大学生自身能力素质缺乏。大学生群体正在步入成年期，处于"边缘人"地位，集多种特殊性于一身。多重价值观和人格的再构成是大学生就业心理问题形成的重要原因。刚进入校园的大学生，普遍认为自己辛苦努力来到了梦寐以求的大学，总算可以摆脱学习的压力了。大学生活的多姿多彩、老师对学生的要求降低，使大学生们放松了学习。其实，大学对学生的要求是：学生能够自主学习，能够自己独立思考，能够独立安排自己的学习和生活。然而，很多大学生却没有理解大学自主学习的真正含义，他们认为只要拿到毕业证，毕业后找工作就肯定不是问题了。可是等到毕业后才发现，工作并不容易找。当面试单位问及专业问题时，他们才后悔自己在大学期间没有好好学习，没有提升自己的能力。

(2) 求职心理准备不足。求职择业中，毕业生很容易出现心理偏差和心理障碍，因为他们仓促上阵，缺乏一些必要的心理准备。其主要表现为：自我感觉良好，认识不清，自傲自大；评价过低，自我唾弃；在面对择业现实的时候，不能准确地把握自我，顺利的时候忘乎所以，遇到挫折的时候自暴自弃，不能理智地看待现实；对就业形势认识不够，缺乏对国情的了解，守着旧观念不放，跟不上时代的潮流；就业期望值过高，不切实际，缺乏艰苦创业的精神；目光短浅，过分注重眼前利益而不愿意通过自己的努力干出一番事业，只想坐享其成，不去为了自己的理想拼搏努力。

4. 家庭因素

家庭的职业定位、社会背景等因素，促使部分大学生在就业时产生了一定的依赖心理。受传统价值观念的影响，一部分大学生在择业时迫切地想回报父母，甚至急功近利，缺乏职业责任意识，忽视职业的深层价值。

四、对策与措施

（一）学校应注重大学生综合素质的提高，积极开展就业指导工作，加强健康的择业心理教育

1. 培养学生正确的人生观、价值观和择业观

高校要加强国情教育，教育毕业生正确处理国家需要和个人理想之间的关系，自觉地把国家需要与个人的利益统一起来；教育毕业生树立正确的择业观念，充分运用自身的优势，为社会多做贡献，根据社会的需要调整自己的期望值。

2. 全面提高毕业生的综合素质，增强择业竞争力

毕业生的综合素质包括思想道德素质、文化科学知识素质、专业技能素质以及人文科学素质等。综合素质的提高，是一个循序渐进的过程，不是一朝一夕能完成的。首先，要根据不同类型的职业的共性要求，培养学生掌握三方面的知识：一是宽而实的基础知识；二是精而深的专业知识；三是现代管理和人文社会知识。学校要引导学生利用空闲时间，多读管理科学和社会科学等人文方面的书籍，拓宽知识面，开阔视野，不断增强对社会和现代管理科学的了解，从而不断提高学生的能力。其次，从大学生迈进大学校门开始，高校就要为他们的就业做充分准备。在大学几年中，为他们制定一个个目标，如通过英语四、六级考试，计算机初级、中级考试，取得初级程序员、中级程序员、高级程序员、报关员、营销员等各种职业技能证书等。

3. 进行择业技巧的指导，开展健康的择业心理教育

毕业生在择业过程中产生的心理误区和心理障碍，与毕业生的社会阅历、知识结构、认识水平、心理承受能力有很大关系，这就要求学校有关部门、系部要加强就业指导工作。高校就业办公室应广泛宣传国家的就业政策，介绍社会发展状况，通过媒体、网络及时提供人才供求信息，使毕业生对择业环境有全方位的了解。与此同时，还应对毕业生进行有关求职择业方面的培训，使他们掌握求职的基本技能和技巧，如自荐材料的准备、面试的技巧等。高校心理咨询中心可对大学生的择业心态进行心理测试，帮助大学生客观地认识自己，分析自己的优势和不足，指导学生提高适应社会的能力，从而避免由于准备不足而错过求职机会。高校教育工作者还要教育学生正确面对择业挫折，提高心理承受能力。

4. 进行相应的体验式培训

心理学研究表明，使用传统式的方法培训时，培训对象在课堂中仅吸收10%～30%的培训内容，并且随着时间的推移会逐渐遗忘。而"体验式培训"采用了科学的"多重感官学习法"，即包括小组讨论、深度会谈、情景活动、角色扮演、作业练习、

行动指南等方式，使培训对象通过亲身体验获得经验，在有限的时间内快速取得知识。就业心理指导工作可采用体验式培训帮助学生获得职业生涯的基本概念和理论，用职业生涯的理论来指导自身的就业，提高就业的有效性，使学生经过培训能够比较清晰地明确自己的职业发展方向、掌握就业技巧，将来成为更有成就的人。

（二）社会应给予大力支持

政府应在就业政策上给予倾斜，创造良好的就业环境，为大学生提供就业机会和公平竞争的平台。对于到基层、艰苦地区、西部工作的大学毕业生，国家应给予大力支持、鼓励、资金奖励。同时，鼓励高校毕业生自主创业和灵活就业，为专业人才提供有利的创业环境，对于自主创业的大学毕业生给予积极扶持，提供小额贷款和担保。取消高校毕业生在就业中的户籍、性别、身高、相貌等方面的限制；采取法制的手段管理大学毕业生的就业问题，塑造良好的就业法律环境，使他们的就业权益得到保护，使就业市场更加规范。

（三）大学生必须正确认识和评价自己

大学生只有对自己进行全面客观的评价，给自己准确的定位，才能确立正确的择业目标。正确认识和评价自己，主要应做到以下几点。

1. 自我反省

大学生面对择业中的各种矛盾和问题，首先要正确认识和评价自我，应明确自己未来职业发展的方向是什么，自己的性格特点如何，自己的优势与不足是什么，最适合做什么等。只有通过理智、冷静的自我思考，才能客观地评价自己，使自己在择业过程中处于主动、有利的地位。

2. 社会比较

人不可能脱离社会而存在。大学生在正确认识和评价自我时，要在客观上寻找评价的参照尺度。可以与社会其他人员做比较，特别是与自己条件、情况相似的人进行比较，避免孤立地认识和评价自己。也可以通过社会人员对自己的态度及自己参加社会活动（如社会实践）结果的分析来认识和评价自己。

3. 心理测验

大学生可根据自己的需要，在专业人员的指导下，选择心理学的标准化测验表，对自己的性格、气质、能力、职业倾向等进行测验。通过结果分析，明确自己的个性特征，找出适合自己的职业类型，减少择业的盲目性。

4. 调整择业期望

所谓择业期望，是指大学生对职业在多大程度上能满足个人愿望的评估。适中的期望值是大学生正确择业的一个关键因素。因此，大学生的择业期望值必须选择恰当，应突出重点、扬长避短，选择适合发挥自己才能和施展抱负的职业。不能一味地追求物质待遇和地域条件，应根据自己的爱好、特长和志向把握就业机会，主动出击，力争在就业竞争中处于主动地位。

5. 提高抗挫折能力

当前"双向选择、自主择业"的就业制度为毕业生提供了难得的契机，同时也给毕业生带来了前所未有的挑战。大学生们纷纷加入到竞争的行列中，在竞争中寻找自己的位置，在竞争中实现自己的抱负。但是竞争遵循的是优胜劣汰的原则，是成功与失败并存的。参与竞争就难免碰到挫折，毕业生应当对择业中的挫折有充分的思想准备，敢于面对现实，把挫折看成是锻炼意志、增强能力、提高心理素质的一场考验。要及时减轻思想负担，消除急躁情绪；要积极总结经验教训，冷静、理智地分析择业挫折产生的原因，找出不足之处，加以改进，将消极因素转化为积极因素；根据客观实际调整自己的心态和择业目标，使之适应社会的需要，然后为实现这个目标做出努力，绝不能一碰到挫折就灰心丧气、怨天尤人。

6. 大学生要学会用心理调节的方法进行自我调适

大学生就业心理问题自我调适的常见方法有自我转化法、适度宣泄法、松弛练习法、自我安慰法、理性情绪法。

（1）自我转化法。当就业不良情绪不易控制时，可以采取迂回的方式，把情感和精力转移到其他活动中去，如参加有兴趣的活动、学习一种新知识技能、假日郊游等，以减轻或消除不良情绪的影响，获得心理平衡。

（2）适度宣泄法。在择业中遇到挫折而产生焦虑和紧张的情绪时，不能一味地把不良情绪藏在心底，应进行适度的宣泄。忧虑情绪压抑得越久，受到的伤害就越大。宣泄情绪比较好的办法是，向知心朋友、老师倾诉，或者参加打球、爬山等运动量大的活动。宣泄时一定要注意场合、身份、气氛，且要适度。

（3）松弛练习法。松弛练习法是一种通过练习，学会放松身心的方法。放松训练可以帮助大学生迅速减轻或消除各种不良的身心反应，如焦虑、恐惧、紧张、失眠、头疼等。在择业中遇到类似心理反应时，可在专业人员的指导下尝试进行放松练习。

（4）自我安慰法。当在择业中遇到困难和挫折，且尽最大努力仍无法改变时，应说服自己适当让步，不必苛求，找一个自己可以接受的理由来保持内心的安宁，承认并接受现实，以求得解脱。

（5）理性情绪法。情绪困扰并不一定由诱发事件直接引起，常常是由经历者对事件的非理性观念所引起的，如果变非理性观念为理性观念，就可消除情绪困扰。例如，个别学生认为"大学生就业应该是顺利和理想的"，遇到择业挫折便消沉苦闷、怨天尤人，从而产生不良情绪，引发心理问题。如果转变这些错误的想法，不良情绪就会得到调适。

第三节　大学生常见就业心理问题及干预

一、大学生就业时常见的心理问题

（一）急功近利

急功近利是大学生择业时最为常见、最难避免的一个心理误区。它是指大学生在择业时一味地追求那些收入丰厚、社会声望较高的职业和向往经济发达、生活环境优越地区的心理倾向。大学生择业的这一心理倾向，也为近年来诸多关于大学生择业行为的调查报告所证实。据相关调查表明，大学生择业时选择的单位性质依次为外资企业（28.27%）、合资企业（13.84%）、事业单位（13.72%）、国有企业（13.6%）、党政机关（6.34%）；大学生选择单位所在的地区依次为上海（32.25%）、北京（27.56%）、深圳（12.56%）、广州（6.85%）、大连（5.01%）。

这些被大学生优先选择的地区的职业岗位毕竟有限，不可能满足大学生的，而且大学生的自身条件也各有差异，因此这些为大学生所普遍向往的职业，却未必就是自己成就一番事业的最佳选择。

（二）消极依赖他人

消极依赖他人是大学生在选择职业目标、面临择业竞争时，期盼依赖家人、亲朋好友、学校和老师帮助的一种心理倾向。这一倾向与大学生的自身成长经历密不可分。大学生毕竟只经历了十几年的学习生涯，一直生活在象牙塔里，缺乏求职择业的经验，仅拥有与家人、朋友、老师的简单社会关系，在突然面对重大人生选择时，就难免产生一定程度的依赖心理，把希望寄托在别人身上，放弃自己选择的机会。如果不设法消除这种依赖性，则会对大学生的未来产生不利影响。

（三）情绪波动

大学生在择业过程中情绪上容易出现异常波动，较多地表现为焦虑、不安甚至抑郁等消极的情绪状态，这些统称为情绪波动。一项针对大学生情绪状态的调查研究表明，择业前，大学生普遍存在抑郁或焦虑，女生的焦虑水平高于男生，而抑郁水平则低于男生。造成大学生择业前情绪波动的原因主要有：严峻的就业形势、大学生缺乏自信和足够的承受压力的能力、恋爱困扰、家庭背景等。

（四）盲目攀比

大学生未充分考虑自身的实际情况，如自己的专业范围、职业兴趣与事业追求、实际能力与综合素质等，在择业过程中盲目地从众与趋新。如很多高职大学生听说金融、IT行业热门紧俏，就想去这些行业谋一个职位。这种缺乏全盘考虑、没有切合自己能力与兴趣的职业追求，往往会在择业时会经受不必要的挫折，导致就业机会的延误或丧失。

二、大学生就业时常表现的心理障碍

（一）焦虑

焦虑是由心理冲突或挫折引起的，主要表现为恐惧、不安、忧虑等。毕业前夕，大多数大学生表现为过度焦虑。尤其是一些来自边远地区，或性格内向，或有生理缺陷，或学习成绩欠佳的大学生，以女大学生表现得更为突出。这种焦虑使他们在择业时精神负担沉重、紧张烦躁。

（二）自卑

自卑，即缺乏自尊心、自信心。在择业过程中，某些毕业生会因自己不是名牌学校毕业、专业不热门、相貌平常，或没有权势关系可利用、没有金钱支持而产生自卑心理。常表现为：缺乏正确的自我认识，自惭形秽，缺乏信心和勇气。这种心理使部分大学生对就业悲观失望，同时阻碍了其聪明才智和创造力的正常发挥。过度自卑，还会导致精神不振、消极厌世，甚至走向极端。

（三）怯懦

怯懦是一种胆小、脆弱的性格特征。如在参加用人单位的面试时，常常面红耳赤，语无伦次，答非所问，面试前准备的"台词"忘得一干二净；或者由于谨小慎微，唯恐一句话说错、一个问题回答不好影响自己在用人单位代表心目中的形象，不敢放开说话，没有把自己的特点和优势表现出来。

（四）孤傲

孤傲是缺乏客观的自我分析和自我评价的表现。一部分大学生择业时往往好高骛远、期望值过高，脱离实际，以幻想代替现实，使择业目标和现实产生极大的反差。

（五）冷漠

冷漠是遇到挫折后的一种消极的心理反应。一些大学生择业时，因受到挫折而感到无能为力，从而失去信心，产生不思进取、情绪低落、情感淡漠、意志麻木等心态。这种心理与就业的竞争机制和社会环境是不相适应的，对环境的适应能力差。

（六）问题行为

问题行为，即违背社会行为规范的不良行为。毕业前，一些大学生因某些主体需要不能满足或强度较大的挫折感，加之平日缺乏应有的品德与个性修养，可能发生各种各样的问题行为。常见的有逃课、损坏东西、对抗、报复、迁怒于人、进行不良交往、过度消费、嗜烟、酗酒等。问题行为的存在，不仅会影响学生的顺利择业，严重的还有可能导致违纪与违法。

（七）躯体化症状

躯体化症状是由于心理压力和生活方式而导致的异常的生理反应。毕业前的大学生，由于心理应激水平高、心理冲突强度大、挫折体验多，加之部分大学生性格上本来就不十分健全，所以容易导致某些躯体化症状，如头痛、头昏、血压不正常、消化紊乱、背痛、肌肉酸痛、口干、心慌、尿频、饮食障碍或睡眠障碍等。这些症状若不及时排除，就会危及学生的身体健康和心理健康。

从以上种种反应可以看出，大学生在求职择业中产生的心理障碍，具有适应性障碍的特征。引发这些反应的主要原因是大学生对求职环境的应对不良。焦虑急躁、自卑怯懦、冷漠逃避、孤傲、全身不适、食欲不振等反应都说明，他们对求职环境缺乏一种良好的适应能力。但这种现象只属于发展过程中的适应不良，只要大学生主动适应就业环境，各方面引导得当，这些心理障碍就会随着时间的推移而逐渐消失，大多数人不会形成心理疾患。

三、大学生就业常见心理问题案例

案例1 期望值过高

2008届毕业生小王来自云南罗平，直到次年3月份他还未落实工作单位。3月底，在国家医药管理局的供需见面协调会上，罗平的一家制药厂想要他，专业对口，又是家乡。然而他本人的择业意向却是：单位地点必须在昆明市，至于到昆明的什么单位、具体做什么工作都无关紧要。在这种心态下，结果自然难以如愿。

分析：

小王的思想在当前毕业生的择业过程中具有一定的代表性。不少毕业生过于向往经济发达地区，尤其是沿海地区的中心城市，他们最低的期望也是回自己家乡所在地的中心城市。他们只注重大城市、经济发达地区的经济文化发达、工作环境优越的一面，却忽视了大城市、经济发达地区人才济济、相对过剩的一面。这种择业期望值居高不下，甚至还有逐年上升的趋势。

案例2　自主择业能力差

在招聘会现场，也不乏在父母的陪同下来应聘的求职者。

"你准备应聘什么岗位？你对工资的期望值是多少？你觉得你有什么优势？"重庆某装饰有限公司市场部经理郑某在小唐递过简历后不断提问。

但是令郑某惊讶的是，小唐一言不发，唐父却一个劲地向其询问，"你们公司每个月工资多少？工作环境怎么样？中午管不管伙食？"小唐有时候准备插上一两句却被父亲打断了，后来便索性玩起了手机。

分析：

小唐的问题出在过分依赖他人上。其实，过于依赖他人是难以选择到一份满意的工作的。90后的这一代活得一帆风顺，没有经历过什么波折，再加上父母的过分呵护，客观上培养了他们的依赖心理。他们大多缺乏主见，自我意识模糊，在择业中常会茫然不知所措，因此在人才市场上，父母代替子女与用人单位洽谈的场面也就屡见不鲜了。难怪有用人单位对依赖性过强的毕业生说："你本人都要靠别人来推销，企业还能靠你来推销产品吗？"

案例3　信心不足，缺乏主动

毕业生小刘学习成绩和其他方面条件都不错，在就业的初期满怀信心。但由于专业冷门等原因，找过几家单位都碰了壁，结果产生了自卑感，在后来的择业过程中表现得越来越差，以致陷入恶性循环而不能自拔，甚至只能被动地问人家"学某某专业的要不要"，其他什么话都不敢讲。

分析：

小刘的失败是由于自卑心理造成的。他在择业遭受挫折后，一蹶不振，对自己评价过低，丧失了应有的自信心。在择业时，如果缺乏主动争取和抓住机遇的心理准备，不敢主动、大胆地与用人单位交谈，就不能很好地表达自己。越是躲躲闪闪、胆小、畏缩，越不容易获得用人单位的好感。自卑心理严重妨碍了一部分毕业生正常的就业竞争，使那些原本在某些方面比较出色的毕业生也陷入了"不战自败"的困惑。

案例4　自负导致失败

毕业生小D口才不错，在与用人单位代表面谈时自我感觉良好。一番海阔天空的高谈阔论以后，当对方问他的个人爱好是什么时，他竟得意扬扬地宣称是"游山玩水"，结果被用人单位毫不犹豫地拒之门外。

分析：

小D的失败是自负心理造成的。自负是指自己过高地估计自己。在这种心理的支配下，不少毕业生总是自以为是，自以为自己什么都懂、什么都会，夸夸其谈，结果留给用人单位的是浮躁、不踏实的印象。试想，有哪家单位肯要一个不知天高地厚、自命不凡的毕业生呢？

案例5　要求苛刻，令单位无法接受

某校现代财务管理专业某毕业生与某集团公司经过双选、面试考核，终于进入了签约阶段，协议书首先由毕业生本人签署应聘意见，该生在"应聘意见"一栏中写下了以下6条要求：①从事财会工作；②每周工作五日，每日工作八小时；③解决户口，提供单身住房；④住房公积金、劳动保险、养老保险等相关支出均由公司负担；⑤每半年调薪一次；⑥公司不限制个人发展（如考研等）。单位鉴于以上条件不能完全答应，将协议书退回，并建议修改后再签。最终，该生因坚持自己的意见而未能被录用。

分析：

该生未被单位录用，根本原因在于所提要求过于苛刻。该集团人力资源负责人说，这位同学提出的6条要求，有些是可以满足的，比如，安排专业对口的工作、八小时工作制、解决户口、提供各种福利等，但有的款项无法答应，比如，每半年调一次薪，这种要求恐怕任何单位都无法答应。又比如"公司不限制个人发展"一条，从毕业生角度来看，提出这样的要求是可以理解的，但从用人单位角度来看，在不影响正常工作的前提下，是鼓励个人提高自身素质的，但如果服务期内想考研就考研，不受单位任何约束，单位肯定是不能同意的。尽管这位同学各方面的条件都不错，但这种苛刻的条件令用人单位无法接受。

四、大学生求职就业心理咨询案例及干预

案例1　纠结的我

我叫王××，是一名应届大学毕业生，在校四年，自觉学有所成，然而却在就业上处处碰壁。我看中的单位，单位看不中我；单位看中我的，我却看不中单位。毕业已经快一个月了，我还未与一家单位签约。目前，我处在焦虑、忧郁、自卑、不满、无法决断的状态，内心十分矛盾、痛苦。我该怎么办？

讨论

小王为什么如此苦恼？

原因分析

缺乏良好的就业心理准备，是求职失败的主要原因。

（1）"我看中的单位，单位看不中我"——缺乏应聘、面试的技巧。

（2）"单位看中我的，我却看不中单位"——职业的自我定位过高。

案例2 我的最后一次面试

我这个人性格十分内向，一到人多的场合就脸红。最初的时候，一听说要去面试了，心里就打鼓，底气不足，一与考官们谈话，舌头就发僵，思维就停滞，平时的机敏全不见了。尽管每次我都对自己说"要自信，要放松，我比他们都强"，但是，一到关键时刻准没用，该忘的还是忘，不该忘的也想不起来。为此在最初的三个月里，我没有找到一家合适的单位。

我心灰意冷，不抱任何希望地去试最后一次。心里说，就这样吧，面试完了就回老家山东，不再在这里混了。由于已经预知了这次也不会成功，倒很随意，我和那个人事经理聊得很投机，反正不过是一个路人而已，就当聊聊闲天吧。一放松下来，思路就特别清晰，海阔天空地足足谈了三个小时，最后走出来的时候，我感到前所未有的放松。

回去后稍微收拾了一下简单的行李，来到火车站买票。看着广场上人流涌动，心中感慨万千，想自己好歹也是个大学生，未料到竟在北京无一立足之地，看来我是无缘留在这方热土了。正当我准备踏上东去的火车时，呼机却突然响了起来……

于是，我与那位人事经理成了同事。

讨论

（1）当事人在最初的三个月里为什么没有找到工作？

（2）最后一次应聘为什么会成功？

本章练习

综合训练

甲同学：他成绩比不上我，参加的活动也没我多，居然签到一个好单位，我一定不能比他差！

乙同学：找工作靠实力，外表根本不重要。

丙同学：给三四个单位投了简历都没有回音，唉，被打击了，不想找工作了。

请分别对以上三位同学的就业心理做出评判。

第三讲 就业观念和就业心理

思考题

小王是一名高职毕业生,在就业过程中,一家全球500强企业向小王抛出了橄榄枝,条件优厚,但前提条件是必须到该公司偏远地区的分公司工作两年,之后再视具体情况进行调动。经过深思熟虑后,小王拒绝了该公司的邀请。

你如何看待小王的决定?

第四讲　职业形象与职场礼仪

> **知识目标**
> （1）了解大学生成功进入职场所需要的职场形象以及必要的职场礼仪。
> （2）理解男女职场形象的差异，认识职场礼仪对于个人、企业发展的重要性。
>
> **能力目标**
> 能够掌握基本的职场行为规范，打造符合职场需求的形象与气质，为自己成功就业奠定坚实基础。

第一节　我的职业形象

职业形象，具体而言，是指人们对某种职业承担者的所有行为、表现的总体印象和评价，它是构成个人形象的基本因素。其内在因素包括职业承担者的责任感、职业道德、职业认知、职业心理特征和职业技能等精神形象；外显因素包括职业承担者在职业行为过程中的仪容仪表、言谈举止、姿态动作等物质形象。职业形象是在职业活动中承担内在精神展示和外在物质表现的一系列客观状况的显现，是内在因素和外在因素的有机结合，是精神形象和物质形象的有机统一。

当今社会非常注重职业形象，好的职业形象会给职场人士的事业和未来人生道路带来极其重要的正面影响。对于参加面试的学生来说，良好的职业形象也能提高面试的成功率。

一、职业形象对于求职者的意义

第一，拥有了良好的职业形象，就可以在面试初期迅速赢得面试官的好感，为今后的顺利面试奠定良好基础。

第二，良好的职业形象，展示的是自身的专业素养和能力，能给面试官传递积极的信息，有利于面试成功。

第三，良好的职业形象，可以帮助人们建立自信，从而保持积极的心态，调整自身的不良行为。

二、求职者职业形象塑造的基本原则

（一）遵守职业形象塑造的评判标准

塑造良好职业形象的关键是明确职业形象的标准，了解人们对不同职业形象的评判标准和预期希望，有了"标准"，了解了"规则"，按要求去做就容易多了。

1. 与职业相契合

良好的职业形象都是由诸如专业、诚信、自信等基本素质构成的，但是职业的不同必然会导致从业人员形象的差异。比如，公务员应该是公正廉洁的形象；银行职员应该是稳重大方、办事果断的形象；律师需要专业可信的形象；记者需要敏锐迅捷的形象；化妆品推销员应该具有时尚美丽的形象；艺术设计师需要有艺术气质的形象等。不同的职业反映在从业人员的服饰、气质、语言等方面一定会有所不同。塑造职业形象首先要明确所从事职业的特点和评价标准。

2. 与身份相契合

即使从事同一种职业，由于地位、年龄、性别、个性上的差异，也会导致职业形象有所差异，不能千篇一律，特别是在着装、发型等方面要与个性因素相吻合。

3. 与组织文化相契合

不同的组织有不同的文化，组织文化反映着组织管理者的理念和价值标准，对组织成员的职业形象也有不同的要求。个体要想融入组织，其外在形象和行为标准就要与组织文化相一致，只有这样才能得到组织的认同和接纳，获得归属感。

4. 与周围环境相契合

任何一个职业人，其活动的空间都不仅仅局限于办公室，由于工作、生活的需要，经常会处于不同的场合和环境中，扮演不同的社会角色。因此，其外在形象就要随着角色和场合的不同进行适当调整，做到与周围环境相一致。

（二）遵守共性和个性相结合的理念

个性形象是在共性形象基础上体现的个体的形象，其中既包括组织形象中共同具有的特色，也包括个体形象中独自具有的特色。组织统一要求的形象有共同的特点，这是共性形象。在这个基础上，各个个体因为自身的一些特点，又构成了组织形象中的个体形象。个性形象虽然也要体现共性形象，但这只是个性形象中体现的共性。组织形象只有充实个性、体现特色，才能取得更好的效果。

个性总是千差万别的。如在性格上，有的人直爽、坦诚，有的人内向、文静；在爱好上，有的人擅长文化艺术，有的人喜欢体育运动；在气质上，有的人感情发生快速而强烈，有的人感情反应迟缓而微弱。因此在塑造个性形象时，要根据自己的条件扬长避短，尽量发挥自身的优势。每个人都有自己独特的风格，模仿别人是不会成功的，"东施效颦"就是很好的例子。

三、求职者职业形象塑造要点

求职者职业形象塑造包括仪容和仪表两个方面。

（一）求职者仪容塑造要点

仪容，通常是指人的外观、外貌，其重点是人的容颜。修饰仪容的基本原则是：美观、整洁、卫生、得体。个人修饰仪容时，通常应该注意头发、面容、手臂、腿部、化妆五个方面。

1. 头发

按照一般习惯，当人们注意、打量他人时，往往是从头部开始的。而头发生长于头顶，更容易先入为主，引起重视。所以，修饰仪容通常"从头做起"。一般来说，修饰头发应注意以下几点。

一是干净，勤于梳洗，避免满头汗馊、油味、头皮屑随处可见的情况出现。

二是发型得体。在面试这样的场合，要把头发打理得符合所面试的职位。根据应聘的不同职业，发型也应有所差异。一般情况下，发型长短要适度，避免出现"安能辨我是雌雄"的情况。女生可以留短发，但却不建议理光头；男生可以头发稍长，但不宜长发披肩（当然，如果你是应聘艺术类职位，就另当别论了）。对于女生来说，头发可以起到很好的修饰作用。要善于利用视觉错觉来改变脸形，如脸形过长的人，可留较长的前刘海，并且尽量使两侧头发蓬松，这样长脸看起来不太明显；脖颈过短的人，则可选择干净利落的短发，以造成拉长脖子的视觉效果。

三是避免美化过度。在通常情况下，人们会用到烫发、染发、假发这三种方式来美发。对于求职者来说，美发要坚持美化、自然的原则，避免不合时宜，多彩的头发、爆炸的卷发、做作的假发都是不可取的。

2. 面容

此处说的面容包括眼睛、鼻子、嘴巴、脖颈。修饰面容，须做到面部的干净清爽，无汗渍、无油污、无泪痕、无其他任何不洁之物。

（1）眼睛。主要关注三个点：眼部分泌物是否及时清除干净；眼镜是否清洗干净。

（2）鼻子。鼻腔要保持清洁，避免鼻毛长出鼻腔，不要在面试的过程中挖鼻孔，捉"鼻牛"。

（3）嘴巴。基本要求是牙齿洁白，口腔无味。在面试之前忌食烟、酒、葱、蒜、韭菜、腐乳之类气味刺鼻的东西，避免在面试过程中让对方掩鼻受罪。特别要提到的一点是关于胡须的问题，一般情况下，建议男性求职者不要蓄须。若是女性求职者因内分泌失调长出类似胡须的汗毛，则应及时治疗，并予以消除。

（4）脖颈。须做到与面容一样干净，避免脖后、耳后藏污纳垢，与脸上反差过大。

3. 手臂

此处说的手臂包括手掌、肩臂与汗毛三个方面。

（1）手掌。要保持手掌的干净整洁；指甲不宜过长，指甲缝里不能有异物。在面试这种场合，不宜涂抹颜色鲜艳的指甲油，否则会给人轻浮之感。

（2）肩臂。在面试这种场合，肩部不应当裸露在衣服以外，也就是说，不适宜穿无袖装。

（3）汗毛。一般来说，汗毛不是过长、过浓或过密，不需要进行处理；反之，则需要进行处理。特别强调的是"腋毛"，在面试这样的场合，不宜将腋毛外露，需要穿不将腋毛外露的服装。

4. 腿部

修饰腿部时，需要注意脚部、腿部和汗毛这三个问题。

（1）脚部。应注意保持脚部的卫生；避免异味、破洞袜的出现；避免指甲藏污纳垢。在面试的场合，不宜光脚，不宜将脚趾、脚跟裸露在外。

（2）腿部。在面试的场合，男生一般不允许暴露腿部，女生忌穿短裤、超短裙，在穿裙子时，需要穿袜子，避免将光着的大腿暴露于裙子之外。

（3）汗毛。为了避免汗毛外露带来的尴尬，男生须着长裤，女生须除之或着丝袜掩之。

5. 化妆

化妆，是修饰仪容的一种高级方法，是采用化妆品按一定技法对自己进行修饰、装扮，以便使自己容颜变得更加靓丽的方法。在面试这样的场合，女生可以适当地化点淡妆，使自己更显靓丽：用薄而透明的粉底营造健康的肤色；用浅色口红增加自然美感；用棕色眉笔调整眉形；用睫毛膏让眼睛更加有神。但不能浓妆艳抹，过于妖娆，香气扑鼻，过分夸张，这样不符合大学生的形象与身份。淡雅自然、不露痕迹最好，切记一定不要将清纯美掩盖掉。

（二）求职者仪表塑造要点

1. 服装的选择

（1）服装样式的选择。在求职面试时，求职者需要向面试官传达自己能胜任面试岗位的一面，因此在服装的选择上一定要体现职业化的一面。

一般来说，夏季建议男生穿白色短袖衬衫搭蓝、黑西裤，配上黑色皮鞋，春、秋、冬季推荐男生选择蓝、灰、黑西装配上单色领带和黑色皮鞋。总之，着装打扮应端庄大方。

女生在服装的选择上相对来说要更广泛。但T恤衫、迷你裙、牛仔裤、紧身裤、宽松服、高跟拖鞋等容易给考官留下太随便的印象，因此，最好不要选择。服装选择的参考法则是，针对不同的用人单位选择适合的套装，须与准上班族的身份相符，要以内在素质取胜。求职者可以先从严肃的服装入手。不管什么年龄，剪裁得体的西装，色彩相宜的衬衫和半截裙，都会使人显得稳重、自信、大方、干练，给人"信得过"的印象。女生的裙子长度应在膝盖左右或以下，太短则有失庄重。较正规的套服、简洁的连衣裙、素雅的风衣、款式大方的大衣也都可以作为女生的选择。求职者在保证端庄大方的同时，应穿出自己的风格，突出个人的气质，强调个人的魅力。

（2）服装颜色的把握。一般来说，求职面试的服装颜色遵循"三色原则"，即服装的色彩在总体上应当以少为宜，最好将其控制在三种色彩之内。这样做，可使服装在色彩上显得规范、简洁、和谐。一般比较保险的做法是，选择单色、深色服装，并且无图案。最标准的套装色彩是蓝色、灰色、棕色、黑色。衬衫的色彩以白色最佳。

对于女生来说，在"三色原则"的前提下，可采用"有彩+无彩"的搭配组合，也可选择条纹或者千鸟格进行装扮。

【分享阅读】

男士西装十忌

一忌西裤短，标准的西裤长度为裤管盖住皮鞋；

二忌衬衫放在西裤外；

三忌衬衫领子太大，领脖间存在空隙；

四忌领带颜色刺目；

五忌领带太短，标准领带长度应是领带尖盖住皮带扣；

六忌不扣衬衫扣就佩戴领带；

七忌西服上衣袖子过长，应比衬衫袖短1厘米；

八忌西服的上衣、裤子袋内鼓囊囊；

九忌西服配运动鞋；

十忌皮鞋和鞋带颜色不协调。

2. 鞋袜的选择

鞋袜的选择需要与所选服装相配。

一般来说，男生的鞋袜宜为深色，并以黑色常见。这与白衬衣、深色西装一样属于最稳重、保险的色调。千万不要出现穿白袜子、透明丝袜的情况，深色的袜子应该没有明显的图案、花纹。鞋面需要保持清洁光亮。有的同学尽管买的皮鞋很好，但不注意擦拭，面试的时候皮鞋看上去灰头土脸的，与上面笔挺的西装很不协调，这会让招聘经理觉得应聘者粗心大意。另外，需要注意的是，千万不要把新皮鞋留到面试那天才穿，因为新皮鞋第一次穿会不合脚，走起路来动作不雅，会让人误认为你有腿疾。

女生鞋子款式要以简单大方、包住脚趾的基本款为主，不可穿漏趾鞋，如鱼嘴鞋、凉鞋等休闲鞋子，鞋头不宜选择尖头的，要以圆头鞋子为主。设计稍微新颖的鞋子会显得人很有想法和品位。鞋子的颜色要与西装或套裙的颜色一致，不宜选择亮色（即漆皮色，糖果色等）和花色的鞋子，纯色即可。鞋子的跟高要在3~8厘米，这可以根据个人身高和穿着习惯来确定，裤子的长度要盖住鞋面。冬天穿靴子和套裙时，裙摆要长于靴端，以保持形体垂直、线条流畅。同样，裙摆应盖过长筒丝袜袜口。穿裙装时，袜子很重要，丝袜以肤色类为雅致，尽量避免黑丝。拉得不直和不正的丝袜缝，会给人以邋遢的感觉。

3. 配饰的选择

如今是一个追求和谐美的时代，适当搭配一些饰品无疑会使你的形象锦上添花。

（1）男生常常用到的饰品有手表、领带、皮带、公文包等。

手表：在面试这样的场合，可以不戴表，如果实在要戴，建议选择造型庄重、保守，色彩清晰，高贵、典雅，图案自然，功能少而精的手表。金色表、银色表、黑色表，金色表壳、表带，乳白色表盘的手表等，都是比较理想的选择。应避免佩戴失效表、劣质表、怀式表、广告表、卡通表等不符合礼仪规范的手表。

领带：领带佩戴的学问很大，需要从领带的面料、色彩、图案、款式及领带的打法、搭配方面进行研究。为了达到良好的职业效果，建议男士们买纯真丝的领带，或者50%羊毛和50%真丝混合的领带；颜色以深色为佳，如深红、灰色和蓝色等，忌用混合三种以上颜色的领带，尤其是色彩太鲜艳的俗华的领带；图案的选择应规则、传统、含蓄、简单，印有人物、动物、植物、花卉、房屋、景观、广告、团体标志、家族徽记、怪异神秘图案的领带在面试这样的场合不适合用，立体形、条纹、印花绸以及不太显眼的蜗旋纹等都是可以接受的面试选择，或者直接选择单色的领带；款式有宽窄、领带顶端有箭头与平头之分，建议选择长度在132厘米到142厘米、宽度在9.5厘米到10厘米，下端为倒三角形的领带。领带的搭配，在面料、颜色和风格上要与西装、衬衫和谐统一。最好采用同色系搭配法，领带色彩应比西装色彩略深，以显示成熟、稳健；把西装面料中的色彩作为一种因素集中到领带上表现，则是百搭的选择。领带的打法也要根据衬衣领口形状的不同而有所区分，领口越宽，领带结也应该越宽。领结要打得坚实、端正、厚实和对称，不要松松散散，较为厚实的领带结给人以更加自信的感觉，而对称的领带结则显得典雅。领带的长度以至皮带扣处为宜，宽度应大致和西装上衣延及胸前的翻领的宽度相似。

皮带：建议选择比较安全、保险、中规中矩的黑色简约皮带，以体现求职者的简洁、干练。皮带扣要简洁，花色应和皮鞋保持一致。皮带的长度是系好后的皮带，尾端介于第一和第二裤襻之间。皮带的宽度应保持在3厘米。太窄，会失去男性阳刚之气；太宽只适合于休闲、牛仔风格的装束。

公文包：对于面试的毕业生来说，使用非常正式的公文包会显得过于"少年早熟"，不合身份。男生随身携带不装电脑的普通电脑包是再合适不过的了，但是注意电脑包不要过大，颜色要和着装相协调，以深色为佳。

（2）女生经常用到的饰品会比较多，有丝巾、胸花、胸针、挂件、项链、耳环、耳钉、手镯、手链、手表、脚链、腰带等。对于面试的女生，搭配饰品应讲求少而精，避免佩戴过多、过于夸张或有碍工作的饰物。一条丝巾，一条项链，一条腰带，就能恰到好处地体现你的气质和神韵。关于包包，应尽量避免书包、双肩包、帆布包、斜挎包、透明包。建议背皮包，简单大方的样式即可，不要过于精美，太珠光宝气，但也不要太破旧。面试带的皮包不宜过大也不宜过小，正好放下A4纸的包，为最佳。

【知识了解】

常用10种领带打法见图4-1~图4-10。

1. 温莎结

温莎结打法见图4-1。

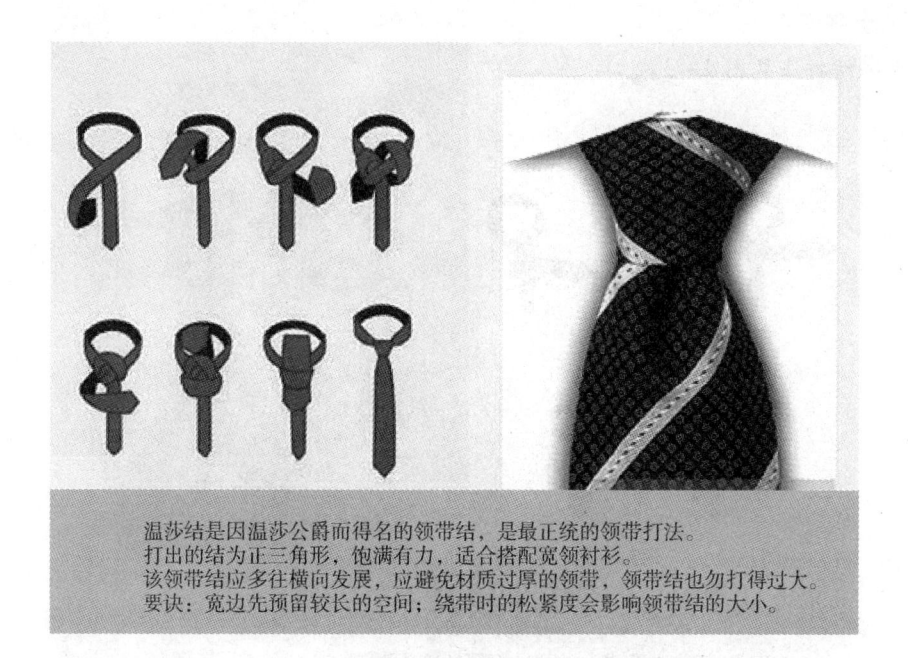

图 4-1 温莎结

温莎结是因温莎公爵而得名的领带结,是最正统的领带打法。
打出的结为正三角形,饱满有力,适合搭配宽领衬衫。
该领带结应多往横向发展,应避免材质过厚的领带,领带结也勿打得过大。
要诀:宽边先预留较长的空间;绕带时的松紧度会影响领带结的大小。

2. 四手结

四手结打法见图 4-2。

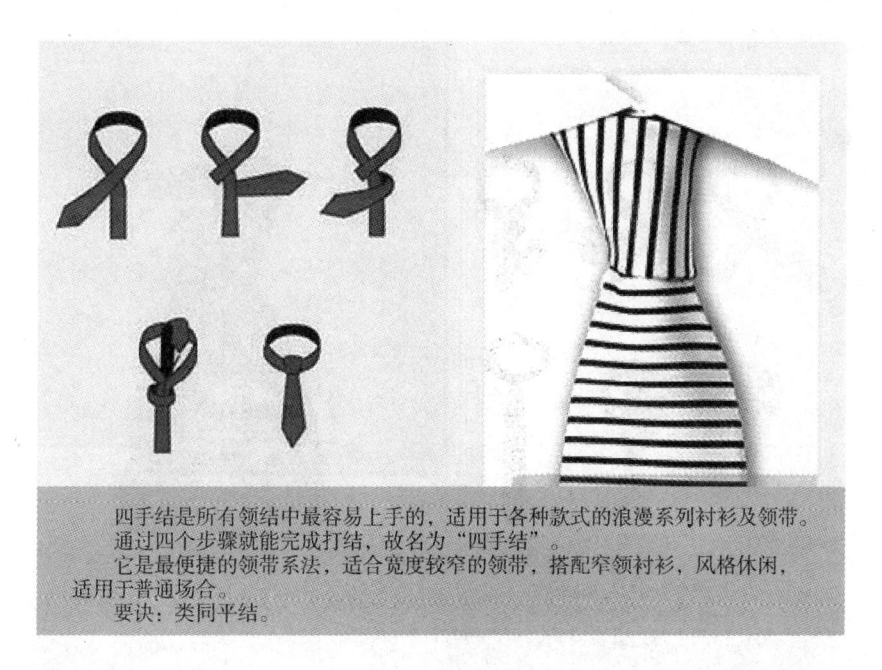

图 4-2 四手结

四手结是所有领结中最容易上手的,适用于各种款式的浪漫系列衬衫及领带。
通过四个步骤就能完成打结,故名为"四手结"。
它是最便捷的领带系法,适合宽度较窄的领带,搭配窄领衬衫,风格休闲,适用于普通场合。
要诀:类同平结。

3. 十字结

十字结打法见图 4-3。

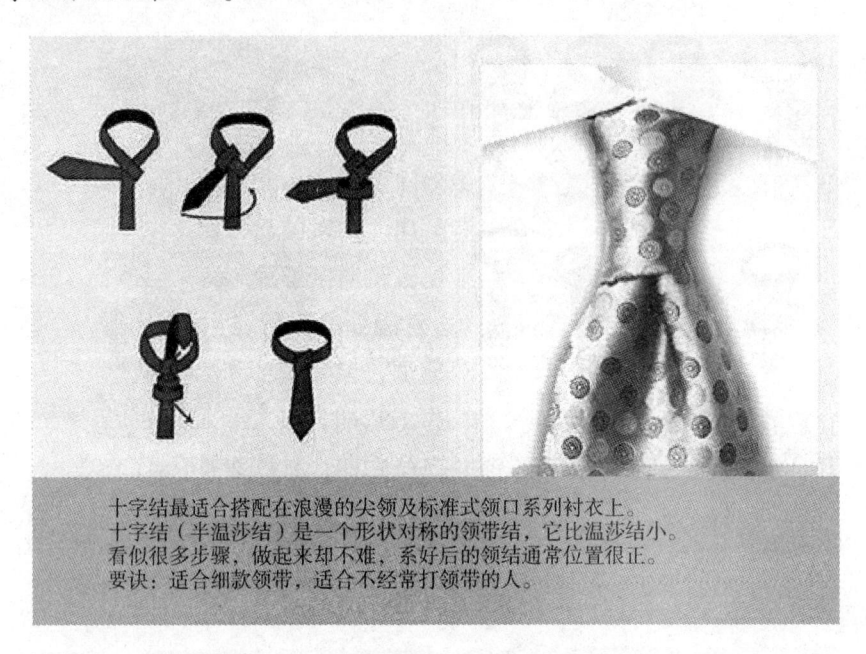

十字结最适合搭配在浪漫的尖领及标准式领口系列衬衣上。
十字结（半温莎结）是一个形状对称的领带结，它比温莎结小。
看似很多步骤，做起来却不难，系好后的领结通常位置很正。
要诀：适合细款领带，适合不经常打领带的人。

图 4-3 十字结

4. 平结

平结打法见图 4-4。

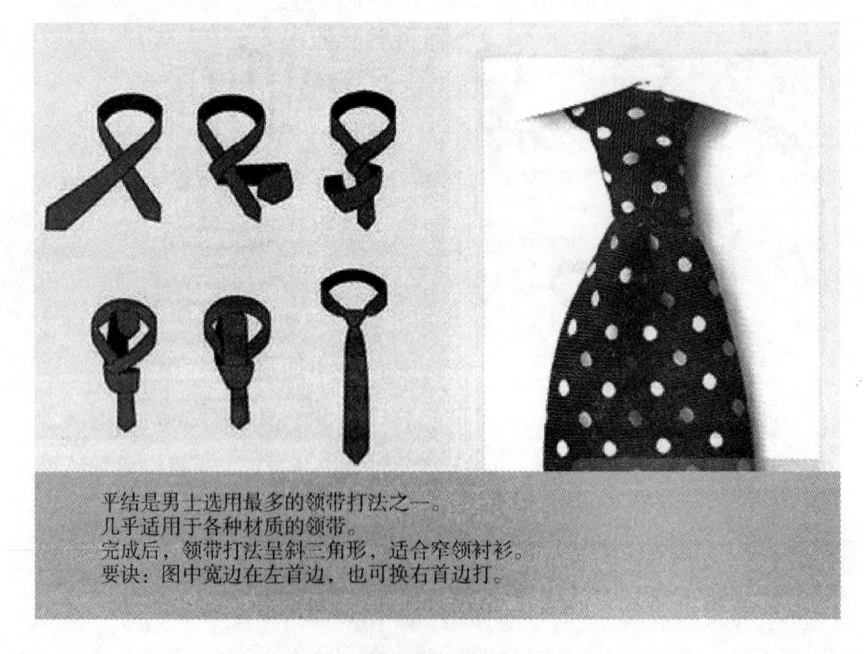

平结是男士选用最多的领带打法之一。
几乎适用于各种材质的领带。
完成后，领带打法呈斜三角形，适合窄领衬衫。
要诀：图中宽边在左首边，也可换右首边打。

图 4-4 平结

5. 交叉结

交叉结打法见图4-5。

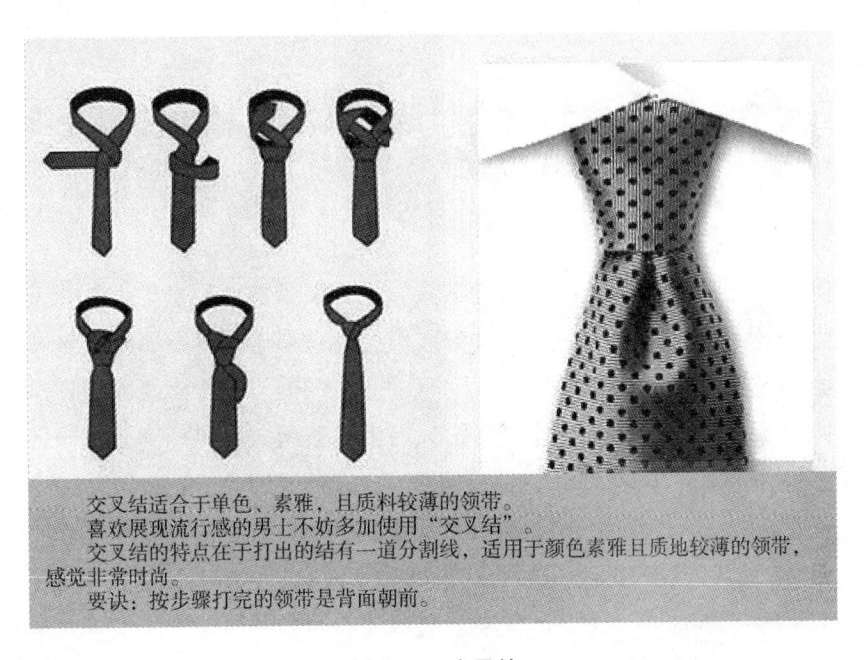

交叉结适合于单色、素雅，且质料较薄的领带。
喜欢展现流行感的男士不妨多加使用"交叉结"。
交叉结的特点在于打出的结有一道分割线，适用于颜色素雅且质地较薄的领带，感觉非常时尚。
要诀：按步骤打完的领带是背面朝前。

图4-5 交叉结

6. 双环结

双环结打法见图4-6。

一条质地细致的领带搭配上双环结颇能营造时尚感。
适合年轻的上班族选用。
要诀：该打法的特色就是第一圈稍露出第二圈之外，千万别刻意遮盖。

图4-6 双环结

7. 双交叉结

双交叉结打法见图 4-7。

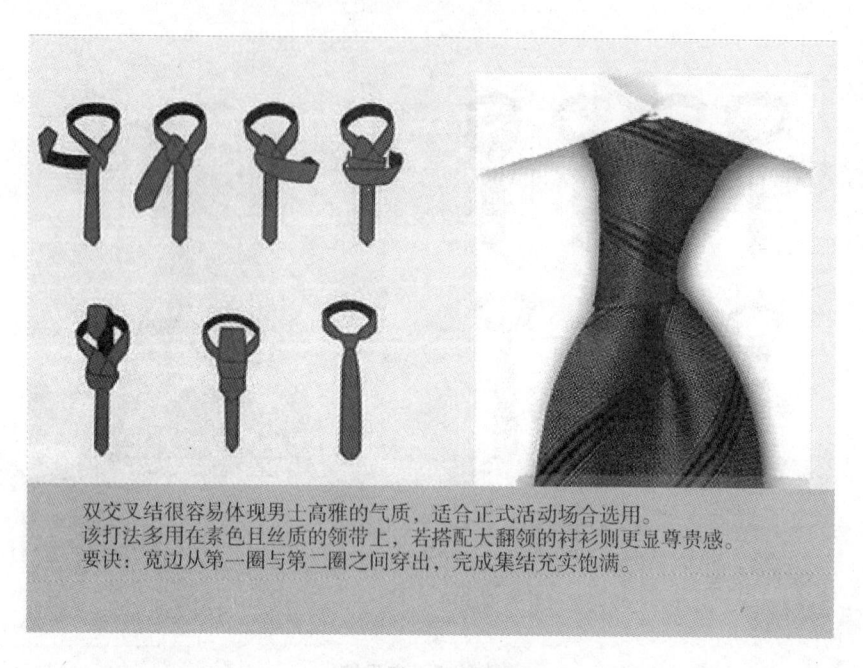

双交叉结很容易体现男士高雅的气质,适合正式活动场合选用。该打法多用在素色且丝质的领带上,若搭配大翻领的衬衫则更显尊贵感。
要诀:宽边从第一圈与第二圈之间穿出,完成集结充实饱满。

图 4-7 双交叉结

8. 亚伯特王子结

亚伯特王子结打法见图 4-8。

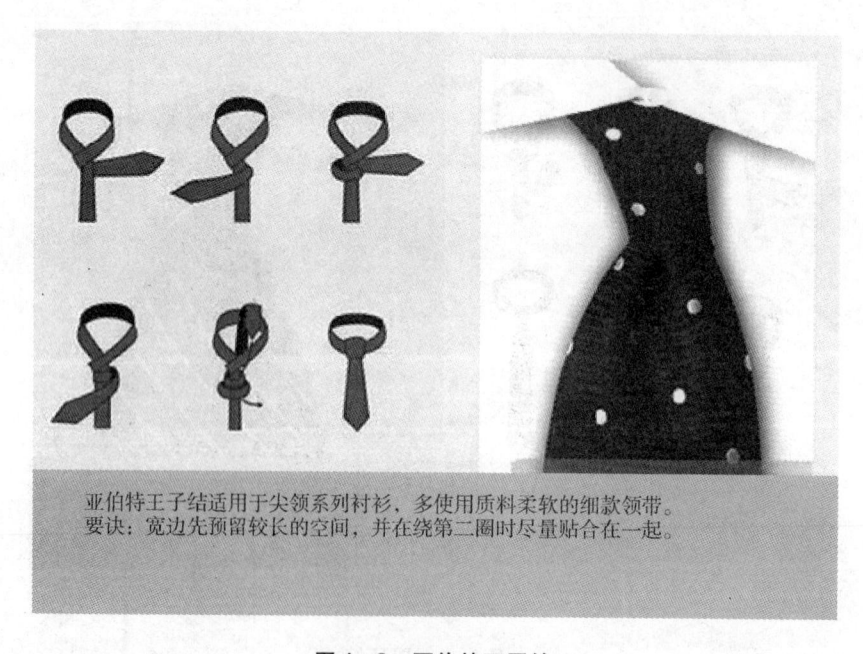

亚伯特王子结适用于尖领系列衬衫,多使用质料柔软的细款领带。
要诀:宽边先预留较长的空间,并在绕第二圈时尽量贴合在一起。

图 4-8 亚伯特王子结

9. 浪漫结

浪漫结打法见图4-9。

浪漫结是一种完美的结型，故适合用于各种浪漫系列的领口及衬衫。浪漫结能够依靠褶皱的调整自由放大或缩小，而剩余部分的长度也能根据实际需要任意掌控，浪漫结的领带结形状匀称，领带线条顺直优美，容易给人留下整洁、严谨的良好印象。

要诀：领结下方的宽边压以褶皱可缩小其结型，窄边也可将它往左右移动，使其小部分出现于宽边领带旁。

图4-9 浪漫结

10. 马车夫结

马车夫结打法见图4-10。

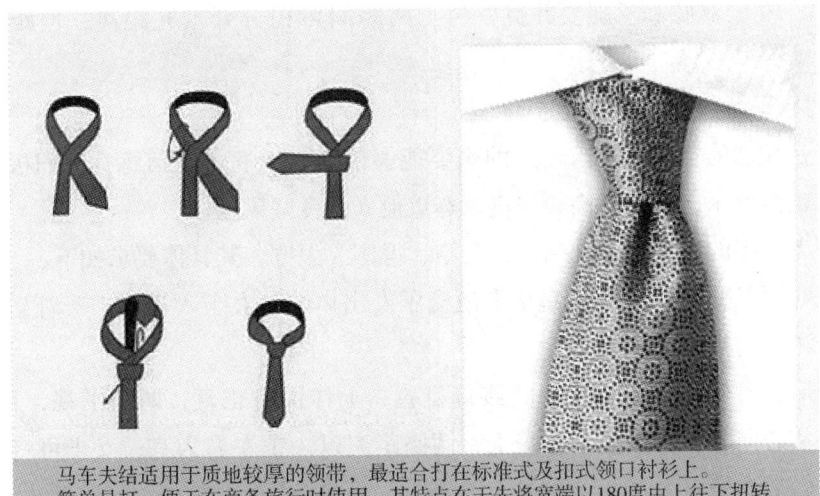

马车夫结适用于质地较厚的领带，最适合打在标准式及扣式领口衬衫上。简单易打，便于在商务旅行时使用。其特点在于先将宽端以180度由上往下扭转，并将折叠处隐藏于后方完成打结。这种领带结非常紧，流行于18世纪末的英国马车夫中。

要诀：适合厚面料的领带。

图4-10 马车夫结

第二节　我要知道的职场礼仪

一、大学生基本求职礼仪

高职毕业生并不是只要才华横溢就可以获得成功的职业生涯，更重要的是在工作中要有一定的职场技巧，用一种恰当合理的方式与人沟通和交流，这样的高职毕业生才能在职场中赢得别人的尊重，才能在职场中获胜。

（一）求职者的仪态礼仪

1. 对求职者站姿的基本要求

站姿是仪态美的起点，又是发展不同动态美的基础。良好的站姿能衬托出求职者良好的气质和风度。

站姿的基本要求是身子挺直、舒展，站得直，立得正，线条优美，精神焕发。其具体要求如下：

头要正，头顶要平，双目平视，微收下颏，面带微笑，动作要平和自然；脖颈挺拔，双肩舒展，保持水平并稍微下沉；两臂自然下垂，手指自然弯曲；身躯直立，身体重心在两脚之间；挺胸、收腹、直腰，臀部肌肉收紧，重心有向上升的感觉；双腿直立，女士双膝和双腿要并拢，男士两脚间可稍分开点儿距离，但距离不宜超过肩膀。

2. 对求职者坐姿的基本要求

坐姿是仪态的重要内容。良好的坐姿能够传递出求职者自信练达、积极热情的信息，同时也能展示出求职者高雅庄重、尊重他人的良好风范。

求职者坐姿的基本要求是端庄、文雅、得体、大方，其具体要求如下：

入座时要稳要轻，不可猛起猛坐使椅子发出声响。女士入座时，若着裙装，应用手把裙子稍向前拢一下。

坐定后，身体重心垂直向下，腰部挺直，上体保持正直，两眼平视，目光柔和。男子双手掌心向下，自然放于膝盖上，两膝距离以一拳左右为宜；女士可将右手搭在左手上，轻放在膝盖上。

坐时不要将两手夹在腿之间或放在臀下，不要将双臂端在胸前或放在脑后，也不要将双脚分开或将脚伸得过远。坐于桌前时应该将手放在桌子上，或十指交叉后以肘支在桌面上。

入座后，应尽可能保持正确的坐姿，如果坐的时间较长，可适当调整姿态，但应以不影响坐姿的优美为宜。

3. 对求职者走姿的基本要求

走姿是站姿的延续动作，在站姿的基础上展示人的动态美，无论是在日常生活中还是在社会场合中，走路往往是最吸引人注意的体态语言，尤其能表现一个人的风度和魅力。

对求职者走姿的具体要求如下：

行走时，头部要抬起，目光平视向前，双臂自然下垂，手掌心向内，并以身体为中心前后摆动。上身挺拔，腿部伸直，腰部放松，腿幅适度，脚步宜轻且富有弹性和节奏感。

男士应抬头挺胸，收腹直腰，上体平稳，双肩平齐，目光直视前方，步履稳健大方，显示出男性刚强雄健的阳刚之美。

女士应头部端正，目光柔和，平视前方，上体自然挺直，收腹挺腰，两脚并拢而行，步履匀称自如，端庄文雅，含蓄恬静，显示女生庄重而文雅的温柔之美。

4. 有关仪态礼仪的六条注意事项

面试时，求职者的行为举止十分重要。一般而言，求职者在言谈举止方面有六条注意事项，现一一介绍如下。

（1）应聘时不要结伴而行。无论应聘什么职位，独立性、自信心都是招聘单位对每位应聘者的基本素质要求。

（2）保持一定的距离。面试时，求职者和主考官之间必须保持一定的距离，不适当的距离会使主考官感到不舒服。如果应聘的人多，招聘单位一般会预先布置好面试室，把应试人的位置固定好。求职者进入面试室后，不要随意将椅子挪来挪去。有的人喜欢表现亲密，总是把椅子向前挪，殊不知这是失礼的行为。如果应聘的人少，主考官也许会让你同他（她）坐在一张沙发上，求职者这时应界定距离：太近了，容易和主考官产生肌肤接触，这是失礼的行为。

（3）不卑不亢。求职面试的过程实际上是一个人际交往的过程，求职双方都应以平和的心态去交流。

（4）举止大方。举止大方是指求职者举手投足自然优雅、不拘束。从容不迫地显示求职者良好的风度。

（5）忌不拘小节。有的求职者，自恃学历高，或者有经验、有能力，不担心不被用人单位录用，所以表现出傲慢不羁、不拘小节、无所谓的样子，这是不可取的。正是这些容易被人忽视的细节，使许多人失去了一些较佳的工作机会。

（6）勿犹豫不决。一般来说，求职者应聘时举棋不定的态度是不明智的，这会让主考官感到求职者是个信心不足的人，难免怀疑其工作作风和实际能力，这样容易让招聘单位有更多的选择机会，而自己却失去了一次机遇。

（二）求职面试礼仪

1. 遵时守信

求职者一定要遵时守信，千万不要迟到或毁约。迟到和毁约都是不尊重主考官的表现，也是一种不礼貌的行为。如果求职者有客观原因不能如约按时到场，应事先打个电话通知主考官，以免让对方久等。若已经迟到，应主动陈述原因，宜简洁表达，这是必需的礼仪。

2. 放松心情

许多求职者一到面试场合就会产生恐惧心理，思维混乱，词不达意，出现差错，以致痛失良机。于是许多求职者往往会因为紧张而出现心跳加快、面红耳赤等情况。此时，应该控制好自己的呼吸节奏，努力调节，尽量达到最佳状态后再面对招聘考官。

3. 以礼相待

求职者在等候面试时，不要旁若无人、随心所欲，对接待员熟视无睹，自己想做什么就做什么，这样会给人留下不好的印象。对接待员要懂得礼貌——说不定接待员就是公司经理的秘书、办公室主任或人事单位的主管人。如果你目中无人，没有礼貌，在决定是否录用你时，他们可能也有发言权。所以，你要给所有人留下良好的印象，而并非只是对面试的主考官。面试时，自觉把手机等关掉。

4. 入室敲门

求职者进入面试室的时候，应先敲门。即使面试房间的门是虚掩着的，也应先敲门，千万别冒冒失失地推门而入，给人一种鲁莽、无礼的感觉。

敲门时要注意门声的大小和敲门的速度。正确的做法是用右手的食指关节轻轻地敲三下，问一声："我可以进来吗？"待得到允许后，再轻轻地推门进去。

5. 微笑示人

求职者在进入面试室的时候，应面带微笑。如果有多位考官在场，应面带微笑地环视一下，以眼神向所有人致意。

一般而言，陌生人在相互认识时，彼此会首先留意对方的面部，然后才是身体的其他部分。面带真诚、自然的微笑，可以展示一个人的风度、风采，有利于求职者塑造自己的形象，给人留下美好的印象。

求职者与主考官相识之后，便要稍微收敛下笑容，集中精神，从容平静的神态有助于求职者面试成功。

6. 莫先伸手

求职者进入面试室，行握手之礼，应是主考官先伸手，然后求职者伸出右手热情相握。若求职者拒绝或忽视了主考官伸出来的手，则是失礼行为。若非主考官先主动伸手，求职者切勿贸然伸出手。

7. 受请方才入座

不要自己坐下，要等主考官请你就座时再入座。主考官叫你入座时，你应该表示感谢，并坐在主考官指定的椅子上。如果椅子不舒适或正好面对着阳光，不妨大方地提出来。

8. 递物大方

求职者求职时必须带上个人简历、证件、介绍信或推荐信，面试时一定要保证不用翻找就能迅速取出所有资料。应双手奉上这些资料，表现得大方、谦逊。

二、公务场合相互介绍及握手的礼仪程序

人际交往中经常要互相介绍，在商务交往活动中，介绍更是人与人之间相互认识的第一座桥梁。

（一）介绍前的认知

（1）介绍之前，主人应考虑两者是否有意愿认识彼此，必要时可询问被介绍者的意见，并尊重其意见。

（2）为不同国籍的人士做介绍前，宜先考虑两国之邦交，不要让彼此难堪。

（3）有些人的品行不端，宜考虑将他人介绍给其认识的后果，以免徒增被介绍者的麻烦。

（二）在自我介绍时，要把握介绍的时机，在他人不便的时候切忌打扰

（1）自己希望认识他人时。

（2）他人希望认识自己时。

（3）有必要让对方了解自己及自己公司的业务时。

（三）自我介绍的内容

自我介绍三要素：姓名、所在单位或部门、担任的职务或具体工作。
自我介绍因场合、对象不同而应有所区别。

（四）国际交往中自我介绍的方式

（1）应酬式的自我介绍。

（2）公务式的自我介绍。

（3）当希望加深对方对自己的印象时，可适当增加介绍内容。

（五）自我介绍的具体方法

1. 一般方法

首先问候对方"您好"，再通报自己的姓名、单位、身份，视对方反应，表达自己希望与对方结识的愿望。

2. 特定场合的自我介绍

如有事去拜访陌生人，见面时先做自我介绍，简要说出自己的姓名、身份和来意。社交聚会时，若想与某人认识却又无人介绍，可主动介绍自己。

（六）自我介绍的态度

自我介绍时，态度应自然、友善、亲切、随和，应对时镇定自如、落落大方、彬彬有礼。语速适中、语音清晰、语气自然。目光平视对方，表现出对对方的重视和渴望认识的真实情感。

（七）把握介绍的时间

自我介绍的时间要尽可能短，言简意赅。自我介绍的时间在一分钟以内比较适当，自我介绍时可辅以名片。

（八）把握介绍的形式

应先向对方点头致意，得到回应后再介绍自己。若有介绍人，则应由其来加以介绍。

（九）他人的介绍

1. 介绍的形式

正式介绍，非正式介绍；集体介绍，个人介绍；重点介绍，一般介绍。

2. 介绍人的身份及有关事项

在外事交往中，介绍人应是东道主一方的礼宾人员。社交场合中则东西有别。在我国，一般由长者、活动负责人或专职人员介绍；西方则一般由女主人来介绍。在多边商务活动中，应由各方的负责人来介绍本方的人员。

介绍者在为双方进行介绍前，应征询双方的意见。

3. 介绍的顺序

在社交场合及一切商务场合，介绍的核心原则是：受到尊重的一方拥有优先的知情权。介绍的一般顺序应当是：先向地位高的人介绍地位低的人；先向年长的介绍年轻的；先向女士介绍男士；向先到者介绍后到者；先向众人介绍个人；先向客人介绍家人；先将个人介绍给团体；先将公司的同事介绍给客人；先将本国同事介绍给外籍同事；先将未婚者介绍给已婚者。

欧美国家习惯是女士优先，而中国人更看重的是身份和年龄。

关于介绍还应注意以下几点：

（1）在职业场合中的介绍顺序。职场中应首先考虑的是职位的高低，职位高者拥有优先知情权。

当介绍官方人士和非官方人士时，应先向官方人士介绍非官方人士。

（2）为他人介绍的具体方式。为他人作介绍时，应态度真诚，体态优雅、大方。当介绍到其中一方时，应手指并拢，手心向上，以肘关节为轴，指向被介绍者。

一般场合，用语可随便一些，如："×老师，我来介绍一下，这位是×××。"

为三个以上的人作介绍时，一般要先向年长者或位尊者作相关介绍。

（3）被介绍者的礼仪。介绍时应有必要的致意和寒暄。

被介绍者是主人、年长者或位尊者时，应立即主动伸手与对方握手，并说："您好，很高兴认识您。"

一般情况下，被介绍一方应该起立，面带微笑，目视对方。

（十）握手的礼仪

握手礼是当今社会交往中较为常用的一种用于见面、告别、祝贺、安慰、鼓励等的礼节。

1. 握手礼的要求

当上、下级见面时，上级主动伸手时，下级方可接握。如上级未伸手，下级则不能主动伸手。在一般社交活动中，西方社会以女士优先，即女士拥有握手的主动权。而我国一般以年龄为主，年长者优先。

无论何种情况，握手总应得到回应，只要一方先伸出手，另一方应马上回应，否则会很失礼。

2. 握手的场合

当被介绍与他人认识、久别重逢、遇到熟人、迎接来访客人、送别客人、向他人表达祝贺、赠礼时以及拜访他人、别人为自己提供帮助时，都适合使用握手礼。

3. 握手的正确方式

（1）握手的姿势。面带微笑，上身前倾15度，两足立正，距离对方约一步，伸出右手，右臂自然向前伸出，与身体呈50～60角，手掌向左，掌心微凹，拇指与手掌分开约65度，四指自然并拢。

行握手礼时一般应起立，有时为了表示更高的敬意，握手时可微微鞠躬。如果是一般关系，稍用力握一下即可放开；与女士握手，一般只握其手指部分；关系亲密、场合隆重时,握手中可上下微摇,适当延长时间。

(2)握手的时间。一般以3~5秒为宜;即便是好友相见,也不宜超过20秒。男士与女士握手时间不宜过长。

(3)握手的力度。用力适度,不能只轻碰一下,这会让人感觉毫无诚意。当然,也不可用力过度,让人感到疼痛。握手应热情、真诚,轻重适宜。

4. 握手时应该注意的问题

(1)有多人在场的社交场合,如要握手,可以根据距离的远近一一相握,不能伸出左手去握手,也不能与人交叉握手。

(2)与异性握手时,一般不要伸出双手接握。

(3)男士不可戴手套。女士可以戴手套,但仅限于薄的装饰性的手套。

(4)军人着军装与对方握手前,应先行军礼,然后再握手。

(5)握手的禁忌:忌贸然出手;忌目光游移;忌长时间握着对方的手不放;忌出手时慢吞吞的;忌握手后用手帕擦手;忌握手时,一脚门里一脚门外。

(十一)关于职场礼仪的案例

金正昆教授讲过几个职场礼仪的案例,供大家参考。

案例1

小张是某公司的员工,某天正好去财务部窗口领工资。在等候的时候,他随手把手中捏着的一张无法报销的票据揉成团扔在了地上。

其他部门的同事看见了,心里说:"那个×××部门的人素质真差!"

恰巧此时有位顾客来财务部交定金,他看到小张把纸团扔在地上,心里想:这个公司的员工如此行事,他们做的东西质量会好吗?售后服务会有保障吗?还是先别交定金了吧,回去再斟酌斟酌!

生产部经理陪着几位外商参观公司,正好路过这里,地上的纸团没有逃过大家的眼睛,结果外商指着纸团问老板:"这样的员工,能做出符合质量要求的产品吗?"

本来不费吹灰之力便能扔到垃圾桶里的一小团废纸,导致公司失去了数百万元的订单。

分析:

如果你是老板,你将如何避免类似问题再次发生?

在商务场合当中,你的言谈举止不仅仅代表着本人,还代表着你为之工作的部门、你的部门所属的公司、你的公司所属的集团,甚至代表你的集团所属的地区乃至我们的国家。

案例2

有一天,我到一个地方去做客,还有另外一个我不认识的人也在,没多一会儿,我们便聊了起来，聊着聊着便说起了孩子。那个女同志和我年龄差不多，四五十岁，她说："我的孩子要报考大学了，不知道报什么专业好。"

旁边的女主人知道我在学校工作，就把话题往我这儿引，问她家里是男孩还是女孩。

"是女孩！"

女主人就说："女孩还是报师范专业好，现在当大学老师，又体面又有稳定的收入，而且将来还可以教育孩子，最重要的是有寒暑假，这对女人比较好！"

那个女同志说道："我们家孩子才不想当老师呢！当教授有什么意思，'教授教授，越教越瘦'。"她还说了一些其他比较失礼的话。

过了一会儿，她问我："你在什么地方高就？"

我说："我就是那个越教越瘦的。"

分析：

为什么会出现这种情况？这家的女主人忘作介绍了。其实如果先为两位客人作下介绍，让双方互相了解一下，那么这位女同志就不至于失礼了。因此，礼和仪有时候不能缺。

案例3

我上大学的时候，七八个人住一个宿舍，大学开学第一天，有七个人准时来校报到，第八个人是从四川来的，来晚了。好不容易我们睡着了，学校为了方便管理，把电闸拉了，拉闸之后，凌晨两三点钟，这个四川兄弟来了，好不容易找到门，开灯，灯不亮，学校拉闸了。他自己就嘟囔，讲的是四川话："老子床在哪里？老子床在哪里？"他乱摸，把我们都摸醒了，还当我们"老子"，我们就很不高兴，在黑暗中看着他，不吭声。后来他急了，说："龟儿子，你们说话呀！"结果"龟儿子"们就联合起来把"老子"给打了一顿。当然年轻人淘气，也不是真打他，反正挺不高兴，就是骂骂咧咧地给了他几下。时间长了才知道他有点冤，因为四川当地方言土语里什么"老子""龟儿子"，跟北京话的什么"哥们儿""兄弟姐妹"差不多，没有装大人、装长辈的意思，也没有把他人当成晚辈贬低或讽刺的意思。

分析：

现代社会迅速发展，生产力发达，交际圈扩大，交通和通信技术使我们可以"坐地日行八万里，巡天遥看一千河"。上面的案例就是没有有效沟通的结果。现代人交际圈子大，有时候不讲究交往的艺术会很麻烦。

案例4

一天，我去了所大学，大学有位领导给我讲了一件事。说一个博士生被推荐到其国家机关面试，考试成绩当然优秀得没得说，公务员考试也通过了。去面试时，最后一轮了，一位领导要见他，但这个博士生晚到了10分钟，就只是因为晚到10分钟，于是这个机关把他淘汰了。

分析：

教养体现于细节，细节展示素质，细节决定成败，上面案例中的博士恰恰就是因为细节而败北的。

案例5

那天，我到一个单位去，负责人没赶回来，女秘书刚赶回来，这位女秘书大概是大学生，刚参加工作，经验少，气喘吁吁地跑来了，说："金教授，我们'头儿'还在后面呢！我先回来了，'头儿'交代了，让我好好伺候你，要什么就给什么。"

我说："你夸张了，你这不是牺牲了吗？你不能这么说。你也别跟我说别的，咱们弄一点儿喝的吧。"因为当时在一个酒店大堂里，两个人傻站着，也不合适。

她很实在地问我："金教授喝点什么呀？"

有经验的人是不会问这个问题的。'喝点什么？吃点什么？你想去什么地方玩？'这叫开放式问题，你会给客人无限大的选择空间！

如果你是当爸爸的，你宠你家孩子，你问他："孩子，今儿星期六，想去哪儿玩啊？""美国迪士尼！"你飞得过去吗？当时那女孩子那么问我，我就说："不客气了，来杯路易十三吧。"

她当时眼都直了："你还真要？"

我说："为什么？"

她说："一瓶10 000多元，我没带那么多钱，一共只有3 000多元。"

我说："我告诉你吧，有经验的人，此时一定要问封闭式问题。"

分析：

什么是封闭式问题？给出所有选项，让对方从中选择。比如，你招待客人喝水，要这么说："×××，您喝茶还是喝矿泉水？"这等于在告诉客人：不喝茶就只能喝矿泉水，不要想路易十三了。因此，"有所为，有所不为"的操作方式是很恰当的。什么话能说、什么话不能说，什么事情能做、什么事情不能做，都是有讲究的。

第三节 "我"的职业气质

同"树上没有两片完全相同的叶子"一样，世界上也不存在两个完全相同的人。每个人都有自己独特的风格，这种差异主要是个性的差异。"个性"一词来源于拉丁语Persona，是指"演员戴的假面具"。心理学沿用其含义，把"个性"定义为一个人稳定的心理特点的综合。个性包括相互联系的两个方面：一是个性倾向，表现为个体的兴趣、态度、需要、动机、理想、信念、价值观、世界观等；二是个性心理特征，体现个体之间的气质、性格、能力等方面的差异。个性心理特征差异主要包括三个方面：气质差异、性格差异、能力差异。掌握个性差异原理，对科学选择职业有重大的意义。

一、职业气质类型

按一定的标准，把人的职业气质分为四类：多血质、胆汁质、黏液质、抑郁质。心理学上称之为气质类型，而每种气质类型都有其特点。

（一）多血质

多血质类型的人，情绪兴奋性高，外部表现明显，反应速度快而灵活。表现为情感变化迅速，对人对事易产生情绪反应。但情绪不稳定，心境变换较快，随意反应性强，具有较强的可塑性。具有这种气质类型的人，感受性高而耐受性低，他们举止敏捷、姿态活泼，面部表情生动。言语表达能力和感染能力强，思维敏捷，善于交际，情感外露，但体验并不深刻。待人热情亲切，但又显得粗心浮躁。办事多凭兴趣，富于幻想，缺乏忍耐力和毅力，不愿做耐心细致的工作。

（二）胆汁质

胆汁质类型的人，情绪兴奋性高，抑制能力差，反应速度快但不灵活，情绪体验强烈而持久，情绪产生迅速且带有爆发性特点。属胆汁质类型的人感受性低而耐受性高，外倾明显。日常生活中积极热情，易于激动，情感深刻而稳定，性情率直，精力旺盛，坚韧不拔，言语明确，表情丰富，处理问题迅速而坚决。但自制力差，性情急躁，办事粗心，有时会刚愎自用、傲慢不恭。

（三）黏液质

黏液质类型的人，情绪兴奋性和不随意反应性较低，内倾明显，外部表现少，反应速度慢但稳定性强。这种气质类型的人情感不易变化和暴露，不易激动。他们行动稳定迟缓，说话慢且言语不多。遇事谨慎，三思而后行。善于克制忍让，生活有规律，埋头苦干，有耐久力。不够灵活，注意力不易转移，容易固执拘谨。

（四）抑郁质

抑郁质类型的人，情绪兴奋性低但体验深刻，不随意，反应性强，反应速度慢而不灵活，具有刻板性、内倾性等特点。抑郁质类型的人易多愁善感，情绪体验少而微弱，多以心境的方式出现。沉静、易相处、人缘好，办事稳妥可靠。遇事缺乏果断和信心，常有孤独胆怯的表现。工作易疲劳，疲劳后也不易恢复。

二、气质与就业之间的联系

气质类型与工作安排无所谓好坏，也无善恶之分。每种气质都有积极的一面和消极的一面。每个职业领域都可以找出各种不同气质类型的代表，同一气质类型的人在不同的工作岗位都能做出突出的贡献。多血质的人适合外交工作、管理工作，以及驾驶员、服务员、医生、律师、运动员、冒险家、新闻记者、演员、侦察员、干警等，不适宜做过细的工作，单调机械的工作也很难胜任。黏液质的人容易养成自制、镇静、安静、不急躁的品质，外科医生、法官、管理人员、出纳员、保育员、话务员、会计、播音员、调节员等是适合他们的工作。胆汁质的人喜欢不断有新活动、新高潮出现，喜欢热闹，适合做导游员、推销员、节目主持人、演讲员、外事接待人员、监督员等，但对长期安坐、细心检查的工作则很难胜任。抑郁质的人可以很好地胜任胆汁质者难以胜任的工作，比如，校对员、打字员、排版员、检查员、登录员、化验员、雕刻、刺绣工作者、保管员、机关秘书等，这都是他们理想的职位。

三、气质差异应用原则

组织中不同岗位的活动性质是不同的，在一般的工作岗位上，气质的各种特性可以起到互相弥补的作用。如有人通过对优秀纺织女工的研究发现，属于黏液质的女工，注意力稳定，能及时发现纺织过程中的故障，注意力集中；属于多血质的女工，注意力容易转移，但其灵活性又弥补了其注意力分散的缺陷。她们以不同的工作方式完成了同样质量的工作要求。

实际上，组织中的每个工作岗位，对其工作人员的气质特点都有特定的要求，因此，在选择职业时，必须考虑个人气质类型，并遵守两个原则：一是气质的适应原则。当一个人所从事的工作符合其气质特点时，他就比较容易适应工作，工作起来也会感到轻松愉快。反之，如果一个人所从事的工作与其气质特点不符，工作适应起来就比较困难，工作起来也会比较吃力。二是气质的互补原则。在一个群体中，使不同气质类型的人在一起工作，可以实现不同气质类型间的行为互补，有利于工作任务的完成，提高工作效率。

四、性格差异与应用

有的人诚实、正直、谦逊；有的人活泼、好动、善交际；有的人则悲观、孤僻。在人际交往过程中有内向的，也有外向的；在情绪特征上，有稳定型的，也有激动型的；在适应工作方面，有的人积极进取，有的人则消极被动。个体之间的差异，除了相貌、体形不同外，性格特征上的差异是最主要的差异。

（一）性格差异表现

性格是个人对现实稳定的态度和与之相适应的习惯化了的行为方式的吻合。性格差异不仅表现在性格类型上，如内倾型、外倾型、独立型、顺从型、理智型、情绪型、意志型等，而且表现在性格特征的各个方面，一般可从以下四个方面来分析：

（1）性格的态度特征。性格的态度特征主要包括对社会、对他人、对自己及对工作的态度。

（2）性格的意志特征。性格的意志特征是人能否自觉调节自己的行为方式和水平的标志，表现为一个人对自己行为的目的是否有明确而深刻的认识，能否主动地约束自己，在困难和紧急的情况下能否迅速、准确地做出抉择，以及能否以顽强的毅力把做出的决定贯彻到底。属于这方面的特征有：独立性、纪律性、组织性、主动性、自制力等。

（3）性格的情绪特征。性格的情绪特征通常表现在情绪活动的强度、稳定性、持久性和主导心境四个方面。

（4）性格的理智特征。性格的理智特征就是表现在感觉、知觉、记忆、思维、想象等认识方面的性格特征。

（二）性格类型与工作安排

性格与工作的关系可以说是彼此制约、相互促进的关系。一方面，安排工作岗位要考虑性格的职业品质，尽量使个体所从事的工作与其性格特点相适应。另一方面，性格是在长期生产与生活实践中逐步形成的。美国著名职业指导专家、霍普金斯大学教授约翰·亨利·霍兰德把职业类型和人格类型分成六大类：现实型、研究型、艺术型、社会型、管理型、常规型，并将这六种类型与六大类职业相对应。

（1）现实型——这种类型的人喜欢有规则的具体劳动和需要基本技能的工作，这类职业特征主要是指熟练的手工工作和技术工作，即被称为"蓝领"的职业。如木匠、铁匠、电工、车工、建筑工人、驾驶员、汽车修理等。

（2）研究型——这种类型的人喜欢智力、抽象的、逻辑的定向任务，大多喜欢独立的工作，不愿受人督促，也不愿督促别人，不喜欢戒律严明的环境和重复性的活动。其职业范围主要是科学研究和实验室工作等，主要是指各科学研究人员。

（3）艺术型——这种类型人感情丰富、善于想象、喜欢求异，希望通过创作独特的艺术作品来表现自我。这类职业主要是指艺术创作工作，使用语言、音响、动作、色彩、造型等创造艺术作品。典型的艺术类职业者有文学家、诗人、音乐工作者、演员、记者等。

（4）社会型——这种类型的人对社会交往感兴趣，愿意出席社交场所，关心社会问题，有较强的社会责任感，重友谊，愿意为别人服务，容易和人相处，但往往不善于机械操作类工作。主要指是与人打交道的工作，如教师、医生、护士思想教育工作者等。

（5）管理型——这种类型的人性格外向、自信、精力旺盛，对冒险活动、领导角色感兴趣，具有支配、劝说和使用语言的技能，但缺乏科研能力，主要适合管理、决策方面的工作，如国家机关及工作机构的负责人、党团干部、经理、厂长等。

（6）常规型——这种类型的人对系统的、有条理的工作感兴趣，喜欢整洁有秩序的生活环境，习惯按照固定的规则、方法进行重复性、习惯性的活动。这类人往往缺乏艺术创作能力。典型的职业是办公室工作，如办公室的办事员、图书管理员、打字员等。

（三）能力差异与应用

无论从事什么样的工作，都需要有一定的能力做保证。能力是在活动中发展起来的、直接影响活动效率的心理特征。

五、能力的类型

（一）能力的类型

人的能力类型较多，通常分为一般能力和特殊能力两大类：一般能力是指各种活动都需要的一些共同能力，相当于人们通常所说的智力，包括注意力、观察力、记忆力、思维力、想象力五个因素。一般能力的五个因素，在认识过程中各自执行不同的功能，起着各自的特殊作用。特殊能力也称职业能力，是相对一般能力而言的，指在从事某种特殊活动中表现出来的能力，如数学能力、绘画能力、音乐能力、管理能力等。

加拿大《职业分类词典》又将特殊能力分为11个方面：一般学习能力（Q）、语言能力（V）、算术能力（N）、空间判断能力（S）、形态知觉能力（P）、职员能力（K）、眼－手协调能力（K）、手指灵活度（F）、手的灵巧度（M）、颜色分辨能力（C）、眼－手－足协调能力（K）。

（二）能力差异运用原则

个体之间的能力差别表现在能力的水平差异和能力的类型差异两个方面。因此，在职业选择和工作安排上要注意两个原则：一是能力阈限原则。不同的岗位对能力有不同的要求，每项工作对能力的最起码要求，叫能力阈限。在安排工作和选择职业时，必须达到这个能力的最低要求，否则就无法正常开展工作。当然，也不是能力水平超过能力阈限越多越好，如果工作人员的能力水平远远高于工作的要求，一方面会造成人才的浪费；另一方面也无法使人才获得成就感，不能激发其工作积极性。二是合理安排原则。每个人都有自己的兴趣和特长，表现出不同的能力类型。把他们安排在他们最感兴趣和最能发挥特长的岗位上，可以激发他们的工作积极性和工作热情。能力的合理安排原则还包括能力类型的合理搭配。把不同能力类型的人搭配在一起，能够起到互相弥补和相互促进的作用，有利于整体效益的发挥。我们每个人了解了自己的气质、性格、能力属于何种类型后，有助于找到择业的方向，最终会促使理想的实现。

本章练习

综合训练

（1）学会打领带。

（2）阅读并思考。

小王是一名大四的师范生，为了找到满意的工作，她不惜花了一学期的时间来学习化妆、服装搭配、面试礼仪等。你认为小王的做法是否可取？除仪容仪表外，她还应进行哪些方面的就业准备？

思考题

黑旋风李逵、林黛玉、王熙凤、张飞、林冲、沙和尚、曹操分别属于什么气质类型的人？他们分别适合当今的什么职业？

第五讲　就业信息与求职技巧

知识目标

（1）了解就业信息在求职过程中的重要作用和地位。
（2）了解求职过程关键环节（简历、面试）的注意事项和准备技巧。

能力目标

（1）能够进行求职信息的收集、整理和筛选。
（2）能够根据自身特点和用人单位的需求撰写合格的求职简历。
（3）能够掌握面试的基本技巧和规律。

第一节　不打无准备的仗——如何收集就业信息

在求职过程中，信息是第一位的。所以，做好信息的收集和整理，是我们求职成功的前提和基础。

一、就业信息收集的内容

就业信息的内容十分广泛，初次择业的大学毕业生，应主要了解以下四个方面的就业信息。

（一）就业政策

（1）了解国家的就业方针、原则和政策。就业政策影响着毕业生就业的出发点和归宿，是不能违背的。

（2）了解相关的就业法律法规。了解法律法规，依法办事，不仅可以取得合法权益，而且可以捍卫自己的正当权利，减少不必要的损失。作为大学毕业生，必须清楚地了解就业法规、法令，学会用法律来保护自己。目前已出台和施行的法律有《中华人民共和国劳动法》《中华人民共和国反不正当竞争法》《中华人民共和国劳动合同法》等。

（3）地方的用人政策。各地区、各单位根据国家的有关规定，结合本地区的实际情况，针对毕业生的引进、安排、使用、晋升、工资、待遇等制定了一系列更为具体的规定。不少地区为了吸引人才，还推出了许多优惠政策，这是高职大学毕业生应该明确的。

（4）学校的有关规定。为了调动学生学习的积极性，保证毕业生就业的顺利进行，学校一般会根据国家的政策要求制定若干补充规定，这也是毕业生应该了解和遵守的。

（二）就业方法

1. 就业体制

毕业生应该清楚毕业生的就业是由地方、学校的什么部门或什么机构来负责管理指导的，这样，当毕业生在求职过程中遇到困难和问题时，就可以随时向有关机构咨询。

2. 就业程序

关于什么时间开始和终止联系单位、签订就业协议必须履行哪些手续、在学校规定的时间内没有同用人单位签订就业协议的话户口和档案将转到何处、调整改派的程序和手续等问题，毕业生都要详细了解。

3. 供求信息

（1）了解国家的政治、经济建设方针、任务和发展战略，了解产业的分类与结构，以及随着社会发展产业结构调整和变化的趋势；了解职业的分类与结构，以及该职业发展的趋势，使自己纵观全局，更好地把握自己，在国家建设的大背景下找到自己的正确位置。

（2）了解当年毕业生总的供求形势，即：与自己同时毕业的学生全国有多少而用人单位的需求有多少；是供大于求，还是求大于供，或者两者基本平衡；哪些专业紧俏，哪些专业供大于求。

（3）本专业的培养目标、发展方向、适用范围，以及对口单位的情况。

（4）同自己专业直接对口或相关的行业、部门和单位的现状及发展趋势。

（三）用人单位信息

大学生在选择单位时，往往会出现这样一些错误：对用人单位情况不甚了解，又没有进行一定的比对，于是在择业时带有很大的随意性和盲目性，如：只挑选大城市而不问用人单位的性质、业务范围；只盯着有"关系"的单位，企图靠"关系"得到提拔和重用；还有的只图单位名气大就盲目拍板等。这些都是片面的择业观。那么，该如何避免只看假象，做到对用人单位有比较客观的评价呢？关键在于掌握用人单位的信息。

一般来说，毕业生应该掌握以下几个方面的情况。

(1) 用人单位的准确全称。
(2) 用人单位的隶属关系，它的上级主管部门是谁（指人事管理权限）。
(3) 用人单位的联系办法，如人事部门联系人、电话、通信地址、邮政编码等。
(4) 用人单位的所有制性质。
(5) 用人单位需要的专业、使用意图、具体工作岗位。
(6) 用人单位对所需人才的具体要求。
(7) 用人单位的规模、发展前景、地理环境、经营范围和种类等。
(8) 用人单位的福利待遇（包括工资、福利、奖金、住房等）。
(9) 用人单位负责人（创办人）信息，包括公司负责人重要事迹、名言。
(10) 用人单位的发展历程和主要文化、理念。
(11) 用人单位的主要竞争对手和面临的挑战。

对用人单位的信息掌握得越多，求职的选择机会就越多；对招聘单位了解得越多，求职的成功希望就越大。了解和掌握的用人单位的信息量越大，判断准确率就越高；反之则越低。所以，能否很好地收集、分析和活用用人单位的信息，是对毕业生大学所学知识和能力的一次检验。

（四）岗位信息

岗位信息主要包括以下几个方面：
(1) 岗位名称及岗位在业务流程中的地位。
(2) 岗位要求，即胜任该岗位要求的能力模块。
(3) 岗位的薪酬水平、主要晋升渠道。
(4) 该岗位考核的关键点。

二、就业信息收集的渠道

就业信息收集的渠道主要有以下几个：

（一）实践实习

社会实践是大学生自我开发职业信息的重要途径。在社会实践过程中，通过自己的努力赢得用人单位的好感、信任，取得职业信息甚至直接谋得职业的大学生不乏其人。因此，大学生在各种社会实践活动中，在了解社会、提高思想觉悟、培养社会能力的同时，还要做一个收集职业信息的有心人。

实习不仅仅是学习任务的一部分，更是了解和接触本行业供求状况、收集相关信息的极佳社会实践机会。我们对自己未来职业的了解，往往是从各个阶段的实习开始的——从作为学校实习基地的合作单位开始。作为大学生，必须高度重视每一次实习机会，将学校层面和院系层面的合作单位作为自己就业信息的重要来源和渠道。

（二）学校就业中心

学校就业中心的就业信息具有准确、可靠、多样、具体的特点，是毕业生获取就业信息最直接、有效的途径。学校收集的信息会及时传至各系（处），或发布在学校网页的就业信息栏中。高职毕业生也可以就有关问题向就业中心进行咨询。

同时，学校就业中心会定期或不定期地举行校园招聘会，并及时发布相关需求信息。

【分享阅读】

校园双选会，你都懂吗？

校园双选会，即校园招聘，是指招聘组织（企业等）通过各种方式招聘各类各层次的应届毕业生。

作为应届毕业生，你该如何应战校园双选会？

1. 简历：简历是选择职业重要的"敲门砖"。因此，简历不能做得太花哨，应实事求是。很多面试官检验求职者的方法就是看其是否认真对待简历，是否能完整地介绍自己，是否将自己的特点表述出来。简历可以不是很华丽，但至少要能真实地反映自己的情况。一份好的简历对于求职者来说是至关重要的。

2. 准备好自我介绍。HR（人力资源）专员问什么，你就回答什么。不要去猜HR专员问题中的弦外之音，有时返璞归真更能受到HR专员的青睐。积极主动地展示自己，比被动接受各种提示会更容易被HR专员接受。

3. 知道自己要什么。这是一个底线，它将决定你最后的选择。不是每个人都可以选择最理想的城市、最称心的企业。很多时候，求职者得在城市、行业、薪水、户口、地域等很多方面做取舍，在不得已的情况下要放弃什么，这是在进入双选会之前需考虑好的事情。不然，毕业生们将由主动变为被动。

知道如何应战校园双选会之后，你还要知道自己学校里有什么类型的双选会。校园招聘发展至今，已不单单局限于每年一场的招聘会，为了吸引到优秀的学生人才，各式各样的校园招聘形式已被众多求贤若渴的用人单位开发出来，它以各种各样的形式活动在校园中，汇总起来主要有以下几种形式。

1. 专场招聘

在每年校园招聘的高峰时节，当地政府以及各高校都会组织一些大型的专场招聘会，来自全国各地的企业在指定的时间和场馆"摆摊设点"，为前来投递简历的学生提供面对面交流的机会，并及时进行选拔测试。这种方式一般适合招聘对象明确、招聘人数不多的中小型企业。

2. 校园宣讲会

校园宣讲会是企业在校园招聘伊始针对目标高校组织的专门讲座，通过企业高层、人力资源负责人以及在本公司工作的该校校友的现身说法来传达公司的基本概况，介绍企业文化、经营理念，发布职位空缺、招聘条件和招聘流程等，通过情绪上的感召与互动，引导学生全面地了解企业。在宣讲会前，一般会通过学校网站发布消息、张贴海报等形式宣传企业形象及其产品，达到一定的营销目的。有些实力雄厚的企业甚至会选择全国巡回宣讲，整个校园招聘历时数月，足迹遍布全国主要城市。

3. 实习招募

实习生计划作为校园招聘的"前奏"，一般在应届毕业生正式求职以前，特别是毕业前的暑假中，为经过初步挑选的大学生提供一些实习岗位，其中表现优秀的实习生，将会作为下一步被正式录用的备选人才。实习生计划有三大好处：首先，避开了校园招聘的人才争夺高峰，将一些优秀毕业生提前纳入人才储备库，在人才争夺战中抢占先机。其次，通过实习，学生能充分了解企业，亲身体会自己是否喜欢这个行业，对今后的择业方向做出更客观理智的规划。最后，通过一段时间的实习，这些实习生已经对企业和工作有了较多了解，一旦被正式录用，将来上班后也能够很快适应。

4. 管理培训

高校中蕴藏着一大批极具领袖潜质的学生，从顶级的高校寻找精英人才，通过严格的选拔、系统的培训课程设计和定向的实践培养，定期安排在校学生实习和培训，最终从中挑选出优秀者进入公司。"管理培训生"制度在国外非常流行。

5. 发展俱乐部

一些公司为了和高校常年保持联系，在校园里面建立了俱乐部，并不定期地组织一些活动。活动中，公司的中高层人员以及校友在学校组织专题讲座，通过俱乐部内部组织的郊游和聚餐等活动促进与学生的相互交流，帮助低年级的同学更好地了解企业，在校园内树立雇主品牌，为今后的校园招聘做好准备。

6. 拓展夏令营

有的企业由于地域限制等原因不大适合招聘大量实习生，但又希望吸引优秀的大学毕业生，夏令营或参观计划就成了它们的选择：通过组织目标院校及特定专业的大学生到企业所在城市参观旅游，并进入企业与员工座谈等活动，展示企业品牌，传播企业文化。

——资料来源：最佳东方职业指导网

（三）各级政府主管部门、人才机构

各级毕业生就业主管部门和人才服务机构，是沟通用人单位和大中专毕业生的桥梁和纽带，是为毕业生提供就业服务的专业机构。毕业生可通过他们组织的定期或不定期的人才交流洽谈会、大中专毕业生供需见面会等活动获取需求信息，这也是获取信息的重要渠道。

有志于考取公务员或事业单位的同学，必须关注各级政府的人力资源与社会保障局的网站。

（四）互联网运用

当前，互联网的兴起已经极大地改变了我们的生活。各种信息在互联网上得以传播。对于大学生而言，手机不应该仅仅用于人际联系和娱乐，还应该逐步作为学习和工作的工具使用，让它由消费价值变成创造价值。通过移动互联网——手机不仅可以搜索各种岗位的需求信息，而且在求职过程中，遇到一些即时性、突发性的问题时，还可以通过手机向互联网求助。

【分享阅读】

如何高效找工作 手机求职软件之大推荐

手机求职软件大推荐之"前程无忧"

说到找工作，大家首先会考虑到互联网上找工作的那些耳熟能详的网站，如"前程无忧、智联招聘、中华英才"等，在家通过这些网站向自己喜欢的公司投递简历之后，便可等待公司的回复了。那么当你外出时，投递简历的公司若邀你面试，你又应该怎么查看公司信息、熟悉自己投递的岗位呢？你可以使用手机软件——"前程无忧"，它可以帮助你查看自己投递的工作岗位以及最新的公司招聘信息。

手机求职软件大推荐之"尚邮"

当我们接到面试电话时，通常会让面试公司给自己发送一条关于公司"地址、面试时间、电话"等信息的邮件，便于自己前往公司面试。那么当你在外出时，面试公司突然来电让你前往面试，你又该怎么查看邮箱呢？你可以使用手机邮件查询软件——尚邮。通过它，大家在外出时，也能够随时查收面试邮件。

手机求职软件大推荐之"图吧地图"

在一切准备就绪后，我们就要出发前往面试公司面试啦！但当你发现面试公司地点太陌生，不知道怎么去时，该怎么办？这时你可以使用"图吧地图"手机导航软件，它可以帮助你到达面试的公司，顺利参加面试。

手机求职软件大推荐之"Quick Office"

使用图吧地图手机软件，成功地到达面试公司之前，你还可以复习一下准备材料，而如果你准备的是电子版 Word 材料，那我推荐你使用下面这款手机软件——Quick Office，通过它在手机上复习准备的材料。

——资料来源：网易网

（五）亲朋好友推荐

在寻找就业信息的时候，千万不要忘记了你周围的亲戚、朋友，以及朋友的朋友，也许他们会给你提供一些机会。实际上，大多数用人单位更愿意录用经人介绍和推荐的求职者，他们认为这样的人比较可靠，如果你有这种机会最好不要错过。从另一个角度来讲，招聘单位每天收到数百封求职信函，而且这些求职信函在内容上并无太大的差别，所述的求职资格和工作能力也都相差无几。招聘者面对如此众多的、没有多大区别的求职信函，无法分辨出究竟哪一个更符合自己的要求。所以，在求职中，要想让用人单位更多注意你，就必须想些切实可行的办法。在关键时候找个"关系"帮你推荐一下，也许是最为有效的办法。当然，关系要靠自己去发掘，途径也应该正当，切不可不择手段。

可以为你提供信息的一般主要有以下几类人：

1. 家长亲友

家长亲友提供的职业信息主要来源于其个人的社会关系，相对固定，也有相当大的局限性。同时，由家长亲友提供的职业信息的数量和质量也有很大的差异。对有些毕业生来说，家长亲友提供的职业信息是其主要的选择；而对另一些毕业生就业而言，则效果不大。

2. 学校的教师或导师

由于本专业的教师或导师比一般人更了解本专业毕业生适合就业的方向和范围，所以他们在与校外的研究所、企业、公司合作开发科研项目和教学活动中时，对一些对口单位的人才需求信息了解得比较详细。

3. 自己的校友

校友提供的职业信息的最大特点是比较接近本校，尤其是本专业的毕业生在人才市场上的供求状况及其在具体行业中的实际工作、发展状况。近几年毕业的校友更有着对职业信息的获取、比较、选择、处理经验和竞争择业的切身体会，这比一般纯粹的职业信息更有参考价值。

【课堂作业】

结合自身情况，对比上述信息收集渠道的优势、劣势，学会在求职过程中灵活运用上述渠道。

参考答案：

从费用角度讲：关注校内信息和网上招聘信息所需的费用最少，而参加社会上的人才招聘活动除了需要门票开支外，还需要做必要的文字材料准备和衣着准备。求助于亲友虽然有时并不需要花费什么，但是感情投资却是相当的。对学生而言，查看各类报纸上的招聘广告并不需要太多的花费，而在报纸上刊登个人求职广告的开支却与借助中介机构持平，甚至高于想象中的费用。

从周期角度讲：无论何种途径都需要漫长的等待，但是相比较而言还是有所区别的。求助亲友花费的时间或许是最短的，而到刊登招聘广告的单位应聘，如果被选中，招聘单位会通知你参加面试，到录用之前还要等待。参加人才招聘会，尽管也有面试的成分，但是由于招聘活动的规模过大，竞争比较激烈，所以要耐心地等待。虽然说网络的发展缩短、缩小了人与人之间交流的时间和空间，但是在决定一个人是否被录用的问题上，任何一家用人单位都不会草率行事，面试是必不可少的，因此，等待的时间与参加人才招聘会时等待的时间基本上是一致的。同样，借助中介机构，无论是登记本人信息还是查找单位信息，时效性都会打折扣。

从个人花费而言：花费力气最小的求职方式莫过于浏览网上信息。在网上不仅能迅速查阅到需求信息，而且能够了解到单位动态，从中掌握一个单位的发展前景，从而为就业决定奠定基础。虽然关注校内的就业信息是每个毕业生的"本分"，但还是有些毕业生只是等、靠、要，对那些重要信息视而不见、充耳不闻。参加人才招聘会与找一家中介机构相比，一个好的中介机构似乎更难找到，参加招聘会也更耗费心力和体力。

在困难的时候，家人和亲友的帮助会使大部分人很快地确定就业单位，然而针对性强的职位势必选择面窄，有时朋友好心推荐的单位并不见得令你满意。报纸上刊登的招聘广告，大多数是针对社会上有一定相关从业经验的人员，而给应届大学毕业生提供的机会比较少。

三、就业信息的筛选与运用

（一）就业信息的筛选

高职毕业生在择业以前，必须对自己有全面的认识和正确的自我评价，不但要清楚自己想做什么，更要弄明白自己能够做些什么，要清楚自己的兴趣爱好、气质特点、**性格特征、基本素质、专业知识、技术能力**等，在此基础上，可以从以下几方面入手来判断这条就业信息是否适合自己。

1. 专业性

专业知识是毕业生在择业中比其他非专业人员更具竞争力的一个主要因素。专业是否对口，往往是用人单位和毕业生双向选择中的一个共同标准。

2. 兴趣爱好

近几年来，毕业生择业中专业不对口的现象越来越多，如许多计算机专业的毕业生去做营销、汽车专业的毕业生去做管理等。放弃专业固然可惜，但兴趣爱好是一个人工作事业取得成功的重要条件。研究表明，对自己所从事的工作有兴趣，就能发挥全部才能的80%～90%，并能长时间保持高效率而不感到疲劳。不过需要注意的是，毕业生在选择自己爱好的职业前，应该了解自己的能力，这里讲的能力是指除专业知识以外的能力，如计算机应用能力、外语能力、动手能力、实践能力、协调能力等。除去专业知识后，高职毕业生面临的将是能力的竞争。

3. 性格特征

性格特征也与职业信息的选择有关。如果你是一个性格内向、好静不好动的人，面对两条就业信息——一个是办公室文员，一个是营销代表，那么前者更可能是你的选择。不同性格的人适合从事不同类型的职业，毕业生应该根据自己的性格特征来选择自己所适合的就业信息。

另外，你还可以根据个人的要求，如对用人单位性质规模、地理位置的要求等，在各种就业信息中选择出有利用价值的、适合自己的信息。

（二）就业信息的利用

在已经收集到的大量就业信息中，由于信息的来源和获得的方式不尽相同，其内容必然是杂乱的、相互矛盾的，也难免有虚假不实的。求职者可结合自身的实际情况，对获得的信息进行去粗取精、去伪存真的分析、筛选、整理、鉴别，取其精华，使信息准确、全面和有效，更好地为自己择业服务。在对就业信息进行筛选和处理时，可把握以下几点。

1. 有针对性地进行比较选择

把那些从非正规渠道得来或几经转达而未经证实的信息与有根有据的信息区别开来。前者有待于进一步证实，后者则可以作为自己择业的参考依据。当然，在对信息进行比较的过程中，要根据自己的性格、兴趣、特长来分析，看看自己的情况与哪些信息更吻合，哪个单位对自己的发展更有利等。

2. 对有关信息按不同内容进行整理分类

就业信息不仅仅是用人单位的需求信息，它涉及的范围很广。比如，有的是关于就业方针、政策方面的信息，有的是与自己所学专业有关的信息，还有的是关于用人单位对所需求人员的素质要求方面的信息，等等。

3. 对所获得的信息进行分析

分析就业信息有三层含义，介绍如下：

一是要识别真假，做可信度的分析。就业信息是否准确，是择业人员做出决断的关键参考。信息不准，会给择业工作带来决策上的失误。如海南经济特区成立前夕，许多大学生得到"海南特区需要大量人才"的信息，纷纷前往海南，掀起了"百万大军下海南"的高潮。其实这种信息是不准确的。因为海南建设伊始，许多工作还未开展，所需人员无论从数量上还是从专业上都是有限度的，由于信息不准确、不全面，大部分人乘兴而去、败兴而归。一般来说，学校毕业生就业机构提供的信息可信度比较高；其他渠道得到的信息，因为受时间性或广泛性的影响，还需要进一步核实，才能判断其可信程度。

二是要进行效度分析，对信息的可用性进行鉴别，要看这条信息能否为己所用。比如，自己所得到的信息是否是政策允许范围之内的等。

三是信息的内涵分析。信息的内涵包括用人单位的性质、要求以及限定条件等。

4. 及时反馈

当你收集到信息后，一定要尽快分析处理并及时向信息发出者反馈信息。只有及早准备、尽快出击，才能在人才市场的激烈竞争中争取主动，真可谓"花开堪折直须折，莫待无花空折枝"。就业信息对毕业生来说十分宝贵，获得准确有效的信息后若能及时进行分析，有助于在择业中做出正确选择。

总的来说，在做好信息准备的同时，需要重点关注以下几个层面。

一是要注意信息的广度、效度和信度。广度是指扩大信息渠道，多方面、多角度收集信息，增加信息量；效度是指信息的各种要素是否齐备，尤其是时间上的要求及与切身利益相关的要素是否清晰；信度是指信息的可靠性。一般来说，学校、系就业指导部门提供的信息信度较高，家长和亲友提供的信息效度较高，而同学之间就业信息的交流则扩大了信息的广度。

二是要处理好内因和外因的关系。所谓内因，就是学生选择职业的自主性。作家柳青曾经说过："人生的道路虽然漫长，但紧要处常常只有几步，特别是当年轻的时候。"可以说，选择职业就是人生的紧要处之一，应当由学生自己决断。因为大学毕业生的自我评价、自我分析、自我判断能力已基本形成，完全可以自主择业。所谓外因，这里是指学校、家长、同学的帮助和影响。在分析信息、拟定和选择职业目标时，多听取亲友、老师、同学的意见，可以使决策更加正确和可行。在处理两者关系上，大学毕业生既要防止"固执己见、盲目择业"，也要克服"人云亦云、依赖他人、缺乏主见"的缺点，力求在广泛征求意见的基础上，自主确定择业目标。

三是要做到果断、灵活。由于确定决策与实施决策间的时间差，客观形势可能发生变化，甚至变化很大，这就需要大学生果断、灵活地进行决断。在这个阶段，学校老师和同学的帮助作用凸显出来，而家长往往鞭长莫及。例如，在一次北京高校毕业生供需见面会上，由于用人单位的需求变化，需要学生当场决断，及时签订协议书。很多同学在负责就业指导的老师的帮助下，果断地决策，与用人单位签订了协议。也有不少同学犹豫不决，想先征求远在他乡的父母的意见后再说，结果失去了择业的良机。

第二节 "我的地盘我做主"——写好我的简历①

简历是毕业生介绍自己基本情况、全方位展现自己风采的说明性和证明性材料。简历筛选是用人单位招聘过程中的重要环节，也是求职者择业过程中的"敲门砖"，推荐、面试、录用都离不开简历。它呈现的形式既可以是书面文字的，也可以是网络电子版本的。

一、简历写作的核心思想——你是为这个岗位而生

简历的核心思想是让你清楚自己应聘的岗位要求，你的校内经历、实习经历、获奖、实践活动都不是单个存在，简历也不一定非得按这样的模式排版不可。我们需要把你大学的经历和能力进行抽离凝练，以匹配岗位要求，在明显的位置向招聘方进行展示。

简历分为两类：一类是与岗位相关；另一类就是与岗位不相关。举以下几个事例：

（1）比如医药销售岗位。你原本的格式是：目标职位、教育背景、外语计算机技能、实习经历与社会实践、校园活动。

那么修改过之后就可以是：目标职位、教育背景、销售与宣传相关经历、医药相关经历、语言与计算机能力。其中销售与宣传相关经历、医药相关经历就是为了紧抓招聘方眼球，让用人单位迅速"锁定"你。

（2）再比如你的岗位是建筑电气工程师，那么其中的一个核心板块就可以设定为"建筑电气相关经历"（见图 5-1），这个板块的内容就可以是你的实习经历，也可以是毕业设计，还可以是课程设计等。

---

① 该部分由乔布简历网（http://cv.qiaobutang.com/）提供技术支持。

建筑电气相关经历		
南京××建筑设计咨询有限公司	电气设计实习生	2013.06—2014.05
在公司从事建筑上的电气施工图设计，实习三个月，做过一些小厂房、小办公楼、农村小别墅的电气设计，负责电气系统、防雷接地系统设计，断路器开关和电线电缆及电气设备的选型		
供电公司办公楼BC区照明与消防系统设计	毕业设计	2013.09—2014.01
应急照明系统设计（包括光源选择、灯具选择、照度计算等） 照明配电系统设计和照明符合计算 火灾自动报警与消防联动控制系统设计（包括系统设计、设备选择、导线选择与线路敷设）		
下水道水位警报器设计	课程设计	2011.09—2011.11
熟悉 Altium Designer 软件、掌握常用的快捷键以及原理图、pcb 板的制作方法 原理图部分包括电路原理图的绘制、元件设计、掌握元件封装的方法，pcb 设计部分包括 pcb 板的设计以及 pcb 库的画法		

图5-1 建筑电气专业学生相关经历介绍

这种经历与岗位关系的简历写法，一是能让人一眼就看到岗位的关键因素，二是不局限于实践实习经历、获奖、学生工作经历这几个模块，课程设计、毕业设计甚至兴趣爱好都可用于其中，能够最大限度、最全面地展示你的个人能力。

二、撰写简历的准备工作——成功从起步开始

（一）分析求职意向：单位招聘简章

在求职过程中，人职匹配最为重要。对于用人单位而言，你的简历所起的作用并不是自己过去学习和生活的总结展示，而是说明自己与应聘岗位之间的契合和适应，所以在写简历之前一定要认真阅读和分析求职意向单位的招聘简章，如果没有明确意向单位，应寻找某个意向行业代表企业的招聘简章阅读和分析，注意收集以下几个方面的信息：

（1）用人单位的基本素质要求，如学历要求、性别要求、政治面貌要求、职业资格要求等，这些基本要求必须要在简历中简明扼要、旗帜鲜明地加以体现。

（2）用人单位的核心能力要求，如需要具备什么样的能力和技能等。这样的要求比较隐晦，但毕业生可以通过"百度"等搜索引擎得到，如：市场营销岗位通常会要求较好的语言沟通能力，行政管理岗位通常会要求较好的组织协调能力等。这些能力是我们的个人所要证明的核心内容。

（二）取舍你的个人信息

个人简历没有固定格式，求职者需要精心设计，将性格和素质中优秀、特别、适合应聘岗位的部分以合理的方式展示给招聘方。一般来说，个人简历包括求职者的基本信息、求职意向、校园经历、社会实践经历、相关技能、所获奖项和其他信息共七个

方面的内容。在书写简历的过程中,为了有效地传达信息,往往对内容要作取舍。

(1)基本信息的取舍:个人的基本信息包括姓名、性别、出生日期、籍贯、政治面貌、婚姻状况、身体状况、联系方式(电子邮箱、电话号码)等。如果所应聘公司有统一的简历模板,基本情况需按照公司的模板填写;如果没有,根据公司的招聘启事的具体要求来写,除了姓名、联系方式、专业背景等必须写外,其他信息可以不写。

很多同学把自己的简历"当作"相亲的材料,把婚姻状况、籍贯、血型、星座等放在基本信息栏目中,浪费了求职简历的黄金位置,也给用人单位造成求职者对未来岗位认知不到位、做事不靠谱的恶劣印象。

(2)求职意向:属于必填项,不能省略,而且要放在显著的位置,方便招聘人员在筛选时进行分类和比较。

(3)校园经历的取舍:主要写大学期间与应聘岗位相关的校园经历,初高中期间的则可省略。

(4)社会实践的取舍:写与应聘岗位相关的社会实践经历,可以从高中毕业写起。

(5)相关技能的取舍:写与应聘岗位相关的技能。

(6)所获奖项的取舍:写最具分量的、最能体现所应聘岗位能力的3~4项奖项。不需要把所有奖项进行罗列。

(7)其他信息:包括兴趣、爱好、个人评价等。不建议写自我评价,兴趣、爱好也需针对岗位需求。

(三)照好你的求职照(该部分图片由重庆城市管理职业学院大学生创业团队"完美证照"提供)

招聘方通过求职照获得对你的第一印象。求职照不是选美比赛,但每个人都可以照出最有职业感的照片。以下从发型、妆容、表情等七个方面详细介绍怎么准备求职照。

1. 正面或者前侧面、免冠(不戴帽子)、半身照

人像在相片矩形框内水平居中,头部占照片尺寸的2/3,头顶发际距离相片上边缘7~21像素(不要贴着上边框,甚至把头发截掉一部分),照片的下边框一般取在胸部以上至肩部以下的位置(见图5-2)。

图5-2 求职照片正确的取相范围

错误示例：半身留得太长（如下图前两张所示），或截得太短（见图5-3）。

图5-3 求职照片错误的取相范围

2. 发型

基本原则：不要挡住五官，头发干净整洁，耳朵尽量露出来。

（1）女士发型。长发最好盘起来，披散和扎马尾都不是理想的发型。

刘海儿不宜过长，不要挡住眼睛。

不要在脸周围留很多头发，可以适当用腮红、阴影来修饰脸形（见图5-4）。

图5-4 女士求职照片规范发型

（2）男士发型。对男士头发的要求是：前不过眉毛，侧不过耳，后不及领（见图5-5）。

图5-5 男士求职照片规范发型

错误示例：女士的丸子头不规范，还存在染发的问题（见图5-6）。紫色、绿色、红色、金黄色等特别夸张的发色不要出现在求职照里。

图5-6 发型不规范的求职照片

图中男士的头发过长，给人不够干练、职业的感觉。

3. 妆容

（1）女士妆容。为了使自己看起来比较精神，可以画个淡妆（见图5-7（a）），但不要化烟熏妆或者浓妆，不要选用过分鲜艳的颜色，假睫毛、双眼皮贴等都会起到过分修饰的作用，而且技术不佳容易适得其反。

不得体求职妆容示范，（见图5-7（b））。

（a） （b）

图5-7

（a）女士得体求职妆容；（b）女士不得体求职妆容

职业照（图5-7（b））存在妆化得太浓，尤其是眼部的妆太显厚重的问题。

（2）男士妆容。化妆就不必了，保持干净的脸庞，如果有痘印，可做适当修饰。

4. 眼镜和饰品

平时戴眼镜的同学，照求职照的时候最好也佩戴，若要避免造成反光，也可以佩戴眼镜框（见图5-8）。

第五讲　就业信息与求职技巧

图 5-8　职业照中眼镜的佩戴

如果平时戴隐形眼镜，不要使用彩色的，更不要出现两只眼镜不同颜色的情况。

女生只能戴耳钉，并且两只耳朵戴相同的耳钉。饰品不能太过夸张，颜色不能过于鲜艳或者太过耀眼。

5. 正装

（1）女士穿正装。女士穿正装套装或者单穿比较正式的衬衣（见图 5-9）。

图 5-9　女士职业照规范衣着

女士职业照片中不规范衣着，见图5-10。

图5-10　女士求职照片中的不规范衣着

图5-10所示的职业照的服装都不够正式，而且女士求职照中不能戴领带。
（2）男士正装。对于男士来说，衬衫、西装、领带的组合最为正式（见图5-11）。男士求职照片中不规范衣着示范，（见图5-12）。

图5-11　男士求职照片中的规范衣着 　　图5-12　男士求职照片中不规范衣着

图5-12中男士所穿短袖T恤是非常不正式的。

6. 表情

表情应尽量自然，面带微笑。微笑不仅要表现在你的嘴角上扬，微微露齿，还表现在眼睛里，配合上扬的嘴角，眼神也要保持愉悦的感觉（见图5-13）。

求职照片中不规范表情示例，见图5-14。

图5-14中女士的表情是万万不可出现在求职照片中的。

7. 背景色

求职照应尽量选择灰色、白色或蓝色作为背景色，渐变色的效果会更好。渐变色背景给人更柔和的感觉。不建议用红色或者黑色，会显得不够职业（见图5-15）。

图 5-13　求职照片的规范表情 　　　　图 5-14　求职照片中不规范表情

图 5-15　正确求职照片的背景色

8. 不适合作求职照的照片

（1）很久之前的照片。求职照的一个基本要求是近照，即最近 1~6 个月的求职照。不要用以前的照片作为求职照，那时的你照得再漂亮，也很难具备职业气质（见图 5-16）。

（2）学生证上的照片。学生证上的照片通常都是刚入学的时候照的，通常学生证上的照片都未加修饰，发型、着装、背景色都不职业（见图 5-17）。

图 5-16 陈旧照片不能作求职照 　　　　图 5-17 学生证照不能作求职照片

（3）大头贴。如果用大头贴作为求职照（见图5-18），招聘方会认为你稚气未脱。

（4）手机/摄像头自拍照（见图5-19）。

图 5-18 大头贴不能作求职照 　　　　图 5-19 自拍照不能用作职业照

（5）旅游风景照。人只占整个照片中很小的一部分，看不清楚五官（见图5-20）。

（6）艺术照。不能用艺术照作为求职照，艺术照修饰过多，且不正规，给人随意、不重视的印象，不利于面试成功（见图5-21）。

图 5-20 旅游风景照不能用作职业照 　　　　图 5-21 艺术照不能用作求职照

三、个人简历写作的基本要求——只要一页纸

简历可以提供给招聘方一些想知道的有关求职者的信息，它可以列出许多个人材料。一份成功的个人简历，往往可以吸引读者的注意力，使读者从字里行间看到求职者的才华、优秀的成绩、强烈的事业心和责任心，从而增加被聘用的筹码。

（一）为什么是一页纸

有人说用人单位人员看简历只需要 6 秒，其实没有这么夸张，HR 专员又不是神，但是 HR 专员面对的简历人数过多，因此，看简历时间确实不会太长，看一份简历的时间在 20 ~ 30 秒。招聘方看的关键点是应聘者是否具备满足岗位核心需求的能力。因此，作为应届毕业生，不需要把大学生活都罗列上去，因为写得越长，越容易降低招聘方看到你最大优势的概率。比如，你从大一开始罗列到大四，用人单位需要寻找诸如主席、班长等职务，诸如论文、专利职业、专业素养等闪光点，这些很可能被忽略。

另外，有同学说简历一页纸写不下，这是因为我们写了太多不必要展示的资料，诸如简历上的基本信息，很多同学写成了寻人启事：联系地址、婚姻状况、身高、民族、体重都是不需要的，性别也可以留给照片来说话。所以，基本信息要以最简洁且醒目的方式展示出来即可。

求职简历只要一页纸还基于以下理由。

（1）无论是中文简历还是英文简历，都尽可能在一页纸上完成，给人简洁精干的感觉。

（2）有过工作经验的人也许能够长篇累牍地描绘他们的经历，但人才招募者愿意看到的是篇幅在一页左右的简历。

（3）你的简历在初选时被雇主浏览到第二页的机会只有不到 5%，而且简历是为了获得面试机会，篇幅太长会显得拖沓。

（4）用人单位一般只会花 20 秒来扫视一下应聘者的简历，然后决定是否通知求职者面试，因此，你的简历不是被阅读，而只是被"扫描"。所以，简历越简明、越精练效果越好。

实际上，人力资源经理在看简历之前，心里很清楚自己在找什么样的简历，很清楚自己的公司要找一个什么样的人来做这份工作，所以简历上的多余内容不会对求职者起任何正面的作用。那些空洞的长篇简历会被毫不犹豫地丢到一边。因此，应聘初级职位，一般一页 A4 纸的内容足矣。大多数人力资源经理最喜欢看"素描"简历：一句不多，一句不少，而且基本上都是求职者自己的经历用自己的语言表达出来，一页

纸的内容完全可以将一个人表现得淋漓尽致。

（二）内容过多，如何裁剪到一页纸

（1）简历页面是寸土寸金的，不要让你的姓名、性别、地址、电话等占据过大的页面。将姓名作为标题，联系方式紧跟标题给出。

（2）删除那些无足轻重的细节，将内容重复的细节合并，使你提供的细节更简洁，内容更有效。

（3）消灭简历上的多余内容，可以从以下几方面入手：

一是计算机技能：不罗列最基本的计算机应用技能，如"熟练使用 Windows""会操作 Office"等。

二是教育背景：不应罗列一大堆学过的课程。除了与应聘职位密切相关的主要课程外，其他的都应该删除。

三是消灭那些大而无用的套话、空洞的自我评价。

四是避免"喊口号"，如"天生我材必有用"。

五是避免"说大话"，如"给我一个支点，我将撬起整个地球！"

六是避免"表忠心"，如"你给我一个机会，我给你我的全部！"

（4）缩减与求职意向不相关的素材。以财务为例，所有与财务没有联系的内容，都是可以被删除的。如果所有的内容都与财务有联系，求职者也可以按优次顺序排列，把那些不太重要的内容压缩，或者删除。

（5）适当减小行距、字体、段前段后的距离，这是最后的办法。但是行距太小，会不美观。简历上的汉字如果比"小五"还小，也会让很多人不舒服。

（三）内容过少，如何扩充到一页纸

1. 充实简历的技巧

大学生的工作经验少，写不出东西来，显得页面不够丰满。我们在这里特别介绍一些弥补的技巧：

（1）"教育背景"中可以写与应聘职位相关的课程。但千万不要为了拼凑篇幅，把所有的课程一股脑儿地都写上。

（2）奖学金一项一行。许多学生每年都有奖学金，这样一来，也可写出三四行，甚至更多。

（3）拉长句子。每个句子都可加入一些词拉长一些。但同时要注意，不应该为了凑字数而堆砌大量的形容词，可以采用的方法是"动作分解"。

（4）自然地多换行，多写点句（即每句话一段，每句话说明一个行为或结果）。

（5）社会工作细节放在工作经历中。这样会填补工作经验少的缺陷。例如，你在做团支书、学生会主席等社会工作时组织过什么，联系过什么，参与过什么都可以一一罗列。如果只做过一件事，那就应该尽量细致介绍，如领导过多少人，完成了什么事，起到了什么作用。如果做了更多的事，一件一行就可以了，同时要注意遵守行文简洁的原则。

（6）暑期工作。作为大学生，雇主通常并不指望你在暑期工作期间会有什么惊天动地的成就。当然，如果你有就更好了。不过即使实在没有，就算是在父母的单位待过几天，也不妨写上。这样也算是接触过社会，了解了一些行业，做过了一些工作。但你一定要了解清楚后才写在简历上。否则将来面试时，万一被问得张口结舌，则会显得很尴尬。

（7）中学情况。不过这方面的内容不要写太多。有的人中学经历很丰富，做过学生会主席、当过团支部书记，学习成绩也名列前茅，但一般作用不大。当然，如果你在中学时得过国际奥林匹克比赛大奖或全国性的大奖，不妨提上一笔。

（8）最后的方法是加大字号：如可将10号、小五号字改成12号、小四号字。

2. 动作分解和丰富措辞的实例

要详细描述假期实习、社会实践活动并一一罗列出来，这非常必要也有一定难度。例如，毕业生小堂整个大学期间只在大三某个周末参加了E公司的市场促销活动，如何将此段经历进行详细描述呢？可将内容分解为几个方面，然后把它们罗列如下：

（1）讲解新款洗发水的性能。

（2）协助进行现场活动抽奖。

（3）发放并回收新产品上市的市场调查问卷。

（4）收集现场客户资料。

（四）注重文字表述的专业化

在保证真实的情况下，你应该尽可能地用专业语言来表达，这样也从侧面反映了你的专业素质。比如说，你在公司实习是做"打字输入"的，为了拓宽求职面，你可以表达为"文字处理"；"秘书"也可以表达为"助理"；"传单发放"可以表达为"传播产品信息"等。同时，数字的使用会让简历更具说服力，将上面案例中小堂的工作内容加工一下，就可以做如下表述。

（1）在E公司新款洗发水的大型市场推广活动中，为潜在顾客进行产品展示和性能解说。

（2）在推广会现场，参与组织和安排大型抽奖活动，当天吸引3 000名潜在顾客参加活动。

（3）对新款洗发水进行市场调查，组织30人发出3 000份调查问卷，其有效回收率为92%。

（4）采用不同方式收集现场客户资料620份，并进行分类、归档管理。

四、应对应聘岗位写简历——我们的"鸭子理论"

一份简历到人力资源经理的手中一般有两种结果：进垃圾桶，或者仔细看看，约来面试。

那么，人力资源经理做出这样的判断需要多长时间呢？

20秒！这个结论是工作效率极高的法国人得出来的。

那么在中国是什么情况呢？

我们咨询了中国外企、垄断国企和民企的人力资源经理，他们基本表示，一天看300～400份简历是经常的，并且表示十分轻松。

我们做一个简单的数学题：按照每个人力资源经理一天8小时工作不做其他事计算，平均1分钟到1分半处理一份简历——当然，没有一个人力资源经理一天只做简历处理的，所以这个时间还要缩短。

乔布简历在做上海市见习服务平台时，曾经六个人每天处理简历上千份。很多简历只需要一眼就做出判决了，时间不到一秒钟。

见图5-22，这是一只什么鸟？

图5-22 "这是一只什么鸟？"

鸭子!

没错!

是鸭子!你用了多长时间?1秒,2秒,还是1分钟?应该是脱口而出吧。不只你这样,我们几年下来,上百场讲座,几乎所有人和你的反应都是一样的。

那么下一个问题,为什么是鸭子呢?

这还用问吗,因为它有扁扁的嘴和扁扁的脚,这都是明显鸭子的特征嘛,何况图上还用橙黄色标出来了,太明显了。

只凭着"鸭嘴"和"鸭掌"就判断是只鸭子,是不是太草率了?我们是不是应该考虑让它叫两声,做个生物学解剖,查查它一年褪几次毛,考察从小的生长环境,会不会飞,会不会孵蛋,肉烤熟了是不是可以进全聚德,最差也去度量一下鸭子的具体特征,一一对照呢?这些我们都没有做,就说它是只鸭子,这是不是草菅"鸭"命呢?

但是在生活中,我们是不是要这样来判断鸭子啊?肯定不会。我们判断鸭子,就看鸭嘴和鸭掌。这是为了简单,我们给鸭子打上一个标签:鸭嘴、鸭掌。

只要有鸭嘴鸭掌,鸭子!管它到底是什么。

只要没有鸭嘴鸭掌,不知道是什么,反正不是鸭子。

看简历选人是同样的道理。这就是我们的"鸭子理论"。

小堂适合做什么?

相信一些同学的简历都存在石沉大海的经历。笔者看过很多简历,其中大部分都是学生的,他们的简历都类似于图5-23中小堂的简历。针对性不强。

假设你是人力资源经理,请你判断一下,小堂适合做什么?

看不出?那么看看小堂的另一个版本的简历(见图5-24)。

这个小堂适合做什么呢?

是不是医药代表?各位都不是专业的人力资源经理,但很明显一眼就看出了小堂的职业选择(因为从简历中明确可以看出)。

大学生的简历就是要像这样写,让人力资源经理一看就明白你是个天生的医药销售、天生的财务、程序员、设计师等。这只需要人力资源经理10秒钟即可从容判断,决定是否给求职者面试的机会。

你的简历要像那张鸭子的图片一样,迅速把"鸭掌"和"鸭嘴"亮出来,马上让企业知道,你就是他们要的人。

不过,不同的岗位和领域,所需要的"鸭嘴"和"鸭掌"是不同的。因此,简历质量高低,关键取决于应聘的是什么岗位。

图5-25是魏巍应聘婚庆策划岗位的简历。针对性强,很有参考价值。

上海××大学学生简历

小堂

上海市乳山路 123 号 F0000001 班　手机：13000000001　电话：021-00000001
邮箱：xiaotang001@qiaobutang.com　出生日期：1984/6/08　籍贯：浙江　性别：男
婚姻状况：未婚　健康状况：良好　民族：汉　政治面貌：群众
联系地址：上海闸北区西藏北路 234 号 123 室　邮编：200270

目标职位
医药销售

教育背景
上海××××大学	本科（药学院）	2002/9—2006/6
上海××××大学	英语二专	2003—2005

外语电脑技能
英语 CET4（569）CET6（452）能快速阅读英语类文章并能熟练进行日常交流
MS Office 办公套件、Photoshop、Dreamweaver

实习经历与社会实践
上海百恒企业管理咨询有限公司　　　　　　　（实习生）　　　　　　　　　　2004
● 处理文档，整理文件，以及其他相关事务
● 绘图并处理技术类突发问题
学生会宣传部　　　　　　　　　　　　　　　组长　　　　　　　　　2003/3—2004/10
↓ 定期地组织内部会议，管理学生会干事
↓ 负责策划学生会的活动，干事的评选
↓ 每年一次招新
收获：掌握了非常好的与人打交道的技巧和方法，学习了组织管理的知识
实践小组组长　　　　　　　　　　　　　　　　　　　　　　　　　2004/9—2004/10
↓ 过期药物换新药活动，面向学校周围的居民区

校园活动
"探梦杯"　　　　　　　　　　　　　　　　　　　　　　　　　　　　　2003/4
↓ 由学校组织观看索尼"探梦杯"上海分区竞赛。
"新生杯"
↓ 足球赛　　　　　　　　　　　　　　　后卫　　　　　　　　　　　2002/10
职业发展协会　　　　　　　　　　　　　　　　　　　　　　　　　2003/8—2005/9
↓ 每周三晚于食堂组织活动（考试周休息）。
↓ 参加了招新工作，负责打印传单，印刷海报和横幅。

个人评价
√ 诚恳而踏实的品行、良好的自我管理意识；
√ 娴熟而高效的团队协作与沟通能力、严谨而执着的行动执行力；
√ 勤勉而敏捷的学习能力，优秀的问题分析和解决能力。

个人爱好
钢琴 7 级，爱好音乐、摄影、计算机技术。

图 5-23　小堂的简历（一）

第五讲 就业信息与求职技巧

小堂

手机：13800—138000　　电子邮件：cv@qiaobutang.com

地址：上海市海宁路1399号　　邮编：200072

求职意向

医药销售

教育经历

2002—2006年	上海××大学	药学院	药学方向	本科
2003—2005年	上海××大学	外语学院	英语	辅修学位

销售 & 宣传相关经历

2003.8~2005.9　　上海××××大学职业发展协会　　组织部
- 走访了近200个寝室，招揽了新会员300多名
- 与社区管理员做大量的沟通工作，为进入寝室拜访做好准备
- 总结协会为学员提供的益处，通过印制传单、海报、横幅、设摊答疑、宿舍楼走访等方式进行宣传
- 多次举办30人左右的宣讲座谈会，向到会者推介协会
- 广泛建立与新生的关系，通过新生的彼此介绍，加强协会的品牌推广

2003.3~2004.10　　上海××××××大学学生会宣传部　　组长
- 带领5人小组负责学生会所有活动的网络宣传工作
- 带领宣传小组设计网络宣传方案，并通过校内网络实施，实际上拓展了寝管中心形象推广的新渠道
- 调查同学需求，基于学校师生的实际需要，制作使用方便的软件光盘。在校园内进行推广，并受到广泛欢迎

医药相关经历

2004.9~2004.10　　"过期药物换新药"社区活动　　发起人 & 组织者
- 带领志愿者团队到校医院学习医药知识，并制作医药知识宣传海报
- 在学校附近社区设摊一周，向居民宣传过期药物的隐患、过期药物处理办法
- 回收30多种过期药物，全部交由校医院和专业老师妥善处理

2002.9~至今　　上海×××大学药学院　　专业课Top5
- 系统学习药物的合成、药物的分类、药物的作用机制、药物的代谢动力学、药物毒副反应、药物化学结构等知识
- 两次获得综合课程二等奖学金

语言及计算机能力

大学英语六级（CET6）　　通过

上海计算机等级考试3级（数据库）　　通过

计算机：**MS Office**办公套件、**Photoshop**、**Dreamweaver**　　熟练使用

特长和爱好

钢琴7级

爱好音乐、摄影、计算机技术

图5-24　小堂的简历（二）

魏 巍

重庆市江北区五洲新村升伟新意境14幢
137-0944-0000 viiivision@××××.com

求职意向　婚礼策划师

教育背景　2013—2016年 重庆城市管理职业学院婚庆策划与服务专业 平均成绩85分

工作经验　起始日期2013年1月至今

　　　　重庆素人新婚庆典公司　　　　　　　　　　　　　　　摄影师
　　　*素人新婚是一家高端定制婚礼庆典公司
　　　*协助公司完成婚礼策划，协助新人完成婚礼彩排，并记录精彩花絮，捕捉婚礼当天精彩瞬间
　　　*协助公司完成十余场**婚礼跟拍**，并在这期间学习了全国知名摄影师李涛婚礼跟拍及后期教程，并接触大量婚礼相关工作人员
　　　*锻炼了组织协调能力，极大地提升了婚礼跟拍专业知识技能，执行力和团队合作意识获得巨大增长

　　　　四川新金缘礼仪庆典公司　　　　　　　　　　　　　　主持人
　　　*新金缘婚庆公司是一家大型礼仪庆典公司
　　　*协助公司完成婚礼策划，协助新人完成婚礼彩排并完成婚礼仪式
　　　*协助公司完成五场**婚礼主持**，并在这期间受到主持专业课张老师辅导并接触大量主持视频文档以及资料
　　　*锻炼了婚礼策划能力，提升了婚礼主持相关的专业技能，沟通交流综合能力得到极大提高

社会活动
　　　*校社联书画摄影协会会长　2013—2015年
　　　*社会工作学院艺术团团长　2013—2015年

所获奖励
　　　*重庆市级第三届大学生艺术展演三等奖（2 000名选手仅有8人获奖）
　　　*校级校园风采大赛二等奖（400余人参赛仅有3人获奖）
　　　*校级优秀干部（300余名干部仅有12人获奖）

其他资料
　　　两年多的时间参与完成
　　　大小婚礼八十余场(主持十五余场/摄影三十余场/摄像三十余场)
　　　商业活动二十余场（策划三场/主持五场/场工）
　　　个人约拍写真五十余套（室内室外）
　　　云南旅拍两次

图5-25　魏巍的简历

五、高度关注你的简历细节——不存在所谓的"小"问题

（一）简历的用词

HR专员们都是很辛苦的，千万不要指望他们有时间和精力去像读小说一样读我们的简历，他们的工作其实有点类似高考语文作文阅卷老师，基本上一篇东西最多看三眼，而这三眼就保持在1~2分钟，所以我们一定要尽可能地把简历做得简单清爽，让人一样就看到亮点，这也就是乔布简历的宗旨——把鸭嘴和鸭掌放在最显眼的位置。而那些赘述就不需要了。

1. 用数据说话

简历中假大空的语言是没有效果的，应该用数据来证明自己的能力而不是说些看不清意图的话。

这里有几个例子：

（1）限定在某个时间段，如在一周内取得了××成绩。

（2）递进。如第一期××，第二期×××，层层增加，给人以上升之感。

（3）适当的修饰。比如，某些业务的数字，不应用利润，而要用收入，这样用数字说话更有说服力。

2. 在简历中展现能力素养

很多时候，与其在简历中写很多关于"文笔很好"或者"逻辑很强"之类的描述性话语，不如直接在简历中表现出优势。写文笔很好的话，整个简历的语言必须流畅，虽然简历不能彻底表现文笔，但是却能体现文学技巧。如写自己的"逻辑很强"，不如在简历设计中渗入逻辑的痕迹，见图5-26。

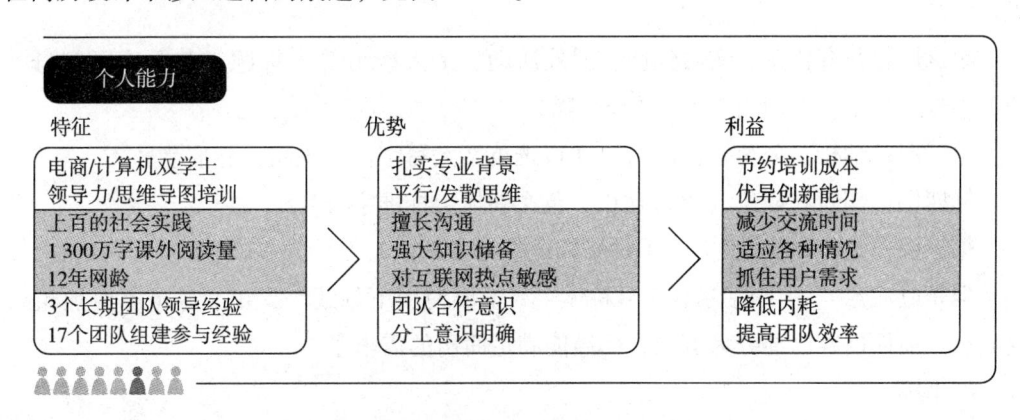

特征	优势	利益
电商/计算机双学士 领导力/思维导图培训	扎实专业背景 平行/发散思维	节约培训成本 优异创新能力
上百的社会实践 1 300万字课外阅读量 12年网龄	擅长沟通 强大知识储备 对互联网热点敏感	减少交流时间 适应各种情况 抓住用户需求
3个长期团队领导经验 17个团队组建参与经验	团队合作意识 分工意识明确	降低内耗 提高团队效率

图5-26 简历中适当展现自己能力素养

相信人力资源经理在看到这样的简历时，也会感到非常新奇并且一目了然。

3. 注意人称代词的用法

简历是商业沟通的形式，应该是简洁而正式的，所以不应该出现"我"这样的称呼。比如：

原文：我已经开发了一种新的产品，它使销售额增加了 200 万元，使部分销路总量增加了 12%。

修改：新开发的产品使销售额增加了 200 万元，使部分销路总量增加了 12%。

（二）简历的格式

在制作简历时，很多人会把重点放在如何将个人能力、经历展现在一页篇幅内。当然，这确实很重要，但是在重视内容的同时，不应忽略一些小问题，而这些小问题在人力资源经理眼中其实是基本功的体现。有些小问题甚至是最显眼的，如字体、字号、行间距等，应当更多关注一下这些细节。

1. 字体

一般来说，一份简历有三种及以上的字体，在用人单位看来基本素质是不过关的，当然应聘设计和美术岗位的例外。

简历中一般只用一种字体，根据个人而异，如果需要打印的话还是用黑体（或者加粗宋体）做标题、宋体做正文比较合适，因为有些字体主要用于屏幕显示，虽然看起来舒服但是打印出来的效果其实不是很理想。

2. 字号和修饰

字体不能太多，同时应注意区分字号，其实一份简历中需要区分的层次没有多少，总体来说包括以下五层。

第一层：名字和标题（放在顶端，天然区分，名字可选大号字，地址、电话等不做修饰）。

第二层：教育背景、实习经历、课外活动、个人能力等大标题（英文大写字母加粗，可选大号字，下面用 1.5pt 的线分隔）。

第三层：学校、公司、社团名称（可选英文大写字母，加粗，标准字号）。

第四层：部门和职位（可选加粗，英文斜体，标准字号）。

第五层：具体内容/正文（不做修饰，应分条列示）。

但是应注意"中文简历不要用斜体""不要使用下划线""正文尽量不要加粗"，这三点，前面内容已经分为五层，已经能满足简历的需求了。

3. 间距

许多求职者会忽视这个问题，觉得可有可无；还有的求职者不知如何取舍、如何设置。一般来说，简历在间距上并没有硬性要求，只要规范、美观即可。笔者推荐使用的规范如下：

页边距——上下左右都为 2 厘米。

小标题：

字符间距——加宽 0.5 磅；

行距——固定值 22 磅；

两个字之间有 1 个空格；

段前间距——2 行，段后间距——0 行。

正文：

字符间距——加宽 0.5 磅；

行距——固定值 22 磅；

段前间距——0.5 行，段后间距——0 行。

（三）简历自检表

1. 必填信息

求职简历的必填信息项：

①姓名：外企或外企氛围的公司可留英文名；

②手机：留一个 24 小时能接通的号码；

③邮箱：即使不能时时收邮件，也要定期检查；

④毕业学校；

⑤专业；

⑥学位；

⑦毕业时间：精确到月；

⑧相关经历：与求职意向有关的经历；

⑨明确的求职意向。

2. 格式排版

求职简历的格式排版需求：

①没有"个人简历"4 个字；

②姓名和个人信息在简历上方，清晰，一目了然；

③所有内容在一页纸之内（乔布简历编辑器的下虚线以上）；

④内容充满整页（过短或过长都需要调整）；

⑤上边距、下边距、左边距、右边距留白得当；

⑥段落间距舒适；

⑦正文字体一般为 10.5pt，不小于 9pt；

⑧使用一种简洁的项目符号（最多不超过两种）；

⑨项目符号对齐；

⑩时间左对齐或右对齐；
⑪时间字体大小、格式一致；
⑫字体颜色为黑色；
⑬各段标题对齐，字体、字号一致；
⑭经历各段字体一致，字号一致；
⑮重点突出不超过 5 处，用加粗或下划线标识；
⑯中英文标点不可混用；
⑰段落结束标点统一；
⑱段落开始没有标点（如果有，可以调整文字）；
⑲表格样式没有突兀加粗的边界线；
⑳简历导出后如果超过一页，应调整边距，或者缩小行距。

3. 位置调整

求职简历中各信息位置调整要求：
①个人信息部分控制在简历 1/4 以内；
②最能突出的优势放在简历前 1/3 的位置；
③简历中的实习、社团、兼职等经历全部是与申请岗位相关的；
④与申请岗位不直接相关的信息放在简历的后 1/4 位置。

4. 简历针对性

求职简历要有针对性，要求如下：
①通览简历可以一眼看出其中的亮点；
②简历内容按照重要性和与申请职位的相关程度排序；
③将相关的内容组合在一起，用合适的标题列清；
④将无关的内容删除。

5. 求职意向

求职简历中明确求职意向，要求如下：
①文字控制在一行以内，无折行；
②意向明确且唯一；
③描述与招聘岗位相符；
④简历内容围绕应聘岗位展开。

6. 教育经历

求职简历中教育经历表达，要求如下：
①包含了学校、专业、学历、时间（毕业时间）四个必填时段；
②应届毕业生的高平均成绩点和排名前五位的奖学金可以列在教育经历下；
③如果有主修课程，长度控制在一行以内；

④教育经历不超过简历 1/3 的篇幅。

7. 工作经历

求职简历中工作经历介绍，要求如下：

①工作经历作为简历的主体（占 1/2 以上内容），否则简历无意义；

②同一类型经历按时间倒序排列。

8. 技能证书

求职简历中技能证书介绍，要求如下：

①证书名称清晰，注明通过等级和通过时间；

②非"常见证书"写明全称和证书水平；

③英语四级、六级证书只写最高级即可，其他证书同样如此标注；

④应聘岗位必备证书应放在简历上面；

⑤非必需证书简写或不写。

9. 奖学金/荣誉奖励

求职简历奖学金/荣誉奖励的介绍，要求如下：

①荣誉奖励分类型罗列，同一类型写到一起；

②多次奖学金可合并在一起，写清获奖时间段和获奖次数，其他奖励同理；

③永远不要用荣誉奖励填充简历空白。

10. 特长爱好

求职简历中的个人特长爱好介绍，要求如下：

①控制在一行为佳；

②特长越具体越好（如社团、奖项、等级等）；

③没有分散雇主注意力或引起争论误解的爱好。

11. 自我评价

求职简历中自我评价写作要求如下：

①用数字和事实对简历做小结；

②避免使用"沟通能力""换位思考"等空洞的词。

12. 简历措辞

①描述经历没有长句子，尽量控制在一行；

②每行描述说明一个问题；

③经历描述中，避免出现主语"我"；

④用"动词"+"宾语"形式描述；

⑤多使用与应聘岗位相关的词；

⑥用数字和事例说明结果；

⑦避免使用"锻炼了""提高了"沟通能力等空洞的评价；

⑧语句通顺,没有错别字。

第三节　赢得面试——如何应对面试官提问

面试是一种经过精心设计的,在特定场景下,以考官对求职者的面对面交谈与观察等双向沟通方式为主要手段的,由表及里测评求职者的知识、能力、经验等有关素质的活动。面试是用人单位选拔人才的常用方式之一。对大多数大学生来说,笔试往往能够应付,但面试由于缺乏经验,常常不知所措。因此大学生应充分做好面试准备,掌握面试技巧,在面试中适度表现自己,有利于取得求职的成功。

一、面试的内容

面试内容也叫测评项目或测评要素,是指面试需要测评的考生的基本素质。一般来说,面试主要考查以下几方面的内容:

(1) 形象风度。通过一个人的言行举止与外表进行判断。
(2) 专业素养。在面试中主考官常常会提一些专业问题以考查应试者掌握专业知识的深度和广度。
(3) 工作实践经验、工作态度与求职动机。
(4) 反应能力与应变能力、自我控制能力、谈判能力、捕捉机遇能力、压力承受能力、口头表达能力、问题解决能力、协调组织能力、主动性、时间管理能力、团队协作能力、处理人际冲突能力等。

二、面试前的准备

真正的面试是从面试前就开始了,而不是与招聘者交谈的那几分钟。面试前的准备工作往往也会决定面试的成败。面试前需做好以下几点准备:

(一) 精心准备一段推销自己的"广告"

面试前准备一份在一两分钟内推销自己的"广告",如对方要求你"请谈谈你自己",你就可以背诵一小段与所求职位相符的介绍自身的"广告词"。

（二）摸清招聘单位情况

通过线上（互联网、公司官网）、线下（亲朋好友）等渠道深入了解面试单位的情况。它的行业状况、发展历史、企业文化、主要产品和服务对象等信息，越详细越好。让面试官感受到你是有备而来的，感受到你的诚意。

（三）充分了解应聘岗位情况

求职者应主要了解所应聘岗位的工作职责、工作能力要求和工作所需要的素质，在面试的问答过程中，将个人具备的能力贴合应聘岗位。这样，容易在面试中脱颖而出。

（四）尽量避免做面试官不喜欢的应聘者

一般建议求职者在面试前通过亲朋好友打听面试官的基本情况，但在现实中，操作起来并不容易。这时我们应尽可能避免做大多数面试官不喜欢的应聘者。比如，过分谦虚的应聘者、狂妄自大的应聘者、毫无准备的应聘者、不守时的应聘者等。

（五）准备好面试材料

带上一份简历、相应的证书，准备随手记录所需的便签本和笔。面试时偶尔做一点笔记是明智之举，但不要装作煞有介事的样子。把面试者所说的话记录下来是对对方的尊重，这会使对方觉得高兴。

（六）提前熟悉交通路线

提前一天熟悉交通路线，合理计算路上所要花费的时间，务必提前 10 分钟到达面试地点。

（七）穿好职业装，画好职业妆

第一印象是永久印象，所以面试时一定要展现出完美的一面。穿着得体、整洁，女生尽量化上清新、自然的淡妆。

（八）吃好早餐，保持良好的精神面貌

（九）做好应对突发情况的心理准备

也许你会被邀请外出就餐，以此作为面试的一部分；也许你需要参加入职考试；

也许你会被一群面试官同时面试等。做好准备来迎接不定因素,一种淡定的心态无疑是面试取胜的必要条件。

三、求职面试小心语言陷阱

面试官为了选拔优秀的人才,也许会在面试中设置种种语言陷阱,以探测你的智慧、性格、应变能力和心理承受能力。

怎样识破这样的语言陷阱?

(一)"激将法"遮蔽的语言陷阱

这是面试官用来淘汰大部分应聘者的惯用手法。采用这种手法的面试官,往往提问之前就会用怀疑、尖锐、咄咄逼人的眼神逼视对方,先令对方心理防线步步溃退,然后用一个明显不友好的提问激将对方,如,"你的经历太单纯,而我们需要的是社会经验丰富的人""你性格过于内向,这恐怕不适合我们的职位","我们需要名牌院校的毕业生,你并非毕业于名牌院校","你的专业不对口"等问题。

面对这种咄咄逼人的提问,作为应聘者,首先要做到的就是无论如何不要被"激怒"。面对这样的发问,如何"接招"呢?

(1)如果对方说:"你的经历太单纯,而我们需要的是社会经验丰富的人。"

你可以微笑着回答:"我确信如我有缘加盟贵单位,我将会很快成为社会经验丰富的人,我希望自己有这样一段经历。"

(2)如果对方说:"你性格过于内向,这恐怕不适合我们的职位。"

你可以微笑着回答:"据说内向的人往往具有专心致志、锲而不舍的品质,另外我善于倾听,因为我觉得应把更多的发言机会留给别人。"

(3)如果对方说:"我们需要名牌院校的毕业生,你并非毕业于名牌院校。"

你可以幽默地说:"听说比尔·盖茨也并非毕业于哈佛大学。"

(4)如果对方说:"你的专业与所应聘的职位不对口。"

你可以巧妙地回答:"据说,21世纪最抢手的人才就是复合型人才,而外行的灵感也许会超过内行,因为他们没有思维定式,没有条条框框。"

应聘者若结结巴巴,无言以对,抑或怒形于色,据理力争,那就掉进了对方所设的"圈套"。应聘者碰到此种情况,要头脑冷静。

(二)挑战式的语言陷阱

这类提问的特点是,从求职者最薄弱的地方入手。

对于应届毕业生，面试官会问："你的相关工作经验比较欠缺，你怎么看？"

对于女大学生，面试官也许会问："女性常常会对自己的能力缺乏自信，你怎么看？"

如果回答："不见得吧""我看未必"或"完全不是这么回事"，那么也许你已经掉进陷阱了，因为对方希望听到的是你对这个问题的看法，而不是简单、生硬的反驳。

对于这样的问题，你可以用"这样的说法未必全对""这样的看法值得探讨""这样的说法有一定的道理，但我恐怕不能完全接受"为开场白，然后婉转地表达自己的不同意见。

又如，"你的学习成绩并不很优秀，这是怎么回事""从简历看，大学期间你没有担任学生干部的经历，这会不会影响你的工作能力"等。

碰到这样的问题，有的求职者常会不由自主地摆出防御姿态，甚至反击对方。这样做，会误入过分自信的陷阱。而最好的回答方式应该是用明谈缺点、实论优点的方式巧妙地应答。

比如说，当对方提出你的学习成绩不够优秀时，你可以坦然地承认这点，然后以分析原因的方式带出你另外的优点。如在校期间学习成绩之所以不够优秀，是因为担任社团负责人，投入社团活动上的精力太多。虽然花在社团的心血也带来不少的收获，但是学习成绩不够优秀，这一点一直让自己耿耿于怀。当意识到这一点后，自己一直在设法纠正这方面的偏差。

又如，"你的成绩好像不太出众，你怎么证明自己的学习能力呢？"可以回答："除了学习，我还有其他活动。不是只有成绩才能反映人的学习能力的。其实我的专业课都相当不错，如果你有疑问，可以当场测试我的专业知识。"将考官的注意力吸引到你最拿手的专业知识上来。

（三）诱导式的语言陷阱

这类问题的特点是，面试官往往设定一个特定的背景条件，诱导对方做出错误的回答，因为也许任何一种回答都不能让对方满意。这时候，你的回答就需要用模糊语言来表示。

如，"依你现在的水平，恐怕能找到比我们企业更好的单位吧？"如果你的答案是肯定的，那么说明你这个人也许有转投其他公司的风险。如果你回答是否定的，又会说明你对自己缺少自信或者你的能力有限。对这类问题可以先用"不可一概而论"作为开头，然后回答："或许我能找到比贵公司更好的企业，但别的企业或许在人才培养方面不如贵公司，机会也不如贵公司多；或许我能找到更好的企业，但是珍惜现有的最为重要。"这样的回答，其实你是把一个"模糊"的答案抛给了面试官。

（四）误导式的语言陷阱

对方的提问似乎是一道单项选择题，如果你选了，就会掉进陷阱。

比如说，对方问："你认为金钱、名誉和事业哪个重要？"对刚毕业的大学生来说，这三者当然都很重要。可是对方的提问却在误导你，让你认为"这三者是相互矛盾的，只能选其一"。这时候切不可中了对方的圈套，必须冷静分析，所以首先明确指出这个前提条件是不存在的，再解释三者对我们的重要性及其统一性。

你可以这样回答："我认为这三者之间并不矛盾。作为一名受过高等教育的大学生，追求事业的成功当然是自己人生的主旋律。而社会对我们事业的肯定方式，有时表现为金钱，有时表现为名誉，有时二者均有。因此，我认为，我们应该在追求事业的过程中去获取金钱和名誉，三者对我们都很重要。"

（五）测试式的语言陷阱

这类问题的特点是虚构一种情况，然后让求职者做出回答。比如，"今天参加面试的有近10位候选人，如何证明你是最优秀的？"这类问题往往是考查求职者随机应变的能力。无论你给自己列举多少优点，别人也许总有你没有的优点，因此正面回答这样的问题毫无意义。

你可以从侧面回答这个问题。你可以回答："对于这一点，可能要因具体情况而论，比如，贵单位现在所需要的是行政管理方面的人才，虽然前来应聘的都是这方面的对口人才，但我深信我在大学期间当学生干部和主持社团工作的经历已经为我打下了扎实的基础，这也是我自认为比较突出的一点。"这样的回答可以说比较稳妥。

有时，面试官还会提出这样的问题："你对琐碎的工作是喜欢还是讨厌，为什么？"这是个两难问题，若回答喜欢，似乎有悖于现在青年人的实际心理；若说讨厌，似乎每份工作都有琐碎之处。因此，按普遍心理，人们是不愿做琐碎工作的，这是面试官在明知故问，我们可以推测出面试官想问的是"工作态度"。

我们可以这样表述自己的态度："琐碎的事情在绝大多数工作岗位上都是不可避免的，如果我的工作中有琐碎事情需要做，我会认真、耐心、细致地把它做好。"这句话既委婉地表达了大多数人的普遍心理——不喜欢琐碎工作，又强调了自己对琐碎事情的敬业精神——认真、耐心、细致。既真实可信，又符合对方的用人心理。

（六）"引君入瓮"式的语言陷阱

在各种语言陷阱中，最难提防的，可能要算这种形式的语言陷阱。

比如，你前去应聘的职位是一家公司的财务经理，面试官也许会突然问你："您作为财务经理，如果我（总经理）要求您一年之内逃税100万元，那您会怎么做？"如果你思考逃税计谋，或立即列出逃税方案，那么你就掉进了陷阱。因为抛出这个问题的面试官，正是以此来测试你的商业判断能力和商业道德的。要记住，遵纪守法是员工行为的最基本要求。

面试中，面试官也许会设计出各种各样不同的语言陷阱，但是只要看准了，兵来将挡、水来土掩就是了。

四、常见的面试问答及需要注意的几个问题

（一）常见面试问题的回答

毕业生在求职面试时，总会碰到用人单位主考官提出的一些问题，对这些问题的回答，可能将直接影响到主考官对毕业生的印象和最终录用结果。下面给毕业生设计了几个常见的面试问题及回答，供毕业生参考。

1. 为什么要选择我们单位工作

回答这个问题必须果断，这反映了毕业生求职的诚意。应积极、正面地回答，重点说明单位的影响力和良好的发展前景，以及自己所学的专业比较对口和对此职位的兴趣。并进一步说明此工作适合自己，能充分发挥自己的聪明才智，应让对方觉得你能为单位创造价值。

2. 请你谈谈过去的工作经历

有工作经验的人尽量谈论所从事过的工作或兼职的经验，最好能说明工作的具体内容，若有实际的成果可一起说明。应届大学生应具体展示在校期间参加过的各种社会工作和实践、实习工作等。

3. 请你谈谈对工作的期望与目标

应届大学生针对这类问题可以说："这是我从小到大的理想，虽然我缺乏工作经验，但是为了达到这个工作目标，我会努力充实自己，而且我拥有这样的自信。"

4. 你喜欢这份工作的哪一点

无工作经验的人可以表示被这份工作所吸引，有工作经验者倘若能提出这份工作的与众不同之处，则更能表现自己，使自己在面试中处于优势。

5. 请你谈谈接受挫折的经验

每一位工作者，都不免要接受挫折的挑战。挫折承受力是面试中经常被考验的一项，这种回答应该是积极的，最好举一个具体实例。

6. 选择这份工作的动机是什么

这类问题多针对无工作经验者，以了解其对工作的理解度，确认求职者是怀抱憧憬还是基于兴趣应聘。可从对这份工作的前期研究与个人所学专业的角度回答，加以发挥。

7. 你对薪水的期望值如何

应届大学生在面试中谈薪水是个大忌。在一般大单位看来，没有经验的大学生没有资格谈薪水，况且新人的薪水起点都一样，即使对方问你对薪水的期望，你也要谨慎应对。

8. 我们为什么要聘用你（测试你的沉静与自信）

给一个简短、有礼貌的回答："我能做好我要做的事情，我相信自己，我想得到这份工作。"

9. 你是否愿意去公司派你去的那个地方

如果你回答是否定的，你可能会因此失掉这份工作。你被雇用后你可以和公司就这个问题再进行谈判。

10. 谁曾经给你最大的影响

选一个人即可，最好是你过去的老师等，再简短准备几句说明原因。

11. 你将在这家公司待多久

回答这样的问题，你该持有一种明确的态度，即：尽可能长，我希望在这里继续学习和完善自己。

12. 什么是你最大的成就

准备一两个关于自己的成功小故事。

13. "从现在开始算，未来的五年，你想让自己成为什么样子？"或者，"告诉我，你事业的目标"

根据你的能力和经历，回答一定要得体。

14. 你还有什么问题吗

回答是肯定的。你要准备通过你的发问，了解更多关于这家公司、这次面试、这份工作的信息。

假如你笑笑说"没有"，那才是一个大错误。这往往被理解为你对该公司、对这份工作没有太浓厚的兴趣；其次，从最实际的考虑出发，你可以推断入围的希望，这里有一些供你选择的问题：

①为什么这个职位要公开招聘？

②公司的长远目标和战略计划您能否用一两句话简要地为我介绍一下？
③这个职位上供职的人应有什么素质？
④决定雇用的时间大致要多久？
⑤关于我的资格与能力问题，您还有什么要问的吗？

（二）面试需要注意的几个问题

（1）不要紧张，表现要自然，有礼貌。进去时，别忘记和主考官打招呼，如"吴经理，你好，我是×××，来面试的"。

（2）举止要大方，要保持自信。待主考官邀请你入座，你才可礼貌地坐下，不要太随便或左顾右盼，切忌装出懒洋洋和满不在乎的样子。

（3）微笑可以减轻你内心的不安，更可以令面试的气氛变得融洽愉快。

（4）让主考官知道你珍惜这次面试的机会。当主考官说话时，要正视对方，并留心倾听。不要打断主考官的说话，更切忌与主考官争辩。

（5）让主考官先开口。回答问题要简洁明了，切中主题，无须太繁复，也不要只说"是"或"不是"，否则，主考官会觉得你欠缺诚意。深入的谈话内容有助于主考官对你做出确切的评价。

（6）假如不太明白主考官的问题，应该有礼貌地请他重复。不懂的问题，不妨坦白承认。含糊其词或夸大其词，会导致面试的失败。

（7）在适当时机带出你自己的优点和特长，但切勿显得过分自信或浮夸。

（8）不要自己急着提出薪酬、待遇等问题，最好让主考官先提出。

（9）准备一些与面试单位及你申请的工作岗位有关的问题，在面试结束之前提出。

（10）最后要问清楚多久才知道面试结果。在离开时，不要忘记向主考官道谢，并说声"再见"。

五、面试后的工作

面试前的准备和面试的过程非常重要，面试后的工作同样不容忽视。面试结束，有的求职者认为大功告成或者没有希望了，可以松口气了，这是不可取的。因为面试结束了，求职工作并没有结束。面试后积极主动地行动有时可以扭转求职者的不利局面，使求职者在困境中重新获得机会。

（一）主动与用人单位保持联系

面试结束后，求职者一定要积极主动地与用人单位及时保持联系，可以在面试结束后的一两天内，给用人单位招聘负责人一封简短诚恳的信。信的主要内容包括：

（1）对主考官表示谢意，对当时的气氛和主考官的工作态度做一个评价，但无需长篇大论，不要过多溢美之词。

（2）对面试做补充。如果发现自己在面试中表达得不够充分，没有很好讲明自己的观点，可以略做补充。

（3）表明对招聘单位的感受。通过面试之后对用人单位有了进一步的了解，可以表明自己的向往之情，也可以表示一旦落选也可承受，表明自己的通情达理。其实写这封信的过程，也是又一次推荐自己、争取机会的过程。

感谢信不仅体现出求职者对主考官的尊敬，而且还可以帮助主考官在决定录用何人时想到求职者。在写信致谢后几天，就可以打电话询问了。如果你在打电话询问情况时觉得自己有希望中选，但最后决定尚未做出，那么你应该在一两个星期后再打一次电话问候一番，提醒对方记住你的名字。如果你被几家公司同时录取，并决定接受其中一个职位，也有必要向被你拒绝的公司写信表示感谢，也许将来你可能会换到那家公司工作，而这封感谢信会给对方留下良好的印象。

（二）加深给用人单位留下的印象

面试后与用人单位联系的方式有很多种，可以写信、打电话，也可以登门拜访。但是，不管采取何种方式，求职者应遵循的一个重要原则，就是设法让自己"引人注目"，让对方在难以取舍时能关注你、重视你、记住你，把面试时没有准备到的资料、信息、个人情况加以补充说明，向对方反复强调对你有利的信息，消除用人单位对你可能存在的疑虑，挽回面试时的失误。要诚恳表达你的敬业精神，你对单位所具有价值的认识，要明确地向对方表示，若你得到这份工作，会加倍珍惜，努力干好工作。

如果求职者对所应聘岗位非常向往，除了通过写信、打电话的方式与用人单位联系外，还可以主动创造机会，争取去用人单位实地考察。可以充分利用多种渠道，参观现场、调查研究、参加岗位实习，在实习中展示自我。这样，不仅可以得到了解用人单位、熟悉工作岗位的有利机会，并且还有利于用人单位进一步了解你。因此，你要尽力表现好，要尊重领导、师傅、同事，为人真诚、待人礼貌、虚心请教；要遵守单位的各项规章制度，工作上要踏踏实实、任劳任怨、联系实际、学以致用、充分显示自己的专业能力，或表现出自己在工作中适应快、提高快的特点，以此获得对方的信任，争取试用以至录用。总之，在你参加完第一次面试后，不管成败，都可能有第二次面试的机会，一试定乾坤的用人单位甚少。请记住：你很有可能还得求职，下次还有面试等着你。经过自我评估并不断改进，下次面试你一定会胸有成竹，令人刮目相看的。

【分享阅读】

人力资源经理不喜欢的七类求职者

（1）不注意衣着和外表，或不修边幅，衣冠不整；或邋里邋遢，不讲卫生。你可以不英俊，可以不漂亮，但你不可以穿着随便、不整洁、不得体。衣着和外表从某些方面也可以反映一个人的生活理念和工作态度。

（2）过于紧张，表现得极不自然。要么说话时眼睛不敢看着对方，眼神游离；要么手脚不知道放在哪里。更有甚者，进来后也不与面试官打招呼，连"您好""您早"都不说。还有就是主试人还没伸手，便急匆匆地上来跟人家握手并十分夸张地寒暄；主试人还未邀请，便坐在椅子上；主试人叫他坐下，连声"谢谢"也不会说。

（3）丢三落四、准备不充分。当主试人要查阅应聘资料时，表现得手忙脚乱。

（4）回答问题时口齿不清晰。声音要么很大，让人觉得吵闹；要么很小，很难听清。说话没头没脑，答句不完整，口头语多，说话啰唆，让人觉得这是个欠缺思想的人。

（5）对主试人的问题不能回答或暂时记不起来时，不是有礼貌地回答"不懂"或"忘了"，而是含糊其词、夸大其词。

（6）经常截断主试人的话题，对重复的问题表现出不耐烦。

（7）面试刚开始就提出薪金、待遇等问题。

——资料来源：百度文库

本章练习

作业

（1）请针对你所应聘的岗位，准备一个 1 分钟和一个 3 分钟的自我介绍。

（2）深入了解你准备应聘的单位信息和岗位信息，进行课堂分享。

（3）评价下面这份简历：

官啟鸣

重庆市沙坪坝区虎溪城南二路
18580620000
40820××××@qq.com

目标工作	销售专员	
教育背景		
2013~至今	重庆科技学院工商企业管理专业学习	自学考试
2013~至今	重庆城市管理职业学院报关与国际货运专业	平均成绩85分以上

相关能力：

一、交流沟通能力
*2014年9月招新
①与寝室管理员做大量的沟通工作。为进入寝室拜访做好准备。
②走访两栋楼的本院楼层共51个寝室，招得新干事140余人。
③广泛建立与新生的关系，通过新生的彼此介绍。加强学生会的宣传。
*2014年10月与曾家龙荫社区合作，创建我系共青团市民学校
*利用假期时间多次去麦当劳、德克士、各百货商场柜台进行销售训练

二、组织协调能力
*组织院男子篮球队在重庆城市管理职业学院"征途杯"男球赛中获得第二名
*组织学院2013级、2014级224名同学参加春季运动会，取得团体二等奖
*多次组织参加学校消费安全市民学校活动

三、吃苦耐劳能力
*2012年7月—10月参加西昌演习。
*2013年4月20日参加四川雅安芦山抗震救灾任务。
*2013年7月远赴西藏参加全军实践演习。

社会活动

*重庆城市管理职业学院副主席		2014年至今
*2014年10月为庆祝校庆，参加并编排舞蹈《鸿雁》		荣获二等奖
*与曾家龙荫社区合作，创建我系共青团市民学校		2014年3月

所获奖励

*"我是营销王"创业大赛并获得二等奖（100名选手参赛仅两人获得）
*2014年3月获得学生联合会"优秀干事"称号（奖励全学院3%的学生干部）
*2011年荣获"优秀主持人"称号（60号选手参赛仅一人获得）

其他技能

*英语水平3级	能够熟练英语进行日常的沟通交流	通过
*全国计算机一级	熟练Office等办公软件	通过
*国际贸易关务员证	熟悉对外贸易流程以及注意事项	通过

第六讲　大学生就业权益与法规政策

> **知识目标**
>
> （1）了解大学生就业过程中享有的基本权益和应履行的义务，树立合理的权益意识。
> （2）了解就业相关的法律知识，能够识别就业过程中的侵权行为。
> （3）掌握权益保护的方法和途径，维护个人合法权益。
>
> **能力目标**
>
> （1）了解自身就业权益，掌握维权的途径和方法，学会运用法律手段维护自身就业权益。
> （2）增强维权意识，提高识破求职陷阱和预防侵权的能力。
> （3）针对搜集到的求职陷阱和侵权案例，能有针对性地寻求应对策略。

第一节　大学生的就业权益及义务

权益是一种法定的利益，是权利与权利的行使带来的利益之和。大学毕业生是一个特殊的社会群体，当前就业形势十分严峻，企业的用人自主权不断地扩大，由于大学生维权意识淡薄、大学生就业保护的法律法规欠缺等原因，大学生的合法权益受到侵犯的现象也逐渐增多。那么毕业生都享有哪些合法权益呢？

一、毕业生求职权益

毕业生在求职过程中享有的权益主要有获取就业信息权、接受就业指导权、被推荐权、自主选择权、公平录用权、违约求偿权等权益。各项权益的具体含义如下：

（一）获取就业信息权

及时获取就业信息是毕业生求职择业成功的前提。只有在充分获取信息的基础上，才能结合自身情况选择适合自己的单位及岗位。毕业生享有的获取就业信息权包括三方面内容：

1. 信息公开

即所有就业信息向全体毕业生公开，学校和个人不得隐瞒、截留需求信息。

2. 信息及时

即传递给毕业生的信息必须是及时、有效的。

3. 信息全面

毕业生有权获得准确全面的就业信息。

（二）接受就业指导权

接受就业指导与服务是每个毕业生享有的权利。自 2008 年 1 月 1 日起实施的《就业服务与就业管理规定》（劳动保障部 28 号令）在第四章中有多款条文对公共就业服务机构的就业指导内容做了规定。毕业生应充分利用该权利通过学校就业指导中心、公共就业服务机构获得就业指导，帮助自己早日找到适合的职位。

（三）被推荐的权利

学校就业工作中的一个重要职责就是向用人单位推荐毕业生。毕业生享有的被推荐权包含三个方面：

1. 如实推荐

即高校推荐毕业生时，应实事求是向用人单位介绍，不能故意贬低或随意拔高毕业生的在校表现。

2. 公正推荐

学校推荐毕业生时应做到机会公平、公开、公正，不能厚此薄彼。

3. 择优推荐

学校根据毕业生在校表现选择推荐优秀的毕业生，激励学生在校期间努力全面提高各项能力、提高就业竞争力。

（四）自主选择权

根据国家有关规定，高校毕业生在国家就业方针、政策指导下具有自主选择用人单位的权利。只要符合国家的就业方针政策，毕业生可以自主选择用人单位，学校、其他单位和个人均不得干涉。

（五）公平录用权

根据我国《劳动法》规定，毕业生不分民族、性别、宗教信仰，享有平等的就业权利。用人单位在录用毕业生时应公平、公正、一视同仁。公平录用权被认为是毕业生最需要得到维护的权益。

(六) 违约求偿权

毕业生、用人单位、学校三方签订就业协议后，任何一方不得擅自毁约。如果用人单位擅自毁约，毕业生有权要求对方严格履行就业协议，否则毕业生有权要求用人单位进行违约赔偿。

二、毕业生在试用期的基本权益

试用期，即劳动关系的试验阶段。试用期是用人单位和劳动者为了相互了解而约定的考察期，是特殊的劳动合同履行期。在这段时间内，用人单位考察员工的工作能力，员工也考察用人单位的情况，是双方互相试用的过程。试用期劳动者的权益同样受法律保护，劳动者在试用期间享有的主要权利有以下几种：

(一) 要求用人单位履行就业协议接收毕业生的权利

就业协议书是明确毕业生、用人单位和学校在毕业生就业工作中权利和义务的书面表现形式，是编制毕业生就业计划和对将来可能发生的违约情况进行是非判断的依据，具有法律效力。就业协议书一经签订就应严格履行，不得无故更改。用人单位必须依照协议书接收毕业生，并为其妥善安排工作岗位，保证毕业生顺利就业。

(二) 签订正式的劳动合同的权利

有的用人单位认为只要不与劳动者签订劳动合同，就可以不受法律的约束，在辞退劳动者时较为便利，并且不必给予经济补偿，于是频繁地辞退试用员工就成为他们的一种用工手段。

为了达到这些目的，他们往往以试用为名，不与劳动者签订劳动合同，或者只签订一份所谓的试用期合同，许诺等试用合格后再签订正式劳动合同。对此，劳动者应该学会依法维护自己的合法权益。根据《劳动法》规定："劳动合同是劳动者与用人单位确定劳动关系、明确双方权利和义务的协议。建立劳动关系应当订立劳动合同。"用人单位聘用劳动者后不签订劳动合同是违反法律的。

即使没有签订劳动合同，只要形成事实上的劳动关系，就要受到《劳动法》等一系列法律法规的约束。根据劳动部的规定："中国境内的企业、个体经济组织与劳动者之间，只要形成劳动关系，即劳动者事实上已成为企业、个体经济组织的成员，并且为其提供有偿劳动，适用劳动法。"《劳动法》同时规定："用人单位故意拖延不签订劳动合同，对劳动者造成损害的，应当赔偿劳动者损失。"

（三）获得劳动报酬的权利

在试用期间，毕业生的工作熟练程度、技能水平与其他人相比可能有差距，这些差距直接表现为收入的差距。但只要劳动者在法定工作时间内提供了正常劳动，用人单位就应当支付其工资。

有的用人单位在招工时就声明，试用期不发工资，只有试用期满、双方签订了正式劳动合同后才有工资或找其他借口不付工资。这些行为都是违反劳动法的。遇到这种情况，当事人可向劳动监察部门反映。

试用期间的工资标准与正式上岗后的工资标准相比，一般都比较低。但是这种"低"也要有限度和标准的。劳动法明确规定试用期工资最低不应低于当地的最低工资标准。具体某个工种当地的最低工资标准是多少，可到当地劳动保障部门去查询。在这个最低工资标准之上，劳动者与用人单位可以协商确定。

（四）享有社会保险的权利

毕业生在试用期间，与其他劳动合同制职工一样，用人单位应当依法为其办理社会保险手续，为其缴纳社会保险费。社会保险，常说的就是五险一金，即包括养老保险、医疗保险、失业保险、工伤保险、生育保险和住房公积金。

（五）享有劳动保护的权利

用人单位应当为毕业生提供必要的劳动防护用品和劳动保护设施，防止事故，减少危害。

（六）解除劳动合同的权利

在试用期间，毕业生可以随时通知用人单位解除劳动合同，不需要任何附加条件。用人单位不得要求劳动者支付职业技能培训费用，还应按毕业生的实际工作天数支付工资。

合同签订后，用人单位不能随意解除。试用期企业须有理由辞退员工，而员工可无理由走人。《劳动法》规定："在试用期内，用人单位必须有证据证明劳动者不符合录用条件时，才能辞退。而员工只要'通知'单位就可以解除劳动合同，无须提供任何理由。"

【分享阅读】

关于试用期的权益，你都了解了吗？

试用期总让人有些不安全感：到底什么时候才能转正？公司延长试用期怎么办？

公司能随意辞退试用期员工吗？试用期期间能请假吗？在试用期离职的话，应该提前多长时间向公司正式提出呢？千万不要因为身在试用期，就如履薄冰地什么都不敢问，什么都不敢争取。每一次跳槽，都意味着要开始一段新的试用期，所以，你一定要清楚你的种种试用期权益！

问题1：试用期到底应该多长：一个月？二个月？还是六个月？

根据《劳动合同法》第十九条规定："劳动合同期限三个月以上不满一年的，试用期不得超过一个月；劳动合同期限一年以上不满三年的，试用期不得超过二个月；三年以上固定期限和无固定期限的劳动合同，试用期不得超过六个月。"

据某招聘网站"安全跨越试用期"的调查中，92%的受访者都表示自己所在企业约定的试用期不超过六个月；试用期超过六个月的有6%。但具体计算试用期，还是要依据所签订的劳动合同期限来设定。《劳动合同法》第十九条规定中的"以上"包含本数，"不满"不包含本数。即，若是劳动合同期限为一年的，试用期可约定为二个月，但不能超过二个月。

需要注意的是，"以完成一定工作任务为期限的劳动合同或者劳动合同期限不满三个月的，不得约定试用期。"还要注意的是，试用期应包含在劳动合同期限内。劳动合同仅约定试用期的，则试用期不成立，该期限应计为劳动合同期限。

问题2：试用期内如被公司调岗，还要重新设置试用期吗？

根据《劳动合同法》第十九条规定："同一用人单位与同一劳动者只能约定一次试用期。"

试用期是与公司在劳动合同上协商确定的，如果试用期已经过了，调换工作岗位，不能重新设立试用期。如果在试用期内调整了工作岗位，之前已经消耗的试用期不用重新再来一遍，只要继续履行剩余试用期即可。如果因为调换了部门，双方协商一致，依法变更试用期长短的话，之前已经履行的部分试用期也不用重新再来一遍，而是按新的试用期长短履行剩余的试用期。

问题3：总公司、子公司的试用期是通用的吗？

根据《劳动合同法》第十九条规定："同一用人单位与同一劳动者只能约定一次试用期。"这意味着，如果劳动者离职后，过了一段时间再次入职，哪怕做不同的工作岗位，也不能再设立试用期。同样，如果在法人实体上不是同一用人单位，在原单位办理了离职手续，在新单位办理了录用手续的，即使他们是关联公司，新单位也可以设立试用期。但要注意，关联公司中，必须都是独立法人，分公司不属于独立法人，不可以利用这种方式设立试用期。

问题4：试用期离职需要提前几天告知？

根据《劳动合同法》第三十七条规定："劳动者在试用期内提前三日通知用人单位，可以解除劳动合同。"《劳动合同法》第三十八条规定："用人单位有下列情形之一的，劳动者可以解除劳动合同：（一）未按照劳动合同约定提供劳动保护或者劳动条件的；（二）未及时足额支付劳动报酬的；（三）未依法为劳动者缴纳社会保险的；（四）用人单位的规章制度违反法律、法规的规定，损害劳动者权益的；（五）因本法第二十六条第一款规定的情形致使劳动合同无效的；（六）法律、行政法规规定劳动者可以解除劳动合同的其他情形。"

依此规定，劳动者若是想在试用期内"跳槽"，必须提前三日通知用人单位，方可解除劳动合同，不能随时卷铺盖就走人。如果要留下良好的职业口碑、树立良好的职业形象，应估算你手头的工作，尽量留出足够的工作交接时间。不过依据《劳动合同法》的规定，如果用人单位在试用期内不支付劳动报酬、不给员工缴纳社会保险；或者以暴力、威胁或者非法限制人身自由的手段强迫劳动者劳动的；或者用人单位违章指挥、强令冒险作业危及劳动者人身安全的，劳动者可以立即解除劳动合同，不需事先告知用人单位。

问题5：试用期内公司能随意解除劳动合同吗？

根据《劳动合同法》第二十一条规定："在试用期中，除劳动者有本法第三十九条和第四十条第一项、第二项规定的情形外，用人单位不得解除劳动合同。用人单位在试用期解除劳动合同的，应当向劳动者说明理由。"注：第三十九条："劳动者有下列情形之一的，用人单位可以解除劳动合同：（一）在试用期间被证明不符合录用条件的；（二）严重违反用人单位的规章制度的；（三）严重失职，营私舞弊，给用人单位造成重大损害的；（四）劳动者同时与其他用人单位建立劳动关系，对完成本单位的工作任务造成严重影响，或者经用人单位提出，拒不改正的；（五）因本法第二十六条第一款第一项规定的情形致使劳动合同无效的；（六）被依法追究刑事责任的。"第四十条第一项："劳动者患病或者非因工负伤，在规定的医疗期满后不能从事原工作，也不能从事由用人单位另行安排的工作的。"第四十条第二项："劳动者不能胜任工作，经过培训或者调整工作岗位，仍不能胜任工作的。"

用人单位可解除劳动合同的条件是"必须举证证明劳动者在试用期间不符合录用条件"。用人单位在试用期解除劳动合同的，应当向劳动者说明理由。在这种情况下，用人单位解除劳动合同无须支付经济补偿金。如果用人单位没有证据证明劳动者在试用期间不符合录用条件的话，就不能解除劳动合同。

到底怎么样才是"不符合录用条件"？在签订劳动合同时，企业若没有向求职者明确公示求职者所在岗位存在着哪些情况或条件符合解除合约的未录用条件，那么企业则不能以"不符合条件"为由随意解除合同。若企业违反相关规定，求职者可携相关有效的证据至有关部门进行申诉，并获得补偿金。用人单位若单方提出解除合同，或者企业本身经济性裁员等重大变动而辞退试用期员工的话，用人单位需要提前三十日以书面形式通知劳动者本人或者额外支付劳动者一个月工资后，可以解除劳动合同。

问题 6：试用期内可以休假吗？

假期分很多种，法定年休假、病假、婚假、产假等属于国家法律法规所规定的假期，试用期员工有权享受。不过法定年休假有单位安排的特点，假设试用期过后，员工仍然有机会使用年休假的，单位有权拒绝员工在试用期内休年休假的请求。至于事假等非法定假期，单位有权拒绝试用期内的员工请假。

问题 7：员工在试用期内请病假，企业可以延长试用期吗？

试用期必须约定在劳动合同中，没有劳动合同，或者口头约定的试用期都不作数。至于试用期内病假比较多，是否可以延长试用期，要看两个方面。一是法律规定的试用期上限。一年的劳动合同只能设立两个月的试用期，那就不能再延长。如果是三年劳动合同，试用期上限是六个月，那就看第二个方面"双方协商一致"。双方协商一致可以变更劳动合同，试用期作为劳动合同的条款之一，也可以变更。因此，在不突破法律上限的情况下，双方协商一致，可以延长试用期。

——资料来源：中人网

三、毕业生就业过程中应履行的义务

毕业生在享有国家规定的权利的同时，还应当履行一定的义务，主要有以下几个方面：

（一）根据需要为国家服务

在一定范围内，毕业生有自主择业的权利，但也有服从国家需要的义务。毕业生应从大局出发，认真执行国家方针、政策，并根据需要为国家服务，尤其是当国家重点建设项目或某些行业、地区急需人才时，毕业生有义务服从国家的需要，为国家重点建设工程或项目做出贡献。

（二）实事求是地介绍自己的基本情况

毕业生在介绍自己基本情况的时候，应该实事求是，不许弄虚作假，刻意拔高自身条件。因为用人单位在招聘毕业生时，要对毕业生的职业道德、职业技能等各方面进行全面、翔实的了解，以便毕业生到岗位后能人尽其才，充分发挥特长。但如果毕业生提供的情况有假，一则耽误用人单位录取人才，二则毕业生会失去用人单位的信任，甚至被退回或发生争议。所以，毕业生在正确行使自己权利的同时，也应严格履行此项义务。

(三) 自觉履行就业协议，按照规定期限报到

就业协议经批准并报经毕业生就业主管部门审批后，就应列入就业方案。国家就业计划的下达，是一件十分严肃的事情，而且带有一定的强制性，所以毕业生应按协议书的有关条款切实履行赴岗就业前的各项准备工作。比如，做好毕业设计，顺利完成论文答辩，进行毕业前的身体检查，办理离校时的各项移交公物手续，接到报到证后，按时到用人单位报到等。

(四) 配合学校做好毕业总结及毕业鉴定工作

按照教育部的有关就业规定，高校毕业生在离校前，学校都要根据《普通高等学校学生管理规定》《高等学校行为准则（试行）》等规定的要求，结合毕业生在校期间各方面的基本情况，实事求是地对毕业生做出鉴定。针对目前毕业生离校前的实际情况，毕业生应该认真总结，积极配合学校做好此项工作，切实履行好此项义务。

另外，由于有部分毕业生在校学习期间，接触到学校许多科技成果，甚至还直接参与成果的研究与开发，因此，毕业生有保护学校知识产权的义务，不能以此作为与用人单位签约的筹码，更不能以此作为选择用人单位的前提条件，否则，将会因侵犯学校的知识产权而承担相应的法律责任。

同时，毕业生还应做到文明离校，及时办理相关离校手续，如归还公物、清偿债务等。

第二节　大学生就业权益保护

一、毕业生就业权益保护的原则

毕业生的就业权益受到社会多方面的保护。在现实条件下，部分毕业生曲解了就业权益保护的本义，滥用就业权益保护的救助途径，在造成自己与用人单位就业纠纷的同时，也损害了自己职业发展的长期利益。我们认为，毕业生就业权益保护应该遵循以下原则。

(一) 双赢原则

双赢原则，指在就业过程中，毕业生与用人单位双方都应避免意气用事，相互猜忌，并通过适当的渠道解决就业过程中的分歧，在遵守法律法规的前提下，实现个人

职业发展与企业发展的"双赢"。

(二) 契约为本

大学毕业生的就业行为，本质上是一种民事法律行为，双方的权益义务关系受到就业协议书、劳动合同等契约的制约。毕业生就业权益的保护应当充分尊重契约，提高自我保护意识，谨慎签订就业协议和劳动合同。而就业协议和劳动合同等契约文件一旦形成，便具有法律的强制力和约束力，毕业生和用人单位双方都有责任和义务履行协议和合同中的相应条款。

(三) 依法保护

应当充分运用法律武器保护毕业生的就业权益。少数毕业生在自身就业权益受到损害时，不是在法律框架内寻找救助渠道，而是通过家长上门闹事、纠集亲友聚集等方式对用人单位或学校施压，造成不良的社会影响。这是十分不可取的。

(四) 平等自愿

毕业生个人意愿的充分表达，是就业协议和劳动合同订立的前提条件。毕业生就业权益的保护，应当在遵守契约约定的前提下，充分尊重毕业生的个人意见，建立平等的权利义务关系。

(五) 充分协商

在现实环境中，出现就业纠纷或者毕业生就业权益受到损害的情况时，应当将毕业生、用人单位、学校三方之间的沟通和协商放在首位，充分表达各方意愿，更有效地实现毕业生就业权益的救助。

二、毕业生就业权益保护的途径

(一) 毕业生就业主管部门的保护

各省（直辖市、自治区）毕业生就业主管部门都有相应的规范来确定毕业生的权益，并对侵犯毕业生权益的行为予以抵制或处理。

(二) 学校的保护

学校对毕业生权益的保护最为直接。学校通过制定各项措施，规范毕业生就业指导和就业推荐，鉴别、过滤和筛选就业信息。对于用人单位在录用毕业生过程中的不公平、不公正行为，学校有权予以抵制，以维护毕业生公平被录用权。对用人单位与毕业生签订不符合有关规定的就业协议，学校有权不予同意，可不作为编制就业方案的依据。

（三）毕业生的自我保护

毕业生的自我保护是毕业生权益保护的重要方面。毕业生的自我保护一般体现在以下方面：

1. 熟悉和了解有关法律常识及规定，自觉提高毕业生个人法律意识

毕业生应了解目前国家关于毕业生就业的有关方针、政策和规范以及它们之间的关系，熟悉毕业生在就业过程中的权利和义务，这是毕业生权益自我保护的前提。如果在就业过程中因为所谓的公司规定或部门规定与国家政策法规相抵触，侵犯了自己的权益，则可以依据法规办事，维护自己的合法权益。

2. 签好就业协议书，充分发挥就业协议书的作用

就业协议书是明确毕业生、用人单位、学校在毕业生就业工作权利义务方面的书面文本，一般是由国家教育部制定统一格式。毕业生必须认真签订好就业协议。因为在我国健全和完善毕业生就业工作法律法规体系是一个渐进的过程，尽管少数省市做出了一定的尝试，但从全国范围来看，还没有足够的法律依据和形式替代现行的就业协议书。而在毕业生就业实践中，一些单位在与毕业生、学校签订"三方协议"后，依据"就业协议书"中"如有其他约定，应在协议书的备注栏中明确，并视为本协议的一部分"的条款，还要与毕业生再签订一份比较详尽的劳动合同。

毕业生在签订就业协议及其补充条款时一般应着重注意以下方面：

（1）查明用人单位主体资格是否合格。

协议双方的资格是否合格是协议书是否具有法律效力的前提（这里主要是指用人单位的资格）。用人单位，不管是机关、事业单位还是企业（私营企业除外），必须要有进人的自主权力。如果其本身不具备进人的权力，则必须经其具有进人权力的上级主管部门批准同意。因此，毕业生签约前，一定要先审查用人单位的主体资格。

（2）有关协议条款明确合法。

协议书的内容是整个协议书的关键部分，毕业生一定要认真审查。首先审查协议内容是否合法，是否符合国家相关法律和政策；其次审查和仔细推敲双方的权利和义务是否合理；最后要审查清楚除协议本身外是否有附件即补充协议，并审查清楚其内容。按照《劳动法》《合同法》及相关法律的规定，就业协议书的协议内容至少应具备以下条款才能具有法律效力：服务期、工作岗位、工资报酬、福利待遇、协议变更和终止条款、违约责任等。

（3）签订就业协议要合乎程序。

毕业生和用人单位经协商一致，签约时要注意完整地履行手续。首先，毕业生要签名并写清签字时间；其次，用人单位及其上级主管部门必须加盖单位公章并注明时间，不能用个人签字代替单位公章；最后，毕业生和用人单位签字后须将协议书交给学校毕业生分配主管部门履行相关手续，以便及时制订就业计划和顺利派遣。

（4）写明违约责任。

所谓违约责任，是指协议当事人因过错而不履行或不完全履行协议规定的义务应承担的法律责任，它是保证协议履行的有效手段。鉴于实践中毕业生及用人单位违约率有所增加的状况，协议书中违约条款就显得更为重要。因此，在协议内容中，应详细指述当事人双方的违约情形及违约后应负的责任，同时还应写明当事人违约后通过何种方式、途径来承担责任。这样，才能更有利于当事人双方履行协议，也有利于以后违约纠纷的解决。

3. 遵循市场规则，预防侵害自身合法权益行为的发生

毕业生在就业求职过程中，无论是自荐、应聘还是接受面试、笔试、洽谈就业意向，都应本着"真诚、信实、平等"的原则，以自身实力参与竞争，双向选择。同时，要有风险意识，对于有些用人单位招聘人员时，夸大优厚条件，以欺骗手段吸引人才的做法要有提防戒备心理，预防侵害自身合法权益行为的发生。在毕业生就业报到过程中，毕业生也应对自身权益有所了解、善于进行自我保护。

4. 用法律手段维护自身合法权益

由于高校毕业生就业市场的不尽成熟和完善，有关法律、法规和制度尚不健全，再加上社会风气、人们旧观念、旧思想的影响，所以毕业生在就业过程中不可避免地会遇到一些不公平现象，对毕业生就业求职的正当权益予以侵害。针对侵害自身就业权益的行为，毕业生有权向用人单位上级主管部门和学校进行申诉，并听取他们的处理意见，同时也可提交给当地的劳动争议仲裁机构进行调解和仲裁，或直接向人民法院提起诉讼。

三、毕业生就业权益保护的方法

毕业生享有的权益，要通过与用人单位签订就业协议书和劳动合同进行确立。这也是毕业生权益受到侵害时寻求保护的法律依据。

（一）就业协议争议的解决

1. 就业协议违约

（1）毕业生违约表现。先与一个单位签约，待找到更理想单位时，与前者违约，选择后者；已报考专升本或公务员等待录取的毕业生，仍与用人单位签约，并不向用人单位说明，导致最终无法履约；大学生私下转让就业协议书，导致与几家单位签约；领取报到证后不按时报到；向用人单位提供虚假信息，不符合单位用人条件。

（2）用人单位违约表现。毕业生报到时，单位在没有任何事实依据和法律依据的情况下，拒绝接收毕业生；提供虚假信息，误导毕业生与之签约；为约束毕业生而收取各种不合理费用；违反法律法规，侵害毕业生的合法权益。

2. 违约责任

《高校毕业生就业协议书》一经毕业生、用人单位、学校签署即具有法律效力，任何一方不得擅自解除，否则违约方应向权利受损方支付协议条款所规定的违约金，承担违约责任。从实际情况来看，出现违约问题的多为毕业生或用人单位。

（二）劳动争议的解决

所谓劳动争议，是指劳动关系当事人之间因劳动的权利与义务发生分歧而引起的争议，又称劳动纠纷。

1. 劳动争议的范围

劳动争议的范围，在不同的国家有不同的规定。根据我国《劳动争议调解仲裁法》第二条规定，劳动争议的范围是：因确认劳动关系发生的争议；因订立、履行、变更、解除和终止劳动合同发生的争议；因除名、辞退、辞职、离职发生的争议；因工作时间、休息休假、社会保险、福利、培训以及劳动保护发生的争议；因劳动报酬、工伤医疗费、经济补偿或者赔偿金等发生的争议；法律、法规规定的其他劳动争议。

2. 劳动争议的解决途径

《中华人民共和国劳动争议调解仲裁法》关于劳动争议的解决有如下规定：

第三条　解决劳动争议，应当根据事实，遵循合法、公正、及时、着重调解的原则，依法保护当事人的合法权益。

第四条　发生劳动争议，劳动者可以与用人单位协商，也可以请工会或者第三方共同与用人单位协商，达成和解协议。

第五条　发生劳动争议，当事人不愿协商、协商不成或者达成和解协议后不履行的，可以向调解组织申请调解；不愿调解、调解不成或者达成调解协议后不履行的，可以向劳动争议仲裁委员会申请仲裁；对仲裁裁决不服的，除本法另有规定的外，可以向人民法院提起诉讼。

根据《中华人民共和国劳动争议调解仲裁法》，劳动争议的解决可以通过协商、调解、仲裁、诉讼四种途径。

（1）协商。劳动争议发生后，当事人应当协商解决。但是，协商不是处理劳动争议的必经程序。不愿协商的，可以申请调解。

（2）调解。劳动争议发生后，当事人不愿协商或者协商不成的，可以向本单位劳动争议调解委员会申请调解，但调解也不是处理劳动争议的必经程序。

调解委员会调解劳动争议，应当自当事人申请调解之日起三十日内结束，到期未结束的视为调解不成。经调解达成协议的，双方当事人应当自觉履行。

（3）仲裁。调解不成的可以向劳动争议仲裁委员会申请仲裁。当事人也可以直接向劳动争议仲裁委员会申请仲裁。仲裁是处理劳动争议的必经程序。

提出仲裁申请的应当自劳动争议发生之日起六十日内向劳动争议仲裁委员会提出书面申请。仲裁裁决一般应当在收到仲裁申请的六十日内做出。对仲裁裁决无异议的，当事人必须执行。

（4）诉讼。劳动争议当事人对仲裁裁决不服的，可以自接到仲裁裁决书之日起十五日内向人民法院提起诉讼。一方当事人在法定期限内不起诉又不履行仲裁裁决的，另一方当事人可以申请人民法院强制执行。

提示：发生劳动争议时要注意保存主要证据：首先是劳动合同；其次是员工手册以及其他证据，如解聘函、工资签收单、病假证明、医生处方等。

第三节　就业协议与劳动合同

一、就业协议的概念

"协议"一般是指双方当事人通过协商而达成的一致意见。双方当事人在协商过程中的地位是平等的，而且要诚实守信，不能欺骗对方当事人，也不能强迫对方签订协议。同时，双方当事人在协商和签订协议的过程中，不允许第三人干涉，所以这种协议是一种平等的民事协议。

就业协议是明确毕业生、用人单位和学校在毕业生就业过程中的权利和义务的书面表现形式，一般由国家教育部或各省、市、自治区就业主管部门统一制表。

毕业生在就业时所签订的就业协议书是一种三方协议，这种三方协议并不是简单平等的协议，从签订就业协议的主体来看，就业协议的签订须毕业生、用人单位、学校三方在就业协议书上签字盖章才能生效,缺少其中任何一方签字盖章,就业协议是不能生效的。在签订就业协议的过程中,毕业生与用人单位是平等的主体,双方不存在隶属关系,相互之间的法律地位是完全平等的。双方是否在就业协议书上签字,完全取决于双方各自的意愿,不存在强迫的问题。但是,作为签订就业协议的一方主体——学校,在就业协议的签订过程中却扮演了双重主体的身份。它一方面是以平等的主体,按照相关的规定和程序来参与就业协议的签订;另一方面,它又以管理者的身份对就业协议进行审查,符合政策规定的予以签订盖章,使就业协议生效,不符合政策规定的,不予以签字盖章,就业协议就不能生效,从而否定了用人单位和学生的协议。从管理的角度来讲,学校、毕业生和用人单位三者的地位不平等,这种不平等是行政管理权力的体现,实质上是学校代表政府对毕业生就业的一种行政干预。所以,签订就业协议是一件非常严肃的事情,各方一经签字盖章即具法律效力,任何一方都有履行协议的责任和义务,不得随意变更协议。

二、就业协议与相关合同类型的关系

（一）就业协议与劳动合同的关系

就业协议与劳动合同都是用人单位与毕业生所订立的书面协议,但两者分别处于两个相互联系的不同阶段,既有区别又有联系。主要表现在:

（1）毕业生就业协议,是毕业生在校时由学校参与鉴证,与用人单位协商签订的,编制毕业生就业计划方案和毕业生派遣的依据。而劳动合同是指劳动者与用人单位之间为确立劳动关系,明确双方权利和义务的书面协议。学校不是劳动合同的主体,也不是劳动合同的鉴证方,劳动合同是劳动者从事何种岗位、享受何种待遇等权利和义务的依据。一份有效的劳动合同除由双方签署意见外,还需由用工单位所在地劳动管理部门（各级劳动局）鉴证、盖章,才具备法律效力。

（2）毕业生就业协议的内容主要是毕业生如实介绍自身情况,并表示愿意到用人单位就业,用人单位表示愿意接收毕业生,学校同意推荐毕业生并列入就业计划进行派遣。劳动合同的当事人一方是劳动者,另一方是用人单位;劳动合同的内容是明确双方当事人在实现劳动过程中的权利与义务以及违反合同的责任;劳动合同明确的是劳动行为;劳动合同是承诺性、有偿的双方合同;劳动合同是双方当事人达成的书面协议;其内容包括劳动合同期限、工作内容、劳动保护、劳动条件、劳动报酬、劳动纪律、劳动合同终止的条件、违反劳动合同的责任等。

（3）一般来说,就业协议签订在前,劳动合同订立在后。如果毕业生与用人单位就工资待遇、住房等有事先约定,也可在就业协议备注条款中予以注明,日后订立劳动合同对此内容应予认可。

（4）就业协议是毕业生和用人单位关于将来就业意向的初步约定，对于双方的基本条件以及即将签订劳动合同的部分基本内容的大体认可，并经用人单位的上级主管部门、高校就业部门同意和鉴证，一经毕业生、用人单位、高校、用人单位主管部门签字盖章，即具有一定的法律效力。省主管毕业生就业的行政部门、各级人事局、公安局根据有效的就业协议书编制（下达）毕业生就业调配计划、开具毕业生报到派遣证、开具户口关系、接收毕业生（回生源地就业的，即便未签署就业协议书，按规定仍可开具毕业生报到派遣证、迁户口）。就业协议书是编制毕业生就业计划和将来可能发生违约情况时的判断依据，有效期一般为一年。

（二）就业协议与其他相关合同

毕业生在求职过程中还会遇到实习协议、劳务合同等其他的法律合同文件。几种主要合同的含义如下：

1. 实习协议

所谓实习协议，一般是指在校学生通过参加实习单位的实际工作进行实践学习，并明确双方权利义务的协议。对用人单位而言，实习只意味着企业给在校学生提供一个锻炼和学习的机会，并不存在着应聘和聘用关系，学生参加实习是为了积累实践经验，实习一般属于教学过程的一部分。所以，实习的大学生与学校有着教育的关系，接受实习生的单位不与实习大学生建立劳动关系。特别是实习期间的学生并不能享受到工资、最低工资、工伤、社会保险等劳动法法定的保障，双方权利义务基本上靠实习协议来自行约定，只受《教育法》等教育法规、《合同法》等民事法规的保护。因此签订实习协议，要明确以下几点：学校、企业及学生的权利和责任；实习期限、作息时间、工作地点、实习内容以及预期效果；住宿、饮食、劳务费、安全责任、用人单位的有关管理规定；发生争议时的解决办法等。特别提醒的是企业以提供实习机会收费的做法应当是被禁止的，学生参加这样的实习需要警惕，很可能遇到陷阱。大学生要做好自我保护，保留相关证据，以便在自身权益受到侵害时，能受到法律的保护，得到相应的赔偿。

2. 劳务合同

学生从事自由职业，如家教、翻译、软件设计等类似的工作，一般要与雇主签订劳务合同。劳务合同通常意义上是指雇佣合同，是平等主体公民之间、法人之间、公民与法人之间以提供劳务为内容而签订的协议，是受雇人为雇佣人提供服务的合同，是当事人平等协商一致的结果，双方之间不存在劳动关系，一般受雇方只获得劳动报酬。发生争议时，法院可直接受理，适用于民事法规，如《合同法》；合同解除时，双方均可随时根据合同的约定解除雇佣关系。

签订劳务合同时，应本着合法、平等、自愿的原则，要搞清楚合同每条条款的确切含义，若有不清楚的地方，应向有关部门或人员提出疑问和咨询，在涉及个人利益时，一定不能马虎从事。

3. 劳动合同

劳动合同指劳动者与用人单位建立劳动关系，并明确双方权利和义务关系的协议。劳动关系是指劳动者与用人单位在实现劳动过程中建立的社会经济关系，即劳动者必须加入某一个用人单位，成为该单位的一员，参加单位的生产劳动，遵守单位内部的劳动法规。同时，用人单位必须按照劳动者的劳动数量或质量给付其报酬，这样才构成了双方的劳动关系。

签订劳动合同时应注意，双方签订的劳动合同程序、形式以及内容（权利与义务）必须符合法律、法规和劳动政策。

对于应届毕业生来讲，实习期、见习期就是试用期，根据《劳动合同法》第十九条，劳动合同期限三个月以上不满一年的，试用期不得超过一个月；劳动合同期限一年以上不满三年的，试用期不得超过两个月；三年以上固定期限和无固定期限的劳动合同，试用期不得超过六个月；同时用人单位不得扣押劳动者的居民身份证和其他证件，不得要求劳动者提供担保或者以其他名义向劳动者收取财物。

【分享阅读】

实习与就业

再过不多久，各高校学生就要下基地参加临床实习了，因此关于实习的话题又开始在校园里热起来。"你准备到哪里去实习？""你联系好实习单位了吗？"互相打听实习分配情况，一时间成为同学们日常见面聊天的主要内容。

于是，同学们开始忙碌起来，四处活动，忙着托熟人，忙着求领导，忙着缠老师，忙着找关系，一心只为找一个好的实习单位。有些同学甚至为此而焦虑上火，心绪不宁，上课心不在焉，吃饭不香，睡觉不安。

我不禁在思考一个问题：为什么每年实习前，学生要蹿上跳下忙着联系实习单位呢？经与一些高校同学私下里交谈得知：在同学们的潜意识里，实习等于就业，实习单位就是工作单位。他们以为在哪里实习就能在哪里留下来工作，实习分得好，工作就分得好。他们还举例说，某某学长在上海某单位实习，后来就留在上海工作，某某学姐在广州某单位实习，毕业后也留在了广州。其实，这根本是一种误解！错在把个别当成了一般，把现象看作了本质。因此，如何对待实习分配，实质上就是如何认识和处理实习与就业的关系问题。

实习，属于实践性教学，是教学的一个重要环节，是学校教育不可或缺的一个环节。实习就是学生在指导（带教）老师指导下，把在学校在课堂上学到的理论知识变为实际操作技能，为工作对象服务的活动。实习的过程，就是学生在生产（临床、教学）一线，通过自己为工作对象服务的实践活动，全面了解和熟悉工作内容、工作性质，训练和掌握专业技能技巧，提高专业工作能力，养成职业思维，培养职业道德的过程。实习的时间视专业和学制的不同而不同，比如，师范专业学生教育实习的时间一般只有二三个月（专科8~10周，本科10~12周），医学专业学生临床实习的时间一般需要一年左右（专科40周，本科48周）。

就业就是学生从学校毕业后，进入社会、进入单位，以社会所赋予的角色开始职业生涯，承担职业责任的现象。对于学校而言，只有学生毕业后都实现了充分就业，并受到用人单位的欢迎和好评，才能证明学校有较高的教育教学质量和人才培养质量。对于学生本人，只有毕业后找到了工作单位，有了具体的工作岗位，才能算实现了就业。实现充分就业，既是学校教育的目标，也是学生学习的动力。在当前世界经济不景气，大学生普遍就业难的现实形势下，要想找一份工作，尤其是找一份专业对口的理想工作，确实不易。如何实现充分就业、顺利找到工作？它要求学生加强内在、外在的修养，着力提升自己的就业竞争力和社会适应能力。

提升就业竞争力，要求学生不但要重视自己的外在形象、仪表大方、衣着整洁、谈吐文明、举止端庄，而且更要注重内在素质的提升，包括思想道德素质、专业理论素质、专业工作能力等。也就是要能够做事，独当一面，独立应对和处理工作中的紧急、突发事件；学会做人，善于沟通，巧于协调和处理各种人际关系；坦诚待人，尊敬领导，团结同事，尊重工作对象，真诚合作，热情服务。而这一切，除了学校的教育外，也离不开实习的修养。

由此可见，实习与就业有着密切联系，实习是学生由学校走向社会的过渡，是开始职业生活前的预演。实习是就业的基础，实习成绩好坏，实习效果如何，实习评价优劣，直接影响学生能否如期毕业和顺利就业。所以，学生重视实习，关注实习，是完全必要、完全应该的。但是，实习并不等于就业。选择好的实习单位不等于有好的实习成绩和评价，还需要在实习期间自觉加强学习和实践，虚心向带教老师请教，多观察、多思考、多动手、多操练，在实习中逐步培养起对自己、对职业工作和工作对象的感情，不断提高将书本理论知识灵活运用到实际工作中去解决具体问题的能力。只有这样，才能为今后的工作练好过硬的业务技术，积累足够的工作经验，奠定坚实的基础。

总之，实习与就业是不能画等号的。分配在一个好的单位实习，并不等于在一个好的单位工作。我们既要重视实习，努力搞好实习，圆满完成实习任务，又不要过于看重实习单位的选择。实习的关键不是单位的选择，而是实习的过程，是实习过程中的实际表现。不管在哪个单位实习，我们都要注重个人素质、能力、技术的全面修养，努力提升自己的就业竞争力。

——资料来源：红网

三、就业协议的主要内容及格式

就业协议是就业协议书中的内容，就业协议书是记载就业协议的文本，也就是说，"就业协议"与"就业协议书"是两个不同的概念，它们是内容和载体的关系。

（一）就业协议的主要内容

（1）毕业生应按国家法规就业，向用人单位如实介绍自己的情况，了解用人单位的使用意图，表明自己的就业意向，在规定的时间内到用人单位报到，若遇到特殊情况不能按时报到，需征得用人单位的同意。

（2）用人单位要如实介绍本单位的情况，明确对毕业生的要求及使用意图，做好各项接收工作。

（3）学校要如实向用人单位介绍毕业生的情况，做好推荐工作。用人单位同意录用后，经学校审核列入建议就业计划，报主管部门批准，学校负责办理派遣手续。

（4）各方应严格履行协议，任何一方若违反协议，应承担违约责任。

（5）其他补充协议。

（二）就业协议书的主要内容

为了规范毕业生与用人单位签订就业协议的行为，教育部制定了统一的就业协议书，并要求高校、毕业生和用人单位统一使用。毕业生与用人单位达成一致意见之后，通过学校与用人单位签订就业协议书，目的在于明确毕业生、用人单位、学校三方面的权利和义务，维护国家就业计划的严肃性。其主要包括以下四部分内容：

1. 内容及要求

这一部分是就业协议的重要内容，它表明国家的就业政策和对就业协议书的使用规定。主要有以下六个方面内容：

（1）对毕业生的要求

教育部统一印制的就业协议书规定："毕业生应按国家规定就业，向用人单位如实介绍自己的情况，了解单位的使用意图，表明自己的就业意见，在规定的时间内到用人单位报到，若遇到特殊情况不能按时报到，需征得用人单位同意。"该规定条款要求毕业生在了解国家就业政策和用人单位使用意图的前提下，按规定的程序签订就业协议书。同时，要求毕业生在双向选择过程中实事求是地向用人单位介绍自己的情况，不得虚假"包装",欺骗用人单位。在签订就业协议书前,毕业生还应当了解用人单位对毕业生的使用意图和提供的工作岗位,并结合自己所学的专业和实际情况综合考虑。对于已与用人单位签约的毕业生,必须在规定的时间内到用人单位报到,若遇到特殊情况不能按时报到,需征得用人单位的同意。"学校应在学生毕业前安排体检,不合格者不派遣,本协议自行取消,由学校通知用人单位。如用人单位对毕业生身体条件有特殊要求,原则上应在签订协议前进行体检,否则,以学校体检为准。"该条款要求毕业生在离校前,学校应当为其安排一次全面的身体检查。体检不合格,不允许就业,不发就业报到证。同时,就业协议自行取消,由学校致函用人单位,说明情况。对于身体不合格的毕业生,学校将要求其回家休养治病,凭县级以上身体痊愈的证明,参加次年就业。这样做的目的既是对用人单位负责,也是对毕业生负责,更是为了维护学校的声誉。学校不应将身体不合格、不能从事正常工作的毕业生送到用人单位。

(2) 对用人单位的要求

规定用人单位要如实介绍本单位的情况,明确对毕业生的要求及使用意图,做好各项接收工作。凡取得毕业资格的毕业生,用人单位不得以学习成绩为由提出违约,未取得毕业资格的结业生,本协议无效。要求用人单位在招聘学生时,应当将自己单位的性质、生产经营情况、发展前景、福利待遇以及对毕业生所学专业的要求、具体的工作岗位等实事求是地向毕业生介绍,与毕业生签约以后,要做好接收毕业生的工作。接收工作包括多方面的内容,如为毕业生办理人事关系、户口关系、档案关系的转入手续、具体安排工作和生活等。对于已取得毕业资格,拿到了毕业证的毕业生,用人单位不得无理违约或拒收毕业生。结业生属于不合格毕业生,对于未取得毕业资格的结业生,签订的就业协议无效。就业协议书不适用于结业生。此外,还规定"毕业生报到后体检不合格者,应在报到后一个月内与学校协商同意后,将其退回学校。超过一个月,由用人单位按在职人员的有关规定处理"。

(3) 对学校的要求

规定学校要如实向用人单位介绍毕业生的情况,做好推荐工作。用人单位同意录用后,经学校审核列入建议就业计划,报国家教育部批准,学校负责办理派遣手续。要求学校作为签约的一方要实事求是地向用人单位介绍毕业生的情况,做好推荐工作。在毕业生就业工作中,学校具有管理职能,该职能要求学校根据国家的就业方针政策和学校的规定,对毕业生与用人单位签订的就业协议书进行形式和内容上的审核,符合政策规定的学校将其列入建议性就业计划,并报上级毕业生就业主管部门审批。

(4) 关于就业协议条款的特别约定

规定"毕业生、用人单位、学校三方如有其他约定,应在备注中注明,并视为本协议书的一部分"。强调签订就业协议的各方,如果有一些其他的约定,应当在就业协议书的备注栏中注明并签字、盖章,否则,有可能因这些约定发生争议。该内容虽然比较简单，但却是十分重要，因为学校在对就业协议进行审核时，原则上不承认口头约定，因为口头约定在实际操作中根本无法认定。

(5) 就业协议的生效及违约

规定"本协议经各方签字、盖章后生效。三方都应严格履行本协议，若有一方提出变更协议，须征得另两方同意，并由违约方向另两方交纳违约金"。这是对就业协议的生效和违约所做出的原则性规定。此外，还对违约做出规定：签约的一方因特殊情况不能履行协议的，经另两方同意后，违约方应向另两方承担相应的违约责任。承担违约责任有多种方式，如赔偿损失、支付违约金等。一般来说，对承担违约责任的方式，在签订就业协议时各方均有共同的约定和承诺。

(6) 就业协议书的使用和管理

规定"本协议一式三份，毕业生、用人单位、学校各执一份。复印无效"。签约三方各自持有一份就业协议书，就业协议书复印无效。为维护就业协议的严肃性，各高校一般规定每位毕业生只有一套由学校统一编号的就业协议书。在就业时只能使用有自己编号的协议书原件，使用复印件或使用别人的协议书签订的就业协议均无效，学校在审查时，不予认可和签字、盖章。从用人单位的角度来说，现在很多用人单位在通知毕业生参加面试时，除要求毕业生带上必要的自荐材料和证明材料外，还要求毕业生出示就业协议书。是否持有三方签字的就业协议书已成为毕业生是否已就业的标志，同时也是毕业生进入用人单位的通行证。

2. 签署协议三方的意见表述

这一部分主要包括以下三项内容：

(1) 毕业生的情况及意见。这部分内容由毕业生本人填写，毕业生的情况包括姓名、性别、年龄、民族、政治面貌、培养方式、健康状况、专业、学制、学历和家庭地址。在毕业生的意见一栏中，由毕业生填写自己的应聘意见，要求毕业生对是否愿意到用人单位就业表明自己的意见，同时也应写明与用人单位在洽谈中达成的有关约定，以免日后发生争议。应该说，从整个就业协议书的内容来看，应聘意见是毕业生行使自己权利的重要体现，对毕业生十分重要，要求毕业生认真填写。但是在实践中，许多同学并不重视填写应聘意见，对自己的权利无任何表述，或只草率地填写"同意"，放弃了自己应有的权利，为以后产生争议埋下了隐患。

(2) 用人单位的情况及意见。这部分内容由用人单位填写。用人单位的情况包括单位名称、单位隶属、联系人、联系电话、所有制性质、单位性质和毕业生档案转寄详细地址等。在用人单位意见一栏中包括两个方面的内容：用人单位的意见和用人单位上级主管部门的意见。这就是说，用人单位同意录用毕业生以后，还必须有用人单位的上级主管部门同意录用的意见。根据我国现行的人事制度，有的用人单位虽然可以自主录用毕业生，但是毕业生的户口、非本地生源毕业生的聘用由用人单位的上级主管部门或省、市级人事部门审批，只有经过主管部门的审批后才能办理毕业生的接收手续。

（3）学校意见。学校意见中对学生的基本情况和用人单位的情况及协议内容进行初步审核，同时对毕业生具体的就业去向登记备案。学校意见是学校毕业生就业主管部门代表学校对就业协议书进行审查，符合就业方针政策和学校就业规定的，就在就业协议书上签字盖章，表示学校对毕业生与用人单位双方所签就业协议的认可。

3. 备注

备注栏是为毕业生、用人单位、学校三方共同约定其他条款所设计的。在备注栏中毕业生与用人单位约定的条款只要不违背国家的就业政策和法律、法规以及学校的有关规定，学校一般不予干涉和否定。如果已与用人单位就见习期时间、工资福利待遇、违约责任等达成共识的也可在此栏注明。以后如果毕业生违约，需在此栏由用人单位写明同意违约并盖上与前面用人单位意见栏所盖相同的公章，学校才能考虑给毕业生换发新的就业协议书。如无其他条款，应当将协议书中的备注栏空白部分划去，注明以下空白。

4. 注意事项

毕业生在领到就业协议书后，要仔细阅读就业协议书中的全部内容。同时，注意保管好就业协议书，并在择业成功时，采取认真负责的态度签订就业协议书。在签订表格合同时，有关毕业生与用人单位双方商定填写的空白部分，应明确填写商定的内容文字，如有未填写的空白，必须用"/"（斜杠）划除，或填写上"无"字，以避免未划除空白而产生的争议。

这里，要特别提出的是，签订就业协议书的主体是毕业生和用人单位，学校只起鉴证、监督以及为毕业生和用人单位服务的作用。毕业生与用人单位签约后，要尽早完成其他手续，并将其中一份协议书交给用人单位，一份交给学校，一份自己留存。

四、就业协议的签订

（一）签订的基本原则

就业协议签订的基本原则，是指用人单位、毕业生和毕业生所在高校三方在签订就业协议时必须遵循的基本准则。

1. 主体合法原则

签订就业协议的当事人必须具备合法的主体资格。对毕业生而言，就是必须要取得毕业资格，如果学生在派遣时未取得毕业资格，用人单位可以不予接收而无须承担法律责任；对用人单位而言，用人单位必须具有从事各项经营或管理活动的能力，单位应有录用毕业生计划和录用自主权，否则毕业生可解除协议而无须承担违约责任；对高校而言，高校根据用人单位的要求如实介绍毕业生的在校表现，也应如实将所掌握的用人单位的信息发布给毕业生，高校是毕业生就业协议的一个重要组成部分。

2. 平等协商原则

就业协议中的用人单位和毕业生在签订就业协议时的法律地位是平等的，一方不得将自己的意志强加给另一方。学校也不得采用行政手段要求毕业生到指定单位就业（不包括有特殊情况的毕业生），用人单位亦不应在签订就业协议时要求毕业生缴纳风险金、保证金。双方当事人的权利义务应是一致的。除协议书规定内容外，双方如有其他约定事项可在协议书"备注"内容中加以补充确定。

3. 诚实信用原则

"诚"就是真心诚意、实事求是、不虚假、不欺诈；"信"就是遵守承诺，讲求信用。用人单位非常重视毕业生是否具有"诚信"。社会是这样一个整体：人一旦离开了它，便很难延续生命。既然要在其中生存，那么维系人与人之间的链条就是诚信。如果你周围的舆论一致认定你是一个言行不一、口是心非的人，那么你还能从这些人那里得到什么帮助呢？因此，中国人自古就把诚信看得比生命还重。

4. 学校鉴证原则

就业协议的生效，除用人单位和毕业生协商一致外，必须经过学校鉴证。就业协议鉴证，是学校依法证明就业协议的真实性和合法性的一种活动。就业协议鉴证是高校履行的一种行政管理制度，是对就业协议进行管理的一种行政干预、行政监督措施。

（二）就业协议签订的注意事项

毕业生就业协议明确的三方权利和义务，具有法律约束力，也涉及毕业生的切身利益，因而毕业生在就业签约时应注意以下几个问题，以切实维护自身在签订就业协议过程中的合法权益。

1. 认真地了解、掌握国家和地方各级政府就业政策以及学校的有关就业规定

国家和地方各级政府就业政策和学校的相关规定是指引毕业生择业方向的指南，它将规范毕业生的就业行为，毕业生从中可了解到可以做什么，不可以做什么，或者怎样去做。有关政策提倡高校奖学金适当用于鼓励和支持毕业生到西部、到基层贫困地区就业。如，重庆市规定："到重庆市就业的毕业生不受生源、专业和学历限制，只要毕业生按有关规定与用人单位签订了就业协议（或劳动合同），学校应列入就业方案，有关部门或地区应予办理档案管理和落户手续。重庆市主城区生源的毕业生到主城区以外就业的，户口和档案可保留在原籍；非重庆市生源的本科学历以上的毕业生到主城区就业的，户口和档案可在主城区托管；重庆籍生源的毕业生到

市外就业的，根据毕业生的意愿，户口和档案可保留在原籍。对当年未就业的毕业生，可延长两年择业时间，保留其就业的有关资格，免收两年未就业期间的档案管理费。为方便未就业毕业生择业和就业，在两年时间内，可根据毕业生的意愿，对其户口和档案关系，分别采取学校暂存、学校所在地的县级以上人才服务机构统一管理和重庆市大中专毕业生就业指导办公室存管三种方式予以管理，促使毕业生充分就业。"

2. 慎重签订就业协议书

毕业生在与用人单位签订就业协议书前，要认真阅读协议书中的全部条款，特别是要清楚用人单位提出的附加条款，并弄清楚条款的内容和含义，同时还要学会如何运用条款和掌握签订就业协议书的步骤。着重要注意以下几点：

（1）要了解用人单位有无独立的人事权，以及用人单位的上级主管单位和部门是谁。如果用人单位没有独立的人事权，除了用人单位盖章外，还必须有其上级主管部门的公章。否则，由于用人单位的上级主管单位或主管部门不认可，所签协议书将为无效协议书。

（2）要查明用人单位的资质情况。签订就业协议的当事人必须具备合法的主体资格，一般而言，用人单位必须具有从事各项经营或管理活动的能力，单位应有用人指标和用人人事权。由于就业市场招聘单位类型多样，不乏有鱼目混珠的情况，因此毕业生在与用人单位签订就业协议时应慎重，要仔细了解用人单位的基本资质情况，才能做出正确的判断。

（3）要按正确的程序签订就业协议书。毕业生就业协议的签订应按照规定的程序进行。一般而言，毕业生应凭用人单位接收函到学校领取就业协议书，在与用人单位签约后交学校就业工作部门鉴证。但是，现在越来越多的用人单位要求学生先带上就业协议书面试，以确定该毕业生是否与其他用人单位签订协议，所以也可以由学生在学校就业部门领取就业协议书，先与用人单位签订就业协议，再将就业协议交学校就业部门审核。不管怎样，就业协议书的签订必须由学校就业部门最后把关，以维护学生的合法权益。

（4）要明确有关条款的内容。毕业生就业协议一般由主管部门事先拟定，对毕业生与用人单位起示范作用。毕业生与用人单位对有关条款可以协商还可以增加相关条款。因而毕业生与用人单位在签约时，应尽量采用示范条款。如确有必要进行变更或增加，必须明确其内容，不要产生歧义，尤其是涉及福利待遇、工作期限、违约责任等方面时。否则，一旦发生争议，由于事先约定不明确，结果不利于毕业生自身合法权益的保护。

（5）要注意与劳动合同的衔接。由于毕业生就业协议签订在先，为避免在日后订立劳动合同时产生纠纷，应尽可能将劳动合同的主要内容体现在就业协议的约定条款中，并明确表示在今后订立劳动合同时应予确认。否则双方日后就劳动合同有关内容达不成一致意见，且事先无约定时，若毕业生表示不愿在该单位工作，用人单位就会反过来要毕业生承担违反就业协议的责任。因而毕业生在就业过程中应就劳动报酬、试用期、住房、服务期限等劳动合同的主要条款与用人单位事先协商，体现在就业协议中，并将协议结果书面化，而不应只做口头约定。

（6）要对合同的解除条件做事先约定。毕业生就业协议一经订立，就对当事人具有约束力，一方不得随意解除，否则应承担违约责任。毕业生如对用人单位情况不是很了解或感到不完全如意，但又担心就业市场的变化，一旦放弃后落实就业单位可能更困难。在这种情况下，毕业生可与用人单位在就业协议中就解除条件做约定。若约定条件一旦达成，毕业生可依约解除协议，而无须承担违约责任，避免产生经济损失或其他争议。

（7）要注意备注（所约定条款）的合理性和可接受性。目前，高校毕业生使用的就业协议书是由教育部统一印制的，由于地区之间、用人单位之间存在着差异和各自情况的不同，协议书中不可能规定得全面、详细，许多内容要靠毕业生与用人单位约定，然后备注。但是，毕业生在与用人单位进行约定的时候要注意：约定的条件是否合理；约定的条款毕业生本人能否承受（如对于违约问题，有的用人单位为了惩罚违约的毕业生，约定的违约金数额过高，使学生难以承受）；毕业生与用人单位约定的备注条款，要注意必须有毕业生和用人单位双方的签字，否则当发生争议时，由于没有双方的签字，备注条款很难发生作用。

（三）无效就业协议

所谓无效就业协议，是指已经签订，但不符合法律规定的生效条件，因而不具有法律效力的就业协议。

一般来讲，下列就业协议无效：未经所在高校鉴证认可的；一方以欺诈、胁迫等手段订立的，损害国家利益的就业协议；恶意串通，损害国家、集体或第三方利益的就业协议；以合法形式掩盖非法目的的就业协议；损害社会公共利益的就业协议；违反法律、行政法规，强制性规定的就业协议。

（四）就业协议的解除

就业协议的解除分为单方解除和三方协商解除。

单方解除，包括单方擅自解除和单方依法或依协议解除。单方擅自解除协议，属违约行为，解约方应对另两方承担违约责任。单方依法或依协议解除，是指一方解除就业协议有法律上或协议上的依据，如学生未取得毕业资格，用人单位有权单方解除就业协议；毕业生考取国家公务员后，可解除就业协议；或依协议规定，毕业生未通过用人单位所在地组织的公务员考试，用人单位有权解除协议。此类单方解除协议，解除方无须对另两方承担法律责任。

三方协商解除是指毕业生、用人单位、学校三方经协商一致，解除原订立的协议，使协议不发生法律效力。此类解除应是三方当事人真实意愿表示一致的体现，三方均不承担法律责任，三方解除应在就业计划上报主管部门之前进行，如果就业派遣计划下达后三方解除，还须经主管部门批准办理调整改派。

(五) 违约责任及毕业生违约的后果

就业协议书一经毕业生、用人单位、学校签署即具有法律效力，任何一方不得擅自解除，否则违约方应承担违约责任。

根据我国民法通则的规定，承担违反就业协议的责任方式主要有以下几种：停止侵害、排除妨碍、消除危险、返还财产、恢复原状、赔偿损失、支付违约金、消除影响、恢复名誉、赔礼道歉等。就业违约有用人单位违约，也有毕业生违约，从实际情况来看多为毕业生违约。

毕业生违约，除本人应承担违约责任、支付违约金外，往往还会造成其他不良的后果。第一，对用人单位而言，用人单位往往为录用毕业生做了大量的工作，有的甚至对毕业生将要从事的具体工作也有所安排。同时毕业生就业工作时间相对比较集中，一旦毕业生因某种原因违约，势必使用人单位的录用工作付之东流，用人单位若要另选其他毕业生，在时间上可能来不及，从而给用人单位工作造成被动。第二，对学校而言，用人单位往往将毕业生违约行为认为是学校的行为，从而影响学校和用人单位的长期合作关系。用人单位会由于毕业生存在违约现象，而对学校的推荐工作表示怀疑。从多所高校的调查情况表明，一旦有毕业生违约，用人单位一般会在几年之内不愿到学校来挑选毕业生。面对激烈的就业竞争，用人单位需求就是毕业生择业成功的前提，如此下去，必定影响今后学校的毕业生就业工作，同时影响学校就业计划方案的制订和上报，并影响学校的正常派遣工作。第三，对其他毕业生而言，用人单位到校挑选毕业生，一旦与该毕业生签订就业协议，就不可能再录用其他毕业生。若日后该毕业生违约，有些当初希望到该用人单位工作的其他毕业生由于录用时间等原因，也无法补缺，造成就业资源的浪费，影响其他毕业生就业。因此，毕业生在就业过程中应慎重选择，认真履约。

五、劳动合同的含义、订立程序及主要内容

(一) 劳动合同的含义

劳动合同又称劳动契约、劳动协议，是劳动者与用人单位确立劳动关系、明确权

利义务的协议。劳动合同从本质上来说是劳动者与用人单位之间的一种协议，是当事人意愿表示一致的产物。劳动合同是特种契约，不能采用传统的民法调整方法来进行调整，应该由劳动合同法这一特别法进行调整。

（二）劳动合同订立程序

实践中，劳动合同订立程序一般需要以下几个步骤：
(1) 需要用工并具有用工权的单位向社会公开发布用工（招聘）公告或广告。
(2) 劳动者报名应招。
(3) 用人单位对前来应招的报名者进行考核。
(4) 确定符合条件的劳动者并通知对方。
(5) 签订书面劳动合同。劳动者和用人单位协商一致后在劳动合同上签字盖章生效，劳动合同文本由劳动者和用人单位各执一份。

《中华人民共和国劳动合同法》第七条规定："用人单位自用工之日起即与劳动者建立劳动关系。"第十条规定："建立劳动关系应当订立书面劳动合同。已建立劳动关系未同时订立书面劳动合同的，应当自用工之日起一个月内订立书面劳动合同。"所以签订书面劳动合同不是劳动关系成立的形式要件，而是用人单位的一项法定义务，事实劳动关系也应该被纳入法律调整范围之内。

（三）劳动合同的主要内容

劳动合同的内容是劳动者与用人单位之间设定劳动权利的具体规定。根据条款内容是否为劳动合同所必需，可将劳动合同的内容分为必备条款和补充条款两部分：必备条款是劳动合同必须具备的内容，欠缺了必备条款劳动合同就不能成立。必备条款有些是法律规定的，有些是当事人协商议定的；补充条款并不是劳动合同成立必须具备的条款，缺少了补充条款劳动合同依然能够成立，补充条款都是当事人议定的内容。

劳动合同的必备条款有如下几点：

1. 劳动合同双方当事人

双方的相关信息包括用人单位的名称、住所、法定代表人以及劳动者的姓名、住所和身份证号。

2. 合同期限

劳动合同可以有固定期限也可以无固定期限，或者以完成一定工作为期限。

3. 工作内容

劳动者所担任的工作或职务，工作的要求以及工作的地点在合同中应予以约定，即所从事的工作和工作岗位。应当尽量明确地书写工作和岗位，做到定岗定位。因为岗位的设定直接关系到劳动者是否能够胜任工作、是否负有保密责任以及以后续订合同时是否可以约定试用期等一系列问题。

4. 工作时间和休息休假

国务院规定，职工每日工作八小时，每周工作四十小时。劳动法对劳动者的休息休假权利做了详细的规定。这些都应当反映在劳动合同中。

5. 劳动报酬

劳动合同应明确工资的数额、支付方法，奖金、津贴的数额，以及获得的条件等，对福利待遇也应加以规定，应写明劳动报酬的具体数额、计算方法及支付日期，并明确该劳动报酬是税前还是税后。

6. 社会保险

我国现阶段的社会保险主要包括失业保险、养老保险、医疗保险以及生育保险等。劳动合同应依法对有关保险事项做出约定。

7. 劳动保护、劳动条件和职业病危害防护

用人单位应为劳动者制定和提供保障劳动者在劳动过程中身体健康和生命安全、预防伤亡事故和职业病发生的制度和设施，并为其提供必备的劳动条件。劳动合同应对此依法做必要的约定。

（四）常见的补充条款

1. 试用期

劳动合同可以约定试用期。《中华人民共和国劳动合同法》对试用期做了详细的规定，劳动合同期限三个月以上不满一年的，试用期不得超过一个月；劳动合同一年以上不满三年的，不得超过两个月；三年以上固定期限和无固定期限的劳动合同，不得超过六个月。

同一用人单位与同一劳动者只能约定一次试用期。试用期包含在劳动合同期限内。劳动合同仅约定试用期的，试用期不成立，该期限应为劳动合同期限。

劳动者在试用期的工资不得低于本单位相同岗位最低档工资或者劳动合同约定工资的百分之八十，并不得低于用人单位所在地的最低工资标准。

2. 培训条款

用人单位可以根据实际需要约定对劳动者进行职业培训，包括就业前培训和就业后培训，目的是提高具体岗位需要的劳动者的专业技术、专业知识和操作技能。

3. 保密条款

劳动合同可以约定保守商业秘密，目的在于保护用人单位的经济利益，防止劳动者在了解和掌握了用人单位的商业秘密后擅自泄密造成用人单位的损失。同时，《中华人民共和国劳动合同法》还规定劳动者和用人单位可以依据法律规定来约定保

密条款。

4. 补充保险

用人单位可以将商业保险作为社会保险外的补充保险提供给劳动者，如，意外伤害险、第三者责任险等。

六、劳动合同的解除

所谓劳动合同解除，是指劳动合同生效后，尚未履行或还没有全部履行前，当事人一方或双方提前解除劳动关系的法律行为。根据法律的规定，劳动合同解除的种类有以下几种：

（一）协商解除

《中华人民共和国劳动合同法》第三十六条规定："用人单位和劳动者协商一致，可以解除劳动合同。"如果是用人单位提出的，用人单位应该向劳动者支付经济补偿。

（二）劳动者单方解除

下列情况下，劳动者可以随时通知用人单位解除劳动合同，用人单位应该向劳动者支付经济补偿。

（1）用人单位未按照劳动合同约定提供劳动保护或者劳动条件。

（2）用人单位未及时足额支付劳动报酬。

（3）用人单位未依法为劳动者缴纳社会保险费。

（4）用人单位的规章制度违反法律、法规的规定，损害劳动者的利益。

（5）因用人单位的原因致使劳动合同无效。

（6）法律、行政法规规定的其他情形。

用人单位以暴力、威胁或者非法限制人身自由的手段强迫劳动者劳动的，或者用人单位违章指挥、强令冒险作业危及劳动者人身安全的，劳动者可以立即解除劳动合同，无需告知用人单位，用人单位应该向劳动者支付经济补偿。

劳动者提前三十日以书面形式通知用人单位，可以解除劳动合同。劳动者在试用期内提前三日通知用人单位可以解除劳动合同。这是法律为保障劳动者的择业自由而赋予劳动者的单方劳动合同解除权。

（三）用人单位单方解除

1. 劳动者有下列情形之一的，用人单位可以解除劳动合同。

(1) 在试用期间被证明不符合录用条件的。
(2) 严重违反用人单位制度的。
(3) 严重失职、营私舞弊,给用人单位的利益造成重大损失的。
(4) 劳动者同时与其他用人单位建立劳动关系,对完成本单位工作造成严重影响,或者经用人单位提出拒不改正的。
(5) 以欺诈胁迫手段或者乘人之危订立劳动合同致使劳动合同无效的。
(6) 被依法追究刑事责任的。

2. 下列情况下,用人单位提前三十日以书面形式通知劳动者本人或者额外支付劳动者一个月工资后,可以解除劳动关系,用人单位应该向劳动者支付经济补偿。

(1) 劳动者患病或者非因工负伤,在规定的医疗期满后不能从事原工作,也不能从事由用人单位另行安排工作的。
(2) 劳动者不能胜任工作,经过培训或调整工作岗位,仍不能胜任工作的。
(3) 劳动合同订立时所依据的客观情况发生重大变化,致使劳动合同无法履行,经用人单位和劳动者协商,未能就变更劳动合同内容达成协议的。
(4) 用人单位经济性裁员。

在符合法定条件的情况下,用人单位可以严格依照法律的程序裁员。用人单位应该向劳动者支付经济补偿。

第四节 常见的就业侵权行为及权益保护

大学生在求职时将遇到各种招聘单位,并有可能与起中介作用的人和机构打交道。社会复杂,难免鱼目混珠,众多的机会中有时也会混入别有用心的不当企图甚至骗局和陷阱。为帮助涉世未深的大学生擦亮慧眼辨别机会真假,下面向大家介绍下就业中常见的侵权行为及应对策略。

一、常见的就业侵权行为

(一) 欺骗宣传

一些用人单位在招聘时夸大单位规模、发展前景、工资待遇等情况,或者隐瞒单位实情;有的用人单位千方百计了解毕业生的情况,却设法回避毕业生提出的了解单位的问题。这些都将导致毕业生与用人单位之间信息不对称,侵犯了毕业生的知情权。更有甚者,恶意欺骗宣传,宣称"高薪""高福利""高岗位"诱惑毕业生从事名不副实的工作，严重损害毕业生利益。例如，某企业抛出低工资高奖金的制度吸引应聘者，扬言做得好月薪可达万元，其实是在几乎没有底薪的情况下领取苛刻的销售提成。要知道，管理规范的优秀企业通常会淡化奖金、提成这些易于滋生副作用的做法，只有那些急功近利、员工流动性大的企业才会反其道而行之。广大毕业生应脚踏实地，不要投机取巧，不要相信天上能掉馅饼，增强抗拒诱惑的能力，避免落入不法分子的圈套。

（二）招聘歧视

平等就业都是法律权利，但近些年出现了不少招聘中的歧视行为。

1. 性别歧视

性别歧视是女生们经常遇到的无奈。有的用人单位不顾社会责任，片面追求利益最大化，逃避劳动法赋予用人单位对女职工的特殊义务，在招聘员工时或私下或公开规定"只招男生"或"男生优先"。

2. 身体歧视

一些用人单位在缺少相关规定的情况下将身体有残疾或疾病的人拒之门外，剥夺了这群人的就业机会；还有一些单位在并无必要的情况下对应聘者的身高、相貌甚至三围提出要求。

3. 户籍歧视

有的用人单位只招收本地户口的毕业生，或者没有本地户口就必须有本地户口居民的担保，抬高了外地户口毕业生就业的门槛。有的地方政府为了保护本地人口就业，制定了不合理的人才准入制度，使本地单位无法招收外地户口的毕业生，或者无法使外地户口的劳动者成为正式职工，严重限制了人才的合理流动。

4. 院校歧视

一些用人单位明确在招聘简章中写上非"985""211"工程院校毕业生不招，粗暴地侵害了非重点大学毕业生的就业权益。

以上歧视行为侵犯了广大毕业生的平等就业权，需要理直气壮地对其予以谴责。

（三）违规收费

国家有关部门早就明文规定，用人单位不得以任何名义向应聘者收取报名费、押金、保证金等费用，对员工的培训费用应当从成本中支出。可有些用人单位却对此置若罔闻，巧立名目向应聘者收费。毕业生们迫于对工作的需要往往只得顺从。可是不少企业在收取了费用后便为所欲为，或者怠于履行义务，或者向求职者得寸进尺提出更过分的要求。因此，毕业生在求职时要区分用人单位哪些做法是合理的，哪些做法是不合理的，对于各种名目的收费要坚决抵制。

（四）侵犯隐私

毕业生在求职时，会在相关领域如网络和求职材料上留下自己的信息资料，包括姓名、年龄、身高、学历、电话、身份证号等，这些信息属于个人隐私的一部分，未经本人同意不得公开、泄露、出售。但可能因为各种原因，如工作人员的疏漏、网络软件的缺陷、不法分子的圈套等，这些信息被用来侵害当事人的利益或谋求商业利益。因此，毕业生求职时不要随便将个人资料留给不可靠的单位和个人，投放网络时要选择安全防范能力强和可靠性高的网站，同时注意设置保密内容的选项。在面试时，一些用人单位的提问会涉及个人隐私，如果与工作无关或者出于恶意，毕业生有权拒绝回答；如果是出于安排合适岗位的考虑或者考察应变能力，毕业生可以视情况回答。用人单位因此获得毕业生的个人隐私后，有保密的义务，否则构成侵权。

（五）侵犯知识产权

个别用人单位通过招聘时要求毕业生提供作品或者完成某项设计工作等方式，取得并盗用毕业生的智力成果。如某软件公司在报刊上刊登招聘启事，招聘计算机专业研究生，凡应聘者领取考卷一份，实为一项设计项目的一部分。就这样一场虚假招聘使本应耗费大量人力的设计工作轻松完成。所以，广大毕业生尤其是设计类、计算机类的毕业生应该提高警惕，增强保护知识产权的意识，采取适当措施降低用人单位使用作品的可能性。例如，面试时不要让用人单位随意复制自己的作品；发送电子邮件时，应对自己的作品进行处理，降低相关图片的分辨率；交付自己的作品时，应要求用人单位签收，以保存证据。

（六）虚假试用

一些不法企业利用试用期廉价使用毕业生。规定试用期是正常的招聘行为，但有些企业在试用毕业生时劳动强度高工资报酬低，在试用期结束后又以种种理由借口辞去毕业生，更有甚者，还向毕业生收取所谓培训费。所以，广大毕业生在求职时一定要就试用期问题在合同中明确约定；在试用期间要注意保留有关工资、工作时间、工作能力的证据，以备必要时维护自己的权利。

（七）合同陷阱

毕业生尤其要防备一些老谋深算的老板设置的合同陷阱。近年来，社会中出现了一些严重违反法律的合同，这些合同都是无效的，下面介绍一些这样的非法合同，希望广大毕业生提高警惕。

1. 暗箱合同

暗箱合同中的权利和义务一边倒。有些企业，尤其是私营和个体工商户与劳动者签合同时，多采用格式合同，根本不与劳动者协商，不向劳动者讲明合同内容。在合同中，只从企业的利益出发，规定用工单位的权利和劳动者的义务，而很少或者根本不规定用工单位的义务和劳动者的权利。

2. 霸王合同

霸王合同一般是以给劳动者或其亲友造成财产或人身损失相威胁，迫使对方在违背真实意愿的情况下所签订的。比如，有的企业看重一名技术员后，先与该技术员的亲朋好友订立劳动合同，然后再与该技术员谈判，强迫与其订立劳动合同，否则就以解雇其亲朋好友相威胁。

3. 生死合同

部分用人单位不按劳动法的规定履行劳动安全义务，妄图以与劳动者约定"工伤概不负责"的条款逃避责任。签订这类合同的往往正是从事高度危险作业的单位。这类企业劳动保护条件差、安全隐患多、设施不安全，生产中极易发生安全事故。

4. 卖身合同

卖身合同的具体表现为一些用人单位与劳动者在合同中约定，劳动者一切行动服从用人单位安排，一旦签订合同，劳动者就如同卖身一样失去人身自由。在工作中，加班加点，强迫劳动，有的甚至连吃饭、穿衣、上厕所都规定了严格的时间，剥夺了劳动者的休息权、休假权，甚至任意侮辱、体罚、殴打和拘禁劳动者。劳动者的生活、娱乐和人身自由受到限制。

5. 双面合同

一些用人单位与劳动者签订合同时，准备了至少两份合同。一份是假合同，内容按照劳动部门的要求签订，对外应付有关部门的检查，但在劳动过程中并不实际执行；一份为真合同，是用人单位从自身利益出发拟定的违法合同，合同规定的权利义务极不平等，对内用以约束劳动者。

（八）非法中介

一些不法分子冒充合法机构，通过广告宣传，虚构招聘岗位，收取中介费后便人间蒸发。更有些私人机构互相勾结，串通欺骗求职者，举办所谓招聘会，接收大量简历，并不招一兵一卒，意在敛取求职者的钱财。奉劝广大毕业生不要轻信那些无相应资质的中介机构和场所，求职应去政府举办或者政府审查许可的有信誉的人才市场和人才服务机构。

二、侵权行为的应对及保护

那么怎样才能在求职过程中避免上当受骗呢？

（一）看"一照两证"，选择正规的中介机构

"一照两证"即营业执照和劳动人事部门为职介中介机构颁发的职业介绍许可证与人才交流许可证，凡"两证"缺其一的中介机构为非法职介。为了确保自己的合法权益不受损害，求职者千万不要和非法职介打交道，否则，上当受骗在所难免。

（二）莫贪小便宜，被私招滥雇

那些无营业执照，无职业介绍许可证或人才交流许可证，无固定办公地点的非法中介常常以找不到工作不收费为幌子，专在一些正规中介中心旁边，伺机寻找"猎物"，诱惑求职者入套，趁机向求职者敲诈勒索。

（三）拒交任何名义的费用

国家规定："任何招聘单位，以任何名义向求职者收取抵押金、风险金、报名费、培训费等行为，都属非法行为；招聘单位培训本单位的职工，也不准收取培训费。"求职者遇到此类情况，要坚持拒交，并向招聘单位所在区、县举报，以确保自己的合法权益不受侵害。

（四）索要正式发票

求职者一定要向收费的职介机构索要税务局或财政局核发的正式发票。有了正式发票等于多了一道护身符，一旦发现上当受骗，可以凭发票编号，找到该机构的法定代表人和领票人，发票是维权的依据，而普通收据是难以成为法律依据的。

（五）不轻信许诺到外地上班

对非法中介或私招滥雇者为外地企业的高薪招聘，不论其待遇多么好，求职者千万要保持清醒的头脑和高度的警惕，不要轻信口头许诺到外地上班，一是不去，二是到劳动保障部门咨询，并办理相关的手续，否则会吃大亏，被骗工骗钱甚至被人贩子骗卖，悔之晚矣。

（六）向劳动行政管理部门寻求保护

求职者一旦发觉上当受骗，要及时向招聘单位所在地的人事局人才市场管理办公室、劳动保障监察大队或公安派出所报案，寻求法律保护。

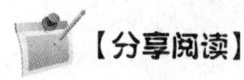

【分享阅读】

浙江就业性别歧视第一案宣判　女大学生胜诉

一女大学生去企业应聘文案岗位，企业称只要男性而将其拒绝，这算不算歧视？"浙江就业性别歧视第一案"12日有了结果。杭州西湖区人民法院判定，被告东方烹饪学校侵犯了女生郭晶的平等就业权，赔偿其2 000元精神损害抚慰金。

女性感受到用人单位性别偏见的不在少数，也有越来越多的女性选择维权。这一案例胜诉，是否意味着公平就业的春天到来了呢？

"新华视点"记者周竟（据新华社杭州11月13日新媒体专电）

法院判决

企业实施就业歧视，女大学生胜诉

2014年6月24日，应届毕业生郭晶在赶集网上看到杭州市西湖区东方烹饪职业技能培训学校在招聘文案人员，她认为自己的学历以及实习经验符合学校的要求，便在网上提交了简历。

等待多天后没有得到任何回复，郭晶又浏览了赶集网相关的页面，才发现招聘页面上写着"限男性"的要求。郭晶表示不解，多次向对方咨询，并到学校当面了解，对方坚持只要男性，表示这个岗位不适合女生。

记者就此事向该学校求证，其人事部一位工作人员表示，他们没有性别歧视的意思，而是这个岗位的人经常要和男厨师一起出差，女生不方便。

"企业拒绝女生的理由太多了，女生们不能再忍气吞声。"郭晶在7月向法院提起了诉讼。

11月12日，这起"浙江就业性别歧视第一案"在杭州市西湖区人民法院宣判，法官认为"被告不对原告是否符合其招聘条件进行审查，而直接以原告为女性、其需招录男性为由拒绝原告应聘，其行为侵犯了原告平等就业的权利，对原告实施了就业歧视"。

中国政法大学法学院教授刘小楠对郭晶案评论说："中国在女性就业歧视案件上最大的问题是没有判例，虽然中国不是判例法国家，但是对于法律只有原则性规定的性别歧视案件，判例对于实践该部分法律起到至关重要的作用。这个案件为消除女性就业歧视起到了良好的示范作用。"

记者调查

就业性别歧视，明里暗里普遍存在

胜诉让郭晶十分激动。"可能会有企业或法官认为我们无理取闹，正是因为就业歧视太普遍了，以至于很多时候大家会认为这是正常现象。"郭晶说，她更多的是想传递一个理念。

就业促进法、妇女权益保障法等都明文规定，女性享有与男性平等的就业权，然而在现实中，女性就业遭歧视现象仍很常见。全国妇联妇女发展部2011年发布的《女大学生就业创业状况调查报告》指出，56.7%的受访女大学生在求职过程中感到"女生机会更少"，91.9%的受访女大学生感受到用人单位的性别偏见。

今年6月毕业的女大学生张晓晴说："我们班级25个女生，5个男生，女生绝不比男生差，可在找工作的时候，一家企业把男生都要走了，优秀女生一个都没要。"

有些企业在招聘时公开限定"只招男生"。2012年12月26日，上海、广州等八个城市的女大学生向各地人社局、工商局举报了267家在专业招聘网站"智联招聘"中发布性别歧视招聘信息的企业，并集体向北京市朝阳区人社局举报了"智联招聘"。

令女大学生担忧的是，除了"摆在台面"上的歧视外，更多的是隐性歧视。"企业不挑明，但实际上设置了不要女生的条件，这往往让我们做很多无用功，还会打击信心。"曾发起女生学花木兰"女扮男装"找工作行为艺术活动的女大学生李甜甜说。

杭州一家培训类的企业负责人向记者表示，他们有时的确不乐意要女性，除了一些活比较累，怕女生无法胜任外，更主要是女性的生育成本很高。"产假3个多月，有的女职工还要休哺乳假，有的生了孩子就不来了，企业压力很大，所以女职工多了，企业吃不消。"这位负责人说，这是现实所迫，并非有意歧视。

专家观点

公平就业梦想不能只靠女生维权

面对歧视，近年来有部分女生开始维权。

虽然我国在劳动法、妇女儿童权益保护法等法律法规中都提出反对就业歧视，但有专家认为，由于没有明确规定用人单位应承担何种行政和民事责任，也没有规定具体的执行机关，所以对就业歧视起不到实质的规范作用。这就是目前多数企业有恃无恐，法院遇到此类诉讼不乐意立案，相关监管部门不主动采取措施保护女性的原因。

反性别歧视专家马寅娜呼吁国家出台反就业性别歧视方面的专门法律，从制度和操作层面给予女性就业全面支持。比如，考虑到企业的负担，国家应该帮助企业分担，当企业有休产假的女职工时，可给予一定税收的减免，这样企业招收女性就没有后顾之忧了。

——资料来源：现代金报

本章练习

复习与思考

(1) 知晓毕业生的就业权益与义务。
(2) 知晓毕业生就业权益保护的渠道和方法。
(3) 掌握签订就业协议书的注意事项以及就业协议与相关合同的区别。
(4) 了解常见的就业侵权行为及应对措施。

学习资源

(1)《中华人民共和国劳动法》(1994年7月5日第八届全国人民代表大会常务委员会第八次会议通过)。

(2)《中华人民共和国劳动合同法》(2007年6月29日第十届全国人民代表大会常务委员会第二十八次会议通过)。

(3)《就业服务与就业管理规定》(劳动与社会保障部第21次部务会议通过)。

第七讲　入职与职业适应

> **知识目标**
>
> （1）了解大学生身份转换的意义。
> （2）了解入职适应阶段的重要意义。
>
> **能力目标**
>
> （1）能够比照职业人的要求，主动养成行为规范和思维习惯，快速完成由学生向职业人的转变。
> （2）能够较好地度过入职适应阶段。

第一节　大学生角色的转换

学生告别校园，步入社会走上工作岗位，开始自己的职业生涯，这是人生历程的重大转折，是一个质的变化，被称为毕业生的"第二次诞生"。如何把握这一转折，顺利地完成由学生角色到职业角色的转换，尽快适应社会，适应新的工作，迈好走向成功的第一步，是摆在每一个大学毕业生面前的现实问题。

一、学生角色向职业角色的转换

（一）角色与角色转换

角色是指与人们的某种社会地位、身份相一致的一整套权利、义务的规范与行为模式，它是对具有特定身份的人的行为期望，是构成社会群体或组织的基础。人们常常把社会比作"舞台"，在这个"舞台"上，每个人都有自己的角色位置，客观上承担多种社会角色。社会中的"人"是他所扮演的各种角色的总和。随着年龄的增长和社会环境的变化，每个人承担的社会角色由少到多，内涵由简单趋向复杂，面临着不同的角色转换。

个体的人在社会中所扮演的主要角色并不是固定不变的，往往会发生多次的角色转换。角色转换是对个体的人在社会关系中的动态描述。人的社会任务或者职业生涯不断变化，角色也随之变化，从一个角色进入另一个角色，这个过程称为"角色转换"。

每个人扮演的主要角色不同，是由其承担的主要任务决定的。大学生在校园里的主要任务是读书学习，因而主要角色即为学生角色。步入职场，毕业生扮演的角色发生了变化，生活环境、人际关系趋于复杂化，面对的是崭新的工作条件、现实化的专业内容，谁能尽快实现角色转换，谁就能掌握主动权。

能否成功转换是摆在每一个学生面前的重点，如果角色转换得迅速、到位，其职业生涯就会得到相对顺利的发展。

（二）学生角色与职业角色的差异

在校读书与进入社会工作，所处的环境、扮演的角色、承担的主要任务都有很大的不同，对社会的认识和感受也有较大的差异。充分认识到这些差别，对于尽快实现角色转换有很大的帮助。

学生角色与职业角色的差异主要体现在以下几个方面：

1. 社会责任差异

学生到职业人的角色转换，使其社会责任得到增强，社会评价对其要求也就更加严格。角色的任务由以学习为主转变为以工作为主。

在大学里，学生是"能量输入体"，接受经济供给和资助，在老师的教导下完成学业；在单位里，职员是"能量输出体"，用人单位需要考虑对人才的投入产出，要为职工付出薪资和福利，承担选择员工的"机会成本"和"投资风险"。从学生身份转变为社会就业人员，原有的权利和义务也都随之发生变化。学生角色责任履行得如何，主要关系到本人知识掌握的多少以及能力培养的程度。而人们在评判职业人角色时总是和工作联系在一起，总是将其看成身负重任的工作人员。职业人作为一个成熟、完备的社会人，其角色要求能够独当一面，并与同事密切合作，充分履行职业责任。

2. 角色规范差异

社会赋予角色的规范，就是社会提供的角色行为模式。学生的规范多是从培养、教育的角度出发，促使其以后能顺利成长为合格人才，社会赋予职业角色的规范则更为严格、具体，违背了就要承担一定的责任。在大学里，学生犯了错误或者出现了失误，比如迟到、旷课、重修课程等，大都可以承认错误或者通过自己的努力来补救；而在职场，强调的是对工作结果的负责，一时的疏忽可能会引起不可估量的损失，同样的错误若犯上两次也就很可能失去了大家的信任。竞争激烈的职场里可能不会有太多机会给你去"失误",一次小的意外都会导致单位向你发出"逐客令"。

3. 评价标准差异

我国大学对人才的评价主要强调综合素质,通行的标准是考察在校表现、学习成绩和社会活动等,但总体上来说,一个学生在这三者中间有一两样突出,其他的表现一般,也可以算是"优秀学生"了;而在职场,一名好员工,不仅要业务素质过硬,工作善于创新,还要有团队意识,善于与周围同事交流、沟通、合作,处理好各种关系,这样才能获得职业的顺利发展。

4. 人际关系差异

在强调团队和协作精神的今天,和谐的人际关系对职业适应举足轻重。有些大学毕业生虽然能力很强,但因为与领导、同事相处不好而陷于困境,成为其职业适应的绊脚石。相对于学校中的师生关系、同学关系,职场中涉及的关系更为复杂,行业之间有竞争,单位里的同事、上下级之间也会有直接、间接的利益冲突,牵扯到业绩好坏、薪水增减、职务升降等具体问题,往往表现得纷繁复杂,此时学会处理各种关系显得尤为重要。

5. 活动方式差异

从学生到职业人的角色转换,产生了活动方式上的变化。学生以学习书本知识、应付各种考试为主要活动内容。长期以来,学生的角色处在一种习惯于接受外界给予的状态,习惯于被输入。而职业人角色则要求运用所学的知识和能力,向外界提供自己的劳动。学生长期养成了一种应付心理,只对考试范围之内的知识采取突击记忆的方式,考试范围之外的则大多不去认真对待。因此,有些学生把这种应付心理习惯性地带入工作,就会一时难以适应。即使是一些在学校里比较出色的同学,也经常在这样的变化中感到手足无措。

此外,从学生到职业人的角色转换,社会对青年的独立要求也相应有了提高。学生角色在经济上主要是依靠家庭的扶持,职业人角色有了劳动报酬,在经济上逐步成为独立者。这种经济上的独立是一个标志,它表明了家庭乃至社会对青年提出了全面独立的要求,一方面,为青年人的自身发展提供了更为广阔的空间;另一方面,也对青年人提出了依靠自身力量、加强自我管理的人生新课题。大学毕业生能较快地适应独立生活,对于自身的发展和取得事业的成功无疑都将具有重要意义。

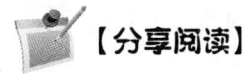

【分享阅读】

大学生初入职场 实现角色转变的八道关

由大学毕业到进入社会,参加工作,对于每一位职场新人来说都需要经历比较大的角色转变，包括心态、人际关系、理想、业务、意识、生活、作风、行为规范都需要一步步去调整，只有尽快实现角色转变，才能融入社会集体生活。

心态关

初从学校到社会，不适应、无名的失落和惆怅是很正常的。如果你刚刚参加工作就有辞职的冲动，一定要理性地战胜感性冲动，应先问问自己：自己的失落和惆怅到底来自于哪里？是不是需要再多适应一段以后再决定是否离开？

人际关系关

在单位，就必须学会与各种各样的人打交道，无论你对他（她）是否喜欢。想要与同事们尽快熟悉，可以帮助他们多做点事。对于新人来说，应端正自我认知，诚心向同事请教，踏实提高业务水平，友善待人，拿捏好分寸。

理想关

学生时期总会有各种各样的理想，但理想并不等于现实。再好的单位，现实与理想之间还是有一定的差距。要理性地对待自己的工作，不能因为一时的成绩而得意忘形，也不能因为一时的挫折而垂头丧气。要有信心和耐心，要清楚地知道，成功是靠自己一步步走出来的。

业务关

工作中需要的知识常常是多方面的，专业对口还好，若专业不特别对口，需要补充的知识就太多了。初入职场，特别要注意避免眼高手低。"小事不愿干，大事干不了"是刚参加工作的人常犯的毛病。要注意大处着眼、小处着手，一丝不苟地做好每一件"小事"，可为以后做"大事"积累资源。

意识关

意识关包括以下三点：

①在职场最重要的是责任，这远比兴趣重要。必须努力做到"干一行，爱一行"。

②职场要求的是高度理性行为，要学会做事由情绪左右转变到职业驱动。

③职场人考虑的往往是经营绩效和利润，会读书和会创造利润之间并不是天然的正相关。

生活关

上班后，早晨准时上班，下午准时下班，或许晚上还经常加班，再加上工作上的压力，就会有些让人吃不消。其实，职场上的生活才是一个人真实的生存状态，工作和生活有矛盾，但并不是不可调和。在繁忙的工作之余，还是不要疏远了自己的亲属、朋友。

作风关

在单位，就必须每天与自己的惰性做斗争，上班绝不能迟到，如果能够做到比别人提前十几分钟到达办公室，提前收拾好卫生，对你尽快融入新同事会很有帮助。另外，也要更加注意自己的仪表仪容，不仅是为了展示个人的良好形象，也是为了符合公司的风格。

行为规范关

每家公司都有严格的规章制度，作为新人必须绝对遵守，不能踩线。比如，不能用办公电话打私人电话、工作期间不准打游戏等。除了成文的规定外，通常还有一些约定俗成的规则，一般来说，这些规则虽然公司没做硬性规定，但也需要自觉遵守。

——资料来源：教育联展网

二、职业角色转换中容易出现的问题

大学阶段是职业角色的准备期，所学专业只对应某一职业群，具体职业岗位还有待选择，因而大学阶段的职业角色准备往往有一定的模糊性。大学生在走向工作岗位之初对职业角色难免会有些不适应，从近年来社会反馈的信息来看，主要存在以下问题：

（一）大学生自身与社会存在的矛盾

身居高等学府的大学毕业生，习惯了十余年的校园生活，投身社会后，常常会感觉自身与社会之间存在一些矛盾，主要包括以下几方面：

1. 主观愿望和社会现实的矛盾

大学生毕业之前接受的都是健康、正面的教育，常以理想的思维方式看待社会、规划人生。刚刚毕业的大学生往往踌躇满志、一腔热血，带着个人的"计划""想法"，准备到岗位上大显身手。但一接触到社会的消极面，如复杂的人际关系、落后的管理方式、低下的办事效率等，就会从理想的巅峰一下跌入谷底，难以使自己的思维与社会现实相协调，反映出对社会现实的不适应。

2. 习惯行为与社会角色要求的矛盾

十余年的寒窗苦读使每个学生都形成了一些习惯行为，都有自己特有的学习、生活习惯和思维方式，步入职场后一时还难以适应角色转换的要求，常常在扮演角色时惯性地表现出与职业人角色不相符合的、带有明显学生气的习惯行为。

3. 社会需要与自我完善的矛盾

当今社会是改革的社会、竞争的社会、高速发展的社会。社会不仅需要基础知识扎实、动手能力强、综合素质较高的大学生，更需要具有开拓精神、勇于创造的大学生。大多数学生工作一段时间便会发现，自己或者知识结构不完善，思维死板，信息不灵，或者理论与实际脱节，在某些方面的能力还比较欠缺，适应工作比较困难。

（二）大学生在角色转换中容易出现的心理问题

1. 怀旧性

大学生刚走上工作岗位，在角色转换过程中易出现怀旧心态。多年的学生生活所养成的学习、生活和思维方式一时不容易改变，常常会自觉不自觉地将自己置身于学生角色的位置，表现出对学生角色的依恋，以学生角色来要求自己和对待工作，以学生角色的习惯方式观察事物、分析事物。面对与同事、领导新的复杂的人际关系及职业责任的压力，不禁留恋相对单纯的学生时代。

2. 畏惧性

面对新的环境，有的学生不知工作应如何入手，缺乏自信心，缩手缩脚，担心犯错误和承担责任，工作中放不开手脚。

3. 自傲性

有些毕业生常以文凭、学位或毕业于名牌学校而自居。自我评价过高、不尊重他人、不虚心的情况在毕业生中时有发生。有些大学毕业生自以为接受了正规教育，已经学到了不少知识，已经是人才了。因此，轻视实践，放不下架子，看不起基层工作和基层工作人员，甚至认为一个堂堂的大学毕业生干一些不起眼的事是大材小用，有失身份，实际上则是眼高手低，大事做不了，小事又不做。

4. 浮躁性

一些毕业生在角色转换过程中表现出不踏实、不稳定的特点，对本职工作坚持不下去，缺乏敬业精神，不能深入到具体工作中，就职较长时间仍然未能以稳定的心态进入新的角色。

5. 被动性

很多学生在校期间都忙着应付考试、应付作业，形成了草草应付就万事大吉的做事习惯。上班以后居然也将这种习惯带入工作，只想应付工作，不去主动思考，工作缺乏主动性。

随着时间的推移，毕业生对所处的环境就会渐渐适应，工作和心理的节奏会与周围的一切逐步合拍，可以自然地融入职业群体之中，这需要一个过程，我们称为"职业适应期"。

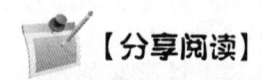

【分享阅读】

时评：别害怕自己的角色转变

角色，一个奇怪的词。它源于舞台表演，却最终融入百姓生活。它的中文解释为"个体在特定的社会关系中的身份及由此而规定的行为规范和行为模式的总和"。英文的"role"被译为"角色"的同时,还当"作用""任务"讲。而社会学对"角色"的定义则引申为"与社会地位相一致的社会限度的特征和期望的集合体"。

解释"角色"这个词,无非就是想告诉大家一个道理——你可以读不对它的标准发音,但你必须明白你所担当的角色到底是谁。受社会关系、生活环境的影响,我们每个人、每时每刻都在扮演、转换着不同的角色,所以我们就应该时刻选择、审视并认可自我的新角色。就拿大学生来说,早年间,他们的角色是"天之骄子、社会精英、国家干部、铁饭碗……",如今则早已转变为"普通劳动者"。这个时候,当代大学生是不是就应该重新选择、审视并认可自我的新角色呢?

最近几年间,关于大学毕业生,甚至硕士生、博士生、博士后们放低姿态谋求就业的新闻层出不穷。北京有大学毕业生卖起了糖葫芦、成都有硕士生开起了擦鞋店、长春有博士生当上了"破烂王"、超市招收收银员千名大学生争相应聘、殡葬馆招聘收到500余名北大清华毕业生的简历、洗浴中心招聘有2 000名大学生应聘搓澡工……而最令人瞠目结舌的,就是现任日本内阁大臣野田圣子,事业起点竟是某酒店洁厕员,并喝过马桶里的水以证明马桶清洁。每次出现类似报道,总会在社会上引发强烈争议。

中国人民大学校长纪宝成上周接受某媒体专访时表示:"大学生就业难不是中国大学生人多,而是大学生就业观念有问题,现在的大学生没有大众化的就业观念,有的是精英化的就业观念。"这一论点在获得大量支持的同时,也立即遭到众多学者和大学生的抨击。反对的观点集中在:大学生就业难已是持续多年的、世界性问题,绝非就业观念这么简单;之所以在农村就业的大学生少,原因在于农村经济落后吸收不了那么多大学生;大学教育成本高,大学毕业后在低工资岗位就业,是对国家教育资源投入的浪费……

说到这里,终归还是落在一个"低姿态就业"的问题上,其本质就是角色转变和角色认同的问题。提到"低姿态就业",很多人认为它是委屈和无奈的代名词。但试问他们有没有意识到,"低姿态就业"到底要低到什么程度,这个答案是要社会和企业来告诉我们,还是我们自己心里应该有一杆秤呢?我们虽然不鼓励每个大学生都去卖菜、擦鞋、搓澡甚至扫厕所,但我们都应知道,能不能成为社会的精英,完全取决于你自己的努力程度,取决于你对社会的贡献,而绝非你的头衔和证书。不到农村去、不从基层做起、不把姿态放低,只能是你不想、不肯、不愿,是对自己角色转变的恐惧。

今年"两会"上,"花大力气解决大学生就业问题"已写入政府工作报告;各级政府已把此项工作列为当前解决民生问题的一项重点;各行各业在积极拓展门路帮就业困难的大学生找出路;各大专院校也纷纷推出职业生涯规划教育,加强就业辅导……众人拾柴的同时,是不是更需要大学生本人为自己点一把火,为自己的角色转变加一道助燃剂呢?

——资料来源:人民网

第二节　入职的前三天最重要

面试成功后，同学们就将从学校走向职场，逐步融入职场环境。每一位职场新人都将经历"职场适应期"。有的学生能在短时间内适应工作环境，有的在很长的时间里都难以适应，不能进行角色转换。究其原因，除了个体社会适应能力的差异外，在入职的前三天里，职场新人们的投入度和积极性也是很重要的原因。

一、入职前三天的重要意义

企业招聘录用新员工的根本目的，在于让新员工尽快融入新的工作环境、遵守新的工作规则和程序，并尽早为公司做出贡献、实现绩效。为了达到这个目的，企业势必会采用多种方式引导职场新人尽快熟悉、适应新的工作环境，尽快融入新的团队。

（一）入职前三天的积极投入有利于职场新人尽快实现"组织社会化"，迅速融合到企业中

组织社会化是指将新员工转化为企业的有效成员的过程，它包括为新员工有效地完成工作做好准备、了解熟悉组织以及建立工作关系三方面的内容。

正如美国人力资源管理专家、佛罗里达国际大学管理学教授加里·德斯勒所指出的那样：（新员工的）社会化过程是一个不断给员工灌输企业所期望的态度、标准、价值观以及行为模式的过程。只有当新员工完成"组织社会化"的全过程，他们才能全力为企业做出贡献。现在企业基本都认识到了入职前三天的有效引导对于职场新人短时间内实现"组织社会化"的意义，基本都会开展相应的活动帮助新员工尽快适应工作。

外因通过内因起作用，无论企业如何努力地对新人进行引导，最终能否内化，能否在短时间内了解公司状况、熟悉公司环境和认识公司同事，有效推进从学校人转变成为企业人的过程，很大程度上还是取决于职场新人的投入程度。事实也表明，投入程度高的新人能够较快适应新的环境，缩短角色转变的时间，迅速融入企业。

（二）入职前三天的积极投入有利于职场新人快速对企业产生认同感和归属感

企业在入职的前三天，一般都会让职场新人了解企业的发展历史、战略发展目标、

组织结构和管理方式、企业文化、工作的流程与制度规范，明确企业的经营竞争目标及工作中的职责、程序、标准等，帮助新人更快地适应新的工作环境和岗位要求，建立良好的人际关系，增进员工间的团队意识与合作精神。

由于诸多现实原因，比如，自身的思维方式与企业的思维方式之间的差异所带来的不适应、老员工的冷遇等，使得有些职场新人充满迷茫、恐惧，无法有效地融入新的组织环境，产生距离感，变成企业内部的"局外人"。新人们在入职的前三天积极参与，将会有效避免此种情况出现，尽快对企业产生认同感和归属感。

（三）入职前三天的表现将会对职场新人的个人职业发展产生深远影响

入职前三天，是企业引导员工、员工融入企业的过程，也是企业考核员工、员工展示自我的过程。职场新人一定要以认真的态度把握好这样一次充实自己、表现自己和提升自己的良机。事实证明，很多毕业生就是因为入职初期显露才华、表现出色而被委以重任的。

（四）入职前三天的积极投入有利于职场新人尽快进入职业岗位稳定发展期

职业岗位适应期分为兴奋好奇期、矛盾冲突期、协调平衡期、稳定发展期四个阶段。在兴奋好奇期时，职场新人刚走向工作岗位，心情异常兴奋，对新的环境充满新鲜感和好奇感，渴望全面了解职业岗位的特点、待遇、发展前途，希望能在岗位上大显身手。在矛盾冲突期时，好奇心理逐渐消失，随之而来的是矛盾和冲突，产生了职业社会与学业社会、理想与现实等一系列的矛盾。在协调平衡期时，一些人会灰心丧气，不能面对现实，若不及时调整，就会变得意志消沉，或逃避现实，或怨天尤人，产生退却的念头。进入稳定发展期后，职场新人逐步适应所处的职业环境，职业理想和兴趣开始形成并逐步稳定，对周围的人际环境开始认同，能主动地把自己融合到环境中去，在心理上成为集体中的一员。

入职前三天的积极投入，使职场新人能尽快了解职业岗位的特点、待遇及发展前途等，确定自己的发展目标，为顺利地开展新的工作奠定良好的基础，进入良性的发展轨道，即使遇到各种困难，也能及时调整心态，稳步发展，尽快进入职业岗位稳定发展期。

二、入职前三天的目标任务

美国人力资源管理专家、佛罗里达国际大学管理学教授加里·德斯勒认为，有效的新员工培训（岗前引导培训）应当完成四个主要任务：

①新员工应当感到受欢迎和自在。

②新员工应当对组织有一个宏观的认识（组织的过去、现在、文化以及未来的愿景），并且了解政策和程序一类的关键事项。

③新员工应当清楚在工作和行为方面组织对他们的期望。

④新员工应当开始进入按企业期望的表现方式和做事方式行事的社会化过程。

这四项任务的完成，仅仅通过入职的前三天是远远不够的，但入职的前三天，可以通过完成以下五个目标任务，为前面四个主要任务的完成奠定良好的基础。

（一）熟悉企业的状况

熟悉企业所在行业状况、行业地位、发展历程、组织结构、发展方向、竞争对手等方面的信息。

（二）积极融入企业文化

吸收企业文化里面积极、正面的信息，感受企业文化的精神核心，感受归属感和荣誉感。

（三）熟悉企业的规章制度

熟悉管理流程、岗位职责、绩效评估系统、福利薪酬政策、职业发展信息、安全操作规程，甚至差旅费的报销、公司识别卡的获取、制作名片、着装要求等非常细致的内容。

（四）初步建立职业适应期的人际关系

学会与领导相处、学会与同事相处、学会与客服相处。

（五）保持正常的心理状态

新人在进入工作角色前难免会有忐忑不安的感觉，可能存在预期与现实的落差感，务必及时化解不安、紧张、焦虑的情绪，保持正常的心理状态。

三、职场新人如何有效度过入职的前三天

入职阶段是职场新人专业发展的重要阶段。职场新人在入职期能否成功实现从学生到职业人这一角色的转变，不仅影响他们的职业认同感和职业持久性，还会影响他们整个职业生涯过程中的专业发展状况，从而决定着他们未来的职业形象。

（一）以积极的心态开启职场生涯

职场新人刚进入职场大多是从基层做起，要学会适应艰苦、紧张而又快节奏的基

层生活。新人一般缺少社会经验，可能不习惯一些制度、做法，这时，千万不要用习惯去改变环境，而是要学会入乡随俗，适应新的环境。

（二）认真参加入职培训，有意识地进行角色转换

学校和企业本身就存在差异，其引导的方式、过程控制的手段、评价的体系都会在不同程度上影响到职场新人的适应过程。在这个过程中，不可避免地会遇到各种困难，诸如，学生角色的惯性思维方式带来的困惑，同事、领导间的复杂的人际关系及职业责任的压力等，能否克服这些困难，前三天的全心投入将会显得极其有意义。在这三天里，可以将迷茫、恐惧放在一边，抓住企业给的机会，积极熟悉公司状况、公司环境、工作场所，明确工作职责、遵从新的工作程序和要求，为顺利地开展新的工作奠定良好的基础。

认真参加企业的入职前培训，熟悉企业的状况、企业的文化、岗位的要求，转变思想观念，转变思维习惯，有意识地从"局外人""学院人""理论人"向"企业人""职业人""实践人"转变。初步对自己进行角色定位，明晰自己"职业化"的路径。

（三）积极主动融入新环境

一是做事要积极主动有耐性。俗话说："良好的开端是成功的一半。"职场新人要准备好从底层做起，不断积累经验、提升能力，为今后的职业发展打下一个良好的基础。二是要学会职业交往，处理好职业适应期的人际关系。真诚、谦虚、主动、热情，懂得"善之下而方能之上"的道理，尊重他人。在适应新的同事的过程中，一要注意观察，少发议论，尤其不要在一个同事面前指责另一个同事；二要为人随和，谦虚守信；三要关心他人，检点自己，要真诚关心周围的同事，别人有什么困难时，应主动问候，并提供力所能及的帮助；四要胸怀宽广，不斤斤计较。在新环境中，职场新人要尽可能地满足同事们对自己的"角色期待"，缩短"角色距离"。

【分享阅读】

与上司沟通的7个技巧

技巧1：要主动报告。
技巧2：对上司的询问有问必答而且清楚。
技巧3：充实自己，努力学习。
技巧4：接受批评，不犯三次过错。
技巧5：不忙的时候主动帮助他人。
技巧6：毫无怨言地接受任务。

技巧7：对自己的业务主动地提出改善计划，积极进步。

——资料来源：人力资源网

总之，入职的前三天对于职场新人的职业生涯开启是最重要的三天，它是职场新人开始适应职场社会的起点，每一位新人都应当重视起来，沉下心来，脚踏实地，开一个好头，走上适应职场社会之路。

第三节　适应职场社会

大学生在工作之初有些不适应是自然的，对这一点应有基本的认识，要转变意识，缩短适应期，而不要因此造成职业心理障碍，失去对工作的信心。对于刚刚走上工作岗位的大学毕业生来说，他们该如何适应职场社会呢？我们前面提到的职业适应期是一段非常关键的时期，在这段时间内，毕业生尤其要争取为自己树立良好的第一印象、努力建立和谐的人际关系、积极主动地适应社会，这对大学生在职业生涯初期站稳脚跟、顺利度过职业适应期以及以后职业生涯的发展都有着重要意义。

一、树立良好的第一印象

毕业生新到一个工作单位，往往是同事关注的焦点，因为其他人对新同事缺乏足够的了解，即使是已经接触过的人事部门和个别领导对新人的了解和认识多半也是浅层次的。因此，同事试图通过观察、接触，更多地了解、认识新来者。在大多数情况下，同事不会直截了当地询问打听，一切都有赖于毕业生的自我表现。通常，凭着丰富的社会阅历和敏锐的洞察力，领导和同事通过一定的接触，甚至仅仅是旁观，就会形成先入为主、拂之不去的"第一印象"。

（一）第一印象的作用

人对他人的认识，是一个以主观为主体的认识过程。某种客观事物最初作用于人的感官，就会刺激人的大脑做出反应，在人的大脑中留下关于这个刺激的痕迹或信息。虽然只是有限、表面的，但人的思维会把这些不完全的信息贯穿起来，从而把对象认识为一个统一的整体，形成一个关于此人的知识水平、文化素养、性格爱好、心理素质等的总体印象。这个印象就是第一印象，心理学研究表明，第一印象在人与人相互认识和交往过程中的作用是十分重要的，主要表现在以下方面：

（1）光环作用（亦称晕轮效应）。人们在交往过程中，有时只看到一个人某一方面的特点比较突出，从而掩盖了他的其他特点和本质。第一印象容易产生"晕轮效应"，因此要充分重视第一印象，为以后顺利地开展工作创造条件。

（2）定式作用（亦称定式效应）。第一印象如何，会对以后的发展形成一个固定的趋势，别人可以据此来决定以后对你的态度。由于第一印象是直接输入、直接处理外界信息的过程，具有很大的感性成分和非理性成分，因此，职场新人需要从步入职场开始就努力树立好第一印象。

（二）如何树立良好的第一印象

刚刚踏上工作岗位的大学毕业生，要想树立良好的第一印象，自身良好的道德品质和文化素养是前提和基础，除此之外，还要注意运用一些实用性技巧，这些技巧有的看似属于细节性问题，但必不可少。

1. 服饰整洁，注重仪表

人们都会比较关注新来的同事，有些人还喜欢评头论足。所以，大学毕业生一定要注意衣着整洁、大方，并与自己的身份相符、与单位的一贯风格相协调。服装不一定要很高档，但一定要保持整洁，而且不能过于怪异。一般来说，着装应考虑工作性质和环境的不同，女性衣着不要过于华丽或浓妆艳抹，以干练、庄重为好；男性应注意定期理发刮须，不宜蓬头垢面，着装一般应以整洁、朴实为好。

2. 举止得体，言谈亲切

初到工作单位，一个人的言谈举止极为重要。对于大学生来说，"骄傲""自卑""拘束""较真"都是刚上班时容易犯的错误，所以一定要注意举止文明、彬彬有礼、落落大方、言谈亲切。到了单位后要礼貌地向大家做简要的自我介绍，然后态度真诚地请教有关工作方面的问题，注意细心观察、区别对待，不要冒失莽撞地大发议论。

3. 虚心好学，不耻下问

新到一个单位，能不能给周围的同事留下良好的第一印象，还得看是否能够虚心好学。虽然是大学毕业生，掌握了不少基础理论和专业知识，比单位里的一些同事学历也要高，但走上工作岗位，必须树立"从零开始"的思想，从一点一滴做起、从小事干起，不能眼高手低、好高骛远。如果在办公室工作，对于接电话、打开水之类的小事也要认真对待；如果在车间工作，也不能轻视擦机器、拖地之类的体力活。要放下架子，不耻下问，不怕吃苦，虚心向老同志和同事学习，向周围有经验的师傅、技术人员和工人学习，因为他们在实践中积累了许多经验，这些都是大学生在课本上学不到的。

4. 遵章守纪，诚实守信

遵守单位的规章制度和纪律、遵守时间、讲求信用，这既是工作中的要求，又是人际交往中的一种美德，同时也是每个职场人必须具备的基本条件。初到工作单位，要严格遵守单位的规章制度，积极主动地做好自己力所能及的工作，切忌在工作时间懒散、闲谈、长时间电话聊天、上网玩游戏、干私活。在与人交往中，一定要诚实、守信、不失约、不失信。如果没有时间观念、大大咧咧、不遵守纪律，懒散懈怠消极被动地对待工作，便不可能赢得别人的信赖和尊敬。尽管第一印象具有暂时性、表面性等特征，但是良好的第一印象有助于大学生与单位的同事融为一体，有助于职业生涯的起步与发展。建立良好的第一印象不是最终目的，这只是第一步，还需要坚持不懈地努力下去，以良好的品质、正直的为人、出色的工作去建立更深层次的长期印象。

二、建立和谐的人际关系

人际关系是人与人之间心理上的距离，是以一定的群体为背景，在互相交往的基础上，经过认识调节、感情体验、行为交往等手段形成的，是人们长期交往的结果。在现代市场经济社会中，衡量一个人素质的标准之一，就是社交能力。如果不擅长交际，不能建立起和谐的人际关系，既有损身心健康，也影响工作的前途。

（一）建立和谐人际关系的意义

在社会生活和工作环境中，和谐的人际关系，使人感到生活在文明、温暖的群体中，可以不断地从中得到锻炼、充实、汲取营养、健康成长。没有良好的人际关系，会使你在社会上"立足不稳"。对于刚刚走上工作岗位的大学生来说，建立和谐的人际关系的意义主要体现在以下几个方面：

1. 消除孤独和陌生感

大学生毕业以后初到新的单位，走进完全陌生的天地，生活和工作环境一下子发生了根本的变化，对身边的同事不了解，对周围的环境不熟悉，一切都感到陌生，因而容易觉得寂寞、孤独。如果大学生一开始就能注意建立和谐的人际关系，尽快与周围的人融为一体，就可以顺利打开局面，融入新的环境。

2. 保持身心健康

有些大学生走上工作岗位后，会出现工作不顺心、心情不愉快、思想包袱沉重的现象，大多是人际关系难于应付造成的。建立和谐的人际关系，可以消除隔阂、增进理解、改变氛围，这有利于促进身心健康，以良好的心境投入工作和生活。

3. 促进工作和生活的顺利进行

和谐的人际关系，可以使人感到工作顺心，生活惬意。当你对工作不熟悉，大家会给你热情指导；工作出现失误，人们会给你理解和安慰；当你在工作中需要同事的配合时，人们也会积极响应；当你生活遇到困难时，人们会给予热心帮助；当你取得成绩时，人们会告诫你戒骄戒躁，继续努力。

(二)建立和谐人际关系的原则和技巧

建立良好的人际关系主要靠什么？具体要注意以下几个方面：

1. 尊重、诚恳与主动

不论是与上级领导相处，还是与同事协调工作，都应该以尊重、诚恳和主动为前提。尊重他人、诚实守信、主动随和、热情助人，会使你受到大家的欢迎和青睐。尤其要注意的是，每个人难免在工作上出现纰漏，作为下级或同事，关键时刻要帮人一把，应该主动地在力所能及的情况下做补救的工作，不可冷眼旁观。

2. 与领导相处，要对他的背景、工作习惯、奋斗目标以及好恶等都有一定的了解

在与领导交谈时，要用心倾听，真正弄懂领导的意图；在领导做出最后决断之前，应及时提供所有的意见、建议和设想，不能隐瞒情况，以便领导做出正确的决定；一旦领导确定了行动方案，就不应再争论，不要干扰领导的决定；一般情况下，不是大是大非的问题，常常越级报告、当众争辩，都是不成熟的表现。此外还要注意不要将工作和生活混为一谈。

3. 建立融洽、和谐的同事关系

要以"平等、团结、宽容"为原则。不要卷入是非矛盾之中，拉帮结派、搞小团体；与同事工作时，碰到什么困难或疑惑，应主动向同事请教，不必单枪匹马地"创新"；同事之间有了矛盾，最好当面交谈解决、沟通思想、消除误会，避免留下后遗症；此外，过多地亲近一个同事、不合群以及热衷于探听别人隐私的人在单位里都是不受欢迎的。

小张毕业到新单位不久，由于他谦虚谨慎、勤快好学，大家对他最初印象都不错。可是小张所在的单位是一个事业单位，他总觉得这里人际关系复杂，生怕自己有什么事情不知道而吃了亏，就总喜欢打听同事的隐私。比如，一个同事凑巧搭了另外一个同事的车来上班，他看见后就赶快问这两个同事是什么关系；一个同事晋升了职务，他也好奇地问别人这个同事有没有什么"背景"……

小张总是在追问，总是在质疑，同事们渐渐不喜欢和他说话，和他的交往也少了，有的人故意疏远他，工作上也不是很情愿和他搭档，对他的评价也不是很好。

在职场里，除了业务素质要过硬以外，人际关系也是需要你来悉心经营的。很多年轻人因为不注意细节，导致人际关系方面出现了这样那样的问题，以致影响了职业生涯的发展。与同事可以多沟通一些共同感兴趣的话题，避免无谓的争辩，更不要因出言不逊而伤害彼此的感情，影响和谐相处。这样才能增加交往的广度，建立良好的人际关系。

【分享阅读】

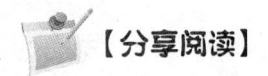

职场新人刷微信朋友圈应该慎重

现在要说什么社交平台最火，微博、QQ 都已经 OUT 了，刷朋友圈才是王道。如果你还不知道微信，不知道朋友圈，不知道点赞，那毫无疑问，肯定已经与飞速前进的世界脱轨了。因为就连搜晒网小编这样落伍的人，还知道有事没事点个赞呢。

但是搜晒网小编要提醒职场新人的是，在这个信息如此畅通、人际关系盘根错节的年代，请一定要慎重对待你的社交账号，请一定要谨慎自己在朋友圈里的发言，因为待在你的朋友圈里的，往往不仅有亲密的朋友，还会有你的同事，你的上司。

现在已经是一个没有秘密的年代了，职场新人有的时候也不得不哀叹，想要上班发条微信发个牢骚都怕老板看到，平常工作不开心想要抱怨一下还怕老板看到，所有能够吐露心情的社交平台都已经被同事、老板占领了，或许只有日记本可以真的保守秘密了。

当然这些哀叹还是来自于一些比较谨慎的职场新人，搜晒网小编要提醒的是那些不分时间不分场合刷微信朋友圈，不分内容不讲分寸刷朋友圈的职场新人朋友们，假如哪天你请了病假，不管你是真病还是假病，都不要在朋友圈里发什么"睡了一觉真舒服"和"朋友看电影真开心"之类的留言了，那就等于在告诉老板"我没病"。

职场新人平时在微信朋友圈里看到的除了朋友们发的各种心灵鸡汤，比较常见的还有各种广告、各种代理，假如你的同学朋友也找到了微销售的路子，并且邀请你加入微营销，然后为了赚点兼职，你就在朋友圈里大发特发各种广告，孰知引来的不仅是对广告感兴趣的人，也会引来你的上司，做兼职，那绝对是职场大忌啊，老板都希望你有忠诚度。

总之，不要以为朋友圈里发言就可以随心所欲了，殊不知有些话我们可以和家人说，可以和朋友说，但是却不适合与同事、老板交流，所以为了自己的职场生活，刷朋友圈一定要慎重哦。

——资料来源：搜晒校园网

三、积极适应职业角色

从大学毕业生到一个合格的职工，有一个转变过程，实现这个转变，是大学生成长的必经之路。各个单位在促进大学生完成这一转变的过程中，都做了大量工作，形成了一套行之有效的制度。对新参加工作的大学生进行职前教育、上岗培训等，可使毕业生在较短时间内完成从学生到职业人角色的转变。当然更重要的还是大学生自己应该积极努力，做到主动适应职业角色的要求。

(一) 立足新环境，树立新意识

要想适应工作、适应社会、适应职业角色，大学毕业生首先要树立新的意识。

1. 责任意识

学生时代，大学生主要是在教师的指导下进行学习，家长也会在生活方面安排照顾，对重要事情进行决策，学生除学习外，凡事很少操心，社会责任也较少。当大学生毕业后走上工作岗位，就肩负起明显的社会责任了，首先，要以国家的兴旺、民族的强盛为己任；其次，要明确个人工作成绩的好坏，不仅和自己的前途有密切关系，而且也关系着单位、部门的兴衰与荣辱。

2. 独立意识

大学生在校的主要任务是学习，长期依靠教师、家长对自己生活和学习的帮助，助长了大学生的依赖心理。工作后，大学生要承担一定的社会责任，要能够在工作中独当一面，人们也开始把大学生作为一个独立的社会人来对待。这就要求大学生具有独立意识，勇于独立完成任务，推脱和依赖等行为在工作中都是行不通的。

3. 协作意识

学生在校期间的学习从某种意义上讲是单纯的个体劳动，很少涉及相互之间的协作，因而大学毕业生的协作精神和团队意识远远不能够满足职场的要求。现代社会分工越来越细，科研项目的完成、工程计划的实施、工作的组织管理等都需要部门与部门之间、个人与个人之间的协作才能顺利完成。这就要求每个职业人都必须具有协作意识和团队精神。因此，刚刚走上工作岗位的大学生，一定要树立协作意识，切勿片面强调个人作用，要从整体利益出发，识大局、顾大体。

4. 学习意识

大学毕业生的社会角色适应过程是一个自我不断学习、不断完善的循序渐进的过程。初到工作岗位，大学生拥有的知识量不一定足够大，知识结构并不一定合理，因此，要根据职业的特点、性质、工作程序及其相关因素，不断学习新知识、增强自身素质、提高工作技能和业务水平。除了根据自身情况需要补充学习必需的专业知识外，还要虚心向单位的同事请教，加强实践锻炼。非智力因素也是影响大学毕业生获得职业技能的重要因素，应注意改善和提高。

(二) 重视入职培训

培训对于刚刚走上工作岗位的大学生进行角色转换是非常重要和必要的。它不仅仅让新员工了解单位的基本情况、熟悉规章制度和工作程序、掌握工作岗位必需的技能，更重要的是通过培训来树立员工的集体主义观念，使员工了解并接受组织文化和价值观，培养其人际协调能力和奉献精神。从某种意义上讲，入职培训也是考察新员工的过程，因此单位都非常重视，并依此择优录用、分配岗位。

（三）明确岗位职责和工作任务

大学生进入单位后，要及时地明确所承担岗位的职能、责任、权利和义务。当接受每项具体工作时，要清楚个人承担的是什么任务、任务的目标和要求、完成任务的时间等。这样可以避免因不知道该做什么、该怎么做而带来的不知所措，也可避免因工作过于主动而显得越俎代庖。

（四）培养实事求是、踏实肯干的工作作风

大学毕业生由于缺乏工作经验，所以在很多时候是难免出现失误的。这个时候切记急躁，要正确地认识失误，实事求是地去承认失误，并积极稳妥地处理情况。

事后要认真地分析原因，总结经验教训，要敢于向领导和同事开展自我批评，勇于承担责任，切不可一味地强调别人的问题或者找其他借口。

工作中要靠辛勤的汗水去创造工作成绩，才能得到领导和同事的认可、赞誉和信任。毕业生刚到一个单位工作，各方面情况还不熟悉，埋头工作，苦干实干尤为必要。尤其是刚开始工作，领导也许不会轻易委以重任，这时候不要对组织布置的工作"层次"心存不满，认为与自己的能力和身份不符，而一定要认真对待。一开始就能脚踏实地的人容易得到大家的认同，可以为以后的发展打下良好的基础。

（五）善于思考和总结工作

干完一项工作，认真地思考和总结对一个职场新人来说是十分必要的。通过总结，可以发现自己做得好的一面，以后继续发扬；通过总结，可以发现工作中的失误以及遗漏的问题，下次注意改进；通过总结，可以发现工作中的问题，提出新的观点和措施，特别是能够结合实际，制定出节省劳动时间、提高工作效益的技术改造方案，取得显著成绩，周围的职工更会对你刮目相看。认真的思考和总结可以提高业务素质、管理水平和人际沟通能力，能够帮助大学生快速成长。

（六）勇于接受挑战，学会经受挫折

小刘是学习园艺专业的女孩子，大三那年到一家公司求职，顺利地与该公司签约。不过人力资源主管告诉她，至少要到公司的生产基地——大棚里工作半年，公司才决定她以后的发展方向。

小刘顿时感到难以接受:"我明明在求职意向里注明的是管理岗位啊!如果让一个大学生去大棚里干那些体力活,不知道别人会怎么看我?"人力资源主管耐心地告诉她:"我们公司负责技术的领导,每个人都是从基层锻炼起来的。没有最基本的生产经验,你都弄不清楚生产的环节,日后怎么管理,怎么工作啊?"

小刘觉得有道理,回去又和父母、老师商量了一下,大家都鼓励她先抱着试一试的态度工作一段时间,适应一下环境。就这样她去上班了。在大棚里工作的都是一些农民工和中专生,小刘和蔼可亲,仔细观察他们的工作,有时也会虚心向他们请教,很快就熟悉了工作环境。大棚里的工作枯燥乏味,不太适合年轻人,在父母的劝说和鼓励下,她也硬是坚持了下来。她还结合自己所学,主动请教学校专业课教师,积极解决大棚里出现的生产问题。不知不觉半年过去了,小刘已经适应了这个工作环境,由于她做的一些生产试验还没有结束,她主动要求再在大棚工作四个月。四个月后,小刘主持生产的温室花卉不论从产量还是质量上都较以前有了明显提高,还参加了公司在国际会议上的展览。小刘也因此得到了公司的赞赏和提拔。她后来就经常劝说找工作的师弟师妹:"实际上在大棚里的工作虽然苦,也是苦中有乐,熬过来就好了,而且这段经验是很多公司领导所看重的,它会是我们一生的财富。"

毕业生刚走上工作岗位,真正从事具体工作时大都会有一种无所适从的感觉。对此不要胆怯,要相信年轻就是最大的资本,静下心来接受这种挑战。要通过自己满腔的热情、必胜的信念、虚心的学习、理性的分析、充分的准备和辛勤的付出,来争取圆满完成工作任务。

挫折总是与成长相伴,不要因为工作或生活中出现了困难就止步不前,甘于平庸。困难是随时会出现的,跌倒了就再爬起来。经历的挫折越多,就越能了解社会、适应社会、把握社会。

(七)准确把握自己,理智对待机遇

大学生的首次就业,并不一定就是终身的职业选择。由于最初择业时某些条件的限制以及其他种种因素,一部分大学生在就业后对自己的职业并不满意,对此,应当进行具体分析。

一方面,要珍惜第一次职业的选择,认真地、实事求是地分析自己对职业不满意的原因,如果是因为自己的眼高手低,那么就应当自觉地调整自己,从点滴做起,踏踏实实地工作;如果是因为自己能力不够,那么就应当虚心学习,不断提高自己的素质,仅仅抱怨单位是没道理的。另一方面,如果确实是因为客观的原因,经过自己的努力和调整仍然难以适应现有的职业岗位,则可以谨慎地重新选择职业。在人才市场逐步开放的今天,人才流动是个人发展的要求,也是社会发展的需要,你可以随着社会需求的变化，根据自身的实际条件，适当调整奋斗方向，把握好重新选择的机会，在大千世界中找到更适合自己的职业。

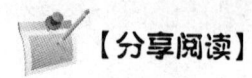

【分享阅读】

职场法则：职场新人要注意的 20 个小细节

文/晚睡姐姐

混迹职场多年，从青葱的新人混成了皮糙肉厚的老前辈，中间的教训很多，当然经验也不少。人和人的成长都有相似的轨迹，总逃不过"吃一堑，长一智"的模式，职场之事亦然。每年我都能接触到不少新入职的同事，也都会发现他们有着或多或少的问题，他们就像年轻时候的我，跌跌撞撞地走来，努力做好自己的工作，却还是有着自己都难以察觉的局限。

所以，作为一名职场前辈，今天咱们不说权术，不说潜规则，只说说日常那些容易被忽视的小细节，想到哪儿就说到哪儿，仅供大家参考。

1. 准时、不迟到，这是职场的基本规则和职场人的基本职业素养，是红线，轻易不要逾越

有的人在上学的时候就拿迟到不当回事儿，散漫惯了，上班之后也是这个作风，开会迟到，上班迟到，接待客户也迟到，反正是借口多多。其实再忙、再有事也不差那么几分钟，主要还是没有养成习惯，心里拿迟到不当回事儿。从做人的角度来说，守时是美德，不守时是不尊重人，浪费别人的时间；从做事的角度来说，守时是一种端正的工作态度，不守时的人很难被团队信任。一个大家都不守时的团队一定是松散的没有凝聚力的团队。

2. 有事需要请示领导的时候，能当面汇报的一定要当面汇报，尽量不打电话

当领导就在办公室，你却连动都不动，操起电话就打，对方会反感。这点是我以前的领导提醒我的，因为当面汇报可以有面对面的交流，方便沟通意见，领导要做决策也需要时间去思考，打电话承载不了这样的任务，除非是一问一答式的，如"今天下午有会请参加"这种。

3. 因为私事向上级请假的时候，尽量要提前，情况特殊也要打个电话

因为"请假"本身就意味着"请示、给假"两种含义，你请，别人给，程序上不能错。切忌发短信简单告知，更不要先斩后奏，比如，我就收到过"我明天要出去旅游"这样的请假短信，这不是请假，这是通知，我不同意吧，人家票都买了，我同意吧，说实在的有一种被绑架的感觉，更何况有时候工作真的安排不开。有的人意识不到自己这样做不恰当，当领导不给假的时候他会觉得领导不通人情，玩弄权术，感觉自己被迫害了。

4. 和客户或者同事、领导打电话，事情说完，稍微等一下再挂电话，或者让对方先挂电话

说完事情，不要立刻、迅速就挂电话，这是一种礼貌。你自己可以体验一下，当别人和你通话结束后，等你最后一个字刚落音，电话立刻就挂断，你也会体验到对方的不礼貌。

5. 重要场合，不要嚼口香糖

其实这条我觉得都不应该说，是起码的修养，但在年轻的同事中还真是屡见不鲜。比如，我们有一次组织招聘秘书，有位小伙子一边嚼着口香糖一边答题，边嚼口香糖边向监考请教问题，给了当时的监考官非常不好的印象。这种印象不仅可能会影响他这次应聘结果，也许还会持续到以后的工作中。如果某些时候人与人之间只有一次了解的机会，那么一次就成了永远，就再也没有翻身的机会了。

6. 面试或者竞聘的时候，要保持良好的肢体仪态

说话的时候要直视对方，面带笑容，落落大方，不急不躁。如果有个人简介或者竞聘报告最好是背下来，不要拿着稿子背，即使你有卓越的工作能力，背稿子的效果也会让它大打折扣。说话的时候坐姿一定要端正，不要跷二郎腿，不要抖腿，不要斜靠，我曾经看过竞聘某个岗位的小伙子十分舒坦地斜靠在椅子上回答面试官的问题，面试官已面露不悦，但他还尚未察觉。

7. 开会的时候关手机，或者调成振动

除非你们单位或者公司像个大车店，处于无政府状态，否则一定要记住这点，更不要明目张胆地在会议上接电话、打游戏、查微博、上微信，这是对组织会议者的基本尊重。作为新人，更应该谨慎。

8. 从办公室或者会议室出来的时候不要使劲摔门，要用手轻轻把门掩上

这实在是小得不能再小的一件事了，可真有很多人忽视，有时候这边开着会呢，有的人需要出去，出门时信手一甩，众人侧目。从别人的办公室离开，也应该注意轻关门，尤其是夏天开窗的时候。人的修养更多地体现在微小的细节中，体现在对周边人的谦让和照顾上。

9. 在安静的环境中，女性朋友在行走时，一定注意自己的高跟鞋不要发出太大响声

如果鞋的声音大，最好有意识地放轻脚步。有的年轻人非常不注意，一片寂静中走得昂首挺胸，高跟鞋发出"咔咔"的声音，仪态是挺美，可背后投过来的目光里的意味可复杂了。另外，开会中间退场、迟到或者早退的时候从后门进，尽量不要在人前目标很大地晃动。

10. 刚入职的新人对于自己的职场身份，需要有一个心理上的适应

有些新毕业的学生，一直做惯了好小孩，乖小孩，凡事都有父母，工作了也是这

个态度，总等着别人敦促，自己不善于安排计划，缺少主动意识。刚入职的新人们要经常提醒自己，你是一个独立的人，应该独立完成自己的分内工作，并对结果负责，不要总指望别人体谅你，拿你当孩子看，给你特殊的待遇，那样就会失去被器重的机会。

11. 在工作中，犯错了，被发现了，要先承认，然后再讲述理由

我见过有些年轻人，一旦被发现工作出了纰漏，总是不断地强调自己的理由、客观的原因、别人的错误，我理解他们的感受，出错了，怕批评，怕给领导留下坏印象。但问题是，这样的态度恰恰是领导最反感的，觉得你这是在推诿搪塞、逃避责任，小心眼儿的领导甚至会想："你没错，那就是我有错了？"没准儿还变成个人恩怨了。

12. 作为新人，要敢于表现真实的自己

有些人刚踏上工作岗位，尤其是在政府机关、行政管理部门工作，人事关系复杂，会有一种害怕自己露怯的心态，表现得谨小慎微。这也没错，但若是总试图做得滴水不漏，总想让别人看到好的、不看到坏的，那也不好。从领导的心理上来说，那些过分油滑，在自己面前一直十分戒备的人，是不足以信任的人。该什么样就什么样，太完美了反而假。年轻人都会犯错，只要认真、坦诚地面对，错误也是进步的开始，反正我是愿意给真性情的年轻人机会，而不喜欢年纪轻轻就滑溜溜的人。

13. 很多年轻人初涉职场，容易犯一个类型的错误：对上级交办的一项工作或者事情，不是对最终结果负责，而是对过程负责

举个例子，明天要开会，我让某人负责通知，可第二天人不齐，我问他怎么回事，他却不知道，"反正都发了短信"，我再问，他又说对方没回短信，也就是在不清楚对方是没收到还是有事不能来的情况下他就不追究了。这种"你让我做，我就做了，至于结果和我没关系"的误区一定要注意克服，这背后还是一种不成熟的心理状态，觉得工作是为别人做的，自己是被动地承担。做事的目的是做到位、做到最佳而不是仅仅做了。

14. 工作中要养成反馈过程和结果的习惯

这一点很多人都容易忽视，比如，有时候我把某份文件转给某个人落实，他领完文件后很长时间都没消息，我也不知道他能不能落实，怎么落实的，有没有困难，我还要自己去找他问。另外，还有些事情是层层落实下来的，大领导安排到小领导，小领导安排到具体工作人员。反过来，也是需要层层负责的，大领导会找小领导问结果，不会直接找具体人员问，所以及时反馈，让各级领导掌握进度是很重要的。紧要的工作要马上反馈，不紧要的工作选择适当的时间节点反馈。

15. 要注意部门分工和个人职责，不要用人情来替代工作原则

我以前有过这样的教训，那时我从 A 部门调到 B 部门，A 部门组织个活动忙不开，找我帮忙，我一心想的是大家相处得不错，部门之间应该互相配合，就去了。当时 B

部门的领导没说什么，后来他提醒我，说"如果你是利用业余时间帮忙，没问题，但在工作时间，而且你已经不是那个部门的人了，就应该走正规渠道，要部门和部门之间进行沟通，而不是你自己擅作主张"。我当时还有点委屈，现在觉得真感谢他提醒了我，否则我不知道还会混沌多久。作为职业人，在工作时间，行为一定要职业，不能完全按照感情和喜好用事，该有的界限一定要有。

16. 注意工作的管理权限和层级分工

这点对于在机关工作的人尤其重要，有的年轻人刚上班，由于看谁都是前辈，谁都比自己官大，所以谁指使自己都去，谁安排工作都干，完全没有了分寸界限。这样的结果是吃力不讨好，你要知道，不同部门的人都有不同的领导和分工，你是这个部门的，就应该归属这个部门管理，执行这个部门的工作，别的领导再大，公事也应该和你的直接领导打招呼，"隔着锅台就上炕"是职场大忌，你干了也白干，长久以往的危害是你变成了软柿子，人人得以捏之。

17. 凡事不能想当然，一定要自己亲自查证了、确凿了才行

这点很容易被忽视，因为人都有思维惯性，"我想应该是这么回事"，比如，我问某个小同事："你材料上写的这段是出自某某讲话吗？"他随口说："我觉得是。"我回去一查，根本就不是这么回事。工作中因为想当然造成的失误特别多，尤其是新走上工作岗位的年轻人，很多事千头万绪、纷繁复杂，一下子涌到眼前，很容易就没了章法，靠着自己非常有限的经验去处理，而忽视查证和检验。

18. 工作一定要严谨，注意区分责任

有一次，向上级报表，有个数据我觉得不太对，问了下填表的同事，原来是由于这个数据他没时间找具体负责人问，所以自己编了个。我很严肃地告诉他，这种事在关键核心部门，是坚决不允许的，一旦出了问题，责任全都在你。小同志还觉得挺委屈，说他们没准儿也是编的，我说那也不行，就算编，你也得让具体负责的业务部门编，我们只负责呈报，真出了问题责任也不在我们。

19. 对待领导和同事，养成正面交谈和回答问题的习惯，不要经常用反问句或者设问句

比如，我问某人："你通知某某局长开会了吗？他怎么说的？""我通知他办公室主任了，这没什么错吧？"这个回答就特别叫人堵心，他的意思是我没通知他本人，我通知了他办公室主任，我没错，但我只是问问这件事，并没有责怪他的意思，他这样撇清自己，反而起到了反作用。

20. 进入职场，要学会独立

千万不要出了什么问题，就找父母来替自己摆平，这是职场上最忌讳的事情。我以前有个同事，他妈妈动不动就给领导打电话，不是"别让我家某某值班"就是"某某身体不好你们要多照顾"，我们背后都笑话他，他自己也觉得非常丢人。

前几天还有个网友找我咨询，说她爸爸在她上大学的时候就背着她给学校打电话，现在工作了还这样，让她很苦恼。我告诉她，要改变爸爸的行为，就要告诉他，他这么做，领导会对她印象不好，觉得她太不自立，父母本身都是为孩子好，知道自己的行为有了反效果大概能克制点。

——资料来源：佳人网

本章练习

填写由"学校人"向"职业人"转换的自我任务表，思考到了新的企业，如何度过入职的前三天。

班级：　　　　　　　　　学号：　　　　　　　　　姓名：

由"学校人"向"职业人"转换自我任务表

转换要点	自我评价内容	自我评价情况	转变的方向
责任意识	在班级里我承担的任务是什么？		
	在学校我承担的任务是什么？		
团队意识	我参加过班上的哪些集体活动？		
	我与班级同学相处是否融洽？		
专业能力	我对所学专业了解程度如何？		
	我已掌握哪些专业基本知识？		
品德表现	我是否严格遵守校纪校规？		
	我是否经常为他人着想，并帮助他人？		

第八讲　职业竞争力与职业发展

> **知识目标**
> （1）了解大学生职业竞争力的内涵。
> （2）了解职业发展在个人职业生涯中的重要意义。
>
> **能力目标**
> （1）根据职业竞争力和职业发展要求，养成良好的职业习惯和学习习惯。
> （2）能够对个人职业生涯进行良好的时间管理。

都说学历很有用，自己努力拿到了高学历，却没有拿到期望的薪水，找新的工作时却没有想象中的那么受欢迎；大家都一窝蜂去考资格认证，自己也努力拿到了证书，可是好像作用也不大；人家说工作经验就是宝，自己的经验、资历没得说，但是发展到今天，加薪升职就是没自己的份儿，百思不得其解。

一个人的职业竞争力到底是什么？怎样才能凭借自己的竞争力拿高薪、就高位？

根据权威机构调查显示，86%以上的职业困惑者不是没有竞争力，而是没有从客观、科学的角度，结合职场的需求规律，分析自己的职业核心竞争力，于是就造成没有把自己有效的时间成本投到有效的竞争力模块之中，最终导致了职业竞争力的停滞和下滑。

每个职业人的竞争力各不相同，所以要认真盘点自己的竞争力，为自己量身定做一套合理的职业规划。

第一节　职业道德

一、何谓"职业道德"

（一）职业的定义

职业是指人们由于社会分工而从事的具有专业业务和特定职责，并以此作为主要生活来源的工作。

（二）道德的定义

道德是一定社会、一定阶级向人们提出的处理人和人之间、个人和社会、个人和自然之间各种关系的一种特殊的行为规范。

简单地说，道德就是讲人的行为"应该"怎样和"不应该"怎样的问题。

（三）职业道德的定义

职业道德是指从事一定职业劳动的人们，在特定的工作和劳动中以其内心信念和特殊社会手段来维系的，以善恶进行评价的心理意识、行为原则和行为规范的总和，它是人们在从事职业的过程中形成的一种内在的、非强制性的约束机制。

职业道德的特征：范围上的有限性、内容上的稳定性和连续性、形式上的多样性。

职业道德建设的核心：为人民服务。

职业道德建设的原则：集体主义。

二、职业道德的内容

（一）文明礼貌

文明礼貌是人们在职业实践中长期修养的结果，是从业人员的基本素质，是塑造企业形象的需要。

它的基本内容和具体要求是仪表端庄、举止得体、语言规范、待人热情。

（二）爱岗敬业

爱岗就是热爱自己的工作岗位，热爱本职工作；敬业就是用一种恭敬严肃的态度对待自己的工作。

具体要求：树立职业理想、强化职业责任、提高职业技能。

（三）诚实守信

诚实守信是为人之本、从业之要。

诚实守信的具体要求：忠诚于所属企业——诚实劳动、关心企业发展、遵守合同和契约。

维护企业信誉——树立产品质量意识、重视服务质量、树立服务意识。

保守企业秘密。

（四）办事公道

办事公道是正确处理各种关系的准则，是指我们在办事情、处理问题时，要站在公正的立场上，对当事双方公平合理、不偏不倚，不论是谁都是按照一个标准办事。

具体要求：坚持真理、公私分明、公平公正、光明磊落。

（五）勤劳节俭

勤劳节俭是中华民族的传统美德，是人生事业成功的催化剂，是企业在市场竞争中常战常胜的秘诀——勤劳促进效率的提高，能够降低生产的成本，是维持社会可持续发展的法宝。

一个社会要想做到可持续发展就必须重视生产资料的节约。

（六）遵纪守法

遵纪守法指的是每个从业人员都要遵守纪律和法律，尤其要遵守职业纪律和与职业活动相关的法律法规。其中，职业纪律是在特定的职业活动范围内从事某种职业的人们必须共同遵守的行为准则，包括：劳动纪律、组织纪律、财经纪律、群众纪律、保密纪律、宣传纪律、外事纪律等基本纪律要求以及各行各业的特殊纪律要求。

遵纪守法的具体要求：学法、知法、守法、用法；遵守企业纪律和规范。

（七）团结互助

团结互助指在人与人之间的关系中，为了实现共同的利益和目标，互相帮助、互相支持、团结协作、共同发展。

基本要求：平等尊重、顾全大局、互相学习、加强协作。

（八）开拓创新

"创新是一个民族进步的灵魂，是国家兴旺发达的不竭动力。"

创新是指人们为了发展的需要，运用已知的信息，不断突破常规，发展或产生某种新颖、独特的有社会价值或个人价值的新事物、新思想的活动。

创新的本质是突破。创新活动的核心是"新"。

开拓创新要有创造意识和科学思维，还要有坚定的信心和意志。

三、职业道德与企业的发展

（一）职业道德是企业文化的重要组成部分

企业文化（也称公司文化），是一个企业的经营之道，是企业精神、企业价值观、企业目标、企业作风、企业礼俗、员工科学文化素质、职业道德、企业环境、企业规章制度以及企业形象等的总和，是在一定环境中，全体职工在长期的劳动和生活过程中创造出来的物质成果和精神成果的表现。

职业道德在企业文化中占重要的地位。

（1）企业环境需要由职工来维护。

（2）职工没有严格遵守规章制度的觉悟，企业的规章制度就会形同虚设。

（3）职工是实现企业价值观、经营之道和企业发展战略目标的主体。

（4）企业作风和企业礼仪是职工职业道德的表现。

（5）职业道德对提高职工科学文化素质和职业技能具有推动作用。

（6）企业形象是企业文化的综合表现。

（二）职业道德是增强企业凝聚力的手段

（1）职业道德是协调职工同事关系的法宝。

（2）职业道德有利于协调职工与领导之间的关系。

（3）职业道德有利于协调职工与企业之间的关系。

四、如何培养职业道德修养

（一）职业道德修养的含义

所谓修养，是指人们为了在理论、知识、艺术、思想、道德品质等方面达到一定的水平，所进行的自我教育、自我改善、自我提高的活动过程。

所谓职业道德修养，是指从事各种职业活动的人员，按照职业道德基本原则和规范，在职业活动中所进行的自我教育、自我锻炼、自我改造和自我完善，使自己形成良好的职业道德品质，达到一定的职业道德境界。

（二）职业道德修养的途径

（1）确立正确的人生观是职业道德修养的前提。

（2）职业道德修养要从培养自己良好的行为习惯着手。

（3）学习先进人物的优秀品质，不断激励自己。

（4）不断同旧思想、旧意识以及社会上的不良现象做斗争。

（三）职业道德修养的方法

（1）学习职业道德规范、掌握职业道德知识。

(2) 努力学习现代科学文化知识和专业技能，提高文化素养。
(3) 经常进行自我反思，增强自律性。
(4) 提高精神境界，努力做到"慎独"。

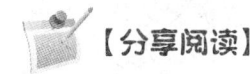

【分享阅读】

用心做事——做企业真正需要的人

用心做事是良好职业道德的完美体现。一个把心放在工作上、把工作放在心上的员工，不管从事何种工作，也不管在哪个公司，都会承担对公司的道德责任和义务，所以要时刻注意自身职业道德的修养。

诚信，是人生立足之本。它能让每一个人挺直脊梁、光明磊落地做人。

用心做事要求员工做一个诚信的人

一个诚实守信的员工，能做到实事求是，言行一致，能把心思和精力用在工作上，面对诱惑而不为其所动，一步一个脚印地向既定的目标迈进。

诚信是一种最基本的道德，是百德之首、百善之源。《吕氏春秋·贵信》上说："君臣不信，则百姓诽谤，社稷不灵；处官不信，则少不畏长，贵贱相轻；赏罚不信，则民易犯法，不可使令；交友不信，则离散郁怨，不能相亲；百工不信，则器械苦伪，丹漆染色不贞。"短短几句话，说明了诚信在社会生活各个方面的重要性。

诚信包括诚实和守信两个方面的含义。诚实，就是言行一致，不讲假话，做人做事实实在在，既不自欺，也不欺他人。守信，就是遵守诺言，说到做到，言而有信，不因自私的目的而毁约和失信于人。

在联想公司，诚信是一种信仰，更是一种工作态度。"诚实做人、注重信誉；坦诚相待、开诚布公"是联想人最基本的道德准则，上自总经理下至员工，诚信是每一个人都必须遵守的。

2007年，温州商界邀请柳传志前往交流经验。当时，暴雨正侵袭温州，他搭乘的飞机迫降在上海，工作人员建议第二天早晨再飞往温州，但柳传志不同意，担心第二天飞机再延误无法准时参会，便让人找来"公务车"连夜赶路，终于在第二天早六点左右赶到了温州。当柳传志红着眼睛出现在会场时，温州的那位知名企业家激动得热泪盈眶……

柳传志说："品牌最核心的东西就是诚信。对个人来说也是如此，如果我们真要做出一个牌子来，就要在内心长期真正地信奉它，通过做事和做人积累起来。如果在没有监督的情况下，自己就换了一种做法，以为是占了便宜，那你永远都做不出牌子来。因为有了第一次，就会有第二次，所以我们一定要把诚信当成贯穿自己一生的追求。"

在柳传志看来，"人真得像爱护眼睛一样爱护自己的名誉"，既然承诺了，就必须做到。只有这样，才能得到别人的信任和尊重。

一个诚实守信的人,在工作中应信守自己对公司的承诺,对不应办的事或办不到的事,不轻易许诺。

有一次,在中央电视台"对话"节目中,主持人请微软公司前副总裁李开复按微软聘用员工的标准给以下要素排序:创新、诚信、智慧。李开复毫不犹豫地把诚信排到了第一位,同时,李开复向大家讲述了一次难忘的经历。

在一次面试中,有一位应聘者在技术、管理方面的素质都相当出色。在交谈的过程中,应聘者主动向李开复表示,如果录取他,他可以把他在原来公司工作时的一项发明带过来。随后,他似乎觉察到这样说有些不妥,又特意声明,那些工作是他在下班之后做的,老板并不知道。

李开复说:"即使他的能力和工作水平再高,微软也不可能录用他。因为他缺乏最基本的处世准则和最起码的职业道德,他不是一个诚实、讲信用的人。试想,如果雇用了这样的人,谁能保证他以后不会把自己在这里的工作成果也当成所谓的'业余工作'献给其他公司呢?"

诚实守信,不仅是用心做事的原则,也是做人的原则,是建立良好人际关系的前提和保证。在人际交往中,应以诚相待,重诺守信,这样,双方才有可能建立长期的、稳定的、友好的关系。

欧洲某些国家的公共交通系统的售票处大部分是自助的,没有检票员,甚至连随机性的抽查都非常少。据统计,逃票被抽检抓到的概率大约只有万分之三。

一位中国留学生发现了这个管理上的漏洞,在他留学的几年期间,他因逃票被抓了三次。

大学毕业后,他试图在当地找一份工作,于是,他向许多跨国公司投了简历,因为他知道这些公司都在积极地开发亚太市场,可都被拒绝了。一次次的失败,使他愤怒了。他认为一定是这些公司有种族歧视的倾向。终于有一天,他冲进了一家公司人力资源部经理的办公室,要求他对于不予录用自己给出一个合理的解释。

"先生,我们并不是歧视你,相反我们很重视你,因为我们公司一直在开发中国市场,需要一些优秀的本土人才,所以你来求职的时候,我们对你的教育背景和学术水平是很感兴趣的,老实说,你就是我们所要找的人。"

"那为什么不录用我呢?"

"因为我们查了你的信用记录,发现你有三次乘公共汽车逃票被处罚的记录。"

"我承认。但为了这点小事,你们就放弃了一个能为你们带来更大利益的人才?"

"小事?不!不!先生,我们并不认为这是小事。我们注意到了,第一次逃票你说自己还不熟悉自动售票系统,这有可能。但在这之后,你又逃票了。这如何解释呢?"

"那时刚好我没有零钱。"

"不!不!先生。我不同意这种解释。我相信在被查获前,你可能有数百次的逃票。对不起,我只是说有可能。此事证明了几点:第一,你不尊重规则,而且善于发现规则中的漏洞并恶意使用;第二,你不值得信任,而我们公司的许多工作是必须依靠诚信来完成的。如果你负责某个地区的市场开发,公司将赋予你许多职权,为了节约成本,我们没有办法设置复杂的监督机构,正如我们的公共交通系统一样。所以,我们没办法雇用你,而且,我可以断定,在我们国家,可能没有公司会冒险雇用你。"

孟子说:"诚者,天之道也;思诚者,人之道也。"可见,诚实守信是做人之本、立业之基。一个人要想在社会上立足,做一个堂堂正正的人,干出一番事业,就必须具备诚实守信的品德。

用心做事要求员工做一个忠诚的人

忠诚是每个员工都应具备的一种基本的职业道德。作为公司的员工,你必须忠诚于公司;作为老板的下属,你必须忠诚于老板;作为团队的成员,你必须忠诚于同事。

忠诚是一种美德,是衡量一个人是否具有良好职业道德的前提和基础,是一种高度的职业责任感。忠诚主要体现在做事尽职尽责、积极主动,不做任何与履行职责相悖的事,忠于公司的利益,并不以此作为寻求回报的筹码。一个员工,只有具备了忠诚的品质,才能赢得公司的信赖,取得事业上的成功。

日本索尼公司有这样一句话:"如果想进入公司,请拿出你的忠诚来。"这是每一个意欲进入索尼公司的应聘者常听到的一句话。索尼公司认为,一个不忠于公司的人,即使其能力再高,也不能录用,因为他可能为公司带来比能力平庸者更大的破坏。其实不仅仅是索尼公司,又有哪个公司会喜欢不忠诚的员工呢?在一项针对世界著名企业家的调查中,当调查者问到"您认为员工最应该具备的品质是什么"时,几乎所有的企业家都无一例外地选择了忠诚。

小李是一家金属冶炼厂的技术骨干。由于该厂准备改变发展方向,小李觉得该厂不再适合自己,就准备换一份工作。鉴于小李所在单位在行业上的影响力以及他自身的能力,他要找一份工作是轻而易举的事情。

经过选择,小李来到了一家企业面试。负责面试小李的是该企业负责技术的副总经理,他对小李的能力没有任何挑剔,但是向他提出了一个问题:"我们很高兴你能够加入我们企业,你各方面都很出色。我听说你原来的单位正在研究一种提炼金属的新技术,你也参与了这项技术的研发,我们也在研究这项新技术,你能够把原单位研究的进展情况和取得的成果告诉我们吗?这也是我们邀请你加盟我们企业的原因。"

小李回答说:"你的问题让我十分失望,我不能答应你的要求,因为我有责任忠诚于我的企业。尽管我已经离开了,但任何时候我都会这么做,因为信守忠诚比获得一份工作重要得多。"

小李身边的人都为他的回答感到惋惜,因为这家企业的影响力和实力比他原来的单位要大得多,在这里工作是很多人梦寐以求的。就在小李准备去另一家公司应聘的时候，那位副总经理给小李发来了一封邮件，在信中他这么说道："李先生，您被录取了，并且是做我的助手，不仅是因为你的能力，更是因为你的忠诚！"

每个公司都需要像小李这样忠诚的员工。本杰明·鲁迪亚德曾经说过："没有谁必须要成为富人或者伟人，也没有谁必须要成为一个聪明的人。但是，每一个人必须要做一个忠诚的人。"即使你离开了所在的企业，也必须保守原企业的商业机密，只有这样，你才能获得其他企业和他人的信任。小李之所以获得了这份工作，是因为这家企业相信，一个能对原企业忠诚的人也可以对自己的企业忠诚。

一个忠诚的员工，应有主人翁意识，从大局出发，将企业利益摆在第一位，把企业的事当作自己的事，因为企业和员工是一个共同体，一荣俱荣，一损俱损。只有企业强大了，员工才能拥有更大的发展空间。员工只有忠于企业，才有可能得到企业的信任和赏识，并真正地被企业委以重任。

小张是一个公司的办公室秘书，由于能力出众，深受老板赏识。因为经常和老板在一起，自然知道公司很多的商业机密。有一次，公司的一位合作伙伴请小张喝酒，席间，这位合作伙伴说："最近我和你们老板正在谈一个很大的合作项目，如果你能够把你们公司的一些资料告诉我，这将使我在谈判中掌握主动。"

"什么？你是说让我出卖商业机密？"小张皱着眉头说道。

这位合作伙伴小声地对小张说："这件事情除了你我知道外，没有任何人知道，对你不会造成任何影响。"说完，便递给小张一张10万元的现金支票，小张欣然接受了，并说出了公司的相关机密。

结果，在谈判中小张的老板很被动，公司也因此损失巨大。事后，公司老板查出了是小张泄露了公司的商业机密。原本有很大发展前途的小张不仅丢掉了工作，而且他得到的那10万元也作为赔偿款被公司没收。

一个不忠诚的人到哪里都不可能得到老板的欢迎。当一个员工对企业不忠时，不仅失去了企业对他的信任，连同一起失去的还有尊严、诚信、荣誉以及大好前途。如果一个人曾有过一次不忠，要想得到企业和他人的再次信任则很难。中国有句古话"一次不忠，百次不用"，说的就是这个道理。

用心做事要求员工做一个敬业的人

敬业就是以一种严肃的态度对待自己的工作，将工作当成自己的事，具体表现为勤勤恳恳、兢兢业业、忠于职守、爱岗尽责、善始善终等。敬业者对自己所从事的职业怀有一份热爱、珍惜的心情，不惜为之付出努力和奉献毕生的精力。

敬业是一种职业态度，也是职业道德的崇高体现。一个人是否有所作为不在于他做什么，而在于他是否兢兢业业、尽职尽责地把所做的事做好。干一行、爱一行、精一行，这就是敬业精神。敬业精神是一种主人翁的精神，是我们永远提倡的职业道德精神。

通用电气公司前总裁杰克·韦尔奇曾说过："任何一家想靠竞争取胜的公司都必须

设法使每个员工敬业,具有敬业精神的员工是公司争抢的香饽饽。"阿尔伯特·哈伯德说:"一个人即使没有一流的能力,但只要拥有敬业精神同样会获得人们的尊重。如果你的能力无人能比,但没有基本的职业道德,一定会遭到社会的唾弃。"

那么,怎样做一个爱岗敬业的员工呢?

做一个敬业的员工,应树立正确的择业观,克服职业偏见。员工要做到爱岗敬业,首先要认识到自己所从事的职业的价值,树立正确的价值观。在一个企业里,不同的工作,只是分工的不同,既没有高低贵贱之分,也没有重要不重要之分。任何岗位的员工,都应以正确的态度对待自己的工作,并为企业的发展贡献自己的力量。

一个敬业的员工,应树立强烈的事业心和责任感。事业心和责任感是员工敬业、勤业,履行职责,出色地完成本职工作的内在动力。只有树立强烈的事业心和责任感,才能积极主动地在工作中倾注自己的心血。

一个敬业的员工,应热爱本职、踏实工作。热爱本职、踏实工作是敬业的前提。每一个员工都要具备在岗一天、爱岗一日的"干一行、爱一行、精一行"的爱岗乐业的理念。员工热爱、喜欢自己的工作,就会自觉地钻研本职业务,主动、勤奋地学习与本职工作相关的知识、技能,探索、掌握做好本职工作的规律和方法,就有可能做出不平凡的业绩。

一个敬业的员工,应当忠于职守、尽职尽责。这是企业对员工最起码的职业道德要求,也是职业生活得以正常进行的必要条件。一个人是否履行自己的职业责任,是一个人是否称职、是否胜任工作的尺度。因此,每一个员工都应该不断强化自己的职业责任,在内心形成一定的责任目标,并对自己的思想和行为进行反省和检查,不断矫正自己的职业行为偏差,将正确的尽职尽责的行为不懈地坚持下去,使之变成一种职业道德和行为习惯。

总而言之,对于一个用心做事的员工来说,一定要克服急功近利、眼高手低、虚荣浮躁的心态,将工作视为自己的事业,一心扑在工作上,做一个爱岗敬业、踏实肯干的好员工。

——资料来源:商业评论网

第二节　职业习惯

主观偏见是禁锢心灵的罪魁祸首,人们的见识、行为总是受制于它。思想决定行动,行动决定习惯,习惯决定品德,品德决定命运。

亚里士多德说:"人的行为总是一再重复。因此,卓越不是单一的举动,而是习惯。"

一、何谓"习惯"

（一）习惯的定义

习惯是一定时期内较为固定的行为模式。你要改变自己，首先就要改变你的习惯，因为习惯是固执的、难以改变的。

（二）习惯的三要素

欲望——想做；知识——做什么，为何做；技巧——如何做。
习惯是由以上三个要素构成的，但是，什么是职业人必备的习惯呢？

二、职业人必备的习惯

《The Seven Habits of Highly Effective People》（中文译名是《与成功有约》）列出了成功人士必须具备的七个习惯。

（一）主动——操之在我

原文是proactive，可直译为"主动"，在这里，我们给它一个全新的解释：操之在我。所谓"操之在我"，其实就是"把握命运"的意思。从依赖阶段过渡到独立阶段，每个人都要为自己的人生负责。

（二）以始为终——从一开始就制定客户满意的目标

从一开始就制定目标并使行动贴近目标。客户满意是职业人的使命，要使客户满意，首先要了解客户的期望值，据此确立目标和行动方案。行动之前要制订计划。在计划实施过程中，还要评估这个计划能够实现多大的客户满意度。

（三）要事为先——分清轻重

在制订计划之前，首先要认清楚：最重要的事情是什么。这是成功人士最基本的素质。重要的事情具有非常的意义，要把它们放在首要位置上。由"80、20原则"知道，20%最重要的事情，产生80%的总效益。

（四）人际关系成功——从客户的角度考虑

对于职业经理人来说，成功的人际关系意味着与客户产生共鸣。要获得客户满意，必须做到：从客户的角度考虑事情。

（五）利人利己——双赢战略，获得最大的共同利益

所谓利人利己，就是一种双赢战略，它的宗旨是共同利益的最大化，是共同利益的最大化双赢。

（六）集思广益——不断学习，不断超越自己

集思广益，在这里指学别人所长，补自己所短。提倡"不断学习"的理念，其内涵在于不断地超越自己。

（七）均衡发展——家庭事业双丰收

职业人所追求的是全面发展，而全面发展的前提就是均衡发展。真正的成功人士就要实现家庭和事业的双丰收。

三、职业人应具备的五种意识

（一）客户意识

职业化的核心就是客户意识。作为职业人，你必须注意：为你的客户着想，给你的客户带来方便。

客户意识要体现出人性化。有的公司规章制度是厚厚的一大本，但员工关心的就是几个有关切身利益的问题：休假、奖励、晋升、保险等。你提供的服务是否能让你的客户满意，关键不是量的多少，而是客户能够从中感受到你对他的关心。这里一直强调的客户满意是一种超值的感受，也就是要让客户感到意外，要让他感动，这就是人性化的体现。

客户意识的一个重点是确定你的客户所需要的服务范围，因为只有当你明确认识到你的客户的需求范围，你才能有针对性地提供服务。

（二）营销意识

营销意识是要让客户明白他能得到什么益处，这种意识并非只是营销部门才需具备的，提倡全员营销的理念，就是要求公司的每个人都要具备营销意识。

作为职业人，营销意识是必须具备的一种素质。因为要实现最大的客户满意度，就要了解他到底需要什么服务，了解有哪些因素会影响为客户服务的目标，只有充分考虑以上信息，才能够为客户提供最优方案。

（三）经营意识

正如前面所说，如果你不懂经营，你就得永远由别人来经营你。想要独立，你必须具备经营意识。既然要清楚经营状况，就要知道你的投入是多少，回收是多少，回收的时间多长，回收与投入之间的比率是多少。资金是企业生存与发展的关键，企业的运营是围绕着资金展开的。企业要通过合理的资金运用来调配各种资源，通过组织各种各样的活动来达到目的。作为职业人一定要考虑清楚，钱花在什么地方，这些钱能够带来多少增值，这就是职业人必备的经营意识。

（四）目的意识

对行动目的的认知，就是目的意识。我们经常会看到某些人所做的很多事情与最终目的没有多大关系。这样的人工作可能很卖力，但是在衡量一个职员的工作业绩时，我们是看其目标的实现程度与其投入成本的比较，而不是看他的工作量。

（五）问题意识

问题意识即风险管理，它的核心在于：对现阶段工作可能出现的问题具有心理准备，并对可能出现的问题制定相应的防范措施。

问题意识的前提：

①你收集的资料不可能完全准确、齐全、客观，此外，判断本身就是一个主观行为。

②事物总是在变化之中，有些突发因素不是出现在你制订计划之前，而是在你实施计划时影响目标的实现。

市场竞争激烈，机会来之不易，而且市场千变万化。如果没有问题意识，可能会付出沉重的代价。如果具备问题意识，也许你就能够预先发现问题，并预测它的严重性，以便及时修正计划。

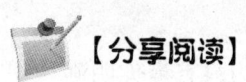

【分享阅读】

高效能职业人的八大习惯

译者：nimo1992　　　　来源：personal excellence

心理导读：是什么造就了一个高效能的人？是那种不停地机械性地重复的工作，还是这个人所拥有的大量的知识，抑或是这个人工作的速度？不，是这八大习惯。

在此之前，我们首先需要知道高效能是怎样的含义

通常，人们对于高效能的看法是一种能在很短的时间完成很多工作的能力。这是正确的，但并不全面。在我看来，效能真正的意义是在很短的时间内能够实现很多有

第八讲　职业竞争力与职业发展

很大价值的工作的能力。这才是我们需要关注的效能，而并不是其他那些去实现一些空洞无用并且在很长时间内并不能产生很大价值的工作的效能。

比如说，Peter打字特别快，他一天可以回复1 000封E-mail。但你并不能说他的工作效能高，因为这项工作里没有什么价值可言（除非这些邮件的确产生了一些实际的有很大价值的效果）。而如果John今天只完成了一项任务，但他实现了比Peter的1 000封邮件加起来还要大的价值，那么他比Peter的工作效能更高。

过去的几个月是我这一年中效能最高的时候

我主讲了8场讲座，其中包括上个月在香港举行的讲座。我最近的这些讲座打破了我以往讲座出席人数的纪录。我创造了"30天敏捷生活"这项第一个在线形式的30天个人发展挑战的活动，并且推行了这项活动。我很荣幸能和你们1 200人一起经历这一特殊过程。我策划、设计，并且最终落实了"30天敏捷生活"这个网站（包括网站导航和记录部分）。到8月12日的时候，这个网站已经有超过700份的浏览记录。从9月到12月仅仅3个月，网站上个人优化系列培训的参与人数就实现了成倍的增长，从9 000人到18 000人，这样的发展速度让它在今天成了最大的在线个人发展博客之一。

同时，我也在负责着其他的工作，比如，和客户一对一的交流（平均每次我可以解决5~6个客户的问题）这个项目的行政工作，处理个人优化系列培训的征文和客户来信等。

几天前，我完成了我明年的工作计划，并且这周的早些时候我将这些想法写入了我的新书中。如果放大我生活的其他部分，比如说，坚持我的健身计划（我现在每天都锻炼），有一个乐观的社会生活观，和老朋友保持联系，所有这些都在同时进行。

我认为高效能真正在于你怎样去管理自己的生活。选择一些适当的习惯，你可以为你的人生创造更多的价值。在这里，我将会和你分享高效能的八大习惯，希望你能将它们付诸实践。在未来，你可以和现在比较，看看你的效能有着怎样的提高。

习惯一：坚决去掉不重要的部分（并且注重重要的那一部分）

第一件事就是去分析并且去掉那些不重要的事情。我在每一次准备工作的时候，都会写下那天要做的事情，挑出最重要的那些，然后再对这些进行排列。在此之后，我将会反复考量这些事，看这样做是否是充分利用时间的最好选择。做这些事有什么作用呢？我能不能做更多更有价值的事呢？这么做有助于确保我在这一天中所做的事是绝对极其重要的。然后，对那些不怎么重要的事，我会将它排在后面，或者找出一个实现方法将它们从列表中删掉（学会对别人说不，在这里十分重要）。这些体验过"30天敏捷生活"的人在第八天的时候，会通过20/80这一列表的方式来实现这个体验。这是我最喜欢的日常个人管理的方法。

从现在开始，你每做一件事，你都要问问自己这件事到底有多重要：它是否让你更靠近你的梦想？从长远的角度看，它是否能为你的生活创造任何价值？它是不是你最好的选择？你能不能做比这更有价值的事？如果不是这样的话，就该放弃它了。没有必要去做不重要的事，因为那些事情对你的人生产生不了任何影响。不管你是花了一小时、三小时、一个星期或者根本没有去做它，这都没有任何影响。

这个部分的内容用于了解你的最终目标是什么，并且要为了这个最终目标而不断努力。请读"请记住你的最终目标"。

很多人错误地认为：有规律的工作就是有很高价值的工作。时间管理矩阵（Time Management Matrix）是个能将这两者分开来的很好的工具。它将我们日常活动分为4种不同的象限。你的那些最重要的事被放在了第一象限下面。

	紧急	不紧急
重要	第一象限 危机事件 急迫的任务 有期限的计划	第二象限 防患于未然 自我规划和提升 建立和维护人际关系 培训、充电 发掘新机会 就业准备
不重要	第三象限 不速之客 骚扰电话 某些计划外事务 某些会议和工作 凑热闹的活动 其他不重要的紧急事件	第四象限 琐碎的日常事务 闲聊与"电话粥" 手机控 其他浪费时间之事

把一个人要处理的事按照紧急程度（Urgent）和重要程度（Important）分为4个象限。

第一象限代表既重要又紧急的事情，如，家里水管爆了、天花板漏水等，给你造成危机感的事情。

第二象限代表重要但不紧急的事情，如，复习、做作业，这些需要持之以恒的事情。

第三象限代表紧急但不重要的事情，如，接电话、开会。

第四象限代表既不重要，也不紧急的事，如上网、聊天、看电视。

如何理解这个矩阵呢?

落在第三象限和第四象限里面的事情是我们可以忽略的事情;而落在第一象限里面的事情是需要马上处理的,因为这些事情很紧急,也很重要,并对你造成危机感,所以人们一般都会首先处理;而我们如果想真正有效地管理时间,就需要把重点放在第二象限的事务里,因为,如果不及时处理,落在第二象限里的事务将会向第一象限发展,后果是灾难性的。

比如说,你的作业明天就要交了,但你还没做,那它就会变成第一象限级的事务;再比如说,你很久没洗衣服,衣服堆了一堆,快发霉了,那它也会变成第一象限级的事务。

第一象限的事务增多会导致你手忙脚乱,而真正处理第二象限事务的技巧就是把它们均匀地落实到每一天,而不要等它们都积累到最后一天。

通过以上我提到的这些问题,当我在处理我所选出来的那些在我看来是最重要的事情时,我离我的最终目标又更近了一步。比如说,通过我的博客能让我认识很多不同地方的人,这就能让我实现帮助他人挖掘他们内心最深处的潜力,让他们过最好的人生的这一最终目标。当你在读这篇文章的时候,我会很高兴地认为你能找到我的博客有一部分原因是我为不断结识不同地方的人所做出的努力,还有一部分是因为这个世界。谢谢你来到我的博客。这就是为什么我将个人优化培训的博客发展置于所有事情的前面的原因,比如,写些特邀文章、参与博客里的讨论等。尽管其他的一些事也能让我离我的目标更近一步,但它们并不像我的博客一样有效。

仅仅正确分辨出高价值的事情是不够的。有很多时候,我们会被一天中各种五花八门的要求所影响。我以前经常会被这些事所影响。比如说,收到了一个请求,因为它只要5~10分钟的时间,我就会立刻去做这件事。同样,当收到第二个,第三个,以至于第二十个的时候我也会这样做。后来我意识到,这些事浪费了我许多时间。不仅如此,我连自己那些有价值的事都还没有做完。当我完成这些无关紧要的事的时候我会觉得自己工作效率很高,但事实上,这些都是表面的,都是虚假的。

现在,我为那些稍稍急迫的事列一张"迟些时候做"的表。我丢下所有源源不断的事情,首先专注于那些20%高价值的事情。(而这占据了我日常效益的80%)。在那天快要结束的时候,我会单独分出一段时间来专门处理之前的那些事。我将那些相似的任务分类,然后分批一起处理。结果,和我之前花那么多时间相比,我通常可以在一小时或者更短的时间内解决这些事。

习惯二:合理分配休息时间

我认为高效能并不意味着你要像个机器人一样不停地工作。相反,这是当你效率低下的时候才应该做的事。当你花在工作上的时间越多,你能完成的工作数量却会以极慢的速度增长,每段时间你所做的工作的数量都会比你平均的数量要少。不仅如此,你每段时间所做的工作数量实际上都在减少。

如果你觉得我上面所说的有点难以理解，不用担心，我可以举一个简单的例子来说明。比如说，你准备写一本书。通常你一小时里可以打 1 000 个字。在最初的两小时里一切都进行得很顺利，并且你平均每小时可以打 1 000 个字。但是，在第三小时，你会逐渐感觉到疲惫，因而在第三小时里你就只打了 500 个字。与之前相比，你少打了 500 个字。这就像经济学中的报酬递减法则。

休息是很重要的。不管你多想工作，但它不可能满足你生命中的各个方面。比如说爱情、家庭、健康。这就是为什么我们的人生是由很多部分所组成的而并不仅仅是一个部分。每一部分都是独一无二的，不能被其他所替代。至于休息，我指的是在你事业、工作、学习之外的任何部分。休息一段时间让你的电池充电，当你重新开始工作时，你可以全力前进。

今年的早些时候，我做了个实验。我连续工作了一段时间，没有任何休息（除了必要的休息）。而在另一段时间，我也工作，但会在工作期间休息一段时间：看看邮件、锻炼锻炼、绕着房子走几圈、看看书、去散个步、联系联系朋友、小睡一段时间等。我发现：在不停工作没有休息的那段时间，工作效率随着时间的延长而不断降低。（直到报酬递减的那个点）

而在有休息时间的那段时间里，工作效率始终保持在很高的水准。

当我们不停工作的时候，工作效率在不停地降低，最终趋近于 0。但当休息了一段时间后，工作效率又回到了很高的水平。尽管在休息期间会有一段停工期，但高质量的结果完全可以弥补那段休息时间所做的工作。此后，通过合理地分配休息时间让我能够最大限度地提高效率，并且休息并没有阻碍我完成更多的工作；相反，它确保了我能够完成更多的工作。将合理分配休息时间和长时间工作相结合可以大幅度提高你的工作效率。

如果你并不受雇于别人或者有着灵活的时间表，你可以很容易地将其付诸实践。即使你身兼数职，你仍然可以随时做到。只要你感到工作效率低下，你就可以停下来休息一会儿。离开办公桌，去食品室拿杯饮料，去上个厕所，或者和同事讨论讨论工作。当你回到工作上时，你会比之前更加振作。

习惯三：去掉效率障碍（即分心）

效率障碍是指那些限制你工作效率的事物。它们有可能是你工作时听的音乐、你慢速度的电脑、意外的来电、邮件提醒、网络、优酷、微博、人人网等。这些事都会对你产生阻碍，让你不能完成工作。

你应该怎么去处理呢？当然是去掉这些障碍。或者去一个它们不起作用的地方。对我而言，其中一个大的效率障碍就是网络。当我在线写文章的时候，我会想要去点其他的网页。当我被新邮件提醒打断的时候，我都会去看看我的邮箱。这封邮件会将我引向接来下的其他工作以及回信，这将会浪费时间。当我完成这一系列事情的时候，

15~20分钟已经过去了。在接下的工作时间里，都会如此循环。所以，当我写作的时候，我会将网线从我的电脑上拔下来，并且将我的电脑搬到床上（这也是我在写这篇文章时正在做的事），这样工作效率就比以前高多了。

回顾你每天的工作，看看你在什么时候工作速度变慢了？是什么让你分心了？你可以怎样去避免它？尝试在不同的地方工作，适应你周围的环境。除去越多的效率障碍，你的工作效率就会变得越来越高。

习惯四：充分发挥你的灵感

我无法强调这对提高你的工作效率是多么的重要。不管你在哪个领域，你的灵感都是提高你工作效率的一个关键。比如说，一个充满灵感的作品可以让人们的人生更加美好；一个充满灵感的结构工程师能够设计出更具有实用性的建筑结构；一个充满灵感的买卖人能创造出打动人心的、具有突破性的市场方案；一个充满灵感的作者能够不停地创作；一个充满灵感的音乐家可以接二连三地写出美妙的歌曲。

当我开始自己的事业，并且安排自己的时间表的时候，我觉得自己充满灵感。我意识到当我充满灵感的时候，工作是件非常简单的事。就拿写作来说，文字就自然而然地涌现出来，我甚至不需要努力去想。它们好像就直接从我的脑海里转移到我的电脑里。我上一篇文章《如何结束由你开始？》就是在一个晚上完成的，这比我正常完成文章所花的一周时间快多了（特别是对于系列文章来说）。那是因为当我在写那篇文章的时候，我充满了灵感。另一方面，当我没有灵感的时候，什么事情都想不起来。这就像打开水龙头，却发现没有水，只流下一两滴一样。

随后你打算怎么做呢？在你做任何事之前，你难道仅仅是闲散地等着灵感的来临？

这关乎于你如何安排你对自身客观世界的控制，而这并不是这个博客所关注的。我经常听到人们说他们不打算写作，因为他们没有灵感。我觉得这不是等着灵感来临的问题，而是你要学会去挖掘你的灵感的问题。

你如何找到灵感呢？其实很简单，想想生活中能激发你灵感的事。帮助他人成长，还是和朋友联系？意识到你工作的意义，还是和比你弱的人一起工作？帮助那些不幸的人，还是成为你工作领域中的第一名？你要怎么去实现它们呢？找到你的动力，然后利用它们去激励你自己。

我最大的灵感来源是看着人们实现他们最深层次的潜在价值，并且充分过好他们的生活。我喜欢看到每个人都能走到他们人生的顶点，如果有任何事阻碍了他们，我感觉自己时刻准备好为他们去除这些障碍，所以我利用这一点激励自己不断创作。当我在设计博客条目的时候，我就会想人们此时在面临怎样一个困境，然后我就充满动力。

我注意到很多人追求自助，可是却不知道怎样才能将这个想法变为现实，所以我创造了这个网站。我想到建立一个个人发展的项目来概述我对最好生活的理念与想法。

这个项目将会由一系列的任务组成，每天有计划地完成一个任务，这将会促使人们即刻行动，创造切实的成果。由此，"30天敏捷生活"网站应运而生。

习惯五：为自己创造可进入的堡垒

今天的世界有个特别的好处就是你可以很容易地接触到其他人。人们可以通过短信、电话、邮件、微博这些方式传递信息。同时，这也让很多人为此而分心。每过几分钟，都会有信息进来。你的手机响了，是个手机推销员。你从觉得工作无聊的朋友那收到短信息，你收到一些无关紧要的邮件，你从一些你根本不认识的人那里收到了活动的邀请。你的日历发给你一个你已经知道的会议的提醒等。

连续不断的信息从四面八方不断涌来，分散你的注意力。它们每一个都在遵循着不属于你的日程表。每一次你将注意力放在这些事情上面，你必然会从你正在做的那些重要的事情上分心了。

然后，你要怎么办呢？为了能让你完成那些真正重要的事，我建议你为自己筑建一个堡垒，这样那些事就不会轻易打扰到你。拔掉电话线，关掉手机，关掉收件箱，为自己设立一个X天后回复那些邮件的规矩。我并不是说从这个世界上完全消失，而是至少在你工作的时候，特别是你在做一件特别重要的事的时候，像我上文说的那样去做。过了一段时间，人们会逐渐习惯，并且会为了想要联系到你而遵循那些规矩。

比如说，上个月当我专心于"30天敏捷生活"这个项目时，我关掉了日历上其他的约会的提醒。当我的朋友想要约我的时候，我会跟他们解释说我正在做一件很重要的事，并且在几个星期内都不会有空。

每一天，我会在一定时段关掉我的手机，在这一天快要结束的时候再拿起它，回复短信和电话（当我关机的时候，我的手机会将我的未接来电用短信的形式发给我）。我将我的博客当作我工作时的联系方式，并且通过那些常见问题页面来过滤掉大部分的信息。我仍然会定期接收邮件，并且这些让邮件寄来的人知道他们至少要等五天我才能回信（如果是有必要的话）。

(9.11日更新：我已经关掉了我所有的联系方式，并且希望所有读者以后用facebook与我联系，如果你可以翻墙的话：P)

为了让别人不那么容易联系到你，你需要过滤掉外界一切不重要的"杂音"，这样可以让你专心于你的目标（详见习惯一）。这并非十分困难或者将自己凌驾于其他人之上（没有这回事）。这是让你专注于重要的事情上，创造你人生中真正想要的价值，因此，你以后可以尝试着这样对待其他人。

习惯六：充分利用那些零碎时间

零碎时间是指夹在一些事情中间的那些空闲时间。当等别人或者跟他人交流、从一个地方去另一个地方的时候等，你会有一些空闲时间。这些空闲时间可以怎样被更好地利用呢？你可以准备一些可以在这段空闲时间所做的事，比如说，听听广播，看看书，为接下来的事做打算之类。你会很惊讶地发现：在那段空闲时间里你可以做那么多事。

就比如，我花了很长时间去聊天。尽管办公室里还有一大堆工作没有做，我还是在那里多谈了一会儿，聊什么时候去拜访好友，说说话，说说生意、午餐、个人的约会、组织讲座等这些事。尽管我想把它们都安排在方便的地方，但从一个地方到另一个地方还是有很长一段距离，其间还要等车、走路。

与其让时间白白溜走、浪费掉，倒不如将它们用在工作上。我去年买了个智能手机（有着标准的传统键盘），这样我就可以在路上继续写我的文章。我同时也安装了一个数据管理系统，这样不管我在哪儿我都可以查收我的邮件。最后，我同时也习惯出门的时候随身带一个笔记本，用来记下一些想法。

令人惊讶的是，在这些零碎时间中我的工作效率非常高。因为在这15分钟、30分钟、45分钟里我没有其他事情可以做，所以我非常专注于我正在做的事。就在几天前，我完成了我12月10日到2月11日这三个月的工作计划，同时为我明年的新书构思出了新的想法和大纲，而这些全部都是在午餐期间完成的。

习惯七：设定时间表

设定时间表是一项最为基础有效的习惯。根据帕金森定律，完成一件工作所需的时间，会扩大至填满所容许的时限。这就意味着，如果你不制订一个时间表，你会花很长一段时间来完成你的工作。如果你制订了两个星期的时间表，那你就会花两个星期的时间。如果你只制订了一小时的，你也就会在一个小时内完成这项工作，如果你真是这么打算的话。因此，你需要制订一个时间表。当你制订了时间表，你就会有在那个时间段内完成工作的意图，因此这就会为你目标的实现铺平道路。

我会有规律地制订时间表来提高我的工作效率。因为我之前就已经为"30天敏捷生活"的发布制订了时间表，上个月这个项目就已经发表了。如果我没有这么做，那么现在它有可能还在筹备当中，也许会在这个月发表，也许是下个月，又或者永远都不会发表。这个月我已经为其他的工作制订了时间表，比如说，一个正在准备的讲座、开始写我的新书、写新的文章、为个人优化培训项目开一个纪念庆祝会、发表个人优化系列培训观点、在体育馆召开读者见面会。通过制定这些目标，并且努力实现它们，和之前我从不设立任何目标相比，我的工作效率已经有了显著的提高。

对你想要实现的事保持明确的目标，然后为实现这些目标制订你自己的时间表。这个月你想做什么？这会让你回过头去思考这是不是你度过今天的最好的安排，有没有更好的时间安排能让你充分利用这一天。制定你自己的目标，从现在开始，先制定你每周的目标。最后，你可以制定你的日常目标，这将成为你每天的目的。

习惯八：尽可能自动化完成事情

对我们所做的许多事情来说，今天的科技让自动化成为可能。尽管不能完全用自动化完成任务，但我们仍可以利用这些系统为我们完成许多工作。

记下你今天做的事，看看你可以怎样利用自动化系统完成它们。一些我们所做的不怎么高效的事有：删除、接收、分类邮件；删除垃圾邮件；付账单；会议日程；安排我们日常/每周/每月的工作（不怎么高效，因为它仍然是处于计划状态而并非行动状态）。

这里有一个我设定自动化完成工作的部分列表。

设置邮件：我设置了一个过滤系统，这样所有固定的邮件、读者来信都会自动分类归到我稍后回复的文件夹中。当我查看我的邮箱时，我不会看见它们，除非我已经准备好要回复这些邮件。

安排：我的时间表有一部分是自动生成的。我为我每天、每周或者每个月必须做的事设置了循环程序，比如说，付账单、公布"每日的日程安排"、锻炼（每天）、讲座等，这样我就不会再为这些而担心。我得首先设置一个条目，这部分并不是完全自动的，但一旦设立了，我就不需要再做任何关于这些的事情了。

推特/facebook：我将我的推特设置为自动公布新一期的海报，一旦新的海报设计好了，我的推特就会自动将它公布出来，这同时也会在我的facebook上张贴出来。

稿费：我的稿费是自动收付的。任何时候任何人买了我的书，E-junkie（我稿费的厂商）就会自动生成一张发票、一个下载链接以及一个证明邮件，并且将它们发给购买者。稿费会自动发给Paypal（支付平台）。

指导报酬：同样的方法也适用于我的一对一指导课程，它的支付系统同样也是自动的。

指导课程时间表：每个客户的指导教程都在固定的时间，每个星期都会有固定时间。像之前提到的第二条，我必须得先设置好一些事情，在那之后就完全自动化处理了。这样我们就不用每周安排具体时间了，并且可以每周连续不断地进行指导教程。

网站维护：我已经设立了博客和论坛在一定程度上尽可能地低维护。其中，我的工作就是写稿子、发表文章、回复评论等。许多其他的事，像是统计、种类数目（在工具条中）之类的都是由博客系统自动完成的。

邮件过滤：我对那些新邮件和订阅邮件都设置了过滤系统，根据种类它们会被放到不同的文件夹中。而我唯一的工作就是读这些邮件，并从中发现价值，而并不是分类。（请读"邮件有效管理的十一个秘诀"）

我仍然在连续不断地寻找那些可以帮助我的自动化的方法，这样我就可以用更多的时间去完成更有价值的事，而不是被困在繁忙的工作里。尽可能地根据你的设置列表自动完成工作,你可以将你的时间用在更为重要的事情上。当你在做你任务表上的某些事情的时候有了似曾相识的感觉时,这就是你可以通过自动化完成工作的一个根据。

——资料来源:《心理》杂志

第三节 职业技巧

一、新职员接受工作指派的技巧

新职员在接受工作指派时,常常不太注意技巧,这样容易给主管留下不好的印象。针对新职员容易犯的错误,提出以下几个改进的技巧。

(一) 主动积极的态度

当主管叫你的名字时,你要立刻回答,表示你已经准备好接受他指派你的工作。

误区一:主管叫你的时候,你不吱声,且脸无表情地走过去。

误区二:主管叫你的时候,你口气很直地说:"什么事呀?"一副你跟主管很熟的表情。

(二) 掌握分寸

你可能学历很高、名校毕业,但毕竟是新人,对于企业的运作、公司的状况还不是很了解,而且主管毕竟是你的前辈,他希望得到适度的尊重。在提倡敬上司、敬同事、敬下属这"三敬"中,上司是第一敬。有些新人因为离校不久,并且习惯在老师讲课时插话,因此在工作中,也经常打断主管的话。如果总是打断他,主管会认为你不懂礼貌,没有分寸。

(三) 确认主管的意图

一般情况下,新人总是不敢跟主管多说话。主管说了很多,你只是默默地记下来,而对主管的话一点儿反应都没有。等主管走了,才想起来有些事情还不是很理解。其实,紧张的情绪是可以理解的,但是应该记住一点:把工作做好是你在公司的立身之本。所以,你应该养成确认主管意图的习惯。

二、接受工作指派的要点

新进人员在接受一项任务时,必须要明确 9 个要素,即 6W3H。

（1）WHAT：指要做什么及描述达成命令事项后的状态。

（2）WHEN：指什么时候完成或主管希望何时得到阶段性反馈。

一般情况下，主管会比较关注新员工的工作，因为他对新员工的能力还不是很了解，也没有达成信任的基础。作为一个职业人，应该主动向主管反馈工作状况。

（3）WHERE：泛指各项活动发生的场所。

（4）WHO：指完成指令要联系的对象，如担当者、责任者、参与者等。

（5）WHY：指理由、目的、根据，让我们理解为什么这样做而不那样做。

（6）WHICH：指各种选择的可能及优先顺序。

（7）HOW：方法、手段。

（8）HOWMANY：指需要多大、多少，以计量的方式让事情具体化。

（9）HOWMACH：指预算、费用。

此外，在接受指派时，你需要注意两点。

（1）硬性指标不能讨价还价。

（2）思考改善工作的方法。如果你已经考虑到这一点，证明你正在从依赖阶段向独立阶段转变。

三、完成工作的方法

鱼骨图分析法是一种有效解决问题的方法，在不断提出问题的过程中，使问题逐个解决。

要诀：确定问题类别，找出主要问题，提出解决方案。

1. 从主刺到小刺的思维

先找出最主要的问题，分析导致此问题的因素，逐层递推，分析导致各个小问题的因素，对最小的问题提出解决方案，从而使主要的问题得到解决。

2. 从小刺到主刺的思维

与从主刺到小刺的思维相反，从各个小问题推到主要的问题。

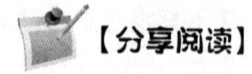

【分享阅读】

职场必备工具：鱼骨图分析法

一、鱼骨图分析法的由来

鱼骨图是由日本管理大师石川馨先生发明的，故又名石川图。鱼骨图是一种发现问题的"根本原因"的方法，也称为"Ishikawa"或者"因果图"，见图8-1。

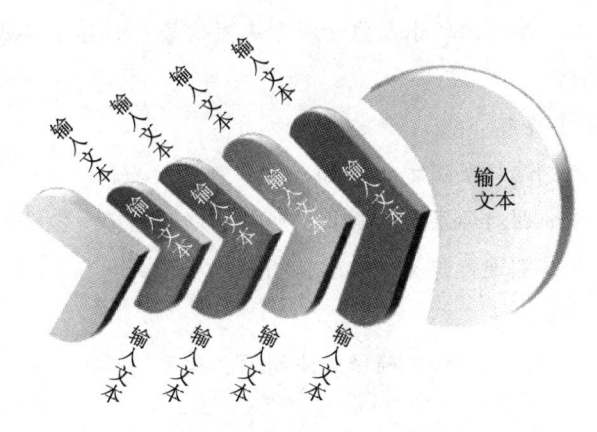

图 8-1　鱼骨图分析法

二、鱼骨图定义

问题的特性总是受到一些因素的影响，我们通过头脑风暴法找出这些因素，并将它们与特性值一起，按相互关联性整理而成的层次分明、条理清楚，并标出重要因素的图形就叫特性要因图。因其形状如鱼骨，所以又叫鱼骨图（以下称鱼骨图），它是一种透过现象看本质的分析方法。同时，鱼骨图也用在生产中，用来形象地表示生产车间的流程，见图 8-2。

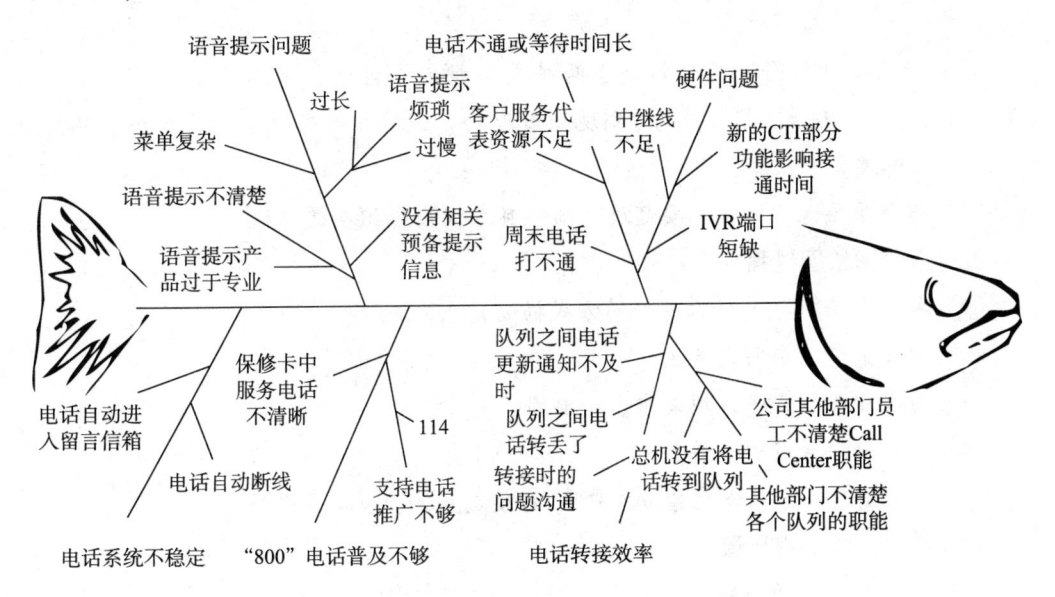

图 8-2　鱼骨图分析（一）

三、鱼骨图的三种类型

(1) 整理问题型鱼骨图（各要素与特性值间不存在因果关系，而是结构构成关系）

(2) 原因型鱼骨图（鱼头在右，特性值通常以"为什么……"来写）

(3) 对策型鱼骨图（鱼头在左，特性值通常以"如何提高/改善……"来写）更多实用工具和方法，推荐关注环球人力资源智库微信号 GHRlib，平台关注已达 80 万。

四、鱼骨图的制作

1. 分析问题原因/结构

（1）针对问题点，选择层别方法（如人员、机器、物料、方法、环境、测量等）。

（2）按头脑风暴分别对各层别类别找出所有可能的原因（因素）。

（3）将找出的各要素进行归类、整理，明确其从属关系。

（4）分析选取重要因素。

（5）检查各要素的描述方法，确保语法简明、意思明确。

2. 分析要点

（1）确定大要因（大骨）时，现场作业一般从"人、机、料、法、环"着手，管理类问题一般从"人、事、时、地、物"着手，应视具体情况而定。

（2）大要因必须用中性词描述（不说明好坏），中、小要因必须使用价值判断（如不良）。

（3）脑力激荡时，应尽可能多而全地找出所有可能的原因，而不仅限于自己能完全掌控或正在执行的内容。对人的原因，宜从行动而非思想态度方面着手分析。

（4）中要因跟特性值、小要因跟中要因之间有直接的"原因—问题"关系，小要因应分析至可以直接下对策。

（5）如果某种原因可同时归属于两种或两种以上因素，请以关联性最强者为准（必要时考虑"三现主义"，即现时到现场看现物，通过相对条件的比较，找出相关性最强的要因归类）。

（6）选取重要原因时，不要超过 7 项，且原因应标识在最末端。

五、鱼骨图绘图过程

（1）填写鱼头（按为什么不好的方式描述），画出主骨。

（2）画出大骨，填写大要因。

（3）画出中骨、小骨，填写中、小要因。

（4）用特殊符号标识重要因素。

要点：绘图时，应保证大骨与主骨成 60 度夹角，中骨与主骨平行。

六、鱼骨图的使用步骤

（1）查找要解决的问题。

（2）把问题写在鱼骨的头上。

（3）召集同事共同讨论问题出现的可能原因，尽可能多地找出问题。

（4）把相同的问题分组，在鱼骨上标出。

（5）根据不同问题征求大家的意见，总结出正确的原因。

（6）拿出任何一个问题，研究为什么会产生这样的问题。

(7) 针对问题的答案再问为什么,这样至少深入五个层次(连续问五个问题)。

(8) 当深入第五个层次后,认为无法继续进行时,列出这些问题的原因,而后列出至少 20 个解决方法。

七、鱼骨图分析举例

根据鱼骨图的分析,结合收集整理的资料,逐项对比公司、部门与对标企业的差距。确定行动计划、采取实际行动并跟踪结果,见图 8-3。

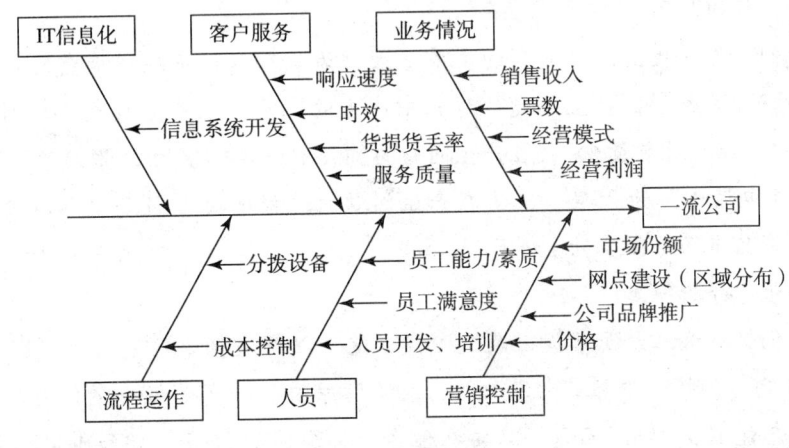

图 8-3 鱼骨图分析(二)

八、鱼骨图案例分析

鱼骨图分析法是咨询人员进行因果分析时经常采用的一种方法,该方法简明实用,比较直观。

例:现以某炼油厂情况作为实例,采用鱼骨图分析法对其市场营销问题进行解析,见图 8-4。

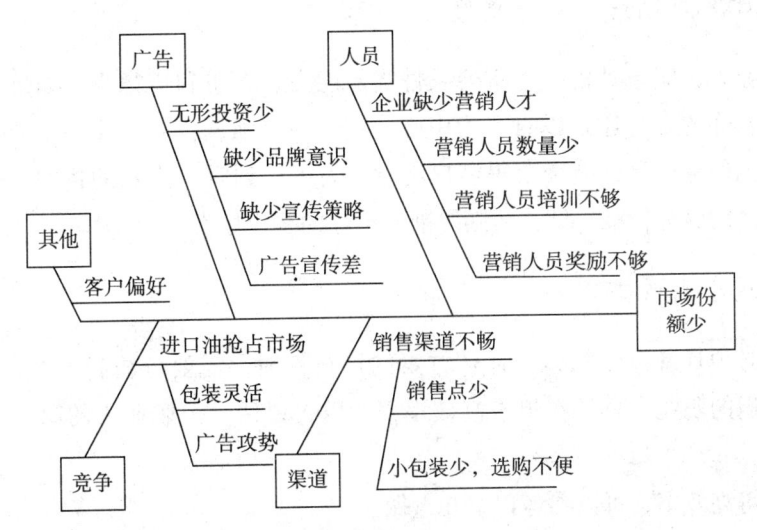

图 8-4 鱼骨图分析(三)

图中的"鱼头"表示需要解决的问题,即该炼油厂产品在市场中所占份额少。根据现场调查,可以把产生该炼油厂市场营销问题的原因概括为5类,即人员、渠道、广告、竞争和其他。在每一类中包括若干造成这些原因的可能因素,如营销人员数量少、销售点少、缺少宣传策略、进口油抢占市场等。

第一步:列出原因

将上述5类原因及其相关因素分别以鱼骨分布态势展开,形成鱼骨分析图。

第二步:找出原因

下一步的工作是找出产生问题的主要原因,为此可以根据现场调查的数据,计算出每种原因或相关因素在产生问题的过程中所占的比重,以百分数表示。例如,通过计算发现,"营销人员数量少",在产生问题的过程中所占比重为35%,"广告宣传差"为18%,"小包装少"为25%,三者在产生问题的过程中共占78%,可以被认为是导致该炼油厂产品市场份额少的主要原因。

最后一步:分析原因

如果我们针对这三大因素提出改进方案,就可以解决整个问题的78%。该案例也反映了"80/20原则",即根据经验规律,20%的原因往往产生80%的问题,如果由于条件限制,不能100%解决问题,只要抓住占全部原因的20%,就能够取得解决80%的问题的成效。

——资料来源:环球人力资源智库

四、职业守则——如何完成指派的工作

(一)比客户期待的做得更好

作为职业人,应该具备哪些重要条件呢?能力、素质和道德吗?如果你是这样认为的,那么,你的观念还是以自我为中心。我们一直强调:职业化的中心是客户。衡量一个职业人的标准是:能否获得客户满意。为了达到客户满意的目的,你要制定比客户期望更高的服务标准,即你要随时准备给你的客户惊喜。

(二)追求高效率

职业人必须具备经营意识。评估方案的可行性时,需要分析投入与产出的比值。具备经营意识的职业人总是在追求高效率,所以,评估一个职业人的第二个标准是效率的高低。

为了获得高效率,可以参考以下几点做法。

1. 把精力、时间投到最重要的事情上

高效的"80/20法则"是这样表述的：80%的努力要放在20%的最重要的事情上。要记住：带来收益的客户往往只占所有客户的20%。

2. 不断学习

木桶理论：一个木桶能装的水量不是由最长的那块木板决定的，而是由最短的那块木板决定的。也就是说，限制最大容量的不是数量最大的资源，而是数量最小的资源。要找出你的最大缺陷，尽力弥补它，不要让它成为限制你个人发展的"瓶颈"。

（三）实事求是

在信息爆炸的时代，职业人在分析资料时，只有尽可能地保持其客观性，才有可能做出较为准确的判断。

（四）先射击再瞄准

在这个急剧变革的时代，应该先行动再学习。等完全明白以后才去做一件事，就无法跟上时代的步伐了。所以，不要等一切都完全明白之后再去做。

（五）善于做检查

做每一件事都要心里有底。切忌有这样的思想：一点儿错怕什么。职业人提供的方案，每个细节都应是高水准的。

（六）用心

所谓用心，就是做到：于细微处见人性。世上无小事，凡事皆大事。只要是经手的事情，就要把它做得完美。

（七）风险意识

你应具备风险意识，因为你所掌握的资料永远都不是齐全的，事物总在变化之中。职业人一般要提出三种方案：最好的可能、最坏的可能、最大的可能。

（八）改善工作方法的意识

（1）事情简单化。可以通过两种手段把事情做得更简单：要点化和替代化。前者指，向客户解释方案时要尽量做到条理清楚、要点突出，让客户容易把握方案的重心；后者指，选择人们熟悉的东西解释方案，并且尽量采用更为节约成本、更为简单方便的替代物。原则：不要让自己陷进琐碎的事情中。

（2）分散化。有些工作最宜在效率不高的时候做，比如报销。充分利用零散时间，是有效运用时间的一种重要方法。

（3）制度维新意识。所谓制度维新意识，就是改革、废止不合理的制度。

（九）5S 原则

所谓 5S，即整理、整顿、清扫、清洁、素养。

这种方法的核心是：保持工作环境舒适的习惯。

有一位台湾制造商曾经说过：一个人是否职业，从两个方面就可以看出来，一是看他的桌面，二是看他的公文包。5S 包括五大原则：

（1）原则一：整理。把东西分类，及时清理没用的东西。
（2）原则二：整顿。需要一种东西，马上能够拿到，即各归其位。
（3）原则三：清扫。工作场所没有垃圾。
（4）原则四：清洁。定时清洁工作场所。
（5）原则五：素养。长期做好前面四点，就是素养。

第四节 知识与时间管理

一、知识管理

新经济时代的企业是建立在信息技术突飞猛进的发展基础之上的，以知识为其最主要的生产要素，呈现出知识经济的特点。为迎接知识经济的挑战，企业必须进行有效的知识管理，以保持其竞争优势。

知识管理的核心是对信息进行加工，使内隐知识外显化，以便于传播和共享。

（一）知识管理的产生

所谓知识，就是对信息进行储存和分类。

所谓知识经济，就是指直接建立在知识的基础上，对知识进行激发、扩散和应用，以使其增值的经济。在知识经济中，知识的创造和应用能力凌驾于土地、资金等传统生产要素之上，成为支持经济不断发展的动力。

知识产业与知识管理都属于知识经济的范畴，人们通过学习、创意和行动就构成了知识产业，而知识管理就是创造、储存、传递直至最后增值的链式过程。

（二）知识管理的流程

知识管理的流程包括：

(1) 四个阶段，即资料、信息、知识和智慧。
(2) 三项主要内容，即相对于四个阶段，进行数据管理、信息管理和知识存储。

(三) 知识管理的主要内容

1. 信息管理

信息（Information）和知识（Knowledge）是两个不同的概念。

所谓"知识就是力量"，信息本身不是"力量"，只有对信息进行合理应用之后，才能将其变为知识。实际上，信息管理就是把内隐知识转变为外显知识的过程。

内隐知识指的是经验、技术、文化和习惯等；外显知识则指文件、手册、报告和程序等。

把内隐知识转变为外显知识是企业进行知识管理的关键任务。企业只有积极寻找将内隐知识转化为外显知识的机制或方法，才能固化企业的智慧资本，挖掘出内隐知识的使用价值，保持企业的竞争优势。在其转变之后，企业的智慧资本才能得以传播和共享，才能为整个企业的价值服务。

2. 数据管理

数据管理，实际上，就是对资料进行分类和汇集。一般来说，分类的标准有以下几条。
(1) 依组织部门分类。
(2) 依核心竞争力分类。
(3) 依项目计划分类。
(4) 依人员或时间分类。

3. 知识储存

知识储存是知识管理的核心问题之一。知识储存的重要意义是便于知识的积累和使用。

知识储存通常是通过档案的形式来实现的，建立清晰合理的档案目录是其中的关键所在。知识管理的有效形式可以通过以下公式体现：

$$K = (P + I)S$$

式中：K——knowledge，组织知识。

P——people，人。

I——information，信息。

S——share，分享。

二、时间管理

天底下每种事物都有其季节性，而每个时刻也都有其存在的目的。生命诞生的时刻、生命枯萎的时刻、播种的时刻、收成的时刻、保持缄默的时刻以及挺身讲话的时刻。

——《旧约圣经之传道书》

（一）认识时间

时间是什么？韦氏大辞典中的定义是这样的：

（1）时间是由过去、现在及未来构成的。

（2）时间就是过去、现在及未来的持续不断的连续线。

时间的基本元素是事件，是过去的事、现在的事和未来的事。时间是由每一个时间的事件构成的。

要想能够真正地了解时间并且管理时间，我们有必要对时间的本质有深刻的认识。

时间具有的四项独特性：

（1）供给毫无弹性：时间的供给量是固定不变的，在任何情况下不会增加，也不会减少，每天都是 24 小时。所以我们无法开源。

（2）无法蓄积：时间不像人力、财力、物力和技术那样可以被积蓄储藏。无论愿不愿意，我们都必须消费时间。所以时间是无法节流的。

（3）无法取代：任何一项活动都有赖于时间的堆砌，这就是说，时间是任何活动都不可缺少的基本资源。因此时间是无法取代的。

（4）无法失而复得：时间无法像失物一样失而复得。它一旦丧失，则会永远丧失。花费了金钱，尚可赚回，但挥霍了时间，任何人都无力挽回。

时间是资本和无法更新的收入。任何一个制订出来帮助我们高效率地安排时间的计划，都必须从我们对时间的宝贵性认识入手。管理好你的时间就能管理好你的生活。

（二）何谓"时间管理"

"时间管理"所探索的是如何减少时间浪费，有效地实现既定目标。由于时间所具备的四个独特性，所以时间管理的对象不是"时间"，它是指面对时间而进行的"对管理者的管理"。

请注意：

（1）时间的浪费是指对目标毫无贡献的时间消耗。

（2）对管理者的管理是指你必须抛弃陋习，引进新的工作方式和生活习惯，包括订立目标、妥善的计划、分配时间、权衡轻重和权力下放，加上自我约束、持之以恒才可提高效率，事半功倍。

时间管理的关键就是事件的控制，即把每一件事情都能够控制得很好。时间管理是日常事务中执行的一种有目标的可靠的工作技巧，例如，如何安排你的生活，怎样去规划你的职业生涯或者工作步骤,关键是合理有效地利用可以支配的时间。

（三）时间管理的益处

（1）时间管理的第一点益处是控制时间而不是被时间控制,利用好时间,变被动为主动,由自己来操控时间。

（2）时间管理的第二点益处就是能够减轻工作压力,能够留出更多的时间,从容地安排时间。

（3）时间管理的第三点益处是可以节约时间。

（4）时间管理的第四点益处是利用相同的时间,能够更加专注地做重要的事情。

（5）时间管理的第五点益处是最重要的,利用好时间,可以提高工作效率,改善工作的质量。

（6）时间管理的第六点益处是平衡时间、掌握好利弊、进行有效的工作,利用好时间你就可以更智慧地工作、更快乐地工作,而不是更辛苦地工作。

（四）时间管理的实现途径

一是优先计划管理,就是把事情按照目标来进行优先设定,优先计划管理可以使事情井井有条、忙而不乱。

二是自我组织管理,主要是通过调整自身的工作方式和方法来提高工作效率。

三是沟通管理,强调的是在与人沟通的过程中控制时间的能力。

（五）时间管理的八项原则

1. 80/20 法则

20世纪90年代意大利经济学兼社会学家巴雷多,提出了创造价值及运用时间的"80/20法则",直至今日,这项法则仍是最经得起考验的时间管理原则。此法强调:80%的价值来自20%的事情,我们如要创造更多的价值,就得将80%的时间投注在20%最重要的事情上。

善用此法的条件是:

（1）能判断何为重要的事,何为次要及不重要的事。

（2）因为重要的事是该做但未必轻松的事,所以开始时得稍稍强迫自己。

2. 按部就班

欲速则不达,做事必须有条有理,朝正确的方向前进。事前先花时间做周详的计划,有了必要的准备后再等待时机。计划及等候均须花费时间,但这是值得的,并不算浪费。按部就班的人开始时似乎落于人后,但后劲会越来越大,终必赢在终点线上。有计划的人因为沉得住气,知道自己正在做什么,以及下一步该怎么走,所以减少了许多犹疑不决、走冤枉路，甚至走回头路的时间。按部就班的人不贪心、不妄想，他知道成功是靠一秒钟一秒钟的付出、点点滴滴累积而成的。按部就班的人因为看得见成功的远景，所以不会彷徨无依，不会动摇心志，不会半途而废。

要做到此原则的必要条件是：

（1）不贪功、不躁进。

（2）善于计划并随时修改计划。

（3）务使计划落实，不好高骛远。

3. 具体踏实

时间管理不只是一种观念，更需化为具体可行的有效行动，务求适合自己，使自己能踏实去做而得到它的好处。其实，不必了解太多时间管理的策略，而要多了解自己与时间之间应如何配合。适合别人的时间管理策略，不见得适合自己。要做到这项原则需努力的是：

（1）讲求实用性，找出适合自己的时间管理策略。

（2）尝试错误，从错误中学习。

（3）多了解自己的长处及弱点。

（4）除非构想能做，否则不做天马行空的幻想。

4. 自我控制

万事开头难，时间管理亦然。管理时间即管理自己，要管好自己并不容易。心理学所谓自制、自律，都要有相当的心理成熟度才做得到。相反，自制力不足的人很容易放松自己甚至原谅自己，找出许多理由掩饰自己的过错和责任。

在时间管理中需努力自我控制的是：

（1）贯彻自己预订的计划，不半途而废或拖延。

（2）若计划无法贯彻，应面对困境设法修正，而非置于脑后、假装没事。

（3）重承诺，一旦答应自己或别人的事，就一定做到。

（4）尊重自己设定的工作期限，不因是自己设定的，就认为无所谓而随意变动。不尊重自己的人，不仅不能赢得别人的尊重，也难以自我肯定。

5. 勤勉+方法

古语云：勤能补拙。但勤勉仍需得法，才能达到预定的效果。拼命读书或工作，却误解了读书的目的，这也是盲目的勤勉，对自己，是压力太大，对别人，是没有真正的贡献。要有效果，需勤勉加上方法，而且方法比勤勉更为重要。时间管理中需运用的方法如下：

（1）设定工作或读书的正确目标，以及达成目标所需的时限。

（2）活用工具及资源（包括人力、人才）。

（3）小时间也有大用途，应集零为整，不要轻视任何可用的时间。

（4）找出做事及求学最简捷的方法。

（5）尽量提早开始工作或学习，将工作或学习分散到较长的时间里做，才能以较从容的态度逐步完成。

6. 今日事今日毕

"今日事今日毕"是句小学生都耳熟能详的老话，却是老年人都不易做到的难事。一是因为把握不住何为"今日事"，二是就算知道了，也常常放松，等到"明天再说吧"，就好像"明天再说吧"，就会有无数个明天支持我们消极地等下去。所以，学习时间管理，要学会把握今天，清楚、踏实地活在每一个今天，要学会做完今日事，不推给别人或拖到明天。

7. 齐头并进

各种事情齐头并进可以互相调剂、相得益彰。若凡事都要等到"有空了"再做，而一次又只做一件事，如此一件一件轮着来，不但做得慢而且做不完。人的适应力、弹性及潜能是无限的，许多事一点一滴地齐头并进，到头来都会有相当的成果。

8. 持之以恒

行百里者半九十，许多人的努力常差那么一点点而功亏一篑。要学会时间管理，就必须严格地鞭策及监督自己，且不断自我打气、修正方法，直至养成习惯为止。若少了这份强迫自己的毅力，到头来失败了，自己无法获益，那也怪不到别人。成功的条件不只是天赋和一点儿运气，更需要毅力与恒心。

本章练习

测试：你的职业竞争力如何？

不管是生活还是职场，这是个讲求竞争力的时代。

缺乏竞争力就等于缺少生存能力，特别是竞争的心态更是从根本上决定了你的职业竞争力。很多缺乏职业竞争力的职业人都是由于缺乏竞争意识而导致的。因此，在很大程度上你的竞争心态如何直接决定了你的职业竞争力的大小。

下列问卷能够使你了解自己的竞争状态如何，并帮助你及时调整。

（1）在职业的选择上，你希望找一个很稳定的工作吗？

  A. 不是   B. 是   C. 不一定

（2）为了适应环境，你认为下列哪一项是正确的？

  A. 视情况而定

  B. 对不同的人讲不同的话

  C. 对不同的人讲不同的话是滑头的表现

(3) 在平时的工作中，你非常想超过别人吗？
  A. 经常这样想   B. 有时这样想   C. 从未想过

(4) 与过去相比，你是否更愿意参加各种竞赛，以检验自己能力的高低？
  A. 愿意   B. 无所谓   C. 不愿意

(5) 你认为对竞争的正确态度是：
  A. 竞争能发挥个人才能，应该积极参与
  B. 竞争不关我的事
  C. 竞争会带来很大的压力，造成心理紧张

(6) 业余时间，你最喜欢读的书籍是：
  A. 传记类   B. 文学类   C. 娱乐类

(7) 现代社会竞争激烈，为保证在事业上胜过别人，不能把自己知道的信息告诉别人，你的态度是：
  A. 反对   B. 不大同意   C. 同意

(8) 你认为选择朋友应该：
  A. 选择志同道合的朋友 B. 非常慎重 C. 广交朋友

(9) 一个人应该从事任务重、风险大、收入高的工作，你对此观点的态度是：
  A. 同意   B. 不一定   C. 反对

【记分方法】A 为 2 分、B 为 1 分、C 为 0 分，请将每题的分数累加。

【结果分析】

12~18 分：你是一个喜欢竞争的人，也能选择正确的竞争观，但你会更加喜欢竞争本身，而非竞争的结果。通常你是职场上较爱出风头的人，你对自身要求也较高，总体来说，你的职业竞争力很好。对你而言，选择适合你的职业方向显得非常重要，因为你通常走得比别人快，一旦走错了方向那错得也会较远。

7~11 分：你是个不怕竞争的人，在竞争面前能够从容处事，能用理性的思维看待问题，而不会在强大的压力之下盲目地做出决定，但也许会因为缺少主动性而丧失很多机会，所以一个长远的职业规划将能够弥补这一不足，并且使你的抗压能力发挥得更好。

0~6 分：你是一个回避竞争的人，甚至是个害怕失败的人。但你千万别忘了，这是个竞争的社会，没有竞争意识等于缺乏生存能力。虽然你害怕失败，但通常失败的经历却常找到你，职业发展上常常会出现各种各样的问题。通常，你是最需要帮助的那一类人。

附录一 高校毕业生就业创业政策百问

一、鼓励企业特别是中小企业吸纳高校毕业生就业

1. 国家对鼓励中小企业吸纳高校毕业生有哪些政策措施？

按照《国务院关于进一步做好新形势下就业创业工作的意见》（国发〔2015〕23号）、《国务院办公厅关于做好2014年全国普通高等学校毕业生就业创业工作的通知》（国办发〔2014〕22号）、《国务院办公厅关于做好2013年全国普通高等学校毕业生就业工作的通知》（国办发〔2013〕35号）、《国务院关于进一步支持小型微型企业健康发展的意见》（国发〔2012〕14号）和《国务院关于进一步做好普通高等学校毕业生就业工作的通知》（国发〔2011〕16号）等文件做以下规定。

（1）对招收高校毕业生达到一定数量的中小企业，地方财政应优先考虑安排扶持中小企业发展资金，并优先提供技术改造贷款贴息。

（2）对劳动密集型小企业当年新招收登记失业的高校毕业生，达到企业现有在职职工总数百分之三十（超过一百人的企业达到百分之十五）以上，并与其签订一年以上劳动合同的，可按规定申请最高不超过二百万元的小额担保贷款，并享受百分之五十的财政贴息。

（3）高校毕业生到中小企业就业的，在专业技术职称评定、科研项目经费申请、科研成果或荣誉称号申报等方面，享受与国有企事业单位同类人员同等待遇。

（4）对小微企业新招用毕业年度高校毕业生，签订一年以上劳动合同并缴纳社会保险费的，给予一年社会保险补贴。

2. 国家对引导国有企业吸纳高校毕业生就业有哪些政策措施？

按照《国务院关于进一步做好新形势下就业创业工作的意见》（国发〔2015〕23号）、《国务院办公厅关于做好2014年全国普通高等学校毕业生就业创业工作的通知》（国办发〔2014〕22号）、《国务院办公厅关于做好2013年全国普通高等学校毕业生就业工作的通知》（国办发〔2013〕35号）和《关于做好2013—2014年国有企业招收高校毕业生工作有关事项的通知》（国资厅发分配〔2013〕37号）等文件做以下规定。

（1）承担对口支援西藏、青海、新疆任务的中央企业，要结合援助项目建设，积极吸纳当地高校毕业生就业。

（2）建立国有企事业单位公开招聘制度，推动实现招聘信息公开、过程公开和结

果公开。

（3）国有企业招聘应届高校毕业生，除涉密等特殊岗位外，要实行公开招聘，招聘应届高校毕业生的信息要在政府网站公开发布，报名时间不少于七日；对拟聘人员应进行公示，明确监督渠道，公示期不少于七日。

3. 企业招收就业困难高校毕业生享受什么优惠政策？

按照《财政部、人力资源社会保障部关于进一步加强就业专项资金管理有关问题的通知》（财社〔2011〕64号）规定，对各类企业（单位）招用符合条件的就业困难高校毕业生，与之签订劳动合同并缴纳社会保险费的，按其为就业困难高校毕业生实际缴纳的基本养老保险费、基本医疗保险费和失业保险费给予补贴，不包括企业（单位）和个人应缴纳的其他社会保险费。

根据《中华人民共和国就业促进法》有关规定，就业困难人员是指因身体状况、技能水平、家庭因素、失去土地等原因难以实现就业，以及连续失业一定时间仍未能实现就业的人员。就业困难人员的具体范围，由省、自治区、直辖市人民政府根据本行政区域的实际情况规定。

企业（单位）按季将符合享受社会保险补贴条件的人员的缴费情况单独列出，向当地人力资源社会保障部门申请补贴。社会保险补贴申请材料应附：符合享受社会保险补贴条件的人员名单及身份证复印件、《就业创业证》复印件、劳动合同等就业证明材料复印件、社会保险征缴机构出具的社会保险费明细账（单）、企业（单位）在银行开立的基本账户等凭证材料，经人力资源社会保障部门审核后，财政部门将补贴资金拨入企业（单位）在银行开立的基本账户。

4. 企业为高校毕业生开展岗前培训享受什么优惠政策？

按照《国务院办公厅关于做好2014年全国普通高等学校毕业生就业创业工作的通知》（国办发〔2014〕22号）、《财政部、人力资源社会保障部关于进一步加强就业专项资金管理有关问题的通知》（财社〔2011〕64号）等文件规定，企业新录用毕业年度高校毕业生与其签订六个月以上期限的劳动合同，在劳动合同签订之日起六个月内，由企业依托所属培训机构或政府认定的培训机构开展岗前就业技能培训的，根据培训后继续履行劳动合同的情况，按照当地确定的职业培训补贴标准的一定比例，对企业给予定额职业培训补贴。

企业开展岗前培训前，需将培训计划大纲、培训人员花名册及身份证复印件、劳动合同复印件等材料报当地人力资源社会保障部门备案，培训后根据劳动者继续履行劳动合同的情况，向人力资源社会保障部门申请职业培训补贴。申请材料经人力资源社会保障部门审核后，财政部门按规定将补贴资金直接拨入企业在银行开立的基本账户。企业申请职业培训补贴应附：培训人员花名册、培训人员身份证复印件、《就业创业证》复印件、劳动合同复印件、职业培训合格证书等凭证材料。

对小型微型企业新招用高校毕业生按规定开展岗前培训的,各地要根据当地物价水平,适当提高培训费补贴标准。

5. 高校毕业生从企业到机关事业单位就业后工龄如何计算?

按照《国务院关于进一步做好普通高等学校毕业生就业工作的通知》(国发〔2011〕16号)等文件规定,高校毕业生从企业、社会团体到机关事业单位就业的,其按规定参加企业职工基本养老保险的缴费年限合并为连续工龄。

6. 高校毕业生到企业特别是中小企业就业可否在当地落户?

按照《国务院办公厅关于做好2014年全国普通高等学校毕业生就业创业工作的通知》(国办发〔2014〕22号)、《国务院办公厅关于做好2013年全国普通高等学校毕业生就业工作的通知》(国办发〔2013〕35号)规定,要简化高校毕业生就业程序,消除其在不同地区、不同类型单位之间流动就业的制度性障碍,切实落实允许包括专科生在内的高校毕业生在就(创)业地办理落户手续的政策(直辖市按有关规定执行)。

省会及以下城市要放开对吸收高校毕业生落户的限制,简化有关手续,应届毕业生凭普通高等学校毕业证书、全国普通高等学校毕业生就业报到证、与用人单位签订的就业协议书或劳动(聘用)合同办理落户手续;非应届毕业生凭与用人单位签订的劳动(聘用)合同和普通高等学校毕业证书办理落户手续。高校毕业生到小型微型企业就业、自主创业的,其档案可由当地市、县一级的公共就业人才服务机构免费保管。办理高校毕业生档案转递手续,转正定级表、调整改派手续不再作为接收审核档案的必备材料。

7. 流动人员人事档案如何保管?

按照《关于进一步加强流动人员人事档案管理服务工作的通知》(人社部发〔2014〕90号)、《流动人员人事档案管理暂行规定》,流动人员档案具体包括:非公有制企业和社会组织聘用人员的档案;辞职辞退、取消录(聘)用或被开除的机关事业单位工作人员档案;与企事业单位解除或终止劳动(聘用)关系人员的档案;未就业的高校毕业生及中专毕业生的档案;自费出国留学及其他因私出国(境)人员的档案;外国企业常驻代表机构的中方雇员的档案;自由职业或灵活就业人员的档案;其他实行社会管理人员的档案。

流动人员人事档案管理实行集中统一、归口管理的管理体制,主管部门为政府人力资源社会保障部门,接受同级党委组织部门的监督和指导。流动人员人事档案具体由县级以上(含县级)公共就业和人才服务机构以及经人力资源社会保障部门授权的单位管理,其他单位未经授权不得管理流动人员人事档案。严禁个人保管本人或他人的档案。跨地区流动人员的人事档案,可由其户籍所在地或现工作单位所在地的公共就业和人才服务机构管理。

高校毕业生到具有档案管理权限的机关、事业单位、国有企业就业的,由单位直接接收、管理档案。到无档案管理权限的单位（私营企业、外资企业等）就业的，可由各地公共就业和人才服务机构负责提供档案管理等人事代理服务。高校毕业生离校时没有就业的，档案可由学校统一发回原户籍所在地公共就业和人才服务机构保管。档案不允许个人保存。

2015年1月1日起，取消收取人事关系及档案保管费、查阅费、证明费、档案转递费等名目的费用。各级公共就业和人才服务机构应提供免费的流动人员人事档案基本公共服务。

8. 什么是人事代理？

公共就业和人才服务机构可在规定的业务范围内接受用人单位和个人委托，从事下列人事代理服务。

（1）流动人员人事档案管理。

（2）因私出国政审。

（3）在规定的范围内申报或组织评审专业技术职务任职资格。

（4）转正定级和工龄核定。

（5）大中专毕业生接收手续。

（6）其他人事代理事项。

9. 高校毕业生怎样办理人事代理？

按照《人才市场管理规定》，人事代理方式可由单位集体委托代理，也可由个人委托代理；可多项委托代理，也可单项委托代理；可单位全员委托代理，也可部分人员委托代理。

单位办理委托人事代理，须向代理机构提交有效证件以及委托书，确定委托代理项目。经代理机构审定后，由代理机构与委托单位签订人事代理合同书，明确双方的权利和义务，确立人事代理关系。

10. 高校毕业生如何与用人单位订立劳动合同？

《中华人民共和国劳动合同法》第七条规定，用人单位自用工之日起即与劳动者建立劳动关系。

第十条规定，建立劳动关系，应当订立书面劳动合同。已建立劳动关系，未同时订立书面劳动合同的，应当自用工之日起一个月内订立书面劳动合同。用人单位与劳动者在用工前订立劳动合同的，劳动关系自用工之日起建立。

第八条规定，用人单位（企业、个体经济组织、民办非企业单位等组织）招用劳动者时，应当如实告知劳动者工作内容、工作条件、工作地点、职业危害、安全生产状况、劳动报酬，以及劳动者要求了解的其他情况；用人单位有权了解劳动者与劳动合同直接相关的基本情况，劳动者应当如实说明。

第九条规定，用人单位招用劳动者，不得扣押劳动者的居民身份证和其他证件，不得要求劳动者提供担保或者以其他名义向劳动者收取财物。

11. 什么是社会保险？我国建立了哪些社会保险制度？

社会保险是指国家通过立法，按照权利与义务相对应原则，多渠道筹集资金，对参保者在遭遇年老、疾病、工伤、失业、生育等风险情况下提供物质帮助（包括现金补贴和服务），使其享有基本生活保障、免除或减少经济损失的制度安排。

《中华人民共和国社会保险法》第二条规定，我国建立基本养老保险、基本医疗保险、工伤保险、失业保险、生育保险等社会保险制度，保障公民在年老、疾病、工伤、失业、生育等情况下依法从国家和社会获得物质帮助的权利。其中，基本养老保险制度包括职工基本养老保险制度、新型农村社会保险制度和城镇居民社会养老保险制度；基本医疗保险制度包括职工基本医疗保险制度、新型农村合作医疗保险制度和城镇居民医疗保险制度。

12. 用人单位应该履行哪些社会保险义务？享有哪些社会保险权利？

（1）社会保险义务：一是申请办理社会保险登记的义务；二是申报和缴纳社会保险费的义务；三是代扣代缴职工社会保险的义务；四是向职工告知缴纳社会保险费明细的义务。

（2）社会保险权利：一是有权免费查询、核对其缴费记录；二是有权要求社会保险经办机构提供社会保险咨询等相关服务；三是可以参加社会保险监督委员会，对社会保险工作提出咨询意见和建议，实施社会监督；四是对侵害自身权益和不依法办理社会保险事务的行为，有权依法申请行政复议或者提起行政诉讼。此外，还有权对违反社会保险法律、法规的行为进行举报、投诉。

13. 参加社会保险的个人享有哪些权利？

高校毕业生依法缴纳社会保险费后，享有以下权利。

（1）有权依法享受社会保险待遇。

（2）有权监督本单位为其缴费的情况。

（3）有权免费向社会保险经办机构查询、核对其缴费和享受社会保险待遇权益记录。

（4）有权要求社会保险经办机构提供社会保险咨询等相关服务。

（5）对侵害自身权益和不依法办理社会保险事务的行为，有权依法申请行政复议或者提起行政诉讼。

此外，还有权对违反社会保险法律、法规的行为进行举报、投诉。

14. 目前国家对用人单位及其职工和参保个人缴纳社会保险费的费率是如何规定的？

（1）用人单位及其职工缴纳社会保险费的费率。根据《国务院关于完善企业职工基本养老保险制度的决定》（国发〔2005〕38号）、《国务院关于建立城镇职工基本医疗保险制度的决定》（国发〔1998〕44号）、《失业保险条例》（国务院令第258号）

的规定，用人单位缴纳基本养老保险、基本医疗保险和失业保险的费率，分别是原则上为本单位工资总额的百分之二十、百分之六左右和百分之二；用人单位缴纳工伤保险费按照《工伤保险条例》（国务院令第586号）的规定实行行业差别费率和浮动费率，有关费率确定按照国家相应规定执行；用人单位缴纳生育保险费的费率按照《企业职工生育保险试行办法》（劳部发〔1994〕504号）的规定执行，由统筹地区政府根据实际情况自行确定，但不得超过用人单位工资总额的百分之一。职工本人缴纳基本养老保险、基本医疗保险和失业保险的费率，分别为本人工资的百分之八、百分之二和百分之一。

（2）参保个人缴纳社会保险费的费率。根据《国务院关于完善企业职工基本养老保险制度的决定》（国发〔2005〕38号）规定，无雇工的个体工商户和灵活就业人员参加职工基本养老保险的缴费费率为百分之二十，其中百分之八计入个人账户；无雇工的个体工商户和灵活就业人员参加职工基本医疗保险的缴费费率，按国家有关规定，统筹地区可以参照当地基本医疗保险建立统筹基金的缴费水平确定。

（3）城镇居民参加居民医疗保险和农村居民参加新型农村社会养老保险及新型农村合作医疗，主要采取定额方式缴纳社会保险费。

15. 高校毕业生如何处理劳动人事纠纷？

发生劳动人事争议，可以通过协商解决。当事人不愿协商或协商不成的，可以向调解组织申请调解；不愿调解、调解不成或者达成调解协议后不履行的，可以向劳动人事争议仲裁委员会申请仲裁；对仲裁裁决不服的，除法律另有规定的，可以向人民法院提起诉讼。

对用人单位违反劳动保障法律、法规和规章的情况，高校毕业生可向人力资源社会保障部门举报、投诉。劳动保障监察机构将依法受理，纠正和查处有关违法行为。

16. 什么是服务外包和服务外包企业？

服务外包是指企业将其非核心的业务外包出去，利用外部最优秀的专业化团队来承接该业务，从而使其专注核心业务，达到降低成本、提高效率、增强企业核心竞争力和对环境应变能力的一种管理模式。

服务外包企业是指其与服务外包发包商签订中长期服务合同，承接服务外包业务的企业。

17. 目前服务外包产业主要涉及哪些领域及地区？

服务外包分为信息技术外包服务（ITO）、技术性业务流程外包服务（BPO）和技术性知识流程外包服务（KPO）等。ITO包括软件研发及外包、信息技术研发服务外包、信息系统运营维护外包等领域。BPO包括企业业务流程设计服务、企业内容管理数据库服务、企业运营数据库服务、企业供应链管理数据库服务等领域。KPO包括知识产权研究、医药和生物技术研发和测试、产品技术研发、工业设计、分析学和数据挖掘、动漫及网游设计研发、教育课件研发、工程设计等领域。

我国目前有服务外包示范城市 21 个，分别是北京、天津、上海、重庆、大连、深圳、广州、武汉、哈尔滨、成都、南京、西安、济南、杭州、合肥、南昌、长沙、大庆、苏州、无锡、厦门。

18. 服务外包企业吸纳高校毕业生有哪些财政支持？

按照《国务院办公厅关于鼓励服务外包产业加快发展的复函》（国办函〔2010〕69 号）、《人力资源社会保障部、商务部关于加快服务外包产业发展促进高校毕业生就业的若干意见》（人社部发〔2009〕123 号）等文件规定，对符合条件的服务外包企业，每新录用一名大学以上学历员工从事服务外包工作并签订一年期以上劳动合同的，给予企业不超过每人四千五百元的培训支持；对符合条件的培训机构培训的从事服务外包业务人才（大学以上学历），通过服务外包业务专业知识和技能培训考核，并与服务外包企业签订一年期以上劳动合同的，给予培训机构每人不超过五百元的培训支持。

服务外包企业吸纳高校毕业生参加就业见习的，享受相关财政补助政策。服务外包企业吸纳就业困难高校毕业生就业的，享受社会保险补贴等扶持政策。就业困难高校毕业生参加服务外包培训的，可按规定享受职业培训补贴和职业技能鉴定补贴。

二、鼓励引导高校毕业生面向城乡基层、中西部地区以及民族地区、贫困地区和艰苦边远地区就业

19. 什么是基层就业？

基层就业就是到城乡基层工作。近几年，国家出台了一系列优惠政策鼓励高校毕业生积极参加社会主义新农村建设、城市社区建设和应征入伍。一般来讲，"基层"既包括广大农村，也包括城市街道社区；既涵盖县级以下党政机关、企事业单位，也包括社会团体、非公有制组织和中小企业；既包含单位就业，也包括自主创业、自谋职业。

20. 国家鼓励毕业生到基层就业的主要优惠政策包括哪些？

按照《国务院关于进一步做好新形势下就业创业工作的意见》（国发〔2015〕23 号）、《国务院办公厅关于做好 2014 年全国普通高等学校毕业生就业创业工作的通知》（国办发〔2014〕22 号）、《国务院办公厅关于做好 2013 年全国普通高等学校毕业生就业工作的通知》（国办发〔2013〕35 号）和《国务院关于进一步做好普通高等学校毕业生就业工作的通知》（国发〔2011〕16 号）等文件做以下规定。

（1）完善工资待遇进一步向基层倾斜的办法，健全高校毕业生到基层工作的服务保障机制，鼓励毕业生到乡镇特别是困难乡镇机关、事业单位工作。

（2）对高校毕业生到中西部地区、艰苦边远地区和老工业基地县以下基层单位就业、履行一定服务期限的，按规定给予学费补偿和国家助学贷款代偿（本、专科学生

每人每年最高不超过八千元，研究生每人每年最高不超过一万二千元）。

（3）结合政府购买服务工作的推进，在基层特别是街道（乡镇）、社区（村）购买一批公共管理和社会服务岗位，优先用于吸纳高校毕业生就业。

（4）落实完善见习补贴政策，对见习期满留用率达到百分之五十以上的见习单位，适当提高见习补贴标准。

（5）将求职补贴调整为求职创业补贴，对象范围扩展到已获得国家助学贷款的毕业年度高校毕业生。

各地区要结合城镇化进程和公共服务均等化要求，充分挖掘教育、劳动就业、社会保障、医疗卫生、住房保障、社会工作、文化体育及残疾人服务、农技推广等基层公共管理和服务领域的就业潜力，吸纳高校毕业生就业。要结合推进农业科技创新、健全农业社会化服务体系等，引导更多高校毕业生投身现代农业。

高校毕业生在中西部地区和艰苦边远地区县以下基层单位从事专业技术工作，申报相应职称时，可不参加职称外语考试或放宽外语成绩要求。充分挖掘社会组织吸纳高校毕业生就业潜力，对到省会及省会以下城市的社会团体、基金会、民办非企业单位就业的高校毕业生，所在地的公共就业人才服务机构要协助办理落户手续，在专业技术职称评定方面享受与国有企事业单位同类人员同等待遇。

对到农村基层和城市社区从事社会管理和公共服务工作的高校毕业生，符合公益性岗位就业条件并在公益性岗位就业的，按照国家现行促进就业政策的规定，给予社会保险补贴和公益性岗位补贴。

（1）对到农村基层和城市社区其他社会管理和公共服务岗位就业的，给予薪酬或生活补贴，同时按规定参加有关社会保险。

（2）自2012年起，省级以上机关录用公务员，除部分特殊职位外，均应从具有两年以上基层工作经历的人员中录用。市（地）级以下机关特别是县乡机关招录公务员，应采取有效措施积极吸引优秀应届高校毕业生报考，录用计划应主要用于招收应届高校毕业生。

（3）对具有基层工作经历的高校毕业生，在研究生招录和事业单位选聘时实行优先招收政策。

21. 什么是基层社会管理和公共服务岗位？

所谓基层社会管理和公共服务岗位，就是包括大学生村干部、支教、支农、支医、乡村扶贫，以及城市社区的法律援助、就业援助、社会保障协理、文化科技服务、养老服务、残疾人居家服务、廉租房配套服务等岗位。

2009年4月，人力资源社会保障部下发《关于公布第一批基层社会管理和公共服务岗位目录的通知》（人社部函〔2009〕135号），向社会公布第一批基层社会管理和公共服务岗位目录，以指导各地做好鼓励和引导高校毕业生到基层就业的工作。这批发布的岗位目录共分为基层人力资源和社会保障管理、基层农业服务、基层医疗卫生服务、基层文化科技服务、基层法律服务、基层民政、托老托幼、助残服务、基层市政管理、基层公共环境与设施管理维护以及其他等 9 大类领域，包括在街道（乡镇）、社区（村）等基层单位从事公共就业服务、社会保障、劳动关系协调、劳动监察、农业、扶贫开发、医疗、卫生、保健、防疫、文化、科技、体育、普法宣传、民事调解、托老、养老、托幼、助残、公共设施设备管理养护等相关事务管理服务工作的 50 种岗位。

22. 什么是其他基层社会管理和公共服务岗位？

所谓其他基层社会管理和公共服务岗位，就是指在街道社区、乡镇等基层开发或设立的相应的社会管理和公共服务岗位。部分由政府出资，或由相关组织和单位出资。所安排使用的人员按规定享受相关补贴。

23. 什么是公益性岗位？

所谓公益性岗位，是指由政府开发、以满足社区及居民公共利益为目的的管理和服务岗位。对符合条件在公益性岗位安置就业的就业困难人员，按规定给予社会保险补贴和岗位补贴。符合公益性岗位安置条件的就业困难高校毕业生，可按规定享受公益性岗位就业援助政策。

24. 什么是公益性岗位社会保险补贴？

按照《财政部、人力资源社会保障部关于进一步加强就业专项资金管理有关问题的通知》（财社〔2011〕64 号）规定，对就业困难人员的社会保险补贴实行"先缴后补"的办法。在公益性岗位安排就业困难人员并缴纳社会保险费的，按其为就业困难人员实际缴纳的基本养老保险费、基本医疗保险费和失业保险费给予补贴，不包括就业困难人员个人应缴纳的基本养老保险费、基本医疗保险费和失业保险费，以及企业（单位）和个人应缴纳的其他社会保险费。社会保险补贴期限，一般最长不超过三年。

25. 什么是公益性岗位补贴？

所谓公益性岗位补贴，就是对在公益性岗位安排就业困难人员就业的单位，按其实际安排就业困难人员人数给予岗位补贴。公益性岗位补贴期限，一般最长不超过三年。

在公益性岗位安排就业困难人员就业的单位，可按季向当地人力资源社会保障部门申请公益性岗位补贴。公益性岗位补贴申请材料应附：符合享受公益性岗位补贴条件的人员名单及身份证复印件、就业创业证复印件、发放工资明细账（单）、单位在银行开立的基本账户等凭证材料，经人力资源社会保障部门审核后，财政部门将补贴资金支付到单位在银行开立的基本账户。

26. 为鼓励高校毕业生面向基层就业，实施学费补偿和助学贷款代偿政策的主要内容是什么？

按照《关于调整完善国家助学贷款相关政策措施的通知》（财教〔2014〕180 号）、

《财政部、教育部关于印发〈高等学校毕业生学费和国家助学贷款代偿暂行办法〉的通知》(财教〔2009〕15号)等文件规定,中央部门所属高校应届毕业生(全日制本专科、高职生、研究生、第二学士学位毕业生)到中西部地区和艰苦边远地区基层单位就业、服务期在三年以上(含三年)的,其学费由国家实行补偿。在校学习期间获得国家助学贷款(含高校国家助学贷款和生源地信用助学贷款,下同)的,补偿的学费优先用于偿还国家助学贷款本金及其全部偿还之前产生的利息。定向、委培以及在校期间已享受免除全部学费政策的学生除外。

目前,国家助学贷款资助标准已经调整为,全日制普通本专科学生(含第二学士学位、高职学生,下同)每人每年申请贷款额度不超过八千元;年度学费和住宿费标准总和低于八千元的,贷款额度可按照学费和住宿费标准总和确定。全日制研究生每人每年申请贷款额度不超过一万二千元;年度学费和住宿费标准总和低于一万二千元的,贷款额度可按照学费和住宿费标准总和确定。

国家助学贷款资助标准调整后,《财政部、教育部、总参谋部关于印发〈高等学校学生应征入伍服义务兵役国家资助办法〉的通知》(财教〔2013〕236号)、《财政部、教育部、民政部、总参谋部、总政治部关于实施退役士兵教育资助政策的意见》(财教〔2011〕538号)和《财政部、教育部关于印发〈高等学校毕业生学费和国家助学贷款代偿暂行办法〉的通知》(财教〔2009〕15号)中有关学费补偿、国家助学贷款代偿和学费资助的标准,相应调整为本、专科学生每人每年最高不超过八千元,研究生每人每年最高不超过一万二千元。学费补偿、国家助学贷款代偿和学费资助的其他事项,仍按原规定执行。

27. 国家实施补偿学费和代偿助学贷款的就业地域范围包括哪些?

国家对到中西部地区和艰苦边远地区基层单位就业,并履行一定服务期限的中央部门所属高校毕业生,按规定实施相应的学费补偿和助学贷款代偿。这里涉及的地域范围主要包括:

(1) 西部地区:西藏、内蒙古、广西、重庆、四川、贵州、云南、陕西、甘肃、青海、宁夏、新疆12个省(自治区、直辖市)。

(2) 中部地区:河北、山西、吉林、黑龙江、安徽、江西、河南、湖北、湖南、海南10个省。

(3) 艰苦边远地区:由国务院确定的经济水平、条件较差的一些州、县和少数民族地区(详情可登录中国政府网:http://www.gov.cn查询)。

(4) 基层单位:

①中西部地区和艰苦边远地区县以下机关、企事业单位,包括乡(镇)政府机关、农村中小学、国有农(牧、林)场、农业技术推广站、畜牧兽医站、乡镇卫生院、计划生育服务站、乡镇文化站、乡镇劳动就业服务站等;

②工作现场地处以上地区县以下的气象、地震、地质、水电施工、煤炭、石油、航海、核工业等中央单位艰苦行业生产第一线。

28. 学费补偿和助学贷款代偿的标准和年限是多少？

学费补偿、国家助学贷款代偿及学费减免标准，本专科生每人每年最高不超过八千元，研究生每人每年最高不超过一万二千元。

本科、专科（高职）、研究生和第二学士学位毕业生补偿学费或代偿国家助学贷款的年限，分别按照国家规定的相应学制计算。在校学习的时间低于相应学制规定年限的，按照实际学习时间计算补偿学费或代偿助学贷款年限。在校学习时间高于相应学制年限的，按照学制规定年限计算。

每年代偿学费或国家助学贷款总额的三分之一，三年代偿完毕。

29. 中央部门所属高校毕业生如何申请学费补偿和助学贷款代偿？

（1）在办理离校手续时向学校递交《学费和国家助学贷款代偿申请表》和毕业生本人、就业单位与学校三方签署的到中西部地区和艰苦边远地区基层单位服务三年以上的就业协议。

（2）在校学习期间获得国家助学贷款的，在与国家助学贷款经办银行签订毕业后还款计划时，注明已申请国家助学贷款代偿，如获得国家助学贷款代偿资格，不需自行向银行还款。

（3）高校负责审查申请资格并上报全国学生资助管理中心。

30. 地方所属高校毕业生到基层就业如何获得学费补偿和助学贷款代偿？

按照《财政部、教育部关于印发〈高等学校毕业生学费和国家助学贷款代偿暂行办法〉的通知》（财教〔2009〕15号）要求，各地要抓紧研究制定本地所属高校毕业生面向本辖区艰苦边远地区基层单位就业的学费补偿和助学贷款代偿办法。地方所属高校毕业生到基层就业是否可以获得学费补偿或国家助学贷款代偿，以及如何申请办理补偿或代偿等，请向学校所在地政府有关部门查询。

31. 到基层就业如何办理户口、档案、党团关系等手续？

对到西部县以下基层单位和艰苦边远地区就业的高校毕业生，实行来去自由的政策，户口可留在原籍或根据本人意愿迁往就业地区；人事档案原则上统一转至就业单位所在地的县级政府人力资源社会保障部门，由公共就业和人才服务机构提供免费人事代理服务；党团组织关系转至就业单位，在工作期间积极要求入党的，由乡镇一级党组织按规定程序办理。

32. 中央有关部门实施了哪些基层就业项目？

近年来，中央各有关部门主要组织实施了5个引导高校毕业生到基层就业的专门项目，包括：团中央、教育部、财政部、人力资源社会保障部四部门从2003年起组织实施的"大学生志愿服务西部计划"；中组部、人力资源社会保障部、教育部等八部门从 2006 年开始组织实施的"三支一扶"（支教、支农、支医和扶贫）计划；教育部、财政部、人力资源社会保障部、中央编办四部门从 2006 年开始组织实施的"农村义务教育阶段学校教师特设岗位计划"；中组部、教育部、财政部、人力资源社会保障部等部门从 2008 年起组织实施的"选聘高校毕业生到村任职工作"；农业部、人社部、教育部等部门从 2014 年起组织实施的"农业技术推广服务特设岗位计划"。

33. 什么是农村义务教育阶段学校教师特设岗位计划？

2006 年，教育部、财政部、原人事部、中央编办下发《关于实施农村义务教育阶段学校教师特设岗位计划的通知》（教师〔2006〕2 号），联合启动实施"特岗计划"，公开招聘高校毕业生到"两基"攻坚县农村义务教育阶段学校任教。特岗教师聘期 3 年。

34. 农村教师特岗计划实施的地区范围包括哪些？

2006—2008 年"特岗计划"的实施范围以国家西部地区"两基"攻坚县为主（含新疆生产建设兵团的部分团场），包括纳入国家西部开发计划的部分中部省份的少数民族自治州，适当兼顾西部地区一些有特殊困难的边境县、少数民族自治县和少小民族县。2009 年，实施范围扩大到中西部地区国家扶贫开发工作重点县。

35. 农村教师特岗计划招聘对象和条件是什么？

（1）以高等师范院校和其他全日制普通高校应届本科毕业生为主，可招少量应届师范类专业专科毕业生。

（2）取得教师资格，具有一定教育教学实践经验，年龄在 30 岁以下的全日制普通高校往届本科毕业生。

（3）参加过"大学生志愿服务西部计划"、有从教经历的志愿者和参加过半年以上实习支教的师范院校毕业生同等条件下优先录取。

（4）报名者应同时符合教师资格条件要求和招聘岗位要求。

36. 农村教师特岗计划的招聘程序有哪些？

特岗教师实行公开招聘，合同管理。合同规定用人单位和应聘人员双方的权利和义务。

招聘工作由省级教育、人力资源社会保障、财政、编办等相关部门共同负责，遵循"公开、公平、自愿、择优"和"三定"（定县、定校、定岗）原则，按下列程序进行：公布需求→自愿报名→资格审查→考试考核→集中培训→资格认定→签订合同→上岗任教。

37. 什么是选聘高校毕业生到村任职？

2008 年，中组部、教育部、财政部、人力资源和社会保障部出台了《关于印发〈关于选聘高校毕业生到村任职工作的意见（试行）〉的通知》（组通字〔2008〕18 号），计划用五年时间选聘十万名高校毕业生到农村担任村党支部书记助理、村委会主任助理或团支部书记、副书记等职务。从 2010 年开始，扩大选聘规模，逐步实现"一村一名大学生村官"计划的目标。选聘的高校毕业生在村工作期限一般为 2~3 年。

38. 选聘到村任职的对象是什么？要满足哪些条件？

选聘对象为 30 岁以下应届和往届毕业的全日制普通高校专科以上学历的毕业生，重点是应届毕业和毕业 1~2 年的本科生、研究生，原则上为中共党员（含预备党员），非中共党员的优秀团干部、优秀学生干部也可以选聘。

基本条件是：

①思想政治素质好，作风踏实，吃苦耐劳，组织纪律观念强；

②学习成绩良好，具备一定的组织协调能力；

③自愿到农村基层工作；

④身体健康。此外，参加人力资源社会保障部、团中央等部门组织的到农村基层服务的"三支一扶""志愿服务西部计划"等活动期满的高校毕业生，本人自愿且具备选聘条件的，经组织推荐可作为选聘对象。

39. 选聘到村任职的程序是什么？

选聘工作一般通过个人报名、资格审查、组织考查、体检、公示、决定聘用、培训上岗等程序进行。

40. 什么是"三支一扶"计划？

"三支一扶"是支教、支医、支农、扶贫的简称。2006 年，中组部、原人事部等八部门下发《关于组织开展高校毕业生到农村基层从事支教、支农、支医和扶贫工作的通知》（国人部发〔2006〕16 号），以公开招募、自愿报名、组织选拔、统一派遣的方式，从 2006 年开始连续五年，每年招募两万名高校毕业生，主要安排到乡镇从事支教、支农、支医和扶贫工作。服务期限一般为 2~3 年。招募对象主要为全国普通高校应届毕业生。

2011 年 4 月，人力资源社会保障部下发《关于继续做好高校毕业生三支一扶计划实施工作的通知》（人社部发〔2011〕27 号），决定继续组织开展高校毕业生"三支一扶"计划，从 2011 年起，每年选拔两万名、五年内选拔十万名高校毕业生到基层从事"三支一扶"服务。

41. 什么是大学生志愿服务西部计划？

大学生志愿服务西部计划由共青团中央牵头，教育部、财政部、人力资源社会保障部共同组织实施。从 2003 年开始，每年招募一万八千名普通高等学校应届毕业生，到西部贫困县的乡镇从事为期 1~3 年的教育、卫生、农技、扶贫以及青年中心建设和管理等方面的志愿服务工作。

42. 什么是农业技术推广服务特设岗位计划？

农业技术推广服务特设岗位计划由农业部牵头，人力资源社会保障部、教育部和科技部共同组织实施。从 2013 年开始，每年招募一批普通高等学校应届毕业生，到乡镇或区域性农业技术推广机构从事为期 2~3 年的农业技术推广、动植物疫病防控、农产品质量安全服务等工作。

43. 参加中央部门组织实施的基层就业项目，服务期满后享受哪些优惠政策？

根据中组部、人力资源社会保障部、教育部、财政部、共青团中央《关于统筹实施引导高校毕业生到农村基层服务项目工作的通知》（人社部发〔2009〕42 号）等文件规定，参加中央部门组织实施的基层就业项目、服务期满的毕业生，享受以下优惠政策。

（1）公务员招录优惠：每年拿出公务员考录计划的一定比例，专门用于定向招录服务期满且考核称职（合格）的服务基层项目人员。服务基层项目人员也可报考其他职位。

（2）事业单位招聘优惠：鼓励在项目结束后留在当地就业，参加各基层就业项目相对应的自然减员空岗，全部聘用服务期满的高校毕业生。从 2009 年起，到乡镇事业单位服务的高校毕业生服务满一年后，在现岗位空缺情况下，经考核合格，即可与所在单位签订不少于三年的聘用合同。同时，各省（区、市）县及县以上相关的事业单位公开招聘工作人员，应拿出不低于百分之四十的比例，聘用各专门项目服务期满考核合格的高校毕业生。

（3）考学升学优惠：服务期满后三年内报考硕士研究生初试总分加 10 分；同等条件下优先录取；高职（高专）学生可免试入读成人本科。

（4）国家补偿学费和代偿助学贷款政策：参加各基层就业项目的毕业生，符合规定条件的，可享受相应的学费补偿和助学贷款代偿政策。

（5）服务期满自主创业的，可享受税收优惠、行政事业性收费减免、小额贷款担保和贴息等有关政策。

（6）其他：各基层就业项目服务年限计算工龄。服务期满到企业就业的，按照规定转接社会保险关系。

44. 高校毕业生到艰苦边远地区或国家扶贫开发工作重点县就业有什么优惠政策？

根据《国务院关于进一步做好普通高等学校毕业生就业工作的通知》（国发〔2011〕16 号）规定，对到艰苦边远地区或国家扶贫开发工作重点县就业的高校毕业生，在机关工作的，试用期工资可直接按试用期满后工资确定，试用期满后级别工资高定 1~2 档；在事业单位工作的，可提前转正定级，转正定级时薪级工资高定 1~2 级。

三、鼓励大学生应征入伍，报效祖国

45. 国家鼓励大学生应征入伍服义务兵役，这里的"大学生"如何界定？

根据国家有关规定批准设立、实施高等学历教育的全日制公办普通高等学校、民办普通高等学校和独立学院，按照国家招生规定录取的全日制普通本科、专科（含高

职)、研究生、第二学士学位的应(往)届毕业生、在校生和已被普通高校录取但未报到入学的学生。

征集的大学生以男性为主,女性大学生征集根据军队需要确定。

46. 公民应征入伍需要满足哪些政治条件?

征集服现役的公民必须热爱中国共产党,热爱社会主义祖国,热爱人民军队,遵纪守法,品德优良,决心为抵抗侵略、保卫祖国、保卫人民的和平劳动而英勇奋斗。征兵政治审查的内容包括:应征公民的年龄、户籍、职业、政治面貌、宗教信仰、文化程度、现实表现以及家庭主要成员和主要社会关系成员的政治情况等。

47. 公民应征入伍要满足哪些基本身体条件?

公民应征入伍要符合国防部颁布的《应征公民体格检查标准》和有关规定。其中,有几项基本条件:

身高:男性160 cm以上,女性158 cm以上。

体重:男性不超过标准体重的百分之三十,不低于标准体重的百分之十五。

女性不超过标准体重的百分之二十,不低于标准体重的百分之十五。

$$标准体重 = (身高 - 110) \text{ kg}$$

视力:大学生右眼裸眼视力不低于4.6,左眼裸眼视力不低于4.5。屈光不正,准分子激光手术后半年以上,无并发症,视力达到相应标准的,合格。

内科:乙型肝炎表面抗原呈阴性,等等。

48. 应征入伍服义务兵役的大学生的年龄是如何规定的?

男性普通高等学校在校生为年满18~22周岁,高职(专科)毕业生可放宽到23周岁,本科及以上学历毕业生可放宽到24周岁。

女性普通高等学校在校生为年满18~20周岁,应届毕业生放宽到22周岁。

49. 高校毕业生应征入伍服义务兵役要经过哪些程序?

(1)网上报名预征:有应征意向的高校毕业生可在夏秋季征兵开始之前登录"大学生应征入伍网上报名平台"(网址为http://zbbm.chsi.com.cn或http://zbbm.chsi.cn,下同)进行报名,填写、打印《应届毕业生预征对象登记表》和《高校毕业生应征入伍学费补偿国家助学贷款代偿申请表》(以下分别简称登记表、申请表),交所在高校征兵工作管理部门。

(2)初审、初检:毕业生离校前,在高校参加身体初检、政治初审,符合条件者确定为预征对象,高校协助兵役机关将登记表和申请表审核盖章发给毕业生本人,并完成网上信息确认。初审、初检工作最晚在7月15日前完成。

(3)实地应征:高校应届毕业生可在学校所在地应征入伍,也可在入学前户籍所在地应征入伍。

(4)组织高校应届毕业生在学校所在地征集的,结合初审、初检工作同步进行体格检查和政治审查，在毕业生离校前完成预定兵，9月初学校所在地县（市、区）人民政府征兵办公室为其办理批准入伍手续。政治审查以本人现实表现为主，由其就读学校所在地的县（市、区）公安部门负责，学校分管部门具体承办，原则上不再对其入学前和就读返乡期间的现实表现情况进行调查。

（5）在入学前户籍所在地应征入伍的，高校应届毕业生7月30日前将户籍迁回入学前户籍地，持登记表和申请表到当地县级兵役机关参加实地应征，经体格检查、政治审查合格的，9月初由当地县（市、区）人民政府征兵办公室办理批准入伍手续。

50. 大学生征集工作由哪个部门牵头负责？

高校所在地兵役机关会同有关部门进入高校开展征集工作，高校由学生管理部门或学校武装部门牵头负责，有意向参军入伍的大学生可向所在学校学工部（处）、就业中心、资助中心或武装部咨询有关政策。

51. 高校毕业生应征入伍服义务兵役享受哪些优惠政策？

高校毕业生应征入伍服义务兵役，除享有优先报名应征、优先体检政审、优先审批定兵、优先安排使用"四个优先"政策，家庭按规定享受军属待遇外，还享受优先选拔使用、学费补偿和国家助学贷款代偿、退役后考学升学优惠、就业服务等政策。

52. 高校毕业生应征入伍"四个优先"政策是怎样规定的？

高校毕业生预征对象参军入伍享受"四优先"政策。

（1）优先报名应征。报名由县级兵役机关直接办理。夏秋季征兵开始前，县级兵役机关通知其报名时间、地点、注意事项等。确定为预征对象的高校毕业生，持《应届毕业生预征对象登记表》，可以直接到学校所在地或户籍所在地县级兵役机关报名应征。

（2）优先体检政审。体检由县级兵役机关直接办理。夏秋季征兵体检前，县级兵役机关通知其体检时间、地点、注意事项等。确定为预征对象的高校毕业生，未能在规定时间内在学校参加体检的，本人持《应届毕业生预征对象登记表》，可在征兵体检时间内报名直接参加体检。

（3）优先审批定兵。审批定兵时，应当优先批准体检政审合格的高校毕业生入伍。高职（专科）以上文化程度的合格青年未被批准入伍前，不得批准高中文化程度的青年入伍。

（4）优先安排使用。在安排兵员去向时，根据高校毕业生的学历、专业和个人特长，优先安排到军兵种或专业技术要求高的部队服役；部队对征集入伍的高校毕业生，优先安排到适合的岗位，充分发挥其专长。

53. 大学生应征入伍服义务兵役给予国家资助的内容是什么？

高等学校学生应征入伍服义务兵役国家资助，是指国家对应征入伍服义务兵役的高校学生,在入伍时对其在校期间缴纳的学费实行一次性补偿或获得的国家助学贷款(国家助学贷款包括:校园地国家助学贷款和生源地信用助学贷款,下同)实行代偿;应征入伍服义务兵役前正在高等学校就读的学生(含按国家招生规定录取的高等学校新生),服役期间按国家有关规定保留学籍或入学资格、退役后自愿复学或入学的,国家实行学费减免。

54. 高校学生应征入伍享受学费补偿、国家助学贷款代偿及学费减免的标准是多少?

按照《关于调整完善国家助学贷款相关政策措施的通知》(财教〔2014〕180号)、《财政部、教育部、总参谋部关于印发〈高等学校学生应征入伍服义务兵役国家资助办法〉的通知》(财教〔2013〕236号)的规定:

(1)学费补偿、国家助学贷款代偿及学费减免标准,本专科生每人每年最高不超过八千元,研究生每人每年最高不超过一万二千元。

(2)学费补偿或国家助学贷款代偿金额,按学生实际缴纳的学费或获得的国家助学贷款(国家助学贷款包括:本金及其全部偿还之前产生的利息,下同)两者金额较高者执行,据实补偿或者代偿。退役复学后学费减免金额,按学校实际收取学费金额执行。超出标准部分不予补偿、代偿或减免。

(3)获学费补偿学生在校期间获得国家助学贷款的,补偿资金必须首先用于偿还国家助学贷款,如补偿金额高于国家助学贷款金额,高出部分退还学生。

55. 高校学生应征入伍服义务兵役都可以享受国家资助政策吗?

在校期间已免除全部学费的学生,定向生、委培生和国防生,其他不属于服义务兵役到部队参军的学生,均不享受学费补偿和国家助学贷款代偿政策。

56. 高校学生应征入伍服义务兵役享受学费补偿、国家助学贷款代偿和学费减免的年限如何计算?

学费补偿、国家助学贷款代偿和学费减免的年限,按照国家对本科、专科(高职)、研究生和第二学士学位规定的相应修业年限据实计算。以入伍时间为准,入伍前已达到的修业规定年限,即为学费补偿或国家助学贷款代偿的年限;退役复学后应完成的国家规定的修业年限的剩余期限,即为学费减免的年限;复学后攻读更高层次学历不在减免学费范围之内。

专升本、本硕连读、中职高职连读、第二学士学位毕业生补偿学费或代偿国家助学贷款的年限,分别按照完成本科、硕士、高职和第二学士学位阶段学习任务规定的学习时间计算。

专升本、本硕连读学制在校生,在专科或本科学习阶段应征入伍的,以实际学习时间实行学费补偿或国家助学贷款代偿;在本科或硕士学习阶段应征入伍的,以本科已学习时间或硕士已学习时间计算,实行学费补偿或国家助学贷款代偿,其以前专科学习时间或本科学习时间不计入学费补偿或国家助学贷款代偿。中职高职连读学生学费补偿或国家助学贷款代偿的年限，按照高职阶段实际学习时间计算。

57. 高校学生申请应征入伍服义务兵役国家资助的程序是什么？

（1）应征报名的高校学生登录大学生征兵报名系统，按要求在线填写、打印《高校学生应征入伍学费补偿国家助学贷款代偿申请表》一式两份（以下简称申请表）并提交学校学生资助管理部门。在校期间获得国家助学贷款的学生，需同时提供"国家助学贷款借款合同"复印件和本人签字的一次性偿还贷款计划书。

（2）学校相关部门对申请表中学生的资助资格、标准、金额（如有生源地信用助学贷款，学校应联系贷款经办银行或贷款经办地县级学生资助管理机构确认贷款金额）等相关信息审核无误后，对申请表加盖公章，一份留存，一份返还学生。

（3）学生在征兵报名时将申请表交至入伍所在地县级人民政府征兵办公室（以下简称县级征兵办）。学生通过征兵体检被批准入伍后，县级征兵办对申请表加盖公章并返还学生。

（4）学生将申请表原件和入伍通知书复印件，寄送至原就读高校学生资助管理部门。

58. 因个人原因被部队退回，高校学生已获国家资助的经费要被收回吗？

因本人思想原因、故意隐瞒病史或弄虚作假、违法犯罪等行为造成退兵的学生，学校取消其受助资格，并不得申请学费减免。各省（区、市）人民政府征兵办公室应在接收退兵后及时将被退回学生的姓名、就读高校、退兵原因等情况逐级上报至国防部征兵办公室，并按照学生原就读高校的隶属关系，通报同级教育行政部门。

被部队退回并被取消资助资格的学生，如学生返回其原户籍所在地，已补偿的学费或代偿的国家助学贷款资金由学生户籍所在地县级教育行政部门会同同级人民政府征兵办公室收回；如学生返回其原就读高校，已补偿的学费或代偿的国家助学贷款由学生原就读高校会同退役安置地县级人民政府征兵办公室收回。各县级教育行政部门和各高校应在收回资金后十日内，逐级汇总上缴至全国学生资助管理中心。收回资金按规定作为下一年度学费补偿或国家助学贷款代偿经费。

59. 高校毕业生入伍服义务兵役年限是多少？

我国现行的义务兵役制度服役年限是两年。

60. 大学生士兵退役后享受哪些就学优惠政策？

（1）高职（专科）学生入伍经历可作为毕业实习经历。

（2）退役大学生士兵入学或复学后免修军事技能训练，直接获得学分。

（3）设立"退役大学生士兵"专项硕士研究生招生计划。根据实际需求，每年安排一定数量专项计划，专门面向退役大学生士兵招生。专项计划规模控制在五千人以内，在全国研究生招生总规模内单列下达，不得挪用。

（4）将高校在校生（含高校新生）服兵役情况纳入推免生遴选指标体系。鼓励开展推荐优秀应届本科毕业生免试攻读研究生工作的高校在制定本校推免生遴选办法时，结合本校具体情况，将在校期间服兵役情况纳入推免生遴选指标体系。在部队荣立二等功及以上的退役人员，符合研究生报名条件的可免试（指初试）攻读硕士研究生。

（5）将考研加分范围扩大至高校在校生（含高校新生）。退役人员在继续实行普通高校应届毕业生退役后按规定享受加分政策的基础上，允许普通高校在校生（含高校新生）应征入伍服义务兵役退役，在完成本科学业后三年内参加全国硕士研究生招生考试，初试总分加10分，同等条件下优先录取。

（6）退役大学生士兵专升本实行招生计划单列。高职（专科）学生应征入伍服义务兵役退役，在完成高职学业后参加普通本科专升本考试，实行计划单列，录取比例在现行百分之三十的基础上适度扩大，具体比例由各省份根据本地实际和报名情况确定。

（7）高校新生录取通知书中附寄应征入伍优惠政策。高校向新生寄送录取通知书时，附寄应征入伍宣传单，宣传单主要内容包括优惠政策概要、报名流程指南、学籍注册要求等。

（8）放宽退役大学生士兵复学转专业限制。大学生士兵退役后复学，经学校同意并履行相关程序后，可转入本校其他专业学习。

（9）具有高职（高专）学历的，退役后免试入读成人本科，或经过一定考核入读普通本科；荣立三等功以上奖励的，在完成高职（专科）学业后，免试入读普通本科；

（10）应征入伍的高校毕业生退役后报考政法干警招录培养体制改革试点招生时，教育考试笔试成绩总分加10分。

61. 什么是政法干警招录培养体制改革试点考试？

国家为培养政治业务素质高，实战能力强的应用型、复合型政法人才，加强政法机关公务员队伍建设，2008年开始重点从部队退役士兵和普通高校毕业生中选拔优秀人才，为基层政法机关特别是中西部和其他经济欠发达地区的县（市）级以下基层政法机关提供人才保障和智力支持。

62. 应征入伍的高校应届毕业生离校后户口档案存放在哪里，如何迁转？

被确定为预征对象的高校应届毕业生，回入学前户籍所在地应征的，将户口迁回入学前户籍所在地，档案转到入学前户籍所在地人才交流中心存放。在学校所在地应征的，可将户籍和档案暂时保留在学校。

高校应届毕业生批准入伍后，其户口档案予以注销，档案放入新兵档案。

63. 高校应届毕业生退役后户档迁移有何优惠政策？

高校应届毕业生入伍服义务兵役退出现役后一年内，可视同当年的高校应届毕业生，凭用人单位录（聘）用手续，向原就读高校再次申请办理就业报到手续，户档随迁（直辖市按照有关规定执行）。

64. 什么是士官？与义务兵有什么区别？

我军现役士兵按兵役性质分为义务兵役制士兵和志愿兵役制士兵。义务兵役制士兵称为义务兵，志愿兵役制士兵称为士官。士官属于士兵军衔序列，但不同于义务兵役制士兵，是士兵中的骨干。义务兵实行供给制，发给津贴，士官实行工资制和定期增资制度。

65. 没有参加网上报名预征的大学生是否还可以应征入伍并享受有关优惠政策？

未参加网上报名预征的大学生，在征兵期间需要补办网上预征手续，没有经过网上报名预征的大学生不享受有关优惠政策。

四、积极聘用高校毕业生参与国家和地方重大科研项目

66. 国家和地方重大科研项目包括哪些？

按照《科技部、教育部、财政部、人力资源社会保障部、国家自然科学基金委员会关于鼓励科研项目单位吸纳和稳定高校毕业生就业的若干意见》（国科发财〔2009〕97号）的规定，由高校、科研机构和企业所承担的民口科技重大专项、"973"计划、"863"计划、科技支撑计划项目以及国家自然科学基金会的重大重点项目等，可以聘用高校毕业生作为研究助理或辅助人员参与研究工作。此外的其他项目，承担研究的单位也可聘用高校毕业生。

67. 哪些高校毕业生可以被吸纳为研究助理或辅助人员？

吸纳对象主要以优秀的应届毕业生为主，包括高校以及有学位授予权的科研机构培养的博士研究生、硕士研究生和本科生。

68. 科研项目吸纳的高校毕业生是否为在编职工？

不是项目承担单位的正式在编职工，被吸纳高校毕业生需与项目承担单位签订服务协议，明确双方的权利、责任和义务。

69. 科研项目承担单位与被吸纳高校毕业生签订的服务协议应包含哪些内容？

（1）项目承担单位的名称和地址。

（2）研究助理的姓名、居民身份证号码和住址。

（3）服务协议期限。

（4）工作内容。

（5）劳务性费用数额及支付方式。

（6）社会保险。

（7）双方协商约定的其他内容。

服务协议不得约定由毕业生承担违约金。

70. 服务协议的期限如何约定？

根据《人力资源社会保障部办公厅关于重大科研项目单位吸纳高校毕业生参与研

究工作签订服务协议有关问题的通知》（人社厅发〔2009〕47号）等文件规定，服务协议期限最多可签订三年，三年以下的服务协议期限已满而项目执行期未满的，根据工作需要可以协商续签至三年。

71. 服务协议履行期间可以解除协议吗？

服务协议履行期间，毕业生可以提出解除服务协议，但应提前十五日书面通知项目承担单位。

项目承担单位提出解除服务协议的，应当提前三十日书面通知毕业生本人。研究助理被解除服务协议或协议期满终止后，符合条件的毕业生可按规定享受失业保险待遇。

72. 被吸纳高校毕业生如何获取报酬？

由项目承担单位向高校毕业生支付劳务性费用，具体数额按照国家有关规定、参照相应岗位标准，由双方协商确定。

73. 项目承担单位是否给被吸纳的高校毕业生上保险？

项目承担单位应当为毕业生办理社会保险，具体包括基本养老保险、基本医疗保险、失业保险、工伤保险、生育保险，并按时足额缴费。参保、缴费、待遇支付等具体办法参照各项社会保险有关规定执行。

74. 被吸纳的高校毕业生户档如何迁转？

毕业生参与项目研究期间，根据当地情况，其户口、档案可存放在项目承担单位所在地或入学前家庭所在地公共就业和人才服务机构。项目承担单位所在地或入学前家庭所在地公共就业和人才服务机构应当免费为其提供户口、档案托管服务。

75. 服务协议期满后如何就业？

协议期满，如果项目承担单位无意续聘，则毕业生到其他岗位就业。同时，国家鼓励项目承担单位正式聘用（招用）人员时，优先聘用担任过研究助理的人员。项目承担单位或其他用人单位正式聘用（招用）担任过研究助理的人员，应当分别依据《中华人民共和国劳动合同法》《国务院办公厅转发人事部关于在事业单位试行人员聘用制度意见的通知》（国办发〔2002〕35号）等规定执行。

76. 毕业生服务协议期满被用人单位正式录（聘）用后，如何办理落户手续？工龄如何接续？

担任过研究助理的人员被正式聘用（招用）后，按照有关规定，凭用人单位录（聘）用手续、劳动合同和普通高等学校毕业证书办理落户手续；工龄与参与项目研究期间的工作时间合并计算，社会保险缴费年限合并计算。

五、鼓励支持高校毕业生自主创业，稳定灵活就业

77. 高校毕业生自主创业，可以享受哪些优惠政策？

按照《国务院关于进一步做好新形势下就业创业工作的意见》（国发〔2015〕23

号)、《国务院办公厅关于深化高等学校创新创业教育改革的实施意见》（国办发〔2015〕36号）等文件规定，高校毕业生自主创业优惠政策主要包括：

（1）税收优惠。简化大学生创业流程，取消大学生自主创业证。持人社部门核发就业创业证（注明"毕业年度内自主创业税收政策"）的高校毕业生在毕业年度内（指毕业所在自然年，即1月1日至12月31日）创办个体工商户、个人独资企业的，三年内按每户每年八千元为限额依次扣减其当年实际应缴纳的营业税、城市维护建设税、教育费附加和个人所得税。对高校毕业生创办的小型微利企业，按国家规定享受相关税收支持政策。

（2）创业担保贷款和贴息支持。对符合条件的高校毕业生自主创业的，可在创业地按规定申请创业担保贷款，贷款额度为十万元。鼓励金融机构参照贷款基础利率，结合风险分担情况，合理确定贷款利率水平，对个人发放的创业担保贷款，在贷款基础利率基础上上浮三个百分点以内的，由财政给予贴息。

（3）免收有关行政事业性收费。毕业两年以内的普通高校毕业生从事个体经营（除国家限制的行业外）的，自其在工商部门首次注册登记之日起三年内，免收管理类、登记类和证照类等有关行政事业性收费。

（4）享受培训补贴。对高校毕业生在毕业学年（即从毕业前一年7月1日起的12个月）内参加创业培训的，根据其获得创业培训合格证书或就业、创业情况，按规定给予培训补贴。

（5）免费创业服务。有创业意愿的高校毕业生，可免费获得公共就业和人才服务机构提供的创业指导服务，包括政策咨询、信息服务、项目开发、风险评估、开业指导、融资服务、跟踪扶持等"一条龙"创业服务。各地在充分发挥各类创业孵化基地作用的基础上，因地制宜建设一批大学生创业孵化基地，并给予相关政策扶持。对基地内大学生创业企业要提供培训和指导服务，落实扶持政策，努力提高创业成功率，延长企业存活期。

（6）取消高校毕业生落户限制，允许高校毕业生在创业地办理落户手续（直辖市按有关规定执行）。

78. 大学生创业工商登记有什么要求？

深化商事制度改革，进一步落实注册资本登记制度改革，坚决推行工商营业执照、组织机构代码证、税务登记证"三证合一"，推进"三证合一"登记制度改革意见和统一社会信用代码方案，实现"一照一码"。放宽新注册企业场所登记条件限制，推动"一址多照"、集群注册等，降低大学生创业门槛。

79. 对大学生自主创业学籍管理有什么要求？

对有自主创业意愿的大学生，实施弹性学制，放宽学生修业年限，允许调整学业进程、保留学籍休学创新创业。

80. 高校对自主创业大学生可提供什么条件？

建设一批大学生创业示范基地，继续推动大学科技园、创业园、创业孵化基地和实习实践基地建设，高校应开辟专门场地用于学生创新创业实践活动，教育部工程研究中心、各类实验室、教学仪器设备等原则上都要向学生开放。各高校要优化经费支出结构，多渠道统筹安排资金，支持创新创业教育教学，资助学生创新创业项目。

81. 高校毕业生怎样提升自主创业的能力？

各高校要根据人才培养定位和创新创业教育目标要求，促进专业教育与创新创业教育有机融合，调整专业课程设置，挖掘和充实各类专业课程的创新创业教育资源，在传授专业知识过程中加强创新创业教育。面向全体学生开发开设创新创业必修课和选修课，纳入学分管理。

各地人力资源社会保障部门已形成一些成熟的创业培训模式，如"GYB"（产生你的企业想法）、"SYB"（创办你的企业）、"IYB"（改善你的企业）；高校毕业生可选择参加创业培训和实训，并可按规定享受培训补贴，以提高创业能力。

82. 高校如何开展创新创业教育？

健全创新创业教育课程体系。高校要加快创新创业教育优质课程信息化建设，推出一批资源共享的慕课、视频公开课等在线开放课程。建立在线开放课程学习认证和学分认定制度。组织学科带头人、行业企业优秀人才，联合编写具有科学性、先进性、适用性的创新创业教育重点教材。

改革教学方法和考核方法。高校要广泛开展启发式、讨论式、参与式教学，扩大小班化教学覆盖面，推动教师把国际前沿学术发展、最新研究成果和实践经验融入课堂教学，注重培养学生的批判性和创造性思维，激发创新创业灵感。运用"大数据"技术，掌握不同学生学习需求和规律，为学生自主学习提供更加丰富多样的教育资源。改革考试考核内容和方式，注重考查学生运用知识分析、解决问题的能力，探索非标准答案考试，破除"高分低能"积弊。

强化创新创业实践。高校要加强专业实验室、虚拟仿真实验室、创业实验室和训练中心建设，促进实验教学平台共享。各地区、各高校科技创新资源原则上向全体在校学生开放，开放情况纳入各类研究基地、重点实验室、科技园评估标准。鼓励各地区、各高校充分利用各种资源建设大学科技园、大学生创业园、创业孵化基地和小微企业创业基地，作为创业教育实践平台，建好一批大学生校外实践教育基地、创业示范基地、科技创业实习基地和职业院校实训基地。完善国家、地方、高校三级创新创业实训教学体系，深入实施大学生创新创业训练计划，扩大覆盖面，促进项目落地转化。举办全国大学生创新创业大赛，办好全国职业院校技能大赛，支持举办各类科技创新、创意设计、创业计划等专题竞赛。支持高校学生成立创新创业协会、创业俱乐部等社团，举办创新创业讲座论坛，开展创新创业实践。

83. 如何向高校毕业生创设的小微企业优先转移科技成果？

国家鼓励利用财政性资金设立的科研机构、普通高校、职业院校，通过合作实施、转让、许可和投资等方式，向高校毕业生创设的小微企业优先转移科技成果。

84. 怎样申请创业担保贷款？在哪些银行可以申请创业担保贷款？

创业担保贷款按照自愿申请、社区推荐、人力资源社会保障部门审查、贷款担保机构审核并承诺担保、商业银行核贷的程序，办理贷款手续。

各国有商业银行、股份制商业银行、城市商业银行和城乡信用社都可以开办创业担保贷款业务，各地区根据实际情况确定具体经办银行。在指定的具体经办银行可以办理创业担保贷款。

85. 哪些项目属于微利项目？

微利项目由各省、自治区、直辖市人民政府结合当地实际情况确定，并报财政部、中国人民银行、人力资源和社会保障部备案。对于从事微利项目的，财政据实全额贴息，展期不贴息。

86. 离校后未就业高校毕业生如何参加就业见习？

人力资源社会保障部门通过媒体、公共就业和人才服务机构以及电视、网络、报纸等多种渠道，发布就业见习信息，公布见习单位名单、岗位数量、期限、人员要求等有关内容，或者组织开展见习单位和高校毕业生的双向选择活动，帮助离校未就业高校毕业生和见习单位对接。离校后未就业回到原籍的高校毕业生可与原籍所在地人力资源社会保障部门及当地团组织联系，主动申请参加就业见习。

87. 就业见习期限有多长？

高校毕业生就业见习期限一般为3~12个月。

高校毕业生就业见习活动结束后，见习单位对高校毕业生进行考核鉴定，出具见习证明，作为用人单位招聘和选用见习高校毕业生的依据之一。在见习期间，由见习单位正式录（聘）用的，在该单位的见习期可以作为工龄计算。

88. 离校未就业高校毕业生参加就业见习享受哪些政策和服务？

（1）获得基本生活补助（基本生活补助费用由见习单位和地方政府分担，各地要根据当地经济发展和物价水平，合理确定和及时调整基本生活补助标准）。

（2）免费办理人事代理。

（3）办理人身意外伤害保险。

（4）见习期满未被录用可继续享受就业指导与服务。

89. 见习单位能享受什么优惠政策？

对企业（单位）吸纳离校未就业高校毕业生参加就业见习的，由见习企业（单位）先行垫付见习人员见习期间基本生活补助，再按规定向当地人力资源社会保障部门申请就业见习补贴。

就业见习补贴申请材料应附：实际参加就业见习的人员名单、就业见习协议书、见习人员身份证、登记证复印件和大学毕业证复印件、企业（单位）发放基本生活补助明细账（单）、企业（单位）在银行开立的基本账户等凭证材料，经人力资源社会保障部门审核后，财政部门将资金支付到企业（单位）在银行开立的基本账户。

见习单位支出的见习补贴相关费用，不计入社会保险缴费基数，但符合税收法律法规规定的，可以在计算企业所得税应纳税所得额时扣除。

90. 高校毕业生如何申请参加职业培训？

职业培训由各地人力资源社会保障部门负责组织实施。高校毕业生可到当地人力资源社会保障部门咨询了解职业培训开展情况，选择适宜的培训项目参加。

职业培训工作主要由政府认定的培训机构、技工院校或企业所属培训机构承担。

91. 高校毕业生能否享受职业培训补贴政策？如何申请职业培训补贴？

高校毕业生毕业年度内参加就业技能培训或创业培训，可按规定向当地人力资源社会保障部门申请职业培训补贴。毕业后按规定进行了失业登记的高校毕业生参加就业技能培训或创业培训，也可向当地人力资源社会保障部门申请职业培训补贴。

按照《财政部、人力资源社会保障部关于进一步加强就业专项资金管理有关问题的通知》（财社〔2011〕64号）等文件规定，申请材料经人力资源社会保障部门审核后，财政部门按规定将补贴资金直接拨付给申请者本人。职业培训补贴申请材料应附：培训人员身份证复印件、就业创业证复印件、职业资格证书（专项职业能力证书或培训合格证书）复印件、就业或创业证明材料、职业培训机构开具的行政事业性收费票据（或税务发票）等凭证材料。

高校毕业生参加就业技能培训或创业培训后，培训合格并通过职业技能鉴定取得初级以上职业资格证书（未颁布国家职业技能标准的职业应取得专项职业能力证书或创业培训合格证书），六个月内实现就业的，按职业培训补贴标准的百分之百给予补贴。六个月内没有实现就业的，取得初级以上职业资格证书，按职业培训补贴标准的百分之八十给予补贴；取得专项职业能力证书或创业培训合格证书，按职业培训补贴标准的百分之六十给予补贴。

92. 高校毕业生如何获取职业资格证书？

高校毕业生个人可向职业技能鉴定所（站）自主申请职业技能鉴定。职业技能鉴定要参加理论知识考试和操作技能（专业能力）考核。经鉴定合格者，由人力资源社会保障部门核发相应的职业资格证书。

93. 高校毕业生能否享受职业技能鉴定补贴政策，如何申请技能鉴定补贴？

按照《财政部、人力资源社会保障部关于进一步加强就业专项资金管理有关问题的通知》（财社〔2011〕64号）等文件规定，对高校毕业生在毕业年度内通过初次职业技能鉴定并取得职业资格证书或专项职业能力证书的，按规定给予一次性职业技能鉴定补贴。

通过初次职业技能鉴定并取得职业资格证书或专项职业能力证书的，可向职业技能鉴定所在地人力资源社会保障部门申请一次性职业技能鉴定补贴。职业技能鉴定补贴申请材料应附：申请人身份证复印件、就业创业证复印件、职业资格证书复印件、职业技能鉴定机构开具的行政事业性收费票据（或税务发票）等凭证材料，经人力资源社会保障部门审核后，财政部门按规定将补贴资金支付给申请者本人。

六、为高校毕业生提供就业指导、就业服务和就业援助

94. 主要有哪些机构为高校毕业生提供就业服务？

（1）公共就业和人才服务机构。由各级人力资源社会保障部门举办的公共就业和人才服务机构，为高校毕业生免费提供政策咨询、就业信息、职业指导、职业介绍、就业援助、就业与失业登记或求职登记等各项公共服务，按规定为登记失业高校毕业生免费提供人事档案管理等服务。此外，还定期开展面向高校毕业生的公共就业和人才服务专项活动，比如，每年5月"民营企业招聘周"、每年9月"高校毕业生就业服务月"、每年11月"高校毕业生就业服务月"等，为高校毕业生和用人单位搭建供需对接平台。

（2）高校毕业生就业指导机构。目前，各省教育部门、各高校普遍建立了高校毕业生就业指导机构，为毕业生提供就业咨询、用人单位招聘及实习实训信息、求职技巧、职业生涯辅导、毕业生推荐、实习实践能力提升和就业手续办理等多项就业指导和服务。

（3）职业中介机构。职业中介机构主要包括从事人力资源服务的经营性机构，政府鼓励各类职业中介机构为高校毕业生提供就业服务，对为登记失业高校毕业生提供服务并符合条件的职业中介机构按规定给予职业介绍补贴。

95. 职业中介机构如何享受职业介绍补贴？

按照《财政部、人力资源社会保障部关于进一步加强就业专项资金管理有关问题的通知》（财社〔2011〕64号）等文件规定，在工商行政部门登记注册的职业中介机构，可按经其就业服务后实际就业的登记失业人员人数向当地人力资源社会保障部门申请职业介绍补贴。

职业介绍补贴申请材料应附：经职业中介机构就业服务后已实现就业的登记失业人员名单、接受就业服务的本人签名及居民身份证（以下简称身份证）复印件、就业创业证（以下简称登记证）复印件、劳动合同等就业证明材料复印件、职业中介机构在银行开立的基本账户等凭证材料。申请材料经人力资源社会保障部门审核后，财政部门按规定将补贴资金支付到职业中介机构在银行开立的基本账户。

96. 高校毕业生获取就业信息的主要渠道有哪些？

（1）浏览各类就业信息网站，包括中央有关部门主办的全国性就业信息网站、地方有关部门主办的就业信息网站、各高校就业信息网站及校内BBS求职版面、其他专业性就业网站等。

（2）参加各类招聘和双向选择活动，包括国家有关部门、各地、学校、用人单位等相关机构组织的各类现场或网络招聘活动。

（3）参与校企合作实习，包括社会实践、毕业实习等活动。

（4）查阅媒体广告，如报纸、刊物、电台、电视台、视频媒体等。

（5）他人推荐，如导师、校友、亲友等。

（6）主动到单位求职自荐等。

97. 在校期间，高校毕业生可以通过哪些途径提升就业能力？

在学好专业知识技能的同时，根据学校要求或安排，毕业生可以通过选修或必修就业指导课程、参与学校组织的就业实习、技巧辅导、模拟招聘等活动，学习和了解相关职业的资料和信息，充分借助社会实践平台，全面提升就业能力。

高校毕业生还可通过学校实施的毕业证书与职业资格证书"双证书"制度、组织到企业顶岗实习、参加人力资源社会保障部门认定的定点机构开展的职业技能培训等，切实增强自身的岗位适应能力与就业竞争力，促进职业素养的养成。

98. 困难家庭高校毕业生包括哪些毕业生？享受哪些帮扶政策？

困难家庭高校毕业生是指来自城镇低保家庭、低保边缘户家庭、农村贫困家庭和残疾人家庭的普通高校毕业生。

各级机关考录公务员、事业单位招聘工作人员时，免收困难家庭高校毕业生的报名费和体检费。

为帮助困难家庭的高校毕业生求职就业，高校一般都会安排经费作为困难家庭毕业生的求职补助，或对已成功就业的困难家庭毕业生给予奖励。困难家庭的毕业生可向所在院系书面申请。学校也应根据平时掌握的情况，对困难家庭的毕业生给予主动帮助。

从2013年起，对享受城乡居民最低生活保障家庭、获得国家助学贷款的毕业年度内高校毕业生，可给予一次性求职创业补贴，补贴标准由各省级财政、人力资源社会保障部门会同有关部门根据当地实际制定，所需资金按规定列入就业专项资金支出范围。

99. 高校毕业生如何办理就业登记和失业登记？离校后未就业如何获得相应的就业指导和服务？

在法定劳动年龄内、有劳动能力和就业要求、处于无业状态的城镇常住人员，可以到常住地的公共就业服务机构进行失业登记。各地公共就业服务机构要为登记失业的各类人员提供均等化的政策咨询、职业指导、职业介绍等公共就业服务和普惠性就业政策，并逐步使外来劳动者与当地户籍人口享有同等的就业扶持政策。将《就业失业登记证》调整为《就业创业证》，免费发放，作为劳动者享受公共就业服务及就业扶持政策的凭证。有条件的地方可积极推动社会保障卡在就业领域的应用。

100. 离校未就业高校毕业生享受哪些服务和政策？

按照《国务院办公厅关于做好2013年全国普通高等学校毕业生就业工作的通知》（国办发〔2013〕35号）和《人力资源社会保障部关于实施离校未就业高校毕业生就业促进计划的通知》（人社部发〔2013〕41号）的要求，为做好离校未就业高校毕业生就业工作，从2013年起实施离校未就业高校毕业生就业促进计划。

（1）地方各级人社部门所属公共就业人才服务机构和基层公共就业服务平台要面向所有离校未就业高校毕业生（包括户籍不在本地的高校毕业生）开放，办理求职登记或失业登记手续，发放《就业创业证》，摸清就业服务需求。其中，直辖市为非本地户籍高校毕业生办理失业登记办法按现行规定执行。

（2）对实名登记的所有未就业高校毕业生提供更具针对性的职业指导。

（3）对有求职意愿的高校毕业生要及时提供就业信息。

（4）对有创业意愿的高校毕业生，各地要纳入当地创业服务体系，提供政策咨询、项目开发、创业培训、融资服务、跟踪扶持等"一条龙"创业服务。及时提供就业信息。

（5）要将零就业家庭、经济困难家庭、残疾等就业困难的未就业高校毕业生列为重点工作对象，提供"一对一"个性化就业帮扶，确保实现就业。

（6）对有就业见习意愿的高校毕业生，各地要及时纳入就业见习工作对象范围，确保能够随时参加。

（7）对有培训意愿的离校未就业高校毕业生，各地要结合其专业特点，组织参加职业培训和技能鉴定，按规定落实相关补贴政策。

（8）地方各级公共就业人才服务机构要为离校未就业高校毕业生免费提供档案托管、人事代理、社会保险办理和接续等一系列服务，简化服务流程，提高服务效率；有条件的地方可对到小微企业就业的离校未就业高校毕业生，提供免费的人事劳动保障代理服务。

（9）加大人力资源市场监管力度，严厉打击招聘过程中的欺诈行为，及时纠正性别歧视和其他各类就业歧视。加大劳动用工、缴纳社会保险费等方面的劳动保障监察力度，切实维护高校毕业生就业后的合法权益。

附录二 《中华人民共和国劳动合同法》

中华人民共和国劳动合同法

(2007年6月29日第十届全国人民代表大会常务委员会第二十八次会议通过)

第一章 总　则

第一条 为了完善劳动合同制度，明确劳动合同双方当事人的权利和义务，保护劳动者的合法权益，构建和发展和谐稳定的劳动关系，制定本法。

第二条 中华人民共和国境内的企业、个体经济组织、民办非企业单位等组织（以下称用人单位）与劳动者建立劳动关系，订立、履行、变更、解除或者终止劳动合同，适用本法。

国家机关、事业单位、社会团体和与其建立劳动关系的劳动者，订立、履行、变更、解除或者终止劳动合同，依照本法执行。

第三条 订立劳动合同，应当遵循合法、公平、平等自愿、协商一致、诚实信用的原则。

依法订立的劳动合同具有约束力，用人单位与劳动者应当履行劳动合同约定的义务。

第四条 用人单位应当依法建立和完善劳动规章制度，保障劳动者享有劳动权利、履行劳动义务。

用人单位在制定、修改或者决定有关劳动报酬、工作时间、休息休假、劳动安全卫生、保险福利、职工培训、劳动纪律以及劳动定额管理等直接涉及劳动者切身利益的规章制度或者重大事项时，应当经职工代表大会或者全体职工讨论，提出方案和意见，与工会或者职工代表平等协商确定。

在规章制度和重大事项决定实施过程中，工会或者职工认为不适当的，有权向用人单位提出，通过协商予以修改完善。

用人单位应当将直接涉及劳动者切身利益的规章制度和重大事项决定公示，或者告知劳动者。

第五条 县级以上人民政府劳动行政部门会同工会和企业方面代表，建立健全协调劳动关系三方机制，共同研究解决有关劳动关系的重大问题。

第六条 工会应当帮助、指导劳动者与用人单位依法订立和履行劳动合同，并与用人单位建立集体协商机制，维护劳动者的合法权益。

第二章 劳动合同的订立

第七条 用人单位自用工之日起即与劳动者建立劳动关系。用人单位应当建立职工名册备查。

第八条 用人单位招用劳动者时，应当如实告知劳动者工作内容、工作条件、工作地点、职业危害、安全生产状况、劳动报酬，以及劳动者要求了解的其他情况；用人单位有权了解劳动者与劳动合同直接相关的基本情况，劳动者应当如实说明。

第九条 用人单位招用劳动者，不得扣押劳动者的居民身份证和其他证件，不得要求劳动者提供担保或者以其他名义向劳动者收取财物。

第十条 建立劳动关系，应当订立书面劳动合同。

已建立劳动关系，未同时订立书面劳动合同的，应当自用工之日起一个月内订立书面劳动合同。

用人单位与劳动者在用工前订立劳动合同的，劳动关系自用工之日起建立。

第十一条 用人单位未在用工的同时订立书面劳动合同，与劳动者约定的劳动报酬不明确的，新招用的劳动者的劳动报酬按照集体合同规定的标准执行；没有集体合同或者集体合同未规定的，实行同工同酬。

第十二条 劳动合同分为固定期限劳动合同、无固定期限劳动合同和以完成一定工作任务为期限的劳动合同。

第十三条 所谓固定期限劳动合同，是指用人单位与劳动者约定合同终止时间的劳动合同。

用人单位与劳动者协商一致，可以订立固定期限劳动合同。

第十四条 所谓无固定期限劳动合同，是指用人单位与劳动者约定无确定终止时间的劳动合同。

用人单位与劳动者协商一致，可以订立无固定期限劳动合同。有下列情形之一，劳动者提出或者同意续订、订立劳动合同的，除劳动者提出订立固定期限劳动合同外，应当订立无固定期限劳动合同。

（一）劳动者在该用人单位连续工作满十年的；

（二）用人单位初次实行劳动合同制度或者国有企业改制重新订立劳动合同时，劳动者在该用人单位连续工作满十年且距法定退休年龄不足十年的；

（三）连续订立二次固定期限劳动合同，且劳动者没有本法第三十九条和第四十条第一项、第二项规定的情形，续订劳动合同的。

用人单位自用工之日起满一年不与劳动者订立书面劳动合同的，视为用人单位与劳动者已订立无固定期限劳动合同。

第十五条 以完成一定工作任务为期限的劳动合同，是指用人单位与劳动者约定以某项工作的完成为合同期限的劳动合同。

用人单位与劳动者协商一致，可以订立以完成一定工作任务为期限的劳动合同。

第十六条 劳动合同由用人单位与劳动者协商一致，并经用人单位与劳动者在劳动合同文本上签字或者盖章生效。

劳动合同文本由用人单位和劳动者各执一份。

第十七条 劳动合同应当具备以下条款：

（一）用人单位的名称、住所和法定代表人或者主要负责人；

（二）劳动者的姓名、住址和居民身份证或者其他有效身份证件号码；

（三）劳动合同期限；

（四）工作内容和工作地点；

（五）工作时间和休息休假；

（六）劳动报酬；

（七）社会保险；

（八）劳动保护、劳动条件和职业危害防护；

（九）法律、法规规定应当纳入劳动合同的其他事项。

劳动合同除前款规定的必备条款外，用人单位与劳动者可以约定试用期、培训、保守秘密、补充保险和福利待遇等其他事项。

第十八条 劳动合同对劳动报酬和劳动条件等标准约定不明确，引发争议的，用人单位与劳动者可以重新协商；协商不成的，适用集体合同规定；没有集体合同或者集体合同未规定劳动报酬的，实行同工同酬；没有集体合同或者集体合同未规定劳动条件等标准的，适用国家有关规定。

第十九条 劳动合同期限三个月以上不满一年的，试用期不得超过一个月；劳动合同期限一年以上不满三年的，试用期不得超过二个月；三年以上固定期限和无固定期限的劳动合同，试用期不得超过六个月。

同一用人单位与同一劳动者只能约定一次试用期。

以完成一定工作任务为期限的劳动合同或者劳动合同期限不满三个月的，不得约定试用期。

试用期包含在劳动合同期限内。劳动合同仅约定试用期的，试用期不成立，该期限为劳动合同期限。

第二十条 劳动者在试用期的工资不得低于本单位相同岗位最低档工资或者劳动合同约定工资的百分之八十，并不得低于用人单位所在地的最低工资标准。

第二十一条 在试用期中，除劳动者有本法第三十九条和第四十条第一项、第二项规定的情形外，用人单位不得解除劳动合同。用人单位在试用期解除劳动合同的，应当向劳动者说明理由。

第二十二条　用人单位为劳动者提供专项培训费用，对其进行专业技术培训的，可以与该劳动者订立协议，约定服务期。

劳动者违反服务期约定的，应当按照约定向用人单位支付违约金。违约金的数额不得超过用人单位提供的培训费用。用人单位要求劳动者支付的违约金不得超过服务期尚未履行部分所应分摊的培训费用。

用人单位与劳动者约定服务期的，不影响按照正常的工资调整机制提高劳动者在服务期期间的劳动报酬。

第二十三条　用人单位与劳动者可以在劳动合同中约定保守用人单位的商业秘密和与知识产权相关的保密事项。

对负有保密义务的劳动者，用人单位可以在劳动合同或者保密协议中与劳动者约定竞业限制条款，并约定在解除或者终止劳动合同后，在竞业限制期限内按月给予劳动者经济补偿。劳动者违反竞业限制约定的，应当按照约定向用人单位支付违约金。

第二十四条　竞业限制的人员限于用人单位的高级管理人员、高级技术人员和其他负有保密义务的人员。竞业限制的范围、地域、期限由用人单位与劳动者约定，竞业限制的约定不得违反法律、法规的规定。

在解除或者终止劳动合同后，前款规定的人员到与本单位生产或者经营同类产品、从事同类业务的有竞争关系的其他用人单位，或者自己开业生产或者经营同类产品、从事同类业务的竞业限制期限，不得超过二年。

第二十五条　除本法第二十二条和第二十三条规定的情形外，用人单位不得与劳动者约定由劳动者承担违约金。

第二十六条　下列劳动合同无效或者部分无效：

（一）以欺诈、胁迫的手段或者乘人之危，使对方在违背真实意思的情况下订立或者变更劳动合同的；

（二）用人单位免除自己的法定责任、排除劳动者权利的；

（三）违反法律、行政法规强制性规定的。

对劳动合同的无效或者部分无效有争议的，由劳动争议仲裁机构或者人民法院确认。

第二十七条　劳动合同部分无效，不影响其他部分效力的，其他部分仍然有效。

第二十八条　劳动合同被确认无效，劳动者已付出劳动的，用人单位应当向劳动者支付劳动报酬。劳动报酬的数额，参照本单位相同或者相近岗位劳动者的劳动报酬确定。

第三章　劳动合同的履行和变更

第二十九条　用人单位与劳动者应当按照劳动合同的约定，全面履行各自的义务。

附录二 《中华人民共和国劳动合同法》

第三十条　用人单位应当按照劳动合同约定和国家规定，向劳动者及时足额支付劳动报酬。

用人单位拖欠或者未足额支付劳动报酬的，劳动者可以依法向当地人民法院申请支付令，人民法院应当依法发出支付令。

第三十一条　用人单位应当严格执行劳动定额标准，不得强迫或者变相强迫劳动者加班。用人单位安排加班的，应当按照国家有关规定向劳动者支付加班费。

第三十二条　劳动者拒绝用人单位管理人员违章指挥、强令冒险作业的，不视为违反劳动合同。

劳动者对危害生命安全和身体健康的劳动条件，有权对用人单位提出批评、检举和控告。

第三十三条　用人单位变更名称、法定代表人、主要负责人或者投资人等事项，不影响劳动合同的履行。

第三十四条　用人单位发生合并或者分立等情况，原劳动合同继续有效，劳动合同由承继其权利和义务的用人单位继续履行。

第三十五条　用人单位与劳动者协商一致，可以变更劳动合同约定的内容。变更劳动合同，应当采用书面形式。

变更后的劳动合同文本由用人单位和劳动者各执一份。

第四章　劳动合同的解除和终止

第三十六条　用人单位与劳动者协商一致，可以解除劳动合同。

第三十七条　劳动者提前三十日以书面形式通知用人单位，可以解除劳动合同。劳动者在试用期内提前三日通知用人单位，可以解除劳动合同。

第三十八条　用人单位有下列情形之一的，劳动者可以解除劳动合同：

（一）未按照劳动合同约定提供劳动保护或者劳动条件的；

（二）未及时足额支付劳动报酬的；

（三）未依法为劳动者缴纳社会保险费的；

（四）用人单位的规章制度违反法律、法规的规定，损害劳动者权益的；

（五）因本法第二十六条第一款规定的情形致使劳动合同无效的；

（六）法律、行政法规规定劳动者可以解除劳动合同的其他情形。

用人单位以暴力、威胁或者非法限制人身自由的手段强迫劳动者劳动的，或者用人单位违章指挥、强令冒险作业危及劳动者人身安全的，劳动者可以立即解除劳动合同，不需事先告知用人单位。

第三十九条　劳动者有下列情形之一的，用人单位可以解除劳动合同：

（一）在试用期间被证明不符合录用条件的；

· 311 ·

（二）严重违反用人单位的规章制度的；

（三）严重失职，营私舞弊，给用人单位造成重大损害的；

（四）劳动者同时与其他用人单位建立劳动关系，对完成本单位的工作任务造成严重影响，或者经用人单位提出，拒不改正的；

（五）因本法第二十六条第一款第一项规定的情形致使劳动合同无效的；

（六）被依法追究刑事责任的。

第四十条 有下列情形之一的，用人单位提前三十日以书面形式通知劳动者本人或者额外支付劳动者一个月工资后，可以解除劳动合同：

（一）劳动者患病或者非因工负伤，在规定的医疗期满后不能从事原工作，也不能从事由用人单位另行安排的工作的；

（二）劳动者不能胜任工作，经过培训或者调整工作岗位，仍不能胜任工作的；

（三）劳动合同订立时所依据的客观情况发生重大变化，致使劳动合同无法履行，经用人单位与劳动者协商，未能就变更劳动合同内容达成协议的。

第四十一条 有下列情形之一，需要裁减人员二十人以上或者裁减不足二十人但占企业职工总数百分之十以上的，用人单位提前三十日向工会或者全体职工说明情况，听取工会或者职工的意见后，裁减人员方案经向劳动行政部门报告，可以裁减人员：

（一）依照企业破产法规定进行重整的；

（二）生产经营发生严重困难的；

（三）企业转产、重大技术革新或者经营方式调整，经变更劳动合同后，仍需裁减人员的；

（四）其他因劳动合同订立时所依据的客观经济情况发生重大变化，致使劳动合同无法履行的。

裁减人员时，应当优先留用下列人员：

（一）与本单位订立较长期限的固定期限劳动合同的；

（二）与本单位订立无固定期限劳动合同的；

（三）家庭无其他就业人员，有需要扶养的老人或者未成年人的。

用人单位依照本条第一款规定裁减人员，在六个月内重新招用人员的，应当通知被裁减的人员，并在同等条件下优先招用被裁减的人员。

第四十二条 劳动者有下列情形之一的，用人单位不得依照本法第四十条、第四十一条的规定解除劳动合同：

（一）从事接触职业病危害作业的劳动者未进行离岗前职业健康检查，或者疑似职业病病人在诊断或者医学观察期间的；

（二）在本单位患职业病或者因工负伤并被确认丧失或者部分丧失劳动能力的；

（三）患病或者非因工负伤，在规定的医疗期内的；

（四）女职工在孕期、产期、哺乳期的；
（五）在本单位连续工作满十五年，且距法定退休年龄不足五年的；
（六）法律、行政法规规定的其他情形。

第四十三条 用人单位单方解除劳动合同，应当事先将理由通知工会。用人单位违反法律、行政法规规定或者劳动合同约定的，工会有权要求用人单位纠正。用人单位应当研究工会的意见，并将处理结果书面通知工会。

第四十四条 有下列情形之一的，劳动合同终止。
（一）劳动合同期满的；
（二）劳动者开始依法享受基本养老保险待遇的；
（三）劳动者死亡，或者被人民法院宣告死亡或者宣告失踪的；
（四）用人单位被依法宣告破产的；
（五）用人单位被吊销营业执照、责令关闭、撤销或者用人单位决定提前解散的；
（六）法律、行政法规规定的其他情形。

第四十五条 劳动合同期满，有本法第四十二条规定情形之一的，劳动合同应当续延至相应的情形消失时终止。但是，本法第四十二条第二项规定丧失或者部分丧失劳动能力劳动者的劳动合同的终止，按照国家有关工伤保险的规定执行。

第四十六条 有下列情形之一的，用人单位应当向劳动者支付经济补偿。
（一）劳动者依照本法第三十八条规定解除劳动合同的；
（二）用人单位依照本法第三十六条规定向劳动者提出解除劳动合同并与劳动者协商一致解除劳动合同的；
（三）用人单位依照本法第四十条规定解除劳动合同的；
（四）用人单位依照本法第四十一条第一款规定解除劳动合同的；
（五）除用人单位维持或者提高劳动合同约定条件续订劳动合同，劳动者不同意续订的情形外，依照本法第四十四条第一项规定终止固定期限劳动合同的；
（六）依照本法第四十四条第四项、第五项规定终止劳动合同的；
（七）法律、行政法规规定的其他情形。

第四十七条 经济补偿按劳动者在本单位工作的年限，每满一年支付一个月工资的标准向劳动者支付。六个月以上不满一年的，按一年计算；不满六个月的，向劳动者支付半个月工资的经济补偿。

劳动者月工资高于用人单位所在直辖市、设区的市级人民政府公布的本地区上年度职工月平均工资三倍的，向其支付经济补偿的标准按职工月平均工资三倍的数额支付，向其支付经济补偿的年限最高不超过十二年。

本条所称月工资，是指劳动者在劳动合同解除或者终止前十二个月的平均工资。

第四十八条 用人单位违反本法规定解除或者终止劳动合同，劳动者要求继续履行劳动合同的，用人单位应当继续履行；劳动者不要求继续履行劳动合同或者劳动合同已经不能继续履行的，用人单位应当依照本法第八十七条规定支付赔偿金。

第四十九条 国家采取措施，建立健全劳动者社会保险关系跨地区转移接续制度。

第五十条 用人单位应当在解除或者终止劳动合同时出具解除或者终止劳动合同的证明，并在十五日内为劳动者办理档案和社会保险关系转移手续。

劳动者应当按照双方约定，办理工作交接。用人单位依照本法有关规定应当向劳动者支付经济补偿的，在办结工作交接时支付。

用人单位对已经解除或者终止的劳动合同的文本，至少保存二年备查。

第五章 特别规定

第一节 集体合同

第五十一条 企业职工一方与用人单位通过平等协商，可以就劳动报酬、工作时间、休息休假、劳动安全卫生、保险福利等事项订立集体合同。集体合同草案应当提交职工代表大会或者全体职工讨论通过。

集体合同由工会代表企业职工一方与用人单位订立；尚未建立工会的用人单位，由上级工会指导劳动者推举的代表与用人单位订立。

第五十二条 企业职工一方与用人单位可以订立劳动安全卫生、女职工权益保护、工资调整机制等专项集体合同。

第五十三条 在县级以下区域内，建筑业、采矿业、餐饮服务业等行业可以由工会与企业方面代表订立行业性集体合同，或者订立区域性集体合同。

第五十四条 集体合同订立后，应当报送劳动行政部门；劳动行政部门自收到集体合同文本之日起十五日内未提出异议的，集体合同即行生效。

依法订立的集体合同对用人单位和劳动者具有约束力。行业性、区域性集体合同对当地本行业、本区域的用人单位和劳动者具有约束力。

第五十五条 集体合同中劳动报酬和劳动条件等标准不得低于当地人民政府规定的最低标准；用人单位与劳动者订立的劳动合同中劳动报酬和劳动条件等标准不得低于集体合同规定的标准。

第五十六条 用人单位违反集体合同，侵犯职工劳动权益的，工会可以依法要求用人单位承担责任；因履行集体合同发生争议，经协商解决不成的，工会可以依法申请仲裁、提起诉讼。

第二节 劳务派遣

第五十七条 劳务派遣单位应当依照公司法的有关规定设立，注册资本不得少于五十万元。

第五十八条　劳务派遣单位是本法所称用人单位，应当履行用人单位对劳动者的义务。劳务派遣单位与被派遣劳动者订立的劳动合同，除应当载明本法第十七条规定的事项外，还应当载明被派遣劳动者的用工单位以及派遣期限、工作岗位等情况。

劳务派遣单位应当与被派遣劳动者订立二年以上的固定期限劳动合同，按月支付劳动报酬；被派遣劳动者在无工作期间，劳务派遣单位应当按照所在地人民政府规定的最低工资标准，向其按月支付报酬。

第五十九条　劳务派遣单位派遣劳动者应当与接受以劳务派遣形式用工的单位（以下称用工单位）订立劳务派遣协议。劳务派遣协议应当约定派遣岗位和人员数量、派遣期限、劳动报酬和社会保险费的数额与支付方式以及违反协议的责任。

用工单位应当根据工作岗位的实际需要与劳务派遣单位确定派遣期限，不得将连续用工期限分割订立数个短期劳务派遣协议。

第六十条　劳务派遣单位应当将劳务派遣协议的内容告知被派遣劳动者。

劳务派遣单位不得克扣用工单位按照劳务派遣协议支付给被派遣劳动者的劳动报酬。

劳务派遣单位和用工单位不得向被派遣劳动者收取费用。

第六十一条　劳务派遣单位跨地区派遣劳动者的，被派遣劳动者享有的劳动报酬和劳动条件，按照用工单位所在地的标准执行。

第六十二条　用工单位应当履行下列义务：

（一）执行国家劳动标准，提供相应的劳动条件和劳动保护；

（二）告知被派遣劳动者的工作要求和劳动报酬；

（三）支付加班费、绩效奖金，提供与工作岗位相关的福利待遇；

（四）对在岗被派遣劳动者进行工作岗位所必需的培训；

（五）连续用工的，实行正常的工资调整机制。

用工单位不得将被派遣劳动者再派遣到其他用人单位。

第六十三条　被派遣劳动者享有与用工单位的劳动者同工同酬的权利。用工单位无同类岗位劳动者的，参照用工单位所在地相同或者相近岗位劳动者的劳动报酬确定。

第六十四条　被派遣劳动者有权在劳务派遣单位或者用工单位依法参加或者组织工会，维护自身的合法权益。

第六十五条　被派遣劳动者可以依照本法第三十六条、第三十八条的规定与劳务派遣单位解除劳动合同。

被派遣劳动者有本法第三十九条和第四十条第一项、第二项规定情形的，用工单位可以将劳动者退回劳务派遣单位，劳务派遣单位依照本法有关规定，可以与劳动者解除劳动合同。

第六十六条　劳务派遣一般在临时性、辅助性或者替代性的工作岗位上实施。

第六十七条 用人单位不得设立劳务派遣单位向本单位或者所属单位派遣劳动者。

第三节 非全日制用工

第六十八条 非全日制用工，是指以小时计酬为主，劳动者在同一用人单位一般平均每日工作时间不超过四小时，每周工作时间累计不超过二十四小时的用工形式。

第六十九条 非全日制用工双方当事人可以订立口头协议。

从事非全日制用工的劳动者可以与一个或者一个以上用人单位订立劳动合同；但是，后订立的劳动合同不得影响先订立的劳动合同的履行。

第七十条 非全日制用工双方当事人不得约定试用期。

第七十一条 非全日制用工双方当事人任何一方都可以随时通知对方终止用工。终止用工，用人单位不向劳动者支付经济补偿。

第七十二条 非全日制用工小时计酬标准不得低于用人单位所在地人民政府规定的最低小时工资标准。

非全日制用工劳动报酬结算支付周期最长不得超过十五日。

第六章 监督检查

第七十三条 国务院劳动行政部门负责全国劳动合同制度实施的监督管理。

县级以上地方人民政府劳动行政部门负责本行政区域内劳动合同制度实施的监督管理。

县级以上各级人民政府劳动行政部门在劳动合同制度实施的监督管理工作中，应当听取工会、企业方面代表以及有关行业主管部门的意见。

第七十四条 县级以上地方人民政府劳动行政部门依法对下列实施劳动合同制度的情况进行监督检查。

（一）用人单位制定直接涉及劳动者切身利益的规章制度及其执行的情况；

（二）用人单位与劳动者订立和解除劳动合同的情况；

（三）劳务派遣单位和用工单位遵守劳务派遣有关规定的情况；

（四）用人单位遵守国家关于劳动者工作时间和休息休假规定的情况；

（五）用人单位支付劳动合同约定的劳动报酬和执行最低工资标准的情况；

（六）用人单位参加各项社会保险和缴纳社会保险费的情况；

（七）法律、法规规定的其他劳动监察事项。

第七十五条 县级以上地方人民政府劳动行政部门实施监督检查时，有权查阅与劳动合同、集体合同有关的材料，有权对劳动场所进行实地检查，用人单位和劳动者都应当如实提供有关情况和材料。

劳动行政部门的工作人员进行监督检查，应当出示证件，依法行使职权，文明执法。

第七十六条 县级以上人民政府建设、卫生、安全生产监督管理等有关主管部门在各自职责范围内，对用人单位执行劳动合同制度的情况进行监督管理。

第七十七条 劳动者合法权益受到侵害的，有权要求有关部门依法处理，或者依法申请仲裁、提起诉讼。

第七十八条 工会依法维护劳动者的合法权益，对用人单位履行劳动合同、集体合同的情况进行监督。用人单位违反劳动法律、法规和劳动合同、集体合同的，工会有权提出意见或者要求纠正；劳动者申请仲裁、提起诉讼的，工会依法给予支持和帮助。

第七十九条 任何组织或者个人对违反本法的行为都有权举报，县级以上人民政府劳动行政部门应当及时核实、处理，并对举报有功人员给予奖励。

第七章 法律责任

第八十条 用人单位直接涉及劳动者切身利益的规章制度违反法律、法规规定的，由劳动行政部门责令改正，给予警告；给劳动者造成损害的，应当承担赔偿责任。

第八十一条 用人单位提供的劳动合同文本未载明本法规定的劳动合同必备条款或者用人单位未将劳动合同文本交付劳动者的，由劳动行政部门责令改正；给劳动者造成损害的，应当承担赔偿责任。

第八十二条 用人单位自用工之日起超过一个月不满一年未与劳动者订立书面劳动合同的，应当向劳动者每月支付二倍的工资。

用人单位违反本法规定不与劳动者订立无固定期限劳动合同的，自应当订立无固定期限劳动合同之日起向劳动者每月支付二倍的工资。

第八十三条 用人单位违反本法规定与劳动者约定试用期的，由劳动行政部门责令改正；违法约定的试用期已经履行的，由用人单位以劳动者试用期满月工资为标准，按已经履行的超过法定试用期的期间向劳动者支付赔偿金。

第八十四条 用人单位违反本法规定，扣押劳动者居民身份证等证件的，由劳动行政部门责令限期退还劳动者本人，并依照有关法律规定给予处罚。

用人单位违反本法规定，以担保或者其他名义向劳动者收取财物的，由劳动行政部门责令限期退还劳动者本人，并以每人五百元以上二千元以下的标准处以罚款；给劳动者造成损害的，应当承担赔偿责任。

劳动者依法解除或者终止劳动合同，用人单位扣押劳动者档案或者其他物品的，依照前款规定处罚。

第八十五条 用人单位有下列情形之一的，由劳动行政部门责令限期支付劳动报酬、加班费或者经济补偿；劳动报酬低于当地最低工资标准的，应当支付其差额部分；逾期不支付的，责令用人单位按应付金额百分之五十以上百分之一百以下的标准向劳动者加付赔偿金：

（一）未按照劳动合同的约定或者国家规定及时足额支付劳动者劳动报酬的；

（二）低于当地最低工资标准支付劳动者工资的；

（三）安排加班不支付加班费的；

（四）解除或者终止劳动合同，未依照本法规定向劳动者支付经济补偿的。

第八十六条　劳动合同依照本法第二十六条规定被确认无效，给对方造成损害的，有过错的一方应当承担赔偿责任。

第八十七条　用人单位违反本法规定解除或者终止劳动合同的，应当依照本法第四十七条规定的经济补偿标准的二倍向劳动者支付赔偿金。

第八十八条　用人单位有下列情形之一的，依法给予行政处罚；构成犯罪的，依法追究刑事责任；给劳动者造成损害的，应当承担赔偿责任：

（一）以暴力、威胁或者非法限制人身自由的手段强迫劳动的；

（二）违章指挥或者强令冒险作业危及劳动者人身安全的；

（三）侮辱、体罚、殴打、非法搜查或者拘禁劳动者的；

（四）劳动条件恶劣、环境污染严重，给劳动者身心健康造成严重损害的。

第八十九条　用人单位违反本法规定未向劳动者出具解除或者终止劳动合同的书面证明，由劳动行政部门责令改正；给劳动者造成损害的，应当承担赔偿责任。

第九十条　劳动者违反本法规定解除劳动合同，或者违反劳动合同中约定的保密义务或者竞业限制，给用人单位造成损失的，应当承担赔偿责任。

第九十一条　用人单位招用与其他用人单位尚未解除或者终止劳动合同的劳动者，给其他用人单位造成损失的，应当承担连带赔偿责任。

第九十二条　劳务派遣单位违反本法规定的，由劳动行政部门和其他有关主管部门责令改正；情节严重的，以每人一千元以上五千元以下的标准处以罚款，并由工商行政管理部门吊销营业执照；给被派遣劳动者造成损害的，劳务派遣单位与用工单位承担连带赔偿责任。

第九十三条　对不具备合法经营资格的用人单位的违法犯罪行为，依法追究法律责任；劳动者已经付出劳动的，该单位或者其出资人应当依照本法有关规定向劳动者支付劳动报酬、经济补偿、赔偿金；给劳动者造成损害的，应当承担赔偿责任。

第九十四条　个人承包经营违反本法规定招用劳动者，给劳动者造成损害的，发包的组织与个人承包经营者承担连带赔偿责任。

第九十五条　劳动行政部门和其他有关主管部门及其工作人员玩忽职守、不履行法定职责，或者违法行使职权，给劳动者或者用人单位造成损害的，应当承担赔偿责任；对直接负责的主管人员和其他直接责任人员，依法给予行政处分；构成犯罪的，依法追究刑事责任。

第八章 附　　则

第九十六条　事业单位与实行聘用制的工作人员订立、履行、变更、解除或者终止劳动合同，法律、行政法规或者国务院另有规定的，依照其规定；未作规定的，依照本法有关规定执行。

第九十七条　本法施行前已依法订立且在本法施行之日存续的劳动合同，继续履行；本法第十四条第二款第三项规定连续订立固定期限劳动合同的次数，自本法施行后续订固定期限劳动合同时开始计算。

本法施行前已建立劳动关系，尚未订立书面劳动合同的，应当自本法施行之日起一个月内订立。

本法施行之日存续的劳动合同在本法施行后解除或者终止，依照本法第四十六条规定应当支付经济补偿的，经济补偿年限自本法施行之日起计算；本法施行前按照当时有关规定，用人单位应当向劳动者支付经济补偿的，按照当时有关规定执行。

第九十八条　本法自2008年1月1日起施行。

附录三 《中华人民共和国劳动合同法实施条例》

中华人民共和国劳动合同法实施条例

(国务院总理温家宝2008年9月18日签署第535号国务院令，公布《中华人民共和国劳动合同法实施条例》，自公布之日起施行。)

第一章 总 则

第一条 为了贯彻实施《中华人民共和国劳动合同法》（以下简称劳动合同法），制定本条例。

第二条 各级人民政府和县级以上人民政府劳动行政等有关部门以及工会等组织，应当采取措施，推动劳动合同法的贯彻实施，促进劳动关系的和谐。

第三条 依法成立的会计师事务所、律师事务所等合伙组织和基金会，属于劳动合同法规定的用人单位。

第二章 劳动合同的订立

第四条 劳动合同法规定的用人单位设立的分支机构，依法取得营业执照或者登记证书的，可以作为用人单位与劳动者订立劳动合同；未依法取得营业执照或者登记证书的，受用人单位委托可以与劳动者订立劳动合同。

第五条 自用工之日起一个月内，经用人单位书面通知后，劳动者不与用人单位订立书面劳动合同的，用人单位应当书面通知劳动者终止劳动关系，无需向劳动者支付经济补偿，但是应当依法向劳动者支付其实际工作时间的劳动报酬。

第六条 用人单位自用工之日起超过一个月不满一年未与劳动者订立书面劳动合同的，应当依照劳动合同法第八十二条的规定向劳动者每月支付两倍的工资，并与劳动者补订书面劳动合同；劳动者不与用人单位订立书面劳动合同的，用人单位应当书面通知劳动者终止劳动关系，并依照劳动合同法第四十七条的规定支付经济补偿。

前款规定的用人单位向劳动者每月支付两倍工资的起算时间为用工之日起满一个月的次日，截止时间为补订书面劳动合同的前一日。

第七条 用人单位自用工之日起满一年未与劳动者订立书面劳动合同的，自用工之日起满一个月的次日至满一年的前一日应当依照劳动合同法第八十二条的规定向劳动者每月支付两倍的工资，并视为自用工之日起满一年的当日已经与劳动者订立无固定期限劳动合同，应当立即与劳动者补订书面劳动合同。

附录三 《中华人民共和国劳动合同法实施条例》

第八条 劳动合同法第七条规定的职工名册，应当包括劳动者姓名、性别、公民身份号码、户籍地址及现住址、联系方式、用工形式、用工起始时间、劳动合同期限等内容。

第九条 劳动合同法第十四条第二款规定的连续工作满十年的起始时间，应当自用人单位用工之日起计算，包括劳动合同法施行前的工作年限。

第十条 劳动者非因本人原因从原用人单位被安排到新用人单位工作的，劳动者在原用人单位的工作年限合并计算为新用人单位的工作年限。原用人单位已经向劳动者支付经济补偿的，新用人单位在依法解除、终止劳动合同计算支付经济补偿的工作年限时，不再计算劳动者在原用人单位的工作年限。

第十一条 除劳动者与用人单位协商一致的情形外，劳动者依照劳动合同法第十四条第二款的规定，提出订立无固定期限劳动合同的，用人单位应当与其订立无固定期限劳动合同。对劳动合同的内容，双方应当按照合法、公平、平等自愿、协商一致、诚实信用的原则协商确定；对协商不一致的内容，依照劳动合同法第十八条的规定执行。

第十二条 地方各级人民政府及县级以上地方人民政府有关部门为安置就业困难人员提供的给予岗位补贴和社会保险补贴的公益性岗位，其劳动合同不适用劳动合同法有关无固定期限劳动合同的规定以及支付经济补偿的规定。

第十三条 用人单位与劳动者不得在劳动合同法第四十四条规定的劳动合同终止情形之外约定其他的劳动合同终止条件。

第十四条 劳动合同履行地与用人单位注册地不一致的，有关劳动者的最低工资标准、劳动保护、劳动条件、职业危害防护和本地区上年度职工月平均工资标准等事项，按照劳动合同履行地的有关规定执行；用人单位注册地的有关标准高于劳动合同履行地的有关标准，且用人单位与劳动者约定按照用人单位注册地的有关规定执行的，从其约定。

第十五条 劳动者在试用期的工资不得低于本单位相同岗位最低档工资的80%或者不得低于劳动合同约定工资的80%，并不得低于用人单位所在地的最低工资标准。

第十六条 劳动合同法第二十二条第二款规定的培训费用，包括用人单位为了对劳动者进行专业技术培训而支付的有凭证的培训费用、培训期间的差旅费用以及因培训产生的用于该劳动者的其他直接费用。

第十七条 劳动合同期满，但是用人单位与劳动者依照劳动合同法第二十二条的规定约定的服务期尚未到期的，劳动合同应当续延至服务期满；双方另有约定的，从其约定。

第三章　劳动合同的解除和终止

第十八条 有下列情形之一的，依照劳动合同法规定的条件、程序，劳动者可以与用人单位解除固定期限劳动合同、无固定期限劳动合同或者以完成一定工作任务为期限的劳动合同：

（一）劳动者与用人单位协商一致的；

（二）劳动者提前三十日以书面形式通知用人单位的；

（三）劳动者在试用期内提前三日通知用人单位的；

（四）用人单位未按照劳动合同约定提供劳动保护或者劳动条件的；

（五）用人单位未及时足额支付劳动报酬的；

（六）用人单位未依法为劳动者缴纳社会保险费的；

（七）用人单位的规章制度违反法律、法规的规定，损害劳动者权益的；

（八）用人单位以欺诈、胁迫的手段或者乘人之危，使劳动者在违背真实意思的情况下订立或者变更劳动合同的；

（九）用人单位在劳动合同中免除自己的法定责任、排除劳动者权利的；

（十）用人单位违反法律、行政法规强制性规定的；

（十一）用人单位以暴力、威胁或者非法限制人身自由的手段强迫劳动者劳动的；

（十二）用人单位违章指挥、强令冒险作业危及劳动者人身安全的；

（十三）法律、行政法规规定劳动者可以解除劳动合同的其他情形。

第十九条 有下列情形之一的，依照劳动合同法规定的条件、程序，用人单位可以与劳动者解除固定期限劳动合同、无固定期限劳动合同或者以完成一定工作任务为期限的劳动合同。

（一）用人单位与劳动者协商一致的；

（二）劳动者在试用期间被证明不符合录用条件的；

（三）劳动者严重违反用人单位的规章制度的；

（四）劳动者严重失职，营私舞弊，给用人单位造成重大损害的；

（五）劳动者同时与其他用人单位建立劳动关系，对完成本单位的工作任务造成严重影响，或者经用人单位提出，拒不改正的；

（六）劳动者以欺诈、胁迫的手段或者乘人之危，使用人单位在违背真实意思的情况下订立或者变更劳动合同的；

（七）劳动者被依法追究刑事责任的；

（八）劳动者患病或者非因工负伤，在规定的医疗期满后不能从事原工作，也不能从事由用人单位另行安排的工作的；

（九）劳动者不能胜任工作，经过培训或者调整工作岗位，仍不能胜任工作的；

（十）劳动合同订立时所依据的客观情况发生重大变化，致使劳动合同无法履行，经用人单位与劳动者协商，未能就变更劳动合同内容达成协议的；

（十一）用人单位依照企业破产法规定进行重整的；

（十二）用人单位生产经营发生严重困难的；

（十三）企业转产、重大技术革新或者经营方式调整，经变更劳动合同后，仍需裁减人员的；

（十四）其他因劳动合同订立时所依据的客观经济情况发生重大变化，致使劳动合同无法履行的。

第二十条 用人单位依照劳动合同法第四十条的规定，选择额外支付劳动者一个月工资解除劳动合同的，其额外支付的工资应当按照该劳动者上一个月的工资标准确定。

第二十一条 劳动者达到法定退休年龄的，劳动合同终止。

第二十二条 以完成一定工作任务为期限的劳动合同因任务完成而终止的，用人单位应当依照劳动合同法第四十七条的规定向劳动者支付经济补偿。

第二十三条 用人单位依法终止工伤职工的劳动合同的，除依照劳动合同法第四十七条的规定支付经济补偿外，还应当依照国家有关工伤保险的规定支付一次性工伤医疗补助金和伤残就业补助金。

第二十四条 用人单位出具的解除、终止劳动合同的证明，应当写明劳动合同期限、解除或者终止劳动合同的日期、工作岗位、在本单位的工作年限。

第二十五条 用人单位违反劳动合同法的规定解除或者终止劳动合同，依照劳动合同法第八十七条的规定支付了赔偿金的，不再支付经济补偿。赔偿金的计算年限自用工之日起计算。

第二十六条 用人单位与劳动者约定了服务期，劳动者依照劳动合同法第三十八条的规定解除劳动合同的，不属于违反服务期的约定，用人单位不得要求劳动者支付违约金。

有下列情形之一，用人单位与劳动者解除约定服务期的劳动合同的，劳动者应当按照劳动合同的约定向用人单位支付违约金。

（一）劳动者严重违反用人单位的规章制度的；

（二）劳动者严重失职，营私舞弊，给用人单位造成重大损害的；

（三）劳动者同时与其他用人单位建立劳动关系，对完成本单位的工作任务造成严重影响，或者经用人单位提出，拒不改正的；

（四）劳动者以欺诈、胁迫的手段或者乘人之危，使用人单位在违背真实意思的情况下订立或者变更劳动合同的；

（五）劳动者被依法追究刑事责任的。

第二十七条 劳动合同法第四十七条规定的经济补偿的月工资按照劳动者应得工资计算，包括计时工资或者计件工资以及奖金、津贴和补贴等货币性收入。劳动者在劳动合同解除或者终止前十二个月的平均工资低于当地最低工资标准的，按照当地最低工资标准计算。劳动者工作不满十二个月的,按照实际工作的月数计算平均工资。

第四章　劳务派遣特别规定

第二十八条　用人单位或者其所属单位出资或者合伙设立的劳务派遣单位,向本单位或者所属单位派遣劳动者的,属于劳动合同法第六十七条规定的不得设立的劳务派遣单位。

第二十九条　用工单位应当履行劳动合同法第六十二条规定的义务,维护被派遣劳动者的合法权益。

第三十条　劳务派遣单位不得以非全日制用工形式招用被派遣劳动者。

第三十一条　劳务派遣单位或者被派遣劳动者依法解除、终止劳动合同的经济补偿,依照劳动合同法第四十六条、第四十七条的规定执行。

第三十二条　劳务派遣单位违法解除或者终止被派遣劳动者的劳动合同的,依照劳动合同法第四十八条的规定执行。

第五章　法律责任

第三十三条　用人单位违反劳动合同法有关建立职工名册规定的,由劳动行政部门责令限期改正;逾期不改正的,由劳动行政部门处二千元以上二万元以下的罚款。

第三十四条　用人单位依照劳动合同法的规定应当向劳动者每月支付两倍的工资或者应当向劳动者支付赔偿金而未支付的,劳动行政部门应当责令用人单位支付。

第三十五条　用工单位违反劳动合同法和本条例有关劳务派遣规定的,由劳动行政部门和其他有关主管部门责令改正;情节严重的,以每位被派遣劳动者一千元以上五千元以下的标准处以罚款;给被派遣劳动者造成损害的,劳务派遣单位和用工单位承担连带赔偿责任。

第六章　附　　则

第三十六条　对违反劳动合同法和本条例的行为的投诉、举报,县级以上地方人民政府劳动行政部门依照《劳动保障监察条例》的规定处理。

第三十七条　劳动者与用人单位因订立、履行、变更、解除或者终止劳动合同发生争议的,依照《中华人民共和国劳动争议调解仲裁法》的规定处理。

第三十八条　本条例自公布之日起施行。

附录四 《中华人民共和国就业促进法》

中华人民共和国就业促进法

(2007年8月30日第十届全国人民代表大会常务委员会第二十九次会议通过)

第一章 总 则

第一条 为了促进就业，促进经济发展与扩大就业相协调，促进社会和谐稳定，制定本法。

第二条 国家把扩大就业放在经济社会发展的突出位置，实施积极的就业政策，坚持劳动者自主择业、市场调节就业、政府促进就业的方针，多渠道扩大就业。

第三条 劳动者依法享有平等就业和自主择业的权利。

劳动者就业，不因民族、种族、性别、宗教信仰等不同而受歧视。

第四条 县级以上人民政府把扩大就业作为经济和社会发展的重要目标，纳入国民经济和社会发展规划，并制订促进就业的中长期规划和年度工作计划。

第五条 县级以上人民政府通过发展经济和调整产业结构、规范人力资源市场、完善就业服务、加强职业教育和培训、提供就业援助等措施，创造就业条件，扩大就业。

第六条 国务院建立全国促进就业工作协调机制，研究就业工作中的重大问题，协调推动全国的促进就业工作。国务院劳动行政部门具体负责全国的促进就业工作。

省、自治区、直辖市人民政府根据促进就业工作的需要，建立促进就业工作协调机制，协调解决本行政区域就业工作中的重大问题。

县级以上人民政府有关部门按照各自的职责分工，共同做好促进就业工作。

第七条 国家倡导劳动者树立正确的择业观念，提高就业能力和创业能力；鼓励劳动者自主创业、自谋职业。

各级人民政府和有关部门应当简化程序，提高效率，为劳动者自主创业、自谋职业提供便利。

第八条 用人单位依法享有自主用人的权利。

用人单位应当依照本法以及其他法律、法规的规定，保障劳动者的合法权益。

第九条 工会、共产主义青年团、妇女联合会、残疾人联合会以及其他社会组织，协助人民政府开展促进就业工作，依法维护劳动者的劳动权利。

第十条 各级人民政府和有关部门对在促进就业工作中作出显著成绩的单位和个

人，给予表彰和奖励。

第二章　政策支持

第十一条　县级以上人民政府应当把扩大就业作为重要职责，统筹协调产业政策与就业政策。

第十二条　国家鼓励各类企业在法律、法规规定的范围内，通过兴办产业或者拓展经营，增加就业岗位。

国家鼓励发展劳动密集型产业、服务业，扶持中小企业，多渠道、多方式增加就业岗位。

国家鼓励、支持、引导非公有制经济发展，扩大就业，增加就业岗位。

第十三条　国家发展国内外贸易和国际经济合作，拓宽就业渠道。

第十四条　县级以上人民政府在安排政府投资和确定重大建设项目时，应当发挥投资和重大建设项目带动就业的作用，增加就业岗位。

第十五条　国家实行有利于促进就业的财政政策，加大资金投入，改善就业环境，扩大就业。

县级以上人民政府应当根据就业状况和就业工作目标，在财政预算中安排就业专项资金用于促进就业工作。

就业专项资金用于职业介绍、职业培训、公益性岗位、职业技能鉴定、特定就业政策和社会保险等的补贴，小额贷款担保基金和微利项目的小额担保贷款贴息，以及扶持公共就业服务等。就业专项资金的使用管理办法由国务院财政部门和劳动行政部门规定。

第十六条　国家建立健全失业保险制度，依法确保失业人员的基本生活，并促进其实现就业。

第十七条　国家鼓励企业增加就业岗位，扶持失业人员和残疾人就业，对下列企业、人员依法给予税收优惠。

（一）吸纳符合国家规定条件的失业人员达到规定要求的企业；

（二）失业人员创办的中小企业；

（三）安置残疾人员达到规定比例或者集中使用残疾人的企业；

（四）从事个体经营的符合国家规定条件的失业人员；

（五）从事个体经营的残疾人；

（六）国务院规定给予税收优惠的其他企业、人员。

第十八条　对本法第十七条第四项、第五项规定的人员，有关部门应当在经营场地等方面给予照顾，免除行政事业性收费。

第十九条　国家实行有利于促进就业的金融政策，增加中小企业的融资渠道；鼓励金融机构改进金融服务，加大对中小企业的信贷支持，并对自主创业人员在一定期限内给予小额信贷等扶持。

第二十条 国家实行城乡统筹的就业政策，建立健全城乡劳动者平等就业的制度，引导农业富余劳动力有序转移就业。

县级以上地方人民政府推进小城镇建设和加快县域经济发展，引导农业富余劳动力就地就近转移就业；在制定小城镇规划时，将本地区农业富余劳动力转移就业作为重要内容。

县级以上地方人民政府引导农业富余劳动力有序向城市异地转移就业；劳动力输出地和输入地人民政府应当互相配合，改善农村劳动者进城就业的环境和条件。

第二十一条 国家支持区域经济发展，鼓励区域协作，统筹协调不同地区就业的均衡增长。

国家支持民族地区发展经济，扩大就业。

第二十二条 各级人民政府统筹做好城镇新增劳动力就业、农业富余劳动力转移就业和失业人员就业工作。

第二十三条 各级人民政府采取措施，逐步完善和实施与非全日制用工等灵活就业相适应的劳动和社会保险政策，为灵活就业人员提供帮助和服务。

第二十四条 地方各级人民政府和有关部门应当加强对失业人员从事个体经营的指导，提供政策咨询、就业培训和开业指导等服务。

第三章 公平就业

第二十五条 各级人民政府创造公平就业的环境，消除就业歧视，制定政策并采取措施对就业困难人员给予扶持和援助。

第二十六条 用人单位招用人员、职业中介机构从事职业中介活动，应当向劳动者提供平等的就业机会和公平的就业条件，不得实施就业歧视。

第二十七条 国家保障妇女享有与男子平等的劳动权利。

用人单位招用人员，除国家规定的不适合妇女的工种或者岗位外，不得以性别为由拒绝录用妇女或者提高对妇女的录用标准。

用人单位录用女职工，不得在劳动合同中规定限制女职工结婚、生育的内容。

第二十八条 各民族劳动者享有平等的劳动权利。

用人单位招用人员，应当依法对少数民族劳动者给予适当照顾。

第二十九条 国家保障残疾人的劳动权利。

各级人民政府应当对残疾人就业统筹规划，为残疾人创造就业条件。

用人单位招用人员，不得歧视残疾人。

第三十条 用人单位招用人员，不得以是传染病病原携带者为由拒绝录用。但是，经医学鉴定传染病病原携带者在治愈前或者排除传染嫌疑前，不得从事法律、行政法规和国务院卫生行政部门规定禁止从事的易使传染病扩散的工作。

第三十一条 农村劳动者进城就业享有与城镇劳动者平等的劳动权利，不得对农村劳动者进城就业设置歧视性限制。

第四章　就业服务和管理

第三十二条 县级以上人民政府培育和完善统一开放、竞争有序的人力资源市场，为劳动者就业提供服务。

第三十三条 县级以上人民政府鼓励社会各方面依法开展就业服务活动，加强对公共就业服务和职业中介服务的指导和监督，逐步完善覆盖城乡的就业服务体系。

第三十四条 县级以上人民政府加强人力资源市场信息网络及相关设施建设，建立健全人力资源市场信息服务体系，完善市场信息发布制度。

第三十五条 县级以上人民政府建立健全公共就业服务体系，设立公共就业服务机构，为劳动者免费提供下列服务。

（一）就业政策法规咨询；

（二）职业供求信息、市场工资指导价位信息和职业培训信息发布；

（三）职业指导和职业介绍；

（四）对就业困难人员实施就业援助；

（五）办理就业登记、失业登记等事务；

（六）其他公共就业服务。

公共就业服务机构应当不断提高服务的质量和效率，不得从事经营性活动。

公共就业服务经费纳入同级财政预算。

第三十六条 县级以上地方人民政府对职业中介机构提供公益性就业服务的，按照规定给予补贴。

国家鼓励社会各界为公益性就业服务提供捐赠、资助。

第三十七条 地方各级人民政府和有关部门不得举办或者与他人联合举办经营性的职业中介机构。

地方各级人民政府和有关部门、公共就业服务机构举办的招聘会，不得向劳动者收取费用。

第三十八条 县级以上人民政府和有关部门加强对职业中介机构的管理，鼓励其提高服务质量，发挥其在促进就业中的作用。

第三十九条 从事职业中介活动，应当遵循合法、诚实信用、公平、公开的原则。

用人单位通过职业中介机构招用人员，应当如实向职业中介机构提供岗位需求信息。禁止任何组织或者个人利用职业中介活动侵害劳动者的合法权益。

第四十条 设立职业中介机构应当具备下列条件：

（一）有明确的章程和管理制度；

（二）有开展业务必备的固定场所、办公设施和一定数额的开办资金；

（三）有一定数量具备相应职业资格的专职工作人员；

（四）法律、法规规定的其他条件。

设立职业中介机构，应当依法办理行政许可。经许可的职业中介机构，应当向工商行政部门办理登记。

未经依法许可和登记的机构，不得从事职业中介活动。

国家对外商投资职业中介机构和向劳动者提供境外就业服务的职业中介机构另有规定的，依照其规定。

第四十一条 职业中介机构不得有下列行为：

（一）提供虚假就业信息；

（二）为无合法证照的用人单位提供职业中介服务；

（三）伪造、涂改、转让职业中介许可证；

（四）扣押劳动者的居民身份证和其他证件，或者向劳动者收取押金；

（五）其他违反法律、法规规定的行为。

第四十二条 县级以上人民政府建立失业预警制度，对可能出现的较大规模的失业，实施预防、调节和控制。

第四十三条 国家建立劳动力调查统计制度和就业登记、失业登记制度，开展劳动力资源和就业、失业状况调查统计，并公布调查统计结果。

统计部门和劳动行政部门进行劳动力调查统计和就业、失业登记时，用人单位和个人应当如实提供调查统计和登记所需要的情况。

第五章 职业教育和培训

第四十四条 国家依法发展职业教育，鼓励开展职业培训，促进劳动者提高职业技能，增强就业能力和创业能力。

第四十五条 县级以上人民政府根据经济社会发展和市场需求，制订并实施职业能力开发计划。

第四十六条 县级以上人民政府加强统筹协调，鼓励和支持各类职业院校、职业技能培训机构和用人单位依法开展就业前培训、在职培训、再就业培训和创业培训；鼓励劳动者参加各种形式的培训。

第四十七条 县级以上地方人民政府和有关部门根据市场需求和产业发展方向，鼓励、指导企业加强职业教育和培训。

职业院校、职业技能培训机构与企业应当密切联系，实行产教结合，为经济建设服务，培养实用人才和熟练劳动者。

企业应当按照国家有关规定提取职工教育经费，对劳动者进行职业技能培训和继续教育培训。

第四十八条 国家采取措施建立健全劳动预备制度，县级以上地方人民政府对有就业要求的初高中毕业生实行一定期限的职业教育和培训，使其取得相应的职业资格或者掌握一定的职业技能。

第四十九条 地方各级人民政府鼓励和支持开展就业培训，帮助失业人员提高职业技能，增强其就业能力和创业能力。失业人员参加就业培训的，按照有关规定享受政府培训补贴。

第五十条 地方各级人民政府采取有效措施，组织和引导进城就业的农村劳动者参加技能培训，鼓励各类培训机构为进城就业的农村劳动者提供技能培训，增强其就业能力和创业能力。

第五十一条 国家对从事涉及公共安全、人身健康、生命财产安全等特殊工种的劳动者，实行职业资格证书制度，具体办法由国务院规定。

第六章 就业援助

第五十二条 各级人民政府建立健全就业援助制度，采取税费减免、贷款贴息、社会保险补贴、岗位补贴等办法，通过公益性岗位安置等途径，对就业困难人员实行优先扶持和重点帮助。

就业困难人员是指因身体状况、技能水平、家庭因素、失去土地等原因难以实现就业，以及连续失业一定时间仍未能实现就业的人员。就业困难人员的具体范围，由省、自治区、直辖市人民政府根据本行政区域的实际情况规定。

第五十三条 政府投资开发的公益性岗位，应当优先安排符合岗位要求的就业困难人员。被安排在公益性岗位工作的，按照国家规定给予岗位补贴。

第五十四条 地方各级人民政府加强基层就业援助服务工作，对就业困难人员实施重点帮助，提供有针对性的就业服务和公益性岗位援助。

地方各级人民政府鼓励和支持社会各方面为就业困难人员提供技能培训、岗位信息等服务。

第五十五条 各级人民政府采取特别扶助措施，促进残疾人就业。

用人单位应当按照国家规定安排残疾人就业，具体办法由国务院规定。

第五十六条 县级以上地方人民政府采取多种就业形式，拓宽公益性岗位范围，开发就业岗位，确保城市有就业需求的家庭至少有一人实现就业。

法定劳动年龄内的家庭人员均处于失业状况的城市居民家庭，可以向住所地街道、社区公共就业服务机构申请就业援助。街道、社区公共就业服务机构经确认属实的，应当为该家庭中至少一人提供适当的就业岗位。

第五十七条 国家鼓励资源开采型城市和独立工矿区发展与市场需求相适应的产业，引导劳动者转移就业。

对因资源枯竭或者经济结构调整等原因造成就业困难人员集中的地区，上级人民政府应当给予必要的扶持和帮助。

第七章 监督检查

第五十八条 各级人民政府和有关部门应当建立促进就业的目标责任制度。县级以上人民政府按照促进就业目标责任制的要求，对所属的有关部门和下一级人民政府进行考核和监督。

第五十九条 审计机关、财政部门应当依法对就业专项资金的管理和使用情况进行监督检查。

第六十条 劳动行政部门应当对本法实施情况进行监督检查，建立举报制度，受理对违反本法行为的举报，并及时予以核实处理。

第八章 法律责任

第六十一条 违反本法规定，劳动行政等有关部门及其工作人员滥用职权、玩忽职守、徇私舞弊的，对直接负责的主管人员和其他直接责任人员依法给予处分。

第六十二条 违反本法规定，实施就业歧视的，劳动者可以向人民法院提起诉讼。

第六十三条 违反本法规定，地方各级人民政府和有关部门、公共就业服务机构举办经营性的职业中介机构，从事经营性职业中介活动，向劳动者收取费用的，由上级主管机关责令限期改正，将违法收取的费用退还劳动者，并对直接负责的主管人员和其他直接责任人员依法给予处分。

第六十四条 违反本法规定，未经许可和登记，擅自从事职业中介活动的，由劳动行政部门或者其他主管部门依法予以关闭；有违法所得的，没收违法所得，并处一万元以上五万元以下的罚款。

第六十五条 违反本法规定，职业中介机构提供虚假就业信息，为无合法证照的用人单位提供职业中介服务，伪造、涂改、转让职业中介许可证的，由劳动行政部门或者其他主管部门责令改正；有违法所得的，没收违法所得，并处一万元以上五万元以下的罚款；情节严重的，吊销职业中介许可证。

第六十六条 违反本法规定，职业中介机构扣押劳动者居民身份证等证件的，由劳动行政部门责令限期退还劳动者，并依照有关法律规定给予处罚。

违反本法规定，职业中介机构向劳动者收取押金的，由劳动行政部门责令限期退还劳动者，并以每人五百元以上二千元以下的标准处以罚款。

第六十七条 违反本法规定，企业未按照国家规定提取职工教育经费，或者挪用职工教育经费的，由劳动行政部门责令改正，并依法给予处罚。

第六十八条 违反本法规定，侵害劳动者合法权益，造成财产损失或者其他损害的，依法承担民事责任；构成犯罪的，依法追究刑事责任。

第九章 附 则

第六十九条 本法自 2008 年 1 月 1 日起施行。

附录五 《中华人民共和国劳动争议调解仲裁法》

中华人民共和国劳动争议调解仲裁法

(2007年12月29日第十届全国人民代表大会常务委员会)

第一章 总 则

第一条 为了公正及时解决劳动争议,保护当事人合法权益,促进劳动关系和谐稳定,制定本法。

第二条 中华人民共和国境内的用人单位与劳动者发生的下列劳动争议,适用本法。

(一) 因确认劳动关系发生的争议;

(二) 因订立、履行、变更、解除和终止劳动合同发生的争议;

(三) 因除名、辞退和辞职、离职发生的争议;

(四) 因工作时间、休息休假、社会保险、福利、培训以及劳动保护发生的争议;

(五) 因劳动报酬、工伤医疗费、经济补偿或者赔偿金等发生的争议;

(六) 法律、法规规定的其他劳动争议。

第三条 解决劳动争议,应当根据事实,遵循合法、公正、及时、着重调解的原则,依法保护当事人的合法权益。

第四条 发生劳动争议,劳动者可以与用人单位协商,也可以请工会或者第三方共同与用人单位协商,达成和解协议。

第五条 发生劳动争议,当事人不愿协商、协商不成或者达成和解协议后不履行的,可以向调解组织申请调解;不愿调解、调解不成或者达成调解协议后不履行的,可以向劳动争议仲裁委员会申请仲裁;对仲裁裁决不服的,除本法另有规定外,可以向人民法院提起诉讼。

第六条 发生劳动争议,当事人对自己提出的主张,有责任提供证据。与争议事项有关的证据属于用人单位掌握管理的,用人单位应当提供;用人单位不提供的,应当承担不利后果。

第七条 发生劳动争议的劳动者一方在十人以上,并有共同请求的,可以推举代表参加调解、仲裁或者诉讼活动。

第八条 县级以上人民政府劳动行政部门会同工会和企业方面代表建立协调劳动关系三方机制,共同研究解决劳动争议的重大问题。

第九条 用人单位违反国家规定，拖欠或者未足额支付劳动报酬，或者拖欠工伤医疗费、经济补偿或者赔偿金的，劳动者可以向劳动行政部门投诉，劳动行政部门应当依法处理。

第二章 调 解

第十条 发生劳动争议，当事人可以到下列调解组织申请调解：
（一）企业劳动争议调解委员会；
（二）依法设立的基层人民调解组织；
（三）在乡镇、街道设立的具有劳动争议调解职能的组织。
企业劳动争议调解委员会由职工代表和企业代表组成。职工代表由工会成员担任或者由全体职工推举产生，企业代表由企业负责人指定。企业劳动争议调解委员会主任由工会成员或者双方推举的人员担任。

第十一条 劳动争议调解组织的调解员应当由公道正派、联系群众、热心调解工作，并具有一定法律知识、政策水平和文化水平的成年公民担任。

第十二条 当事人申请劳动争议调解可以书面申请，也可以口头申请。口头申请的，调解组织应当当场记录申请人基本情况、申请调解的争议事项、理由和时间。

第十三条 调解劳动争议，应当充分听取双方当事人对事实和理由的陈述，耐心疏导，帮助其达成协议。

第十四条 经调解达成协议的，应当制作调解协议书。
调解协议书由双方当事人签名或者盖章，经调解员签名并加盖调解组织印章后生效，对双方当事人具有约束力，当事人应当履行。
自劳动争议调解组织收到调解申请之日起十五日内未达成调解协议的，当事人可以依法申请仲裁。

第十五条 达成调解协议后，一方当事人在协议约定期限内不履行调解协议的，另一方当事人可以依法申请仲裁。

第十六条 因支付拖欠劳动报酬、工伤医疗费、经济补偿或者赔偿金事项达成调解协议，用人单位在协议约定期限内不履行的，劳动者可以持调解协议书依法向人民法院申请支付令。人民法院应当依法发出支付令。

第三章 仲 裁

第一节 一般规定

第十七条 劳动争议仲裁委员会按照统筹规划、合理布局和适应实际需要的原则设立。省、自治区人民政府可以决定在市、县设立；直辖市人民政府可以决定在区、县设立。直辖市、设区的市也可以设立一个或者若干个劳动争议仲裁委员会。劳动争议仲裁委员会不按行政区划层层设立。

第十八条 国务院劳动行政部门依照本法有关规定制定仲裁规则。省、自治区、直辖市人民政府劳动行政部门对本行政区域的劳动争议仲裁工作进行指导。

第十九条 劳动争议仲裁委员会由劳动行政部门代表、工会代表和企业方面代表组成。劳动争议仲裁委员会组成人员应当是单数。

劳动争议仲裁委员会依法履行下列职责：

（一）聘任、解聘专职或者兼职仲裁员；

（二）受理劳动争议案件；

（三）讨论重大或者疑难的劳动争议案件；

（四）对仲裁活动进行监督。

劳动争议仲裁委员会下设办事机构，负责办理劳动争议仲裁委员会的日常工作。

第二十条 劳动争议仲裁委员会应当设仲裁员名册。

仲裁员应当公道正派并符合下列条件之一：

（一）曾任审判员的；

（二）从事法律研究、教学工作并具有中级以上职称的；

（三）具有法律知识、从事人力资源管理或者工会等专业工作满五年的；

（四）律师执业满三年的。

第二十一条 劳动争议仲裁委员会负责管辖本区域内发生的劳动争议。

劳动争议由劳动合同履行地或者用人单位所在地的劳动争议仲裁委员会管辖。双方当事人分别向劳动合同履行地和用人单位所在地的劳动争议仲裁委员会申请仲裁的，由劳动合同履行地的劳动争议仲裁委员会管辖。

第二十二条 发生劳动争议的劳动者和用人单位为劳动争议仲裁案件的双方当事人。

劳务派遣单位或者用工单位与劳动者发生劳动争议的，劳务派遣单位和用工单位为共同当事人。

第二十三条 与劳动争议案件的处理结果有利害关系的第三人，可以申请参加仲裁活动或者由劳动争议仲裁委员会通知其参加仲裁活动。

第二十四条 当事人可以委托代理人参加仲裁活动。委托他人参加仲裁活动，应当向劳动争议仲裁委员会提交有委托人签名或者盖章的委托书，委托书应当载明委托事项和权限。

第二十五条 丧失或者部分丧失民事行为能力的劳动者，由其法定代理人代为参加仲裁活动；无法定代理人的，由劳动争议仲裁委员会为其指定代理人。劳动者死亡的，由其近亲属或者代理人参加仲裁活动。

第二十六条 劳动争议仲裁公开进行，但当事人协议不公开进行或者涉及国家秘密、商业秘密和个人隐私的除外。

第二节 申请和受理

第二十七条 劳动争议申请仲裁的时效期间为一年。仲裁时效期间从当事人知道或者应当知道其权利被侵害之日起计算。

前款规定的仲裁时效，因当事人一方向对方当事人主张权利，或者向有关部门请求权利救济，或者对方当事人同意履行义务而中断。从中断时起，仲裁时效期间重新计算。

因不可抗力或者有其他正当理由，当事人不能在本条第一款规定的仲裁时效期间申请仲裁的，仲裁时效中止。从中止时效的原因消除之日起，仲裁时效期间继续计算。

劳动关系存续期间因拖欠劳动报酬发生争议的，劳动者申请仲裁不受本条第一款规定的仲裁时效期间的限制；但是，劳动关系终止的，应当自劳动关系终止之日起一年内提出。

第二十八条 申请人申请仲裁应当提交书面仲裁申请，并按照被申请人人数提交副本。

仲裁申请书应当载明下列事项：

（一）劳动者的姓名、性别、年龄、职业、工作单位和住所，用人单位的名称、住所和法定代表人或者主要负责人的姓名、职务；

（二）仲裁请求和所根据的事实、理由；

（三）证据和证据来源、证人姓名和住所。

书写仲裁申请确有困难的，可以口头申请，由劳动争议仲裁委员会记入笔录，并告知对方当事人。

第二十九条 劳动争议仲裁委员会收到仲裁申请之日起五日内，认为符合受理条件的，应当受理，并通知申请人；认为不符合受理条件的，应当书面通知申请人不予受理，并说明理由。对劳动争议仲裁委员会不予受理或者逾期未作出决定的，申请人可以就该劳动争议事项向人民法院提起诉讼。

第三十条 劳动争议仲裁委员会受理仲裁申请后，应当在五日内将仲裁申请书副本送达被申请人。

被申请人收到仲裁申请书副本后，应当在十日内向劳动争议仲裁委员会提交答辩书。劳动争议仲裁委员会收到答辩书后，应当在五日内将答辩书副本送达申请人。被申请人未提交答辩书的，不影响仲裁程序的进行。

第三节 开庭和裁决

第三十一条 劳动争议仲裁委员会裁决劳动争议案件实行仲裁庭制。仲裁庭由三名仲裁员组成，设首席仲裁员。简单劳动争议案件可以由一名仲裁员独任仲裁。

附录五 《中华人民共和国劳动争议调解仲裁法》

第三十二条 劳动争议仲裁委员会应当在受理仲裁申请之日起五日内将仲裁庭的组成情况书面通知当事人。

第三十三条 仲裁员有下列情形之一，应当回避，当事人也有权以口头或者书面方式提出回避申请。

（一）是本案当事人或者当事人、代理人的近亲属的；

（二）与本案有利害关系的；

（三）与本案当事人、代理人有其他关系，可能影响公正裁决的；

（四）私自会见当事人、代理人，或者接受当事人、代理人的请客送礼的。

劳动争议仲裁委员会对回避申请应当及时作出决定，并以口头或者书面方式通知当事人。

第三十四条 仲裁员有本法第三十三条第四项规定情形，或者有索贿受贿、徇私舞弊、枉法裁决行为的，应当依法承担法律责任。劳动争议仲裁委员会应当将其解聘。

第三十五条 仲裁庭应当在开庭五日前，将开庭日期、地点书面通知双方当事人。当事人有正当理由的，可以在开庭三日前请求延期开庭。是否延期，由劳动争议仲裁委员会决定。

第三十六条 申请人收到书面通知，无正当理由拒不到庭或者未经仲裁庭同意中途退庭的，可以视为撤回仲裁申请。

被申请人收到书面通知，无正当理由拒不到庭或者未经仲裁庭同意中途退庭的，可以缺席裁决。

第三十七条 仲裁庭对专门性问题认为需要鉴定的，可以交由当事人约定的鉴定机构鉴定；当事人没有约定或者无法达成约定的，由仲裁庭指定的鉴定机构鉴定。

根据当事人的请求或者仲裁庭的要求，鉴定机构应当派鉴定人参加开庭。当事人经仲裁庭许可，可以向鉴定人提问。

第三十八条 当事人在仲裁过程中有权进行质证和辩论。质证和辩论终结时，首席仲裁员或者独任仲裁员应当征询当事人的最后意见。

第三十九条 当事人提供的证据经查证属实的，仲裁庭应当将其作为认定事实的根据。

劳动者无法提供由用人单位掌握管理的与仲裁请求有关的证据，仲裁庭可以要求用人单位在指定期限内提供。用人单位在指定期限内不提供的，应当承担不利后果。

第四十条 仲裁庭应当将开庭情况记入笔录。当事人和其他仲裁参加人认为对自己陈述的记录有遗漏或者差错的，有权申请补正。如果不予补正，应当记录该申请。

笔录由仲裁员、记录人员、当事人和其他仲裁参加人签名或者盖章。

第四十一条 当事人申请劳动争议仲裁后，可以自行和解。达成和解协议的，可以撤回仲裁申请。

第四十二条 仲裁庭在作出裁决前，应当先行调解。

调解达成协议的，仲裁庭应当制作调解书。

调解书应当写明仲裁请求和当事人协议的结果。调解书由仲裁员签名，加盖劳动争议仲裁委员会印章，送达双方当事人。调解书经双方当事人签收后，发生法律效力。

调解不成或者调解书送达前，一方当事人反悔的，仲裁庭应当及时作出裁决。

第四十三条 仲裁庭裁决劳动争议案件，应当自劳动争议仲裁委员会受理仲裁申请之日起45日内结束。案情复杂需要延期的，经劳动争议仲裁委员会主任批准，可以延期并书面通知当事人，但是延长期限不得超过15日。逾期未作出仲裁裁决的，当事人可以就该劳动争议事项向人民法院提起诉讼。

仲裁庭裁决劳动争议案件时，其中一部分事实已经清楚，可以就该部分先行裁决。

第四十四条 仲裁庭对追索劳动报酬、工伤医疗费、经济补偿或者赔偿金的案件，根据当事人的申请，可以裁决先予执行，移送人民法院执行。

仲裁庭裁决先予执行的，应当符合下列条件：

（一）当事人之间权利义务关系明确的；

（二）不先予执行将严重影响申请人的生活。

劳动者申请先予执行的，可以不提供担保。

第四十五条 裁决应当按照多数仲裁员的意见作出，少数仲裁员的不同意见应当记入笔录。仲裁庭不能形成多数意见时，裁决应当按照首席仲裁员的意见作出。

第四十六条 裁决书应当载明仲裁请求、争议事实、裁决理由、裁决结果和裁决日期。裁决书由仲裁员签名，加盖劳动争议仲裁委员会印章。对裁决持不同意见的仲裁员，可以签名，也可以不签名。

第四十七条 下列劳动争议，除本法另有规定的外，仲裁裁决为终局裁决，裁决书自作出之日起发生法律效力：

（一）追索劳动报酬、工伤医疗费、经济补偿或者赔偿金，不超过当地月最低工资标准十二个月金额的争议；

（二）因执行国家的劳动标准在工作时间、休息休假、社会保险等方面发生的争议。

第四十八条 劳动者对本法第四十七条规定的仲裁裁决不服的，可以自收到仲裁裁决书之日起15日内向人民法院提起诉讼。

第四十九条 用人单位有证据证明本法第四十七条规定的仲裁裁决有下列情形之一，可以自收到仲裁裁决书之日起30日内向劳动争议仲裁委员会所在地的中级人民法院申请撤销裁决：

（一）适用法律、法规确有错误的；

（二）劳动争议仲裁委员会无管辖权的；

附录五 《中华人民共和国劳动争议调解仲裁法》

（三）违反法定程序的；

（四）裁决所根据的证据是伪造的；

（五）对方当事人隐瞒了足以影响公正裁决的证据的；

（六）仲裁员在仲裁该案时有索贿受贿、徇私舞弊、枉法裁决行为的。

人民法院经组成合议庭审查核实裁决有前款规定情形之一的，应当裁定撤销。

仲裁裁决被人民法院裁定撤销的，当事人可以自收到裁定书之日起十五日内就该劳动争议事项向人民法院提起诉讼。

第五十条 当事人对本法第四十七条规定以外的其他劳动争议案件的仲裁裁决不服的，可以自收到仲裁裁决书之日起十五日内向人民法院提起诉讼；期满不起诉的，裁决书发生法律效力。

第五十一条 当事人对发生法律效力的调解书、裁决书，应当依照规定的期限履行。一方当事人逾期不履行的，另一方当事人可以依照民事诉讼法的有关规定向人民法院申请执行。受理申请的人民法院应当依法执行。

第四章 附 则

第五十二条 事业单位实行聘用制的工作人员与本单位发生劳动争议的，依照本法执行；法律、行政法规或者国务院另有规定的，依照其规定。

第五十三条 劳动争议仲裁不收费。劳动争议仲裁委员会的经费由财政予以保障。

第五十四条 本法自 2008 年 5 月 1 日起施行。

参 考 文 献

[1] 谢永川，袁国. 大学生就业与创业指导 [M]. 北京：北京理工大学出版社，2010.

[2] 任娟，张新建. 高职生职业素质与就业指导 [M]. 北京：北京邮电大学出版社，2014.

[3] 李军雄，熊安锋. 大学生职业发展与创业创业指导 [M]. 北京：北京邮电大学出版社，2013.

[4] 金正昆. 社交礼仪教程 [M]. 北京：中国人民大学出版社，2005.

[5] 文厚润，张斌. 大学生就业实用教程——大学生职业发展与就业指导（第2版）[M]. 北京：高等教育出版社，2012.

[6] 全国高等学校学生信息咨询与就业指导中心、北京大学教育学院，全国高校毕业生就业状况 [M]. 北京：北京大学出版社，2011.

[7] 廉思. "蚁族"：谁的时代 [M]. 北京：中信出版社，2011.

[8] 本书编写组. 党的十八届三中全会《决定》学习辅导百问 [M]. 北京：党建读物出版社，2013.

[9] 伍祥伦，何东. 大学生就业 [M]. 北京：科学出版社，2011.

[10] 万希. 上岗引导：新员工培训的关键一步 [J]. 中国人力资源开发，2007（7）.

[11] 王晋光. 当前大学生就业困境及对策研究 [D]. 太原：中北大学，2011.

[12] 姜世健. 关于我国大学生就业难问题的研究 [D]. 天津：南开大学，2010.